材料別
居酒屋の
料理便利帳

The酒菜1500

はじめに

本書は、かつて小社から刊行された『酒菜』シリーズ3冊の内容を1冊にまとめたものです。『酒菜』は東京を中心に日本各地の人気居酒屋で実際に提供されている料理を豊富に紹介し、「プロが使える酒肴の本」として大好評をいただきました。

今回の編集にあたっては、メインの食材別に紹介するなど使いやすく再構成しています。収載した料理は１５００品にのぼりますが、軽装版にすることで廉価にお届けできる運びとなりました。

ここで紹介した料理には「お酒に合う」ということ以外にとりたてて共通点はありません。食材をいくつか合わせるだけで簡単にできる一品もあれば、仕込みや最終調理に手間暇のかかる料理もあり、実にさまざまです。ジャンルも和洋中にエスニック風と多岐にわたっていますし、ファーストオーダー（最初の一品）として好適なものから、お店の看板になるようなしっかりした料理、締めの一品になる食事ものまで含めて、用途別にも多種多様なメニューを収載しています。

言ってみれば、何でもあり。そして、これこそが本書のコンセプトなのです。かつて『酒菜』を刊行した狙いも、そこにありました。

居酒屋は世界中どこを探しても他にない、日本独自の飲食店のスタイルです。英国のパブ、イタリアのバールやスペインのバル、米国のダイナーとも違う、料理も酒もしっかり楽しめる店。とくに、毎日のように通っても飽きないメニューバラエティの豊富さは、世界に誇れるものといえるでしょう。

そういう居酒屋ならではの魅力を、ここに紹介した料理の数々からはっきりと感じとっていただけるはずです。

料理は素材を生かしたオーソドックスな仕立てのものが中心。取材店の中にはすでに閉店しているお店もありますし、最近流行りのバルで提供されているようなお洒落なメニューばかりではありません。が、それだけに居酒屋はもちろん、割烹や和食店など幅広いお店でご活用いただけると思います。

それでは、酒の肴の奥深い世界をどうぞご堪能ください。

●酒菜シリーズ

『酒菜 居酒屋の料理476』
（1995年刊行）

『続・酒菜 居酒屋の料理532』
（1996年刊行）

『酒菜③ 居酒屋の料理509』
（1999年刊行）

目次

【蛸】

ホヤ

ワケ

【すり身】

【複数の魚介】

第2章 肉・卵・乳製品の酒菜

第3章　野菜の酒菜

第4章　珍味

第5章　鍋・汁

第6章　ご飯・漬物

撮影　林浩二、日置武晴、海老原俊之、高島不二男
デザイン　矢内　里
DTP組版　高村美千子
編集　佐藤順子

本書の使い方

【本書の分類】

● 第1章　魚介の酒菜
（青色のインデックス）

主素材が魚介類の料理を収録。

これをさらに①魚、②貝、③いか、④海老、⑤蟹、⑥蛸、⑦すり身、⑧複数の魚介に分類して青色インデックス内に表示した。

①と②に関しては、主素材ごとに50音順に料理を並べた。

● 第2章　肉・卵・乳製品の酒菜
（茶色のインデックス）

主素材が肉・卵・乳製品の料理を収録。

これをさらに①鶉・鴨、②牛、③鶏、④馬、⑤豚、⑥羊、⑦卵、⑧乳製品に分類して、茶色インデックス内に表示した。それぞれの肉は、部位・形状別に並べた（一部指定部位のない料理もある）。

● 第3章　野菜の酒菜
（緑色のインデックス）

主素材が野菜、茸、豆、海草、穀物などの植物性素材を使った料理を収録。

これをさらに①野菜、②山菜、③加工品に分類して緑色インデックスに表示した。

①には野菜のほか、茸、豆、海草、穀物などを含み、これらを使った料理を主素材ごとに50音順に並べた。

②には山菜を50音順に並べ、最後に複数の山菜料理の盛り合せを収録した。③には植物性の加工品（油アゲ、豆腐、湯葉、コンニャクなど）を使った料理を主素材ごとに50音順に並べた。

● 第4章　珍味
（赤色のインデックス）

魚卵、内臓、塩辛、燻製など酒に合う珍味の作り方とそれらを使った料理を収録。主素材ごとに50音順に並べた。本来は魚名などの素材名で並べるべきところだが、使いやすいように「白子」「このこ」「このわた」のように通称でひけるようにした。

● 第5章　鍋・汁
（オレンジ色のインデックス）

鍋もの、汁ものを収録。

①鍋、②汁に分類し、オレンジ色インデックス内に表示した。

①、②ともに主素材ごとに50音順に並べた。それぞれの最後には複数の具材を使った料理を収録した。

● 第6章　ご飯・漬物
（紫色のインデックス）

ご飯とご飯がわり、漬物を収録。

①飯、②麺、③漬物に分類し、紫色インデックス内に表示した。本来は素材名ごとに50音順に並べるべきところだが、使いやすさを優先して、調理別、あるいは種類別に並べた。

①は「丼」「炊き込みご飯・混ぜご飯」「釜飯・わっぱ飯」「寿司」「おにぎり」「茶漬け・汁かけ」「雑炊・粥・おじや」「その他」の料理別に分類し、それぞれの中で主素材ごとに50音順に並べた。②は麺の種類別に、③は素材ごとに50音順に並べた。

【料理解説について】

1　料理解説は各店が行なっている作業をもとに①仕込み、②提供、③コツに分けた。あらかじめ仕込んで準備しておく調理工程は「仕込み」に、注文を受けたあとの提供時の調理工程は「提供」にまとめた。「コツ」については、調理上のコツだけでなく、その料理や素材にまつわる解説も入れた。

2　初出の材料を赤字で示した。基本的には分量は入れていないが、調味だしやタレなどは必要に応じて記入している場合もある。また単位記号なしの数字のみの表記は割合を示す。

3　一部の例外（郷土料理）を除き、1種盛り、3種盛り、活造りなどの刺身のメニューは、類書も多いため、あえて本書では掲載していない。

【掲載店と料理について】

1　本書の料理は繁盛居酒屋、郷土料理店の手ごろな人気メニュー、看板商品を集めた。

2　取材店名は各料理名の下に表記した。

3　収録した料理は『酒菜』（1995年刊）、『続・酒菜』（1996年刊）、『酒菜③』（1999年刊）の取材当時に提供していたものであるため、現在のメニューに載っていないものもある。また作り方も当時と変わっている場合もある。

4　なお閉店および移転情報（2014年現在）は巻末の掲載店一覧を参照のこと。

本書でよく登場する用語

◆青寄せ（木ノ芽ミソ用）
ホウレン草を細かくみじん切りにしてすり鉢ですって裏漉しし、ガーゼで包んで水の中でもみ出す。

緑色がついた水を火にかけて沸騰させ、上に浮き上がってきた色素を取り出す。これを青寄せといい、木ノ芽ミソなどへの色づけの役目がある。冷凍保存可能。

用途によって、青寄せと同量の砂糖を加えることもある。

◆立塩
塩を水に溶かして、海水程度の濃度（約3～4％）に整えた塩水で、魚介類の下処理や下味をつけるときに用いる。

◆酒塩
酒に塩を適宜合せたもの。魚などの下味つけや、焼きものに塗ることもある。また野菜などが煮くずれしにくくなるので煮ものなどに用いられる。玉酒は、酒と塩を同割で合せた調味液。

◆霜降り
魚や肉などの臭みや血、脂肪などを落とすために、熱湯をかけたり、さっと熱湯にくぐらせたのち、これ以上火がはいらないようにすぐに冷水にとって冷ます下処理のこと。

◆玉子の素
マヨネーズを作るように、溶いた卵黄にサラダ油を少しずつ垂らして、泡立て器でかき混ぜる。用途に応じて濃度を調整するとよい。

マヨネーズと違って酢が入らない。

◆玉ミソ
同割の白ミソと卵、その半量の日本酒を合せて火にかけて練り、しばらくおく。一般的に玉ミソはミリンを加えることもある。

◆田楽白ミソ
西京ミソ1kg、赤ミソ100g、卵黄6個分、ミリン100ccを混ぜ合せて湯せんにかけ、練って漉す。

◆田楽赤ミソ
赤ミソ1kg、卵黄10個分、日本酒500cc、砂糖500g、ミリン100ccを混ぜ合せて湯せんにかけ、練って漉す。

◆ホワイトソース
バターを熱して溶かし、同量の薄力粉を加えて、弱火でこがさないように炒める。薄力粉に火が通ってさらさらになって透明感がでてきたら、温めた牛乳を加えて混ぜ合せて、なめらかなソースを作る。必要に応じて塩、コショウで調味する。

◆実サンショウの塩漬け
サンショウの実は春に収穫する。5月に出回るこのサンショウの実の軸をていねいに取り除き、塩をたっぷり入れた熱湯でさっとゆがいて、ザルに取って広げて冷ます。

1日程度陰干ししたのち、塩を加えて、冷凍庫で保存すれば1年間使える。

◆ゼラチンの分量
板、粉、顆粒がある。形状は異なるが、どれも水分量の2～3％が使用分量の目安。ゆるくしたいときは、減量して加減する。ゼラチンの製法の違いによって分量は増減するので、説明書に従うとよい。

板・粉ゼラチンは、水でふやかして用いるが（ふやかした水の量も水分量に加える）、沸騰した液体に加えると凝固力が弱まるため、火を止めてから加える。顆粒はふやかさずに使用。

◆だし
昆布とカツオ節でとった一般的なだしをさす。文中で「昆布だし」「カツオだし」と使い分けている場合は、該当するだしを使う。

【山菜のアク抜き】

◆タケノコのアク抜き
タケノコは皮つきのまま穂先を斜めに切り落とし、縦に切り目を入れる。

米糠と赤唐辛子を入れたたっぷりの水で約1時間かけて柔らかくゆでる。

竹串が通ったら火を止めて、ゆで汁に浸けたまま冷ます。

◆ワラビのアク抜き
ワラビに木灰をまぶして熱湯をたっぷり注ぎ、蓋をして冷めるまでおく（7～8時間）。灰を洗って、たっぷりの水に4～5時間さらしてアクを抜く。

あるいは、熱湯をたっぷり沸かしてワラビを入れ、重曹（炭酸水素ナトリウム）を加えて火を止め、そのまま冷ます。水にさらして用いる。

【あしらい】

◆白髪ネギ
長ネギの白い部分を4～5cmに切り、縦に切り目を入れて開き、ごく細い繊切りにする。これを水にさらしたのち、水気を切る。白髪のように見えることから、名づけられた。

◆針ユズ、針ショウガ
ユズ皮やショウガを針のようにごく細い繊切りにしたもの。

◆へぎユズ
ユズ皮の表面の黄色（緑色）の部分だけを削いだ小片。

◆木ノ芽
サンショウの若葉。香りを立たせるために、手のひらで叩いて用いることもある。料理全般に用いる。

また包丁の刃で叩いて粗く刻んで香りを立てた「叩き木ノ芽」は、焼きものなどに用いられる。

◆ショウガ甘酢漬け（はじかみ）
葉ショウガを熱湯にくぐらせて軽く塩をふって冷まし、酢と砂糖と塩で作った甘酢に浸ける。

◆ショウガの甘酢漬け（がり）
新ショウガの皮を布巾などでこすり取り、極薄くスライスする。

熱湯でさっとゆでてこぼし、少量の塩をふってウチワであおいで冷まし、酢と砂糖と塩で作った甘酢に浸ける。

◆紅葉おろし
大根に赤唐辛子（種を抜く）を射込んで、すりおろしたもの。辛みがきいた大根おろしで、ポン酢醤油などとの相性がよい。おもに鍋や刺身などの薬味として使用。

◆染おろし
大根おろしに濃口醤油をたらして色を染めたもの。焼きものなどに添える。

第1章
Seafood
魚介

油目うに焼き

（酒菜屋）

▼仕込み―アイナメは3枚におろし、酒塩（酒に塩を加えたもの）をあてる。骨切りをして5cm幅に切り、金串を刺して両面を軽く焼く。

塩ウニを裏漉しし、卵黄を加え、日本酒でのばしてタレを作る。

▼提供―アイナメにはけでタレを塗る。遠火で焼きながら、美しい焼き色に仕上がるまで、塗りと焼きを2～3回くり返す。

網焼きしたミョウガにミリンでのばした田舎ミソをかけてケシノ実をふる。

アイナメを盛り、ミョウガ、はじかみ、スダチを添える。

四十八目《アイナメ》の煮つけ

（志乃ぶ）

▼仕込み―アイナメはウロコを落とし、内臓を取り除き、3～4等分の筒切りにする。鍋にアイナメと日本酒、ミリン、濃口醤油、砂糖を入れて、強火で一気に煮上げる。

▼提供―器に盛りつけ、ショウガの繊切りを散らす。

▼コツ―煮込むさいは、魚のにおいが鍋の中にこもらないよう、蓋はしない。

赤むつの煮つけ

（橙）

▼仕込み―アカムツは3枚におろして、霜降りする。ゴボウはタワシでこすり、5cm長さに切ってから少量の酢を入れた湯でゆでる。長ネギはぶつ切りにし、焼く。シイタケは飾り包丁を入れる。

▼提供―日本酒、水、ミリン、たまり醤油を合せた地に赤ムツ、ゴボウを入れ、煮詰める。やや詰まったところにシイタケ、焼いた長ネギを加えて煮上げる。最後にショウガ汁を少量加える。器に盛り、針ショウガ、木ノ芽を添える。

▼コツ―アカムツはノドグロと呼ばれる高級魚。身が柔らかいので煮くずれに注意。

鯵の黄身酢かけ

（しる平）

▼**仕込み**—アジは3枚におろし、薄塩をして30分間おき、酢洗いしてたっぷりの酢に10分間浸けて締める。

黄身酢を作る。卵黄を溶いて湯煎にかけて、酢、ミリンを少しずつ加えてびしゃ玉（半煎り）くらいの柔らかさに練り、塩を加える。

▼**提供**—アジの皮をむき、腹骨をそぐ。2枚の身の間に大葉を挟み、3cmに切る。器に盛って、黄身酢をかける。

▼**コツ**—黄身酢は高温で湯煎するとかたくなり、酢を多めに使うことになるので味よく仕上がらない。

なめろう

（中川）

▼**仕込み**—アジは3枚におろし、腹骨と皮を取り除く。長ネギとミョウガをみじん切りに、ショウガと大葉は繊切りにする。

▼**提供**—アジを粗みじんに切り、粘りが出るまで包丁で叩く。信州ミソと長ネギ、ミョウガ、ショウガ、大葉を混ぜ合せてさらに叩く。

器に盛って提供。

▼**コツ**—千葉の郷土料理で、アジの代わりにイワシを使うこともある。いずれも鮮度のよいもので作る。残ったらツミレ汁の種に。

鯵の山葵和え

（もり川）

▼**仕込み**—マルアジは3枚におろして小骨を抜き、たっぷり塩をふったのち、酢に浸けて締める。

皮をはいで、太い糸切りにする。大葉の繊切りとワサビで和える。

▼**提供**—器に盛り、別皿で濃口醤油を添える。

鯵のナメロー

（越後）

▼**仕込み**—アジは3枚におろし、日本酒をふり、包丁でよく叩く。ボウルにアジ、ミソ、アサツキの小口切り、大葉のみじん切りとショウガ汁を入れて混ぜる。

▼**提供**—アジの叩きをホッキ貝の殻に詰め、紅葉おろし、穂紫蘇、レモン、菊花を添える。

▼**コツ**—アジを叩くと、まな板が日本酒を吸うので、日本酒ははじめだけではなく、途中でかけてもよい。

鯵の田舎叩き

（いたる）

▼**提供**—アジは3枚におろし、腹骨を取り除き、身を包丁で叩く。刻んだワケギ、長ネギ（白い部分）、田舎ミソ、おろしショウガを加え、さらに包丁で叩く。

器に味の骨身と頭を飾り、大根のつまと大葉をしき、アジの叩きを盛る。花穂紫蘇を添える。

▼**コツ**—一味違う刺身を演出するためには、ミソとショウガの風味が決め手となる。イワシで代用してもよい。

小鯵の南蛮漬け

（鹿火矢）

▼**仕込み**—小アジはゼイゴと内臓を取り除き、レモン汁と薄力粉をまぶす。170℃の揚げ油で、小アジを揚げる（2度揚げ）。

玉ネギは薄切り、ニンジン、ショウガは繊切りにする。

つけ汁（だし、酢、濃口醤油、砂糖、赤唐辛子、粒白コショウ）を合せて熱し、揚げたての小アジを1日浸ける。同じつけ汁で玉ネギ、ニンジン、ショウガを煮て小アジと合わせておく。

▼**提供**—器に大葉をしき、小アジ、野菜を盛って、レモンを添える。

▼**コツ**—小アジはからっと揚げること。

鯵のサンガ焼き

（越後）

▼仕込み—アジは3枚におろし、皮をむいて中骨を除いてから、包丁でねばりが出るまでよく叩き、日本酒をかけ、さらに叩く。ボウルにアジを入れ、ショウガ・アサツキ・大葉・エノキダケ・シメジタケのみじん切りと赤ミソ、白ミソを入れ、よく混ぜる。ホタテ貝の殻に詰めて、遠火で8分間焼く。
▼提供—器に塩と燃料用アルコールを混ぜて、火をつけ、その上に具を入れたホタテ貝をのせる。
▼コツ—ホタテ貝の殻にサラダ油を塗っておくと食べやすい。遠火でもまわりがこげないようにすること。

鯵の梅干蜂蜜煮

（串駒）

▼仕込み—アジを3枚におろし、食べやすく切り、つけ汁（赤ワイン、濃口醤油）に1時間浸ける。鍋にアジ、塩抜きした梅干を入れ、ハチミツ、昆布だし、ショウガ、オレンジの皮を加えて10分間ほど煮る。つけ汁を加えて煮詰め、テリを出す。
タケノコはアク抜きして（→29頁）、乱切りにする。バターで炒め、ブイヨンを加え、沸いたら生クリーム、薄切りのハムを加えて煮詰める。最後にレモン汁、塩、コショウで味をととのえる。
▼提供—アジと梅干を温め、器に盛る。タケノコをあしらう。

穴子と胡瓜の酢のもの

（万代家）

▼仕込み—アナゴは裂いて中骨を外し、皮側の汚れを落として水洗いし、適当な大きさに切る。
日本酒に10分間ほど浸け、香ばしさを出すために強火の遠火で皮面を焼く。裏返して火を通し、最後にもう一度、こげない程度に皮面をあぶる。

レンコンは薄く切り、酢水に浸けてアクを取る。酢水ごと火を通し、取り出した後、甘酢に浸ける。キュウリは薄切りにして軽く塩でもむ。
▼提供—器に盛り合せ、土佐酢をふりかけ、細切りにしたユズをアナゴの上にのせる。

穴子照り焼き

（シンスケ）

▼仕込み—アナゴを開いておく。タレ（濃口醤油4、ミリン2、砂糖1）を表記の割で合せて少し煮詰める。

▼提供—アナゴに串を打ち、はけでタレを塗って両面を香ばしく焼く。焼き上がりに同じタレを表面に塗る。

長ネギを小口から3～4cmに切ってタレを塗って焼く。

器に菊の葉をしき、アナゴを盛りつけて長ネギを添える。

▼コツ—タレはあまり煮詰めすぎない。あくまでもさらっと仕上げる。

穴子の一文字焼き

（なまこ屋）

▼仕込み—アナゴは塩で表面をもんでヌメリを取り、背開きにして串を打つ。両面を焼いて白焼きにして串を抜いておく。

ウドは皮をむき、繊切りにして酢水に浸けて色止めをする。淡口醤油に浸してしんなりさせておく。

▼提供—アナゴに甘辛いタレ（濃口醤油、ミリン）をはけで3回ほど塗りながら両面をこがさないように焼く。

器にアナゴを盛り、ショウガ甘酢漬け（→29頁）とウドを添える。

穴子の南部焼き

（金田）

▼仕込み—アナゴは背開きにする。皮目に熱湯をかけて、ヌメリを取り除く。

柚庵地（日本酒1、ミリン1、濃口醤油1）を合せ、開いたアナゴを40分間ほど浸け、水気をふき、白ゴマをまぶして4時間ほど風干しする。これを冷蔵庫で保存する。

ミョウガは、さっと熱湯を通したら、すぐに甘酢に浸けて酢取りミョウガを作る。

▼提供—アナゴを適当な大きさに切り、串を打ってこんがりと焼く。串を抜いて、器に盛り、酢取りミョウガを添える。

▼コツ—アナゴはあまり長時間、柚庵地に浸けすぎないようにする。

穴子の白焼き

（志乃ぶ）

▼仕込み―アナゴは開いて串を打つ。

▼提供―皮側はあぶる程度に、身側はこげ目がつく程度に焼き上げる。

器に大根のつまと大葉をしき、一口大に切ったアナゴをのせ、刺身の要領でワサビと濃口醤油を添える。

穴子の三平焼き

（久昇）

▼仕込み―アナゴは背開きにし、照り焼きにする。

ジャガイモ、ニンジンは適宜に切り、ゆでて粉ふきにする。薄切りした玉ネギを加え、マヨネーズで和える。

▼提供―アナゴの上に、和えたジャガイモとニンジンをのせ、オーブンで軽く焼き色をつける。器にサラダ菜をしいて盛り、ゆでたキヌサヤとレモンをあしらう。

穴子の山椒焼き

（さの丸ゆうゆふ）

▼仕込み―アナゴは背開きにして、適当な大きさに切る。鍋に水、濃口醤油、砂糖を合わせてアナゴを入れて火にかける。沸騰したら弱火で約20分間煮込む。30分間ほどそのままおいて取り出す。

煮汁にミリン、砂糖、濃口醤油を加え、2～3時間煮詰めてタレを作る。

▼提供―タレを2～3回塗って焼く。器に盛り、粉サンショウをふり、ヤマモモを添える。

穴子の独活巻き

（ぶん也）

▼仕込み―アナゴの白焼きを5㎝のぶつ切りにする。

ウドを桂むきして、アナゴを巻く。巻き目がほどけないようにガーゼで包み、昆布だしに日本酒、ミリン、砂糖、塩で味をととのえた煮汁で煮て取り出す。この煮汁に淡口醤油を少量加えて煮詰めておく。

セリをざく切りにし、薄味をつけた昆布だしでさっと煮ておく。

▼提供―ウド巻きを2.5㎝に切り、温めて器に盛り、煮詰めた煮汁をかける。セリを添える。

▼コツ―アナゴの白焼きは焼き足りないと生臭さが残ってしまうので、しっかり焼く。

もやしと穴子

（中川）

▼仕込み―アナゴの白焼きを、5㎜の細切りにする。実サンショウを濃口醤油、日本酒、砂糖を合せた甘辛い煮汁で煮て、沸騰したらアナゴを加えて煮る。煮汁に浸けたまま冷まして味を含める。

▼提供―モヤシを熱湯でゆがいてザルに上げ、熱いうちにアナゴと混ぜる。器に盛って提供。

▼コツ―水分の多いモヤシと合せるのでアナゴの煮汁は濃いめの味つけにする。

穴子の八幡煮

（酒菜屋）

▼仕込み―アナゴ（背開き）は15㎝ほどに切る。皮を内側にして、繊切りのゴボウとニンジンを巻き、もどしたカンピョウでしばる。

八方だし（濃口醤油1、ミリン1、だし8）に砂糖とショウガの薄切りを加え、沸騰させる。アナゴを入れ、弱火で20〜30分間煮る。このまま1時間以上おいて味を含ませる。

▼提供―器に盛り、白髪ネギと木ノ芽を飾り、塩ゆでしたサヤインゲンを添える。

穴子の胡瓜巻き

（もり川）

▼仕込み―アナゴ（1尾100g強）は腹開きにする。日本酒、砂糖、ミリン、濃口醤油、だしを合せて一煮立ちさせてアナゴを入れ、20～25分間煮る。煮汁に浸けたまま冷ます。

広げた海苔の上に、水気を切ったアナゴをのせてワサビを添え、木ノ芽と小ぶりのキュウリを丸のままのせて巻く。

▼提供―小口から切って、皿に盛る。濃口醤油を別皿で添える。

いろいろ茸と穴子のバジル&ガーリック炒め

（橙）

▼仕込み―アナゴは開いて食べやすく切る。キノコ類は細かく刻む。バジルソース（バジル、ニンニク、松ノ実、オリーブ油、塩、コショウ）はミキサーにかけて作る。

半量に煮詰めたフォンドヴォー5に、バルサミコ酢1を表記の割で合せ、塩、コショウで味をつけ、バルサミコソースを作る。

▼提供―アナゴに塩、コショウし、薄力粉をまぶし、180℃の揚げ油で揚げる。キノコを炒め、塩、コショウ、バターで味をつけ、アナゴを入れる。バジルソースを加えてなじませ、器に盛る。バルサミコソースをかけ、レモン、イタリアンパセリを添える。

穴子のアーモンド揚げ

（なまこ屋）

▼仕込み―アナゴは塩でもんでヌメリを洗い落とし、背開きにする。表面に薄く薄力粉をまぶして卵白にくぐらせて、スライスアーモンドをつける。

大根に赤唐辛子を射込んですりおろして紅葉おろしを作っておく。

▼提供―アナゴを180℃の揚げ油でふっくらと揚げて油を切る。シシトウと茶せんに切った小ナスは素揚げにして油を切る。器に盛り合せ、紅葉おろしを添える。

▼コツ―アーモンドをまぶすと衣が厚くなるが、アナゴに火が通るように揚げること。

穴子と蟹の湯葉巻き揚げ

（なかむら）

▼仕込み―アナゴは背開きにして、4～5cmに切る。生ユバ、カニ脚をアナゴと同じ長さに切りそろえる。生ユバでアナゴとカニ脚を一緒に巻く。

シシトウはヘタをむき、先に切り目を入れる。シイタケは飾り包丁を入れる。ナスは2cm厚さの半月切りにし、包丁目を入れる。

▼提供―薄力粉を卵黄と水で溶いて天ぷら衣を作る。ユバ巻きに薄力粉をまぶして天ぷら衣にくぐらせ、175℃の揚げ油で揚げる。シシトウとシイタケとナスを同じ油で素揚げする。器に盛り、別皿で塩を添える。

穴子湯葉博多揚げ

（楽味）

▼仕込み―篠ユバ（筒状のユバ）を開き、内側に片栗粉をふり、エビのすり身（→170頁海老すり身湯葉包み揚げ）をのせて8mm厚さにのばす。これを2枚用意する。

アナゴの白焼きをユバの長さに切る。エビのすり身を塗ったユバでアナゴを挟む。側面にもすり身を塗り、形をととのえる。

▼提供―小口から3.5cm長さに切り、薄力粉を水で薄く溶いた衣にくぐらせ、160～170℃の揚げ油でじっくり揚げる。半分に切って器に盛る。カボチャ、シシトウ、シイタケも同じ衣をつけて揚げて盛る。レモンと塩を添える。

穴子とたらの芽の天ぷら 白魚の紅梅揚げ

（古都里）

▼仕込み―アナゴは背開きにする。タラノ芽とシラウオは掃除して汚れを取る。梅干の果肉は叩いて裏漉しする。

▼提供―アナゴとタラノ芽は、薄力粉をまぶし、天ぷら衣をつけ、香りづけに少量のゴマ油を加えた180℃の揚げ油で揚げる。

裏漉しした梅干の果肉を天ぷら衣に混ぜ合せて薄力粉をまぶしたシラウオにつけ、1尾ずつ揚げる。器に盛り、大根おろしを添えてショウガをあしらう。

▼コツ―薄力粉は薄めに溶いて全体に薄くつけ、火を通す時間も比較的短くする。

穴子の天ぷら

（志乃ぶ）

▼仕込み―アナゴは開いて、軽く骨切りする。食べやすく一口大に切る。
▼提供―アナゴに薄力粉をまぶし、天ぷら衣をつけて熱した油で揚げる。モロヘイヤも同様に揚げて器に盛り、別皿の天だし（だし4、濃口醤油1、ミリン1）を添える。
▼コツ―旨みが増すように、中火でゆっくり揚げる。

穴子の煮おろし

（大観音）

▼仕込み―アナゴは背開きにしておく。
▼提供―アナゴが丸く縮まないように皮目に隠し包丁を入れる。日本酒と淡口醤油を合せてアナゴを10分間浸ける。
　取り出して水気をふき取り、薄力粉をまぶす。揚げ油を170～180℃に熱して、アナゴを揚げて器に盛る。

　だしに淡口醤油とミリンを加えて熱し、大根おろしを加える。沸騰したらアナゴにかける。小口切りのアサツキを散らす。
▼コツ―だしとアナゴの両方が熱くないと、アナゴにだしの味がしみ込まない。

穴子の揚げおろし

（開花屋）

▼仕込み―アナゴは開いて、ヌメリと水気をとる。薄力粉に卵と水を加えて天ぷら衣を作る。
　天つゆ（カツオ節4、濃口醤油1、ミリン1、うま味調味料適宜）の材料を火にかける。
▼提供―アナゴは、サラダ油9にゴマ油1を加えた175℃の油で丸くならないように揚げ、やや多めに衣の花を咲かせる。
　小ぶりの丼に熱い天つゆを入れ、アナゴを盛って、大根おろし、カツオ節をたっぷり添える。切り三ツ葉を添える。

穴子の唐揚げ ガーリックソース

（游山楽）

▼仕込み─開いたアナゴは、日本酒、淡口醤油各少量で下味をつける。レタスは繊切りにして水にさらす。ニンニクはみじん切り、アサツキは小口切りにする。

▼提供─アナゴに薄力粉をまぶし、180℃の揚げ油で揚げる。器にレタスをしき、切り分けたアナゴを盛り、甘酢（煮切りミリン、酢、濃口醤油、砂糖、うま味調味料）をかける。

鍋にオリーブ油、ニンニク、赤唐辛子を入れ、キツネ色になるまで熱し、アナゴにかける。アサツキと紅タデをあしらう。

穴子としんじょの八幡巻き

（淡如水）

▼仕込み─ゴボウはアナゴと長さをそろえて切り、濃口醤油と砂糖で味つけしただしで煮る。

タラをすり鉢ですり、卵白、おろした山イモを加えてすり合せ、しんじょ地を作る。

巻簀にラップをしき、開いたアナゴを広げ、上にしんじょ地を塗る。ゴボウをのせてアナゴで巻く。蒸し器で20分間蒸す。

オクラとニンジンはだしで煮る。

▼提供─八幡巻きを3㎝に切る。餡（だし、濃口醤油、塩、水溶き片栗粉）を作ってかける。オクラとニンジンを盛る。白髪ネギとカイワレ菜を添える。

冷し茶碗蒸し

（なかむら）

▼仕込み─焼きダレ（濃口醤油900cc、日本酒360cc、ミリン720cc、たまり醤油360cc、ザラメ糖700g）を合せて、濃度がつくまで弱火で煮詰める。

アナゴの白焼きに焼きダレを塗ってあぶり、5㎜の細切りにする。シイタケは薄切り、三ツ葉は小口から1㎝のざく切りにする。

器にシイタケと三ツ葉を入れ、卵液（卵1個、カツオだし140cc、淡口醤油、塩）を合せて注ぐ。蒸し器に入れ、強火で約1分間、弱火にして12〜13分間蒸す。粗熱が取れたら冷蔵庫で冷やしておく。

▼提供─茶碗蒸しの中央にアナゴをのせる。

寄せ穴子

（ぶん也）

▼**仕込み**―アナゴは、タレ（濃口醤油、ミリン）を塗って照り焼きにし、細く切る。干ゼンマイをもどし、だしで煮含めて刻む。

ゴマ豆腐を作る。練りゴマ1、葛粉1、昆布だし4を表記の割で合せて中火で練る。かたくなってきたら日本酒で少しゆるめ、アナゴとゼンマイを混ぜ込み、流し缶に流して冷し固める。

▼**提供**―ゴマ豆腐を角切りにし、器に盛って10分間蒸す。だしに濃口醤油、ミリンを合せて熱して葛をひき、だしで煮たグリーンピースを混ぜてゴマ豆腐にかける。ワサビを天盛りにする。

穴子豆腐

（越後）

▼**仕込み**―アナゴは背開きにし、霜降りしてよく水で洗い、カツオだし、日本酒、塩、淡口醤油で煮る。

アナゴの頭と中骨を焼き、煮切りミリン、濃口醤油、日本酒、ザラメ糖で煮る。漉して水アメを混ぜ、タレを作る。

卵黄にサラダ油を分離しないように混ぜ、裏漉しした豆腐、アサツキ、淡口醤油、ミリン、卵白、アナゴのタレを加える。間にアナゴを挟んで流し缶に流す。蒸し器で1時間半蒸し、1日冷蔵庫におく。

▼**提供**―角切りにして器に盛り、電子レンジで温め、木ノ芽をのせる。

甘鯛の塩焼き

（万代家）

▼**仕込み**―アマダイは3枚におろし、よく掃除して切り身にする。日本酒に塩を加えた酒塩につけ、陰干しして水気を抜く。

▼**提供**―アマダイは身のほうからじっくり焼き、皮側を香ばしく焼いて器に盛る。半分に切ったスダチを添える。

▼**コツ**―魚の切り身を焼く場合は、皮のほうから焼くのが原則だが、これは身のほうから焼く。

甘鯛酒蒸し

（藤乃）

▼仕込み—アマダイは3枚におろして薄塩をあてる。

ポン酢醤油（ダイダイ酢1、濃口醤油1、日本酒・ミリン各0.1、カツオ節、昆布）の材料を表記の割で合せてしばらくおく。カツオ節と昆布を出し、1日おく。

▼提供—アマダイを5×7㎝の大きさに切る。器に昆布とアマダイを交互に重ね、最後に日本酒を少しふり入れて、魚のくせを抑える。蒸し器で15～20間分蒸し上げる。

器に盛り、天に大根の繊切りを盛る。

ポン酢醤油にアサツキの小口切りと紅葉おろしを入れて添える。

甘鯛の香り蒸し

（うしのほねあなざ）

▼仕込み—アマダイは3枚におろす。そぎ切りにして薄塩をしておく。

長ネギは白い部分を斜め切り、ショウガは繊切りにする。シイタケは石突きを切り、適当な大きさに切って、シメジタケは小分けにしておく。

鶏ガラは熱湯をかけたのち、水から煮て、鶏ガラスープをとる。

▼提供—鶏ガラスープに5割の日本酒を加え、用意した野菜をさっと煮る。

ここにアマダイを入れて、蒸し器で蒸し、熱くなったら、生クリームを加えて再度蒸して提供。

甘鯛の酒蒸し

（志乃ぶ）

▼仕込み—アマダイはウロコを落とし、内臓を取り除いて水洗いし、薄塩をして30分間ほど味をなじませる。自家製ポン酢（酢3升、濃口醤油3升、ダイダイ絞り汁10個分、カツオ節500g、昆布2～3枚）の材料を合せてねかせておく。

▼提供—器に昆布をしき、アマダイをのせて盃1杯ほどの日本酒をふりかけ、ラップフィルムをかけ、電子レンジで加熱する。

サニーレタスをしいた器に盛り、細かく刻んだワケギと紅葉おろしをのせたレモンの薄切りを添え、別皿でポン酢醤油を添える。

鮎の風干し

（中川）

▼仕込み―アユを腹開きにして内臓を取り除き、立塩（3～4％の塩水）で洗い、風通しのよい日陰に1日干しておく。取り除いた内臓は包丁で叩いて塩を加え、1日おいてなじませてウルカ（アユの内臓で作った塩辛）を作る。

　白ウリは種を取り除いて細かく切り目を入れて一口大に切り落とし、甘酢（酢、砂糖、塩）に浸けておく。

▼提供―アユを直火で焼き、八割火が通ったら、日本酒を加えたウルカをはけで塗って表面をあぶる。最後にもう一度ウルカを塗って盛る。白ウリ甘酢漬けを添える。

鮎の一汐干し

（いそむら）

▼仕込み―アユを3枚におろし、酒塩（塩を酒で溶いたもの。立塩と同濃度にする）に5分間ほど浸ける。

　取り出して風通しのよいところで干す。

▼提供―アユを焼き、軽くこげ目がついたら一口大に切って器に盛り、スダチを添える。

▼コツ―酒塩の塩加減がこの肴の味を決める。アユの大きさや身質によって浸ける時間なども調節する。

小鮎の木の芽田楽

（ぶん也）

▼仕込み―小アユを10分間塩水に浸けてから平串を打つ。木ノ芽をすり鉢でよくすって玉ミソ（→28頁）と青寄せ（→28頁）を加えて木ノ芽ミソを作る。

▼提供―小アユを直火で両面焼く。片面に木ノ芽ミソを塗り、ミソの表面をあぶって、器に盛って提供。ショウガ甘酢漬け（→29頁）を添える。

▼コツ―木ノ芽ミソはマヨネーズくらいに練る。かたすぎると焼いたときに落ちてしまうし、柔らかすぎると流れ落ちてしまう。

鮎の煮浸し

（大観音）

▼仕込み—アユは串を打ち、表面にこげ目がつく程度に中火で焼き、串を抜いて冷ます。

鍋に昆布をしいてアユを入れ、玉酒（日本酒と同量の水を加えたもの）、砂糖、濃口醤油を加える。落とし蓋をして弱火でじっくりと煮る。

▼提供—アユを3等分の筒切りにして器に盛って、木ノ芽を天盛りにする。

▼コツ—作ってから1日おいたほうが味がしみる。甘露煮ではないので、あまり濃い味つけにしないこと。

子持ち鮎の濃い汁仕立て

（由庵）

▼仕込み—子持ちアユは串打ちして、弱火の遠火でじっくりと焼き、風通しのよい場所で2日間干す。

鍋にアユを並べ、昆布、水、日本酒、砂糖を入れて柔らかくなるまで煮、濃口醤油、西京ミソ、田舎ミソ、ミリンで味をつける。

ゴボウは笹がきに、トウガンは木の葉型にむき、下ゆでする。トウガンを焼き豆腐とともに煮物地（だし、淡口醤油、ミリン、日本酒）で煮て味を含ませる。

▼提供—子持ちアユを鍋に入れ、トウガン、焼き豆腐とともに温めて器に盛り、笹がきゴボウを盛って、粉サンショウをふる。

鮎煎餅

（和義）

▼提供—アユは頭とヒレを切り落として内臓を取り除き、腹の中を水洗いする。水気をふき取り、薄い筒切りにする。

ラップの表面に片栗粉をふり、アユを挟んですりこぎで叩き、薄くのばす。

160～170℃に熱した揚げ油で、アユと川エビとシシトウを揚げる。

熱いうちに塩をふり、器に盛り合せ、スダチを添える。

▼コツ—アユは強く叩くと身がくずれてしまうのでほどよい力加減でのばす。

鮟鱇唐揚げ

（海浜館）

▼仕込み―アンコウは切り身にする。トマト、長ネギ、ショウガをみじん切りにして炒め、トマトケチャップ、トマトピュレ、砂糖、ビーフコンソメ、中華だしで味をととのえ、チリソースを作る。

▼提供―アンコウに塩、コショウし、薄力粉をつけて180℃の揚げ油で唐揚げにする。骨と身は別々に揚げる。

　器に骨と切り身を1尾分盛り合せて提供する。小口切りのアサツキを散らし、レモンとパセリを添える。

いとより香草蒸し

（ビストロめなみ）

▼仕込み―イトヨリはウロコをひき、腹に包丁を入れて内臓を取り除く。

　器にアルミホイルをしき、イトヨリを姿のまま入れる。斜め切りにした長ネギ、繊切りのショウガを上に散らす。粟麩とシイタケを添える。

▼提供―ココナツ油と濃口醤油をかけ、蒸し器で、イトヨリに火が通るまで蒸す。

　香菜を散らし、提供する。

▼コツ―イトヨリは淡白なので、ココナツ油でコクと香りをプラスしてみた。香菜を散らしてエスニック風に。

いとよりの酒蒸し

（楽味）

▼仕込み―イトヨリはウロコをひき、腹に包丁を入れて内臓を取り除き、針打ちしておく。葛切りを水でもどし、食べやすく切る。絹漉し豆腐を一口大に切る。シイタケは半分に切る。菜ノ花を熱湯でさっとゆで、食べやすい長さに切る。

▼提供―イトヨリを霜降りする。器に昆布をしいてイトヨリを盛り、水と日本酒を同量加えて軽く塩をふり、蒸し器で10分間ほど蒸す。葛切り、絹漉し豆腐、シイタケ、菜ノ花を入れてさらに2分間蒸す。

　ポン酢、アサツキの小口切り、紅葉おろしを別に添える。

オリエンタル・サラダ

（どんじゃん）

▼仕込み—イナダは3枚におろし、そぎ切りにする。

ドレッシング（玉ネギ、セロリ、長ネギ、黒ゴマ、カシューナッツ、おろしショウガ、濃口醤油、サラダ油、ゴマ油、酢、レモン汁、一味唐辛子）の材料をミキサーで混ぜ合せる。

クルトンをつくる。パンを7㎜角に切り、多めのバターで揚げるように炒める。

▼提供—繊切りの大根、ニンジン、カイワレ菜をしき、イナダを盛る。ドレッシングを添え、砕いたクルミ、クルトンを散らす。

鰯ぬた

（田舎家）

▼仕込み—イワシを3枚におろし、酢洗いしてぶつ切りにする。

山ウドは短冊切り、ワケギはざく切りにし、ともにさっと熱湯で湯通ししておく。

芥子酢ミソ（白ミソに酢、砂糖、溶き芥子）の材料を弱火で練って冷ます。

▼提供—イワシと山ウド、ワケギを芥子酢ミソで和えて盛る。紅タデを添える。

▼コツ—春先、新潟の浜には脂ののった形のよいイワシが水揚げされる。獲れたてのイワシと山で収穫した野生の山ウドを組み合せた一品。

ひしこ鰯の酢洗い

（だいこん屋）

▼仕込み—ヒシコイワシ（片口イワシ）は頭と内臓と尾を取り除いてザルに入れ、塩をまぶして冷蔵庫に入れて身を締める。1時間おいたら酢水で塩を洗って水気を切る。バットに並べて、酢1に昆布水1（水に昆布を浸けて2〜3時間おいたもの）を合せてひたひたに注ぐ。約20分間おいて取り出す。

▼提供—ヒシコイワシを手開きして腹骨と皮を取り除いて器に盛る。小口切りのアサツキとおろしショウガを添えて提供。

▼コツ—小魚は酢がきつすぎると身が締まりすぎてしまうので昆布水で割った。

酢〆鰯

（萬屋松風）

▼仕込み―イワシを3枚におろし、塩をふって30分間おく。塩を水で洗って水気を切り、黒ゴマと赤唐辛子を入れた酢に1時間浸ける。

ニンジンと大根を繊切りにし、軽く塩でもんでしんなりさせたら、なます酢（酢、砂糖、塩）にくぐらせる。

▼提供―器になますを盛り、イワシを一口大のそぎ切りにして盛りつける。

▼コツ―イワシは塩気を充分洗わないと、でき上がりが塩辛くなりすぎるので注意。

卯の花まぶし

（牧水）

▼仕込み―イワシは3枚におろし、塩をふってしばらくおく。小骨を取って酢に浸け、周辺が白くなる程度に締める。皮をむき、そぎ造りにする。

シメジタケは石突きを切り、小分けにして熱湯でゆがき、水気を切っておく。

オカラは溶いた卵黄と合せる。ここにだし、塩、酢、砂糖、ミリンを加えて味をととのえ、弱火でぱらぱらになるまで煎る。自然冷却する。

▼提供―イワシ、シメジタケを煎ったオカラで和える。器に盛り、繊切りにしたショウガ甘酢漬け（→29頁）を天に添える。

しらすの茗荷和え

（はるばる亭）

▼仕込み―ミョウガ、大葉、長ネギはみじん切りにする。

ここにシラス（イワシの稚魚）を加えてよく混ぜ、仕上げにゴマ油、うま味調味料を少量加える。

▼提供―大葉をしいて、器に盛る。

▼コツ―シラスには塩気があるので、塩や醤油は加えない。

鰯砧巻き

（ふなっ子）

▼仕込み―大根は桂むきにし、割酢（酢10、昆布だし1）に浸けてしんなりさせる。キュウリは縦に4等分にし、イワシは3枚におろす。大根を広げ、イワシ、キュウリ、もどしたワカメ、ショウガの酢漬け（市販）をのせて巻く。

▼提供―輪切りにして、大葉をしいた器に盛り、三杯酢（だし5、酢3、淡口醤油1、砂糖1）をかける。

▼コツ―大根以外は、作りおきしないこと。

小鰯ユッケ

（ふなっ子）

▼仕込み―ドレッシング（濃口醤油、酢、ゴマ油、サラダ油）の材料を混ぜ合せる。

▼提供―イワシは3枚におろし、青ネギのみじん切りとともに粘りが出るまで包丁で細かく叩く。器に大葉をしいて叩きを盛り、ウズラの卵を割り落とし、ドレッシングをかける。

▼コツ―口の中でふわりととろける食感になるよう、イワシは根気よく叩く。

鰯奴

（ふなっ子）

▼仕込み―背黒イワシ（片口イワシ）は手開きで3枚におろす。

▼提供―器に大葉をしき、大根おろしをたっぷりとのせる。大根おろしが隠れるほど、イワシを盛り、刻み海苔、カイワレ菜、アサツキの小口切りをあしらう。

▼コツ―大根おろしを使ったこの料理には小さなイワシが合うことから、真イワシではなく背黒イワシを用いる。10月、11月は小羽イワシが獲れるので、それでもよい。もともとは漁師の料理なので、作り方はいたってシンプルだが、ダイナミックさが要求される。

鰯なめろ

（串駒江古田店）

▼**仕込み**—イワシは3枚におろして皮をひき包丁で細かく切る。大葉、ネギ、ミョウガの細切り、煎り白ゴマ、信州ミソを合せ、隠し味程度に濃口醤油を加え、イワシと和える。

▼**提供**—器に大葉をしいてイワシを盛りつけ、刻み海苔を盛る。

▼**コツ**—「なめろ」とは、古くからの料理名で、「皿までなめたくなるほどおいしい」というのが由来とされている。

鰯の芥子黄味酢がけ

（笹吟）

▼**仕込み**—イワシは3枚におろし、酢で洗い、薄塩をして小骨を取り除く。蛇腹キュウリを作り、三杯酢に浸ける。芥子黄味酢（卵黄、酢、砂糖、淡口醤油、練り芥子）の材料を合せ、湯せんにかけて混ぜ合せ、ほどよくとろみがついたところで火からおろし、裏漉しする。

▼**提供**—イワシを食べやすい大きさに切り、蛇腹キュウリ、ワカメを合せて、芥子黄味酢で和える。器に盛り、色合いを調整する。花サンショウを天に盛る。

▼**コツ**—黄味酢はかたくしすぎないように注意する。

笹さんが

（泥味亭）

▼**仕込み**—イワシを手開きにする。イワシの中骨と尾を取り、皮をむき、包丁で細かく叩いて卵黄、薄力粉、赤だしミソ、ショウガ汁、みじん切りの長ネギ、木ノ芽を加えてよく混ぜ合せておく。

▼**提供**—熊笹の葉に先の具を1cmにのばして、もう1枚の笹で挟む。中の具に火が通るまで弱火で両面を網で焼き、スダチを添える。

▼**コツ**—笹がこげないよう、弱火でじっくりと焼く。

鰯のベーコン巻き

（いそむら）

▼仕込み―イワシは腹開きにして1枚にし、中骨を取り除いて腹骨をすき取る。梅肉にみじん切りの大葉とうま味調味料を混ぜ合せてイワシの腹に塗って身をもどし、薄切りのベーコンをイワシに巻く。
▼提供―直火で両面を焼く。2等分に切って器に盛り、パセリ、スダチを添える。

はだらのぽんぽん焼き

（有薫酒蔵）

▼仕込み―片口イワシは両面に軽くこげ目がつく程度に焼いておく。
▼提供―片口イワシをもう1度完全に火が通るまで焼く。器に焼きたての片口イワシを並べ、ポン酢醤油をたっぷりかける。小口切りのワケギとレモンを添える。
▼コツ―ハダラは1年を通して、有明海でとれる片口イワシのこと。ぽんぽん焼きは焼いたときにポンポン跳ねるところから命名されたという。2度焼きするのは酢をよくしみ込ませるため。

鰯のうまか棒

（料理倶楽部）

▼仕込み―イワシを手開きし、身を叩く。すり鉢にゴマを入れてよくすり、赤ミソと八丁ミソを加え、ミリンでのばし、イワシ、みじん切りの長ネギと大葉、卵黄、片栗粉、ショウガ汁を加えて、ゴムベラでよく混ぜる。
▼提供―すり身を割箸に巻きつける。パイ皿にアルミホイルをしいて油を塗り、鰯棒をのせる。オーブンの上火を130℃、下火を180℃にして焼く。焼き色が薄くついたら、焼きダレ（日本酒、ミリン、濃口醤油、砂糖を煮詰める）を数回はけで塗りながら焼く。器に盛り、タレを塗ってゴマをふる。ショウガ甘酢漬けを添える。

つみれとごぼうのハンバーグ

（うしのほねあなざ）

▼仕込み—イワシは3枚におろして、粗みじんに切り、すり鉢ですする。ここに白身のすり身を少量加えてさらにすり合せる。たっぷりのおろしショウガを加え、小口切りの長ネギ、パン粉、笹がきゴボウを混ぜる。淡口醤油と日本酒で味をととのえる。
▼提供—フライパンにサラダ油を熱し、弱火で円形にまとめたハンバーグの種を焼く。両面をこんがりと焼いて火が通ったら、器に盛り、染おろし（大根おろしに濃口醤油をしみ込ませたもの）を添える。

鰯の陶板焼き

（藤乃）

▼仕込み—イワシは3枚におろす。
合せだし（だし、おろしショウガ、濃口醤油、日本酒）を合せておく。
▼提供—イワシの身の表裏に片栗粉をまぶす。陶板にサラダ油を熱々に熱して、表裏を返しながらイワシを焼く。焼き上がったら白ワイン（日本酒でもよい）をふりかけて火をつけ、魚の臭みをとばす（これをフランベという）。合せだしをかけ、天におろしショウガ、切り三ツ葉をのせる。
▼コツ—鮮度のよいイワシを選び、焼きすぎないようにする。

鰯の明太焼き

（魚山亭）

▼仕込み—イワシは頭を落とし、内臓を取る。明太子は薄皮から卵を取り出し、日本酒でのばす。イワシを日本酒でのばした明太子に1日漬け込む。
▼提供—イワシを中火で焼き、大根おろしとヘイベイズを半分に切って添える。
▼コツ—明太子の辛さがイワシから出る水分でやわらぐ。

鰯のキューピー焼き

（いたる）

▼提供—イワシは手開きし、骨を取り除く。器にバターを塗り、厚めの輪切りにしたトマトをしく。イワシをのせ、濃口醤油を塗り、コショウをふり、マヨネーズを塗りつける。

パン粉と刻んだ大葉をのせ、200℃のオーブンで10～12分間焼く。

鰯の梅干煮

（魚山亭）

▼仕込み—イワシは頭を落とし、腹を割って内臓を取り、軽く熱湯で霜降りし、鍋に並べる。梅干を入れ、砂糖、濃口醤油、ミリン、日本酒を加えて煮る。

▼提供—器に盛りつけ、小口切りのアサツキをのせ、梅干を添える。

▼コツ—生臭くなるので、霜降りをするが見た目が悪くなるので皮を破らないよう扱いに注意する。

鰯のトマト煮

（だいこん屋）

▼仕込み—イワシの頭を落とし、内臓を取り除いて水洗いする。

トマトを熱湯に浸けて皮を湯むきして粗みじん切りに、玉ネギをみじん切りにする。

トマトと玉ネギをサラダ油でこげつかないように弱火で炒める。しんなりしたらトマトジュース、日本酒、タバスコ、コショウ、ローリエを加える。煮立ったら塩と少量のミリンで味をつける。ここにイワシを並べて弱火で20分間煮て、このまま冷ます。

▼提供—電子レンジで再加熱して提供。

▼コツ—赤ピーマンなどの夏野菜を加えると、煮汁に一層野菜の旨みが出る。

鰯の生姜煮

（凧錦）

▼仕込み―イワシは頭を落とし、腹を斜めに切って内臓を取り除く。さっと水で洗って水気を切る。

鍋にイワシと針ショウガを並べ、踊らないように落とし蓋をして、番茶の抽出液をたっぷり注いで強火にかける。アクが出たら取り除き、弱火にして煮詰める。

煮詰まってきたら、日本酒を加える。しばらく煮たら黄ザラメ糖、濃口醤油を加えてさらに煮詰める。次にたまり醤油を入れ、仕上がりにミリンを加えてテリを出す。

▼提供―器にイワシを盛り、針ショウガを添えて提供する。

▼コツ―煮汁が煮詰まってきたら、玉杓子で煮汁をすくってイワシにかけて、テリを出す。

鰯の有馬煮

（とひ家）

▼仕込み―イワシは頭と内臓を取り、３等分に切り、熱湯で下ゆでして生臭みを取って掃除する。濃口醤油、ミリン、砂糖、日本酒、有馬サンショウを合せてイワシを煮る。

▼提供―イワシを器に盛りつける。

▼コツ―有馬サンショウは風味づけに使用するが、入れすぎるとイワシの持ち味が消えてしまうので注意する。

鰯の岩石揚げ

（シンスケ）

▼**仕込み**―イワシは頭を落とし手開きにして皮をむき、出刃包丁で細かく叩く。長ネギ、大葉、ショウガをみじん切りにしてこれに混ぜ、さらに叩いて塩で味をととのえる。片栗粉をつなぎに加えて混ぜ合せておく。

▼**提供**―生地を一口大に丸めて170℃に熱した揚げ油で揚げる。シシトウは同じ油で素揚げにする。油を切って器に盛り、おろしショウガとスダチを添えて提供。

▼**コツ**―香味野菜を加えることで、イワシの臭みを抑える。イワシ以外にもサンマやアジなどの背の青い魚で応用できる。

鰯ゆかり揚げ

（田舎家）

▼**仕込み**―イワシを3枚におろし、腹骨と皮を取り除いて包丁でざっと叩き、すり鉢ですって粗いすり身にする。ここに田舎ミソを少量加えて混ぜ合せる。

▼**提供**―すり身を小判形に丸めて大葉で挟み、薄力粉を水で溶いた衣をつけて、180℃の揚げ油で揚げる。油を切り、器に盛って提供。レモンを添える。

▼**コツ**―すり身を厚く丸めると火が通りにくいので、薄めに作って短時間でさっと揚げる。

鰯生姜揚げ

（田舎家）

▼**仕込み**―イワシを3枚におろし、腹骨と皮を取り除く。

▼**提供**―イワシを3cmのぶつ切りにして、濃口醤油にショウガ汁を加えてイワシをくぐらせ、片栗粉を表面に薄くまぶす。180℃に熱した揚げ油で揚げる。

油を切って器に盛り、レモンと小口切りのワケギをたっぷり盛る。

鰯香り揚げ

（牧水）

▼仕込み―イワシは手開きし、尾は残して頭と内臓、中骨を取り除く。よく水洗いし、水気を切っておく。

梅干は種を取り、裏漉しする。開いたイワシの腹に梅干を塗りつけて大葉を挟む。

新ショウガは熱湯をかけて塩をふる。冷めたら甘酢に浸けてはじかみを作る。

▼提供―薄力粉に水、卵を合せて天ぷら衣を作る。イワシに薄力粉をまぶして天ぷら衣をつけ、160℃に熱した揚げ油で揚げ、天ぷらを切る。皿に盛り、くし形に切ったレモン、はじかみ、塩、青海苔を混ぜた青海苔塩を添える。

鰯の海苔挟み揚げ

（料理倶楽部）

▼仕込み―イワシを手開きし、上身を包丁で細かく切り、叩く。

すり鉢にゴマを入れてよくすり、赤ミソと八丁ミソを加え、ミリンでのばす。イワシ、みじん切りの長ネギ、大葉、卵黄、片栗粉、ショウガ汁を加えて、ゴムベラでよく混ぜ、具を作る。

▼提供―8等分した海苔に、具と大葉のみじん切りをのせ、海苔で挟む。150～160℃に熱した揚げ油で色をつけすぎないように揚げる。器にエディブルフラワーと一緒に盛り、天つゆ（だし、ミリン、濃口醤油）を添える。

▼コツ―イワシを叩くとき、あまり細かくしないほうが口当たりも風味もよい。

じゃこ天

（牧水）

▼仕込み―天ぷら衣（薄力粉、水、溶き卵）を作る。

三ツ葉は食べやすい長さのざく切りにしておく。

▼提供―ジャコと三ツ葉を、天ぷら衣に加えて混ぜ合せ、玉杓子で取り、160℃に熱した揚げ油でさっと揚げる。シシトウは、先端に天ぷら衣をつけて揚げる。

皿に盛り、塩をふって提供する。くし形に切ったレモンを添える。

鰯の梅春巻

（いたる）

▼**仕込み**―イワシは3枚におろし、包丁で叩き、すり鉢ですってすり身にする。梅肉、薄く切った玉ネギ、おろしニンニク、卵を加え、よく練る。
▼**提供**―春巻の皮で包み、180℃の揚げ油でキツネ色に揚げる。
　春巻を半分に斜め切りにし、器に盛る。半分に切ったスダチを添える。土佐酢に練り芥子を添えて提供するが、梅肉で味がついているので、そのままでもよい。

鰯さんが揚げ

（ふなっ子）

▼**仕込み**―3枚におろしたイワシ、小口切りにした長ネギ、白ゴマ、赤ミソをすり鉢に入れ、すり身にする。日本酒、濃口醤油、ショウガ汁、うま味調味料、卵を加え、すり合せる。
▼**提供**―石突きを取ったシイタケにすり身を塗りつけ、180℃の揚げ油で3分間ほど揚げて器に盛り、薄く切ったレモンを添える。

鰯南蛮漬け

（ふなっ子）

▼**仕込み**―イワシは3枚におろし、片栗粉をつけて180℃の揚げ油で揚げる。長ネギ（白い部分）は4cmに切り、180℃の揚げ油で素揚げにする。イワシと長ネギを熱した南蛮酢（だし6、酢3、淡口醤油1、砂糖2）に浸け、冷蔵庫で一晩ねかせる。
▼**提供**―塩もみしたキュウリとワカメを混ぜて器に盛り、イワシと白ネギをのせる。南蛮酢をかけ、赤唐辛子、レモンを飾る。
▼**コツ**―イワシは揚げすぎないよう、軽く火が通る程度にとどめる。

鰯湯葉揚げ

（ふなっ子）

▼仕込み―かけ汁（八方だし、ミリン、淡口醤油）を作る。
▼提供―イワシのすり身（↓58頁鰯さんが揚げ）を平ユバで包み、180℃の揚げ油で1～2分間揚げる。器に盛り、かけ汁を注ぎ、紅葉おろし、カイワレ菜を添える。

鰯の梅紫蘇磯辺揚げ

（たぬ吉）

▼仕込み―イワシは頭を切り落とし、内臓を抜いて水洗いし、3枚におろす。
　身の上に梅肉を塗って、刻み海苔、大葉の繊切りをのせ、もう1枚の身をのせて挟む。
▼提供―表面に薄力粉をまぶし、天ぷら衣（薄力粉、卵、水）をつけ、175℃の揚げ油で3～4分間揚げる。
　油を切ってからふり塩をし、食べやすく切って器に盛る。レモンを添える。

おびの天ぷら

（魚山亭）

▼仕込み―イワシのすり身と、水分を切った木綿豆腐に、卵、黒砂糖、濃口醤油、淡口醤油、塩、白ミソ、焼酎を加えてすり鉢でよくすってから、だ円形に成形する。
▼提供―160℃の揚げ油ですり身を揚げる。器に盛りつけ、大根おろし、おろしショウガ、アサツキの小口切りを添える。
▼コツ―ねばりが出るまでよくすること。黒砂糖を使っているので低温で揚げないとこげる。おびという言葉は、宮崎県の地名で、さつまあげは白身魚のすり身を使用するが、おびの天ぷらはイワシを使用する。

岩魚の梅煮とワイン蒸し

（爐端本店）

▼仕込み―竹の皮は水に浸しておく。菊花は、酢を落とした熱湯でさっとゆでておく。アズキは一晩水に浸け、浸けた水にオリーブ油と粗塩を加えてゆでる。

イワナは、梅干、日本酒、ミリン、濃口醤油で落とし蓋をしてゆっくりと煮る。

もう一方のイワナは粗塩をたっぷり入れた白ワインに浸けて1時間ほどおき、竹の皮に包み、蒸し器で1時間ほど蒸す。

▼提供―器に盛り、梅干と菊花、アズキを添える。

骨酒

（隠家なゞ樹）

▼仕込み―イワナは串を打っておく。

▼提供―イワナをかりかりになるまで、遠火で充分焼く。串を外し、器に盛る。

日本酒を沸騰直前まで熱し、イワナが熱いうちに注いで提供する。

▼コツ―イワナには塩はふらない。またかりかりに焼いた香ばしさが決め手なので、焼きが甘くならないようにする。

鰻ざくとろろ

（開花屋）

▼仕込み―ウナギに串を打ち、日本酒をくぐらせて白焼きし、蒸し器で15分間ほど蒸す。焼きダレ（→209頁鴨つくねの杉板焼き）をかけながら下火で焼いて蒲焼きを作る。

水7、酢・淡口醤油・ミリン各1、砂糖適量、塩少量を表記の割で合せ、昆布を入れて火にかけ、沸騰したらカツオ節を加えて火を止め、漉して土佐酢を作る。

▼提供―薄切りのキュウリ、短冊切りのウド、もどしたワカメを合せ、土佐酢でもみ洗いし、汁気を絞って盛る。適宜に切った蒲焼きを盛る。とろろ（山イモ、卵白）をかけ、土佐酢をたらし、白ゴマをふる。

鰻肝の有馬山椒煮

（大観音）

▼仕込み―ウナギの肝は胆嚢を潰さないように血合を水洗いする。熱湯でさっとゆでる。

日本酒とミリンを煮切り、濃口醤油と砂糖を加えた中に肝を入れて、強火で約20分間煮る。最後にみじん切りの有馬サンショウを加えて火を止める。

▼提供―冷たいまま器に盛り、木ノ芽を天盛りにする。

▼コツ―長時間煮ると肝がかたくなってしまうので、強火で一息に煮上げること。

蕗と鰻肝の煮もの

（だいこん屋）

▼仕込み―ウナギの肝はさっと熱湯にくぐらせて水気を切る。

フキは熱湯でゆでて水にさらして皮をむき、小口から1～2cmに切る。

日本酒、ミリン、淡口醤油で味をととのえただしで肝を煮る。肝に火が通ったらフキを入れて一煮立ちさせて、このまま冷まして味を含ませる。

▼提供―器に盛り、電子レンジで再加熱して提供する。

▼コツ―フキの香りと肝のほろ苦さが食欲をそそる夏の一品。

鰻巻き玉子の揚げだし

（笹吟）

▼仕込み―ウナギは蒲焼きを用意する。焼き上がったら縦4等分に切り分ける。合せ汁（だし、砂糖、ミリン、濃口醤油、淡口醤油）に全卵2、卵黄1の割合で卵を加え、ウナギが中心にくるように鰻巻き玉子を焼く。天つゆ（だし、濃口醤油、ミリン）と天ぷら衣（天ぷら粉、塩、水）を作る。万能ネギは小口切りにする。

▼提供―鰻巻き玉子に、薄めの天ぷら衣をつけ、160℃の揚げ油で揚げ、器に盛り、天つゆを注ぐ。大根おろしと万能ネギ、素揚げのアスパラガスを添える。最後に糸がきカツオをたっぷり盛る。

鰻のけんちん豆腐

（神田小町）

▼仕込み―ウナギの白焼きを1cmに切る。ゴボウは笹がき、ニンジンともどしたキクラゲは繊切りにする。ゴボウ、ニンジン、キクラゲをゴマ油で炒め、カツオだし、日本酒、ミリン、淡口醤油を加えて煮る。

木綿豆腐ともどした高野豆腐をゆでて裏漉しし、卵白、山イモをすり合わせる。ウナギと野菜に片栗粉をまぶして豆腐に混ぜ、淡口醤油とミリンで薄味をつける。巻簀で豆腐生地を巻く。蒸し器で20分間蒸して冷ます。八方だしで煮て味を含ませる。

▼提供―5cm厚さに切り、煮汁で温めて器に盛る。ゆでたシュンギク、ユズを添える。

鰻豆腐

（爐端本店）

▼仕込み―ウナギは、頭を落として裂き、豆腐の幅に切る。マツタケは縦に切り目を入れる。

木綿豆腐の上にウナギとマツタケをのせ、粗塩、日本酒をふって、セイロで30分～1時間蒸す。

▼提供―昆布だしを少量注いだ器に豆腐を盛り、表面に軽く濃口醤油をたらし、ユズの皮を1片添える。

▼コツ―豆腐は比較的上等なものを使う。豪華さを演出するため、クリやギンナンとともに蒸してもよい。

えつの刺身

（有薫酒蔵）

▼仕込み―エツは3枚におろす。玉ミソ（→28頁）に酢を混ぜて、酢ミソを作る。

キュウリは桂むきしたものを繊切りにして水にさらしておく。大葉を繊切りにする。

▼提供―エツは2mm幅の細い引き造りにする。器に水気を切ったキュウリをしき、エツを盛る。中央に大葉をたっぷりと盛る。別皿で酢ミソを添える。

▼コツ―エツは海水魚だが、産卵のために川を遡行する。日本では九州の筑後川の特産である。ほかに焼きもの、唐揚げ、南蛮漬けなどにする。中国ではよく食べられる魚。

鬼かさごの蒸しもの

（淡如水）

▼仕込み―鬼カサゴは背ビレとエラ脇のトゲが有毒なのでハサミで切る。ウロコを落とし、内臓を抜き、塩をふる。

タケノコ水煮は薄切り、ニンジンは輪切りにし、砂糖で薄味をつけただしで煮る。

ポン酢醤油（酢、ユズの絞り汁、カツオだし、たまり醤油）の材料を合せておく。

▼提供―器に昆布をしいてチンゲン菜をのせ、カサゴを盛って、器ごと10～15分間蒸す。取り出してタケノコとニンジンを添える。

別皿でポン酢醤油に大根おろしと小口切りの長ネギを添えて提供。

ぬた

（シンスケ）

▼仕込み―サク取りしたカジキを1.5cmの角切りにする。ワケギはざく切りにしてさっとゆでて水気を切る。ウドは皮をむき、2cmの短冊切りにして酢水にさらす。ワカメを水でもどして2cmのざく切りにする。

酢ミソ（西京ミソ1kg、酢400cc、ミリン200cc、砂糖大さじ6）の材料を合せて、強めの中火でツヤよく練り合せる。冷めたら練り芥子を加えて、芥子酢ミソを作る。

▼提供―カジキ、水気を切ったワケギとウドとワカメを合せて酢ミソで和える。

器に盛り、紅タデを天盛りにする。

写真右上

かじき鮪の黄マヨネーズ焼き

（串駒）

▼仕込み―カジキは切り身を用意し、オリーブ油を塗り、塩、コショウをふって下味をつけ、オーブンで半分ほど火を入れる。

3色のパプリカを縦半分に切って種を取り、5mm角に切る。

マヨネーズに卵黄を加えて混ぜ、塩、コショウ、玉子の素（→28頁）を加えて黄マヨネーズを作り、パプリカを加えて混ぜる。

▼提供―カジキに黄マヨネーズをのせて焼く。

▼コツ―黄マヨネーズは火が入るとだれてくるので、少しかために作る。

かすべぬた

（あぶらびれ）

▼仕込み―カスベは4～5㎝の細切りにし、白っぽくなるまで約2～3時間、酢に浸ける。

長ネギは繊切りにして水洗いし、布巾で絞る。

酢ミソ（赤ミソ、白ミソ、砂糖、日本酒、酢）の材料を合わせる。

▼提供―器に盛り、酢ミソをかけ、長ネギを添える。

かすべの煮凍り

（あぶらびれ）

▼仕込み―カスベは、皮をむいたものを仕入れる。少し大きめの角切りにする。鍋に濃口醤油、日本酒、砂糖を入れ、弱火で10分間煮詰めて煮汁を作る。ここにカスベを入れ、中火で約30分間煮る。

取り出して冷ましてから容器に並べ、煮汁を入れ、冷蔵庫で一晩おく。

▼提供―取り分けて、器に盛る。

▼コツ―ゼラチンを入れないため、煮凍りが溶けやすいので注意する。

かすべ一夜干し

（北〇）

▼仕込み―カスベは1枚120gほどの大きさに切る。水に天日塩、昆布、日本酒を入れて、海水に近いタレを作り、カスベを40分間浸ける。金串を打って、特注の一夜干し機械（内側に素材をつるし、扇風機で風をあてて干すようにしたもの）に入れ、2～3時間風をあてる。取り出して冷蔵庫に入れ、保存する。

▼提供―カスベに串を打って、炭火で焼く。器に盛り、大根おろしとレモンを添える。

▼コツ―タレに浸けすぎないこと。また長時間干して水分を抜きすぎないこと。

かすべと大根煮

（シンスケ）

▼仕込み―カスベ（干物）を一昼夜水に浸けてもどして、ぶつ切りにする。大根を半月に切って、米の研ぎ汁でゆでておく。

鍋に昆布とカスベを入れてかぶるくらいの水で約2時間煮る。ここに大根を入れ、濃口醤油、ミリン、うま味調味料を加えてさらに1時間ほど煮て味を含ませる。

▼提供―大根とカスベを盛りつけ、木ノ芽を天に盛る。とくに再加熱はしない。

▼コツ―カスベは肉厚のものを選ぶ。カスベは最初から味をつけて煮ると、かたくなってしまうので、必ず下ゆでする。

えいひれの角煮

（藤乃）

▼仕込み―カスベは霜降りをして、表面の薄い皮をむき取り、水にさらして、血抜きをする。

カスベ2kgに対し、焼酎2ℓ、水1ℓ、酢250cc、濃口醤油250cc、たまり醤油150cc、砂糖160g、八角1個を合せた煮汁で、ことこと2時間煮る。最後に水溶き片栗粉でとろみをつける。

▼提供―小鍋で温める。器に盛り、天に白髪ネギ、ワケギの小口切りを盛る。

▼コツ―エイの漁期は6～9月で、生のものほうが味がよい。

かすべの甘辛煮

（花の木）

▼仕込み―カスベ（干物）は、一昼夜水に浸けてもどしたのち、適当な大きさに切って、水から煮る。柔らかくなったら煮汁を鍋に半分残して、砂糖、日本酒、濃口醤油、顆粒だしを入れ、味をととのえて煮込む。

▼提供―小鉢に盛りつけて提供する。

▼コツ―カスベは歯応えを楽しみたいので、あまり煮込みすぎないように。冷めたほうがよりおいしくなる。

鰹と豆腐の生姜醤油和え

（なかむら）

▼仕込み―カツオを5枚におろし、串を打つ。表面をあぶって冷水にとり、水気をふき取る。絹漉し豆腐は水切りをする。
タレ（ショウガとニンニクみじん切り、濃口醤油、日本酒）を合せる。

ミョウガは薄切りに、アサツキは小口切りに、長ネギは繊切りにして水にさらし、白髪ネギを作る。
▼提供―カツオと絹漉し豆腐は一口大の角切りにして合せて器に盛る。タレをかけ、ミョウガ、アサツキ、白髪ネギを散らす。
▼コツ―絹漉し豆腐を充分水切りするとチーズのようななめらかな食べ口となる。

鰹の皮なます

（中川）

▼仕込み―カツオの皮に軽く塩をふる。これを広げて網の上で両面をこんがりと焼いて細切りにする。
キュウリは薄い小口切りにして塩でもむ。水で塩気を洗って絞っておく。

三杯酢（酢、濃口醤油、砂糖）の材料を合せて、一度沸騰させて冷まし、おろしショウガを加える。
▼提供―カツオの皮とキュウリを三杯酢で和えて器に盛る。
▼コツ―カツオの皮はこげ目がつくくらい充分に焼く。カツオを刺身などにして余った皮を利用した工夫の一品。

なまり節と胡瓜の酢のもの

（だいこん屋）

▼仕込み―サク取りしたカツオの表面に塩をまぶしてザルに入れて冷蔵庫で一晩おく。カツオに充分火が通るよう蒸し器で蒸し、室温で1日おいて乾かし、ナマリ節を作る。
キュウリを薄い小口切りにして塩をふってもむ。

三杯酢（酢、砂糖、淡口醤油）の材料を合せて、甘めに味をととのえる。
▼提供―適当な大きさに身をほぐしたナマリ節とキュウリを混ぜて三杯酢で和えて器に盛る。針ショウガを天盛りにする。
▼コツ―蒸したカツオは室温で乾かすと旨みが出る。カツオの端を無駄なく利用。

鰹と焼き茄子の和えもの

（中川）

▼仕込み―カツオの腹身に串を打って表面をあぶり、冷水にとって串を抜き、水気をふき取って銀皮造りにする。
　ナスは網焼きにして表面を焼き、冷水にとって皮をむき、水気を切っておく。
▼提供―カツオを八重造りにし、半分に切る。ナスは縦半分に切って、小口から2cmに切る。カツオとナスを芥子醤油（練り芥子、濃口醤油）で和えて器に盛る。
▼コツ―提供直前に和えること。

鰹の半殺し 鰹の湯引き

（だいこん屋）

▼仕込み―サク取りしたカツオをぶつ切りにする。熱湯にさっと通して冷水にとり、水気をふき取る。
▼提供―器にカツオを盛り、大根おろしと小口切りのアサツキ、おろしショウガを盛る。まわりにポン酢醤油をかける。
▼コツ―早春に出回るカツオは脂ののりが少なく、微かな酸味がある。この季節のカツオは湯引きが合う。

鰹の叩きサラダ

（赤い魚）

▼仕込み―特製調味料（濃口醤油、ポン酢、日本酒、ミリン、昆布、塩、コショウ、ニンニク少量、野菜くず適量）を合せて1週間ねかせ、ザルで漉す。ここにゴマ油、塩、コショウ、ショウガ汁、おろしニンニクを加えて特製ドレッシングを作る。
　カツオは3枚におろして塩をふる。表面を焼き、約5㎜幅に切る。トマト、レモン、紫玉ネギは薄く切る。
▼提供―カツオとトマトを器に盛って、特製ドレッシングをかけ、カイワレ菜、紫玉ネギ、レモン、煎り白ゴマをあしらう。

鰹叩き、野菜いろいろ

（古都里）

▼仕込み―カツオを5枚おろし（節おろし）にして、皮をつけたまま金串を打って塩をふる。皮の面から焼き、表面全体に火を通す。

▼提供―切り分けて器に盛り、ミョウガの細切り、長ネギの斜め切り、カイワレ菜をたっぷりと添え、ポン酢醤油（ダイダイ酢、濃口醤油、ミリン）をかける。

▼コツ―火を通す前にあらかじめ軽く塩をふっておく。野菜は、その季節に入手できる中で香りの強いものを用いる。

鰹角煮

（まえ川）

▼仕込み―カツオをサク取りし、一口大のぶつ切りにして熱湯にくぐらせて冷水にとる（霜降り）。

日本酒に砂糖と濃口醤油を加えて甘めの味をつけ、カツオを30分間炊く。仕上がりに実サンショウの塩漬け（→28頁）を加える。

▼提供―器に盛って提供する。彩りよく別に実サンショウを散らす。

▼コツ―水を入れていないので、1週間以上日持ちする。

まこ鰈の姿唐揚げ

（神田小町）

▼提供―マコガレイは5枚におろす。骨に串を打って舟形を作る。

骨と身に片栗粉をまぶす。180℃に熱した揚げ油で身と骨を揚げて油を切る。骨は串を外してから、もう一度揚げる。ナスを茶せんに切り、同じ油で素揚げする。

器にカレイとナスを盛り合せ、大葉の上に紅葉おろしと小口切りのアサツキを添えて提供。別皿でポン酢醤油を添える。

かわはぎと菜の花の肝和え

（四季音）

▼仕込み—カワハギは3枚におろす。カワハギの肝に薄塩をあて、2～3時間おいてから、裏漉しし、ポン酢醤油（ダイダイ絞り汁1、濃口醤油1、日本酒0.2、ユズの輪切り2枚、だし、うま味調味料）を加えて混ぜる。

菜ノ花は軽く塩ゆでして冷水にとる。だし、淡口醤油、うま味調味料、マスタードを合せて菜ノ花をつけ込む。

▼提供—カワハギを糸造りにし、よく絞った菜ノ花と共に肝で和える。

間八と野菜の春巻

（笹吟）

▼仕込み—キュウリは塩をして湯に通し、色出しをする。ニンジンは2㎝長さの5㎜角の棒状に切り、熱湯に通して食べやすくする。サク取りしたカンパチ、キュウリ、長イモは、ニンジンと同じ大きさに切りそろえる。

ライスペーパーはサッと水にくぐらせる。サニーレタスをしき、カンパチ、キュウリ、長イモ、ニンジンがバランスよく中心にくるように巻き上げて春巻を作る。

ドレッシング（サラダ油、酢、梅肉、塩、コショウ、おろしリンゴ）を作る。

▼提供—器にドレッシングを流し、斜め切りのセロリと5等分に切った春巻を盛る。

鱚の生うに焼き

（ぶん也）

▼仕込み—キスのウロコを包丁で落として背開きにし、中骨を取り除く。塩を少量加えた昆布だしに5分間ほど浸けて取り出しておく。生ウニに軽く塩をふっておく。

フキノトウを熱した油にさっとくぐらせて油を切り、砂糖、濃口醤油で甘辛く煮ておく。

▼提供—キスの水気をふき取り、ウニを中心にしてキスを巻き、串を打って焼く。

串を抜いて、半分に切って器に盛り、フキノトウを添える。

▼コツ—キスの身は薄いので火が通りやすいが、ウニに完全に火を通さないよう加減する。昆布だしに浸けるのがコツ。

鱚の香り揚げ

（凧錦）

▼仕込み―キスは頭を落とし、3枚におろす。キスに大葉と海苔を重ねて巻く。端は爪楊枝で留めておく。

▼提供―薄力粉に卵黄と水を加えて衣を作る。先のキス巻きに薄力粉をまぶして衣をつけ、170～180℃の揚げ油で揚げる。中まで火が通ったら取り出して油を切る。

大葉の葉裏に同じ衣をつけて、さっと揚げて油を切り、塩をふる。

器にキス巻きと大葉を盛り、半月切りにしたレモンを添える。

▼コツ―キスは水気を充分にふき取っておく。

きびなごの刺身

（魚山亭）

▼仕込み―キビナゴは頭と内臓を取り、手開きする。

酢、白ミソ、白ゴマ、砂糖、煮切り酒を合せて酢ミソを作る。

大根、カボチャは繊切りにする。

▼提供―キビナゴを放射状に並べ、酢ミソをかける。大葉、大根とカボチャのけんを添える。

▼コツ―キビナゴは身体に透明感があり、腹が赤くないものが新鮮。

きび煮

（有薫酒蔵）

▼仕込み―キビナゴはさっと水洗いする。キビナゴを濃口醤油、ミリン、ザラメ糖、水アメを合せた煮汁に入れて、弱火で煮詰めて甘露煮にする。2～4日くり返してじっくりと煮る。

▼提供―器に大葉をしき、キビナゴの甘露煮を盛る。

きびなご煮

（魚山亭）

▼仕込み―キビナゴは素焼きにして完全に火を通す。鍋に濃口醤油、ミリン、日本酒を入れて火にかけ、キビナゴにからめながら煮る。
▼提供―器に盛りつけ、白ゴマを散らす。

きんきかま煮

（酒菜屋）

▼仕込み―日本酒6、ミリン1、濃口醤油1を表記の割で合せ、砂糖とショウガの繊切りを入れ、煮汁を作る。
鍋にキンキのカマ、短冊切りのゴボウを入れ、煮汁をひたひたになるまで注ぐ。落とし蓋をして、テリが出るまで強火で煮る。

小ナスは飾り包丁を入れて揚げ油で揚げ、天つゆ（だし6、濃口醤油1、ミリン1）に入れて味を含ませる。キヌサヤは塩ゆでする。
▼提供―器に盛り、小ナスと、キヌサヤを添える。

きんきの煮つけ

（万代家）

▼提供―だし、濃口醤油、日本酒、ミリン、砂糖で煮汁を作り、一煮立ちしたらキンキを入れ、強火にかけて一気に5～6分間で煮上げる。直前にショウガ汁をかける。
器に盛り、木ノ芽をあしらう。
▼コツ―落とし蓋をせず、あくまでも強火で煮ていく。

銀鱈西京焼き

（シンスケ）

▼**仕込み**—ギンダラを3枚におろして切り身にし、軽く塩をふって3時間おく。ミソ床（西京ミソ、日本酒）の材料を混ぜ合せて、マヨネーズくらいのかたさにのばし、先の銀ダラを2日間漬ける。

▼**提供**—ギンダラをミソ床から取り出し、さっと水洗いして水気をふき取る。よく熱した網にのせて中火で両面を焼く。

　器に菊の葉をしき、ギンダラを盛りつけて、花サンショウを添える。

▼**コツ**—漬け込んでから3〜4日頃までがおいしく食べられる。それ以上たつと味が落ちてしまう。

銀鱈の幽庵焼き

（笹吟）

▼**仕込み**—ギンダラは3枚におろし、切り身にする。軽く塩をあて、水分と臭みを取り除く。1時間ほどおき、同割の日本酒と水で洗い、水気をふき取り、つけ地（濃口醤油、日本酒、ミリン、ユズ、スダチ）に1時間半から2時間浸ける。

　長ネギはぶつ切りにし、シイタケは石突きを取り、飾り包丁を入れる。

▼**提供**—ギンダラは水気を切り、天火で焼き上げる。長ネギとシイタケも焼き、器に盛り、菊花カブとセリのおひたしをあしらう。

▼**コツ**—少し遠火にして、ゆっくり焼き上げ、ミリンのこげをおさえる。

銀鱈の香味焼き

（料理倶楽部）

▼**仕込み**—ギンダラをザルに並べて塩をふり、1時間おいて水洗いし、水気をふく。

　ミソ床（八丁ミソ、麹ミソ、ミリン、日本酒、ユズの輪切り、昆布）を柔らかめに合せる。

　合せミソの半分をバットに詰め、ガーゼをしいてギンダラを並べ、上にもガーゼをしいて残りの合せミソを詰め、一晩おく。

▼**提供**—ギンダラを取り出し、串を打って、中火の遠火で焼く。器に大葉をしいてギンダラを盛り、ショウガの甘酢漬けを添える。

▼**コツ**—合せミソに漬け込む時間が長すぎると、アルコール分が強くなりすぎる。

銀鱈の辛子煮

（楽太朗）

▼仕込み―ギンダラの切り身を日本酒と濃口醤油を合せた中に浸け、下味をつけてから、フライパンで焼いて焼き目をつける。

タケノコ水煮、ロースハム、水でもどした干シイタケをさいの目に切り、赤唐辛子、ショウガ、長ネギをみじん切りにして、豆瓣醤を加えて炒める。鶏ガラスープを加え、砂糖、濃口醤油、日本酒で味をととのえ、ギンダラを煮る。

▼提供―レンジで2分間加熱し、器に盛りつける。

▼コツ―豆瓣醤の量で味を加減する。

金目鯛のおぼろ昆布蒸し

（串駒）

▼仕込み―キンメダイの切り身に塩をふり、30分間おく。水気をふき、コショウをふる。

三ツ葉はざく切り、シイタケは石突きを切り、薄切りにする。

魚のスープを取る。鍋にトマト、セロリ、長ネギ、玉ネギなどの野菜を適宜に切り、ローリエなどの香草を合わせて水を注いで火にかけ、アクを取りながら材料の野菜を弱火で1時間ほど煮て漉す。白身魚のアラをバターで炒めてオーブンでしっかり焼き、ここに加えてもう1時間煮て漉す。

おぼろ昆布を広げてキンメダイ、三ツ葉、シイタケ、カニ脚をのせて包む。深い器に入れ、魚のスープを注いでオリーブ油をたらし、中火で10分間ほど蒸す。

餡を作る。蒸し汁を鍋に移して魚のスープを足して熱し、塩、コショウをふり、水溶き片栗粉でとろみをつけ、オリーブ油を加える。シュンギクのみじん切り、トンブリを散らして火からおろし、イクラ、ワサビを加える。

▼提供―器ごと蒸し器に入れて温め、熱した餡をかける。

▼コツ―おぼろ昆布は形がくずれないよう、しっかりと巻くこと。

鯨の竜田揚げ

（佃喜知）

▼**仕込み**―クジラ肉はそぎ身にし、つけ汁（濃口醤油4、日本酒1、だし2、おろしショウガ少量）に2分間ほど浸ける。

▼**提供**―揚げ油を170℃に加熱し、クジラ肉に片栗粉をまぶして揚げる。シシトウは同じ油で素揚げにする。

　クジラとシシトウを盛り合せ、スダチを添える。

黒むつと大根のあら煮

（料理倶楽部）

▼**仕込み**―大根はいちょうの形に抜いて、小口から切る。

　合せだし（だし、日本酒、ミリン、濃口醤油、砂糖）の材料を合せておく。

　鍋にクロムツと大根を入れ、合せだしを魚の3分の1くらいまで注ぎ、ショウガの皮を入れ、落とし蓋をして煮る。煮汁が少なくなったら、たまり醤油を少したらし、汁をすくって魚にかけながら煮て、テリを出す。

▼**提供**―器にクロムツと大根を盛る。

▼**コツ**―テリを出すにはていねいに煮汁をかけながら煮ることが大事。

げんげんぼうの煮つけ

（いたる）

▼**仕込み**―日本酒は煮切り、だし（昆布、カツオ節、シイタケ）と合せる。淡口醤油、濃口醤油、薄塩で味をととのえ、沸騰させる。

　水でよく洗ったゲンゲ、ぶつ切りの長ネギを入れて一煮立ちさせて火をとめ、味がよくしみるよう、30分間ほどおく。

▼**提供**―器に盛り、ユズ皮を飾る。

▼**コツ**―淡泊な魚なので、内臓を取らずに調理してもよい。煮込んでいる間に身のまわりのゼラチン質が溶け出さないよう、新鮮なものを使う。

鯉の餃子

（隠家なゝ樹）

▼仕込み―コイは刺身などに使った端を利用し、みじん切りにする。

キャベツ、白菜、長ネギをみじん切りにして熱湯でさっとゆでて冷まし、水気を絞る。コイとみじん切りのニラ、すりおろしたニンニク、ショウガを混ぜる。ここに少量の砂糖、黒コショウ、片栗粉を加えてよく練る。

適量を餃子の皮で包み、冷凍保存する。

▼提供―フライパンにサラダ油をひいて熱し、冷凍のまま餃子を並べる。皮にこげ目がついたら、水を入れて蓋をし、蒸し焼きにする。火が通ったら、最後にゴマ油をたらして香りをつける。餃子のタレを添える。

こちのかま焼き

（神田小町）

▼提供―コチのカマは縦半分に切り、金串を打つ。塩をふって皮目から強火で焼く。裏を返して両面を焼く。

器に大葉をしいてコチを盛り、大根おろし、レモン、ショウガ甘酢漬けを添える。

▼コツ―強火で表面を焼き、中の身を柔らかく仕上げるのがコツ。コチの旬は夏。本州中部以南の温暖な海域に分布。身がよく締まったものを選ぶ。

こちのすっぽん蒸し

（中川）

▼仕込み―コチを3枚におろす。

▼提供―コチに塩をふって一口大のぶつ切りにする。バットなどにたっぷりの煮切り酒を注ぎ、おろしショウガ、濃口醤油少量を加え、コチを入れる。蒸し器で5分間蒸す。

器にコチを盛り、白髪ネギを散らす。

▼コツ―コチの肉はスッポンに似ているといわれているので、スッポンに準じて酒を使った。骨つきをぶつ切りにして蒸すと、骨から旨みが出る。この場合は少々蒸し時間を長くする。

新子とルーコラの酢のもの

（笹吟）

▼仕込み―コハダ（シンコ）は3枚おろしにし、よく水洗いして塩をあて、盆ザルに並べ、10分間ほどおく。日本酒で洗って水気を切り、酢で5分間締める。締めすぎないよう注意。

ルーコラ、サニーレタスはよく水洗いし、水気を切る。加減酢（だし、酢、淡口醤油）を作る。

▼提供―シンコの背ビレと腹骨を取り、皮目に飾り包丁を入れる。ルーコラと手でちぎったサニーレタスを和えて器に盛り、シンコを並べ、加減酢をかける。松ノ実、プチトマトを添える。

チコリとサーモンのマリネ

（藤乃）

▼仕込み―サーモンを薄切りにする。

マリネ液を作る。玉ネギ、ピクルス、パセリをみじん切りにし、オリーブ油、塩、コショウ、粒マスタード、酢を加えてサーモンを和える。

▼提供―チコリをしき、サーモンを並べて、マリネ液をかけ、みじん切りのディルの葉を散らす。

▼コツ―マリネ液は1～2ヵ月はもつので、保存しておくと便利。

ディルとサーモンは相性のよい組み合せ。

サーモンといくらのサラダ

（萬屋松風）

▼仕込み―刺身用サーモンはそぎ切りにする。レタス、赤玉ネギ、ニンジン、キュウリ、セロリ、大葉は繊切りにして水にさらす。チコリを適当にちぎり、黄パプリカは繊切り、ラディッシュは薄切りにする。カイワレ菜、水でもどしたワカメを適宜に切る。ドレッシング（玉ネギみじん切り、酢、サラダ油、塩、コショウ、ショウガ汁）の材料を合せる。

▼提供―サーモン、野菜、ワカメを合せてサラダを作る。器にサラダを盛り、イクラを飾る。ドレッシングをかける。

ノルディックサーモンとアボカドのタルタル

（開花屋）

▼仕込み―玉ネギ、ケイパーはみじんに切り、オリーブ油、レモン汁少量を加えて混ぜる。サーモン、アボカドは1cmの角切りにする。ワサビマヨネーズ（マヨネーズ、5％のおろしワサビ）の材料を混ぜて、絞り袋に入れる。

▼提供―玉ネギ、ケイパー、サーモン、アボカドに塩、コショウ少量を加えて和える。器にワサビマヨネーズで網目を描き、中央にセルクル型をおいて和えたアボカドとサーモンを詰め、上面にアサツキの小口切りをのせる。セルクル型を外し、ハーブ数種を飾る。

サーモンのさっぱり包み

（橙）

▼仕込み―キャベツ、セロリ、キュウリ、ユズを一口大に切って薄塩でもみ、しばらく重しをかけ、水気を切る。薄切りのスモークサーモンをラップフィルムの上に並べ、水を絞った塩もみ野菜を包み込む。

ドレッシング（アンチョビ少量、白ワイン1、サラダ油2、オリーブ油0.5、塩・コショウ各少量、玉ネギみじん切り1個分、アンチョビペースト100g、レモン汁1個分、おろしニンニク1片分）の材料を合せる。

▼提供―ラップフィルムを外し、器に盛り、ドレッシングをかけ、マーシュ、ラディッシュの小口切り、イクラを添える。

魚の卵の花焼き

（笹吟）

▼仕込み―サーモンの切り身を観音開きにして軽く塩をあて、30分間おく。ニンジン、キクラゲは、細かく刻む。オカラは何度か水で洗い、布漉しし、砂糖、酢、淡口醤油を加えて湯せんにかける。鍋に移し、ニンジン、キクラゲを加え、練り上げる。

巻簾にアルミホイルをしき、サーモンを並べ、オカラを棒状にして巻き上げる。

▼提供―200℃のオーブンで6～7分間ほど焼き、アルミホイルを外して天火でこげ目をつけ、つけ地（酢、サラダ油、塩、コショウ、ショウガ汁）をはけで塗って焼く。器に盛り、はじかみショウガ、スダチを添える。

サーモンと豆腐のムース蟹餡かけ

（楽太郎）

▼仕込み―薄切りにしたキングサーモンを、直径8cmのグラスの内側にしく。

水切りした絹漉し豆腐、すり身、サケフレーク、おろした山イモ、卵を一緒にフードプロセッサーにかける。グラスに流し入れ、蒸し器で20分間蒸す。三ツ葉を熱湯でさっとゆがき、軸をざく切りにする。

だしを温め、ショウガ汁、淡口醤油、ミリン、塩を加えて、水溶き葛で葛をひき、最後にカニをほぐし入れ、蟹餡を作る。

▼提供―電子レンジで温め、グラスを外して盛り、蟹餡をかける。軸三ツ葉を飾る。

サーモンのレモンマリネ春巻

（食彩工房舎人）

▼仕込み―サーモンとレモンは、薄切りにする。キュウリ、ニンジン、玉ネギは繊切りにして冷水にさらし、水気を切る。マリネ液（塩、コショウ、バジル、オリーブ油、白ワイン酢）に上記の具を約1時間浸け込む。春巻の皮に具をのせて巻く。

▼提供―春巻を175～180℃の揚げ油で揚げ、器にサニーレタスをしいて盛りつける。パセリをみじん切りにして散らし、レモン、プチトマトを添える。

▼コツ―具から水分が出るので、春巻の皮で巻いたらすぐに揚げる。

長芋と鮭の砧巻き

（牧水）

▼仕込み―サケは3枚におろし、塩を軽くあて、1時間ほどおいてから濡れ布巾で水気をふいて薄切りにする。

長イモは皮をむき、アク止めに酢水にさらして、繊切りにする。キュウリは皮をむき、白い部分を桂むきにする。

黄身酢（卵黄、酢、砂糖、塩）の材料を合せ、湯せんにかけて練り、とろりとさせる。これを裏漉しして、さらにツヤを出す。

▼提供―長イモをまとめて芯にして、サケで巻き、さらにキュウリの桂むきで巻く。器に盛って黄身酢をかける。

ルイベ

（あぶらびれ）

▼仕込み―サケは3枚におろし、皮をむき、ていねいに小骨を取る。急速冷凍にかけて一晩おく。

▼提供―凍ったまま、厚さ5㎜程度の薄切りにする。器に氷を大根の繊切りで包んでおき、大葉をのせた上にルイベを並べ、パセリ、ワサビを添える。サケの身が解け気味になってきたら、刺身醤油ですすめる。

秋鮭と蕪のサラダ

（由庵）

▼仕込み―サケをサク取りして塩をあて、15分間おいて皮をひき、昆布で挟む。カブは厚めに切り、立塩につけたのち昆布で挟む。オクラは斜め切り、サラダホウレン草、キク菜、トレヴィス、サラダ菜はちぎる。ジャガイモは繊切りにして水にさらし、170℃の揚げ油でカラッと揚げる。

▼提供―サケの表面を火であぶる。野菜に軽く塩、コショウをし、カブ、サケ、カブ、オクラの順に盛る。上にジャガイモを盛り、ドレッシング（サラダ油＋オリーブ油7、濃口醤油2、酢3、エシャロットみじん切り2～3個分、ワサビ）をかける。

鮭の骨のドレッシング

（だいこん屋）

▼仕込み―圧力鍋にサケの骨（3枚におろした骨身）を入れ、ひたひたの水、塩少量、酢を加えて15分間煮る。骨が柔らかくなったら冷ましておく。玉ネギは薄切りにする。ドレッシング（サラダ油、酢、だし割醤油、コショウ、タバスコ）の材料を混ぜ合せて冷やしておく。

▼提供―サケの骨、玉ネギ、カイワレ菜を混ぜ合せ、ドレッシングで和える。紅タデを天盛りにする。

▼コツ―酢を入れるのはかくし味と保存のため。冷蔵庫で2週間ほど保存可能。

氷頭のなます漬け

（あらまさ）

▼**仕込み**―塩ザケの頭を2㎜の薄切りにして1～2時間水に浸けて塩抜きする。

　つけ汁を作る。酢、砂糖、ミリンを合せて熱し、輪切りのレモン、種を抜いて小口切りにした赤唐辛子、繊切りのショウガを加える。火を止めてつけ汁が熱いうちにサケの頭を入れ、約3週間おいてなますを作る。

▼**提供**―器になますを盛り、イクラを上に散らす。蛇腹キュウリ、赤ノリ、大根おろしを添える。

▼**コツ**―本来秋田では甘く味つけしないが食べやすいように甘めに味を仕上げた。

へぎ鮭

（田舎家）

▼**仕込み**―風干しにしたサケは風通しのよい日陰に吊るしておく。

▼**提供**―サケを出刃包丁で薄くへぎ切りにする。大葉をしいた器にサケを盛り、日本酒をかけて提供する。

▼**コツ**―毎年11月、村上市では三面川に登ってくるサケを軒に吊るす。こうして乾燥させたサケを村上では夏の間、薄く切って酒浸しにして刺身代わりに食べるという。1～2年日持ちする保存食だが、夏期は冷蔵庫など涼しい場所に保存したほうがよい。

鮭焼きもの

（鮭鱒料理 あいはら）

▼**提供**―サケの切り身は、日本酒と濃口醤油を合せたタレにさっと通してから、強火で身側から3割、皮側から7割焼く。

　サケを器に盛り、大根おろしを添える。

▼**コツ**―旨みを逃がさないよう、強火で焼く。オスを使うのは、ハラスの部分が多く、脂ものっているため。

茸と鮭のちゃんちゃん焼き

（山田家）

▼仕込み—エノキダケ、シメジタケはほぐして小さく切る。シイタケは飾り包丁を入れる。キャベツはざく切りにする。

▼提供—フライパンにサラダ油をひいて、キノコとキャベツを軽く炒め、陶板に盛る。両面を軽く焼いたサケの切り身とシシトウ、シイタケをのせ、自家製玉ミソ（卵黄、白ミソ、砂糖、濃口醤油、塩、ミリン）をかけ、卓上コンロで火を入れる。

鮭のハラス焼き

（食彩工房舎人）

▼仕込み—サケのハラスを5～6cmに切り分け、塩を少しふる。

▼提供—七輪で炭をおこし、網を熱してからハラスを焼く。ショウガ甘酢漬け（→29頁）を添える。

鮭ダンゴ

（鮭鱒料理　あいはら）

▼仕込み—サケの白子は蒸して裏漉しする。熱いうちに片栗粉、砂糖、サンショウを入れて、すり鉢でする。少し冷やしてから卵黄、塩を加え、混ぜて小さなダンゴ状にし、サケの切り身を小さく切って中に入れる。

▼提供—パン粉をつけて丸く形を整える。160℃の揚げ油で揚げ、器に盛る。

北海ヤン衆豆腐
鮭の山芋豆腐蒸し

（風神亭）

▼仕込み―絹漉し豆腐は水切りをして裏漉しし、すりおろした山イモ、卵白、塩を加えて、すり鉢でする。紅ザケは焼いて身をほぐす。

流し缶にすり合せた豆腐を入れ、紅ザケを挟んで、上から豆腐を詰める。20分間蒸し、ヤン衆豆腐を作る。

銀餡（だし、淡口醤油、日本酒、ミリン、塩）の材料を合せて熱し、水溶き片栗粉でとろみをつける。

▼提供―ヤン衆豆腐を1人前に切って、レンジで温め、椀に移し、刻んだ三ツ葉を散らし、熱々の銀餡をかけ、練り芥子を落とす。

鮭しゅうまい

（鮭鱒料理　あいはら）

▼仕込み―卵黄にサラダ油を加えながら混ぜ、砂糖、塩、濃口醤油、ゴマ油を入れて元ダレとする。

カマボコはすり鉢ですり込み、卵白を入れて混ぜ合せ、元ダレを入れて混ぜる。サケの身は焼いてフレークにして混ぜて具とする。

▼提供―シュウマイの皮で具を包んで、蒸し器で蒸し上げる。器に盛る。

▼コツ―すったカマボコに卵白を加えるさい、多めに入れると分離しやすいので、少量ずつ入れてよく混ぜる。

叩き風鯖河茸和え

（和義）

▼仕込み―サバは3枚におろして、強めに塩をふる。夏場なら1～2時間おき、軽く酢洗いして酢に1～2時間浸ける。冬場なら塩をして3時間、酢に3時間ほど浸ける。酢から取り出して半日ほど冷蔵庫で保存して味をなじませる。

カワタケは水でもどす。ミョウガは繊切りにする。

▼提供―サバに串を打ち、表面を焼いて冷水にとり、水気をふき取る。平造りにして、水気を切ったカワタケと和える。器に盛り、ミョウガとおろしショウガ、花穂紫蘇を散らしてポン酢醤油をかける。

〆鯖

（シンスケ）

▼仕込み―サバは3枚におろし、べた塩をして3時間おく。塩を軽く水で洗い、酢に15〜30分間浸けて取り出し、水気をふき取って冷蔵庫で保存する。

大根は桂むきにし、繊切りにして水にさらす。大根の茎に飾り包丁を入れて唐草大根を作る。

▼提供―サバの皮をむき、八重造りにする。器に大根と大葉をしき、サバを盛る。おろしショウガ、紅タデ、花穂紫蘇を添え、唐草大根で飾る。刺身醤油を添える。

▼コツ―サバの大きさで浸け時間を加減して、中はサバのピンク色を残す。

〆鯖のレモン風味和え

（とひ家）

▼仕込み―サバを3枚におろし、塩をたっぷりあてて、30分間ほどおく。酢で塩を洗い流し、レモン汁の中に20〜30分間浸け込む。

▼提供―一口大にそぎ切りにし、器に盛りつけ、レモンの薄切りを添え、アサツキの小口切りを散らす。

▼コツ―レモンの香りを生かすためにレモン汁だけで締める。

鯖と野菜の生春巻

（游山楽）

▼仕込み―サバを3枚におろし、中骨と腹骨を取り除く。大根、ニンジン、キュウリは桂むきにして繊切りにし、軽く水にさらして水気を切る。ゴマダレ（練りゴマ100cc、豆瓣醤50cc、オイスターソース30cc、ニンニク醤油50cc、米酢100cc、水アメ300g、ゴマ油100cc）の材料を合せる。

▼提供―サバをそぎ切りにし、250℃のオーブンで5分間焼く。ライスペーパーをぬるま湯でもどし、水気をふく。グリーンカール、繊切り野菜、サバの順にのせ、ゴマをふり、きっちり巻き上げる。器にゴマダレを流し、一口大に切り分けた春巻を盛る。

〆鯖の生海苔和え

（笹吟）

▼仕込み—サバは3枚におろし、粗塩をあて、ザルにとって1時間ほどおく。酒で粗塩を洗い流し、酢に15分間浸けて締める。土佐酢（だし、酢、ミリン、淡口醤油）の材料を加熱する。生海苔は水で洗い、熱湯にさっとくぐらせ、土佐酢で和えておく。
▼提供—サバは中骨を取り除き、皮を引いて5㎜の厚さに切る。サバに土佐酢で和えた生海苔、おろしワサビを加えて混ぜ、器に盛る。天に大根の繊切りをのせ、ゴマとスダチを添える。
▼コツ—サバは鮮度のよいものほど生海苔との相性がよい。

胡麻鯖の刺身

（有薫酒蔵）

▼仕込み—ゴマサバを3枚におろし、さらに血合から2つに切って血合を切り落とす。ワケギは小口切り、ミョウガは繊切りにし、ショウガはおろしておく。刺身醤油（濃口醤油、ミリン、砂糖、うま味調味料）の材料を合せて熱し、冷ましておく。
▼提供—ゴマサバの皮を引き、幅広の平造りにする。器に盛りつけ、ワケギ、ミョウガ、おろしショウガをたっぷり添え、煎った白ゴマを散らす。別皿で刺身醤油を添える。
▼コツ—ゴマサバはマサバと似ているが、腹にゴマを散らしたような斑点がある。

鯖の筒煮

（花舎）

▼仕込み—サバはウロコをかき、腹を割って内臓を取り除き、筒切りにする。鍋にカツオだし、砂糖、濃口醤油、日本酒、ミリン、ショウガ適量を入れて煮詰める。サバを入れ、テリが出るまでじっくり煮る。煮汁をからめるようにし、アメ色のテリが出てきたら、大皿に盛る。
▼提供—大葉をしいた小皿に取り分ける。温め直しはしない。
▼コツ—あっさりと薄味に炊くと生臭くなるので、濃いめにしっかりと味をつける。

鯖のメコンデルタ揚げ タイ風鯖の揚げもの

（風神亭）

▼仕込み―サバを3枚におろし、腹骨を取る。塩、コショウをする。

カツオだしを熱し、ナンプラー、塩、コショウ、酢で味をととのえる。

赤パプリカはあられ切りにする。

▼提供―サバを一口大に切って、薄力粉を薄くまぶし、180℃の揚げ油で揚げる。

先のだしを温めて、揚げたサバを入れ、赤パプリカを加える。水溶き片栗粉を混ぜ、とろみをつける。皿に盛り、チコリ、ライムを添えて、香菜をあしらう。

▼コツ―サバは最後は高温で揚げる。

細魚とカマンベールチーズのパン粉揚げ

（食彩工房舎人）

▼仕込み―サヨリはウロコ、頭、ワタを取り除いて水洗いし、背開きにする。カマンベールチーズは、1cm角の5cm長さの棒状に切る。

背開きにしたサヨリの上に大葉をしき、カマンベールチーズをのせて巻き、楊枝でとめる。

▼提供―薄力粉、卵、パン粉の順につけ、180℃の揚げ油で揚げる。器に盛り、バジルソース（塩、コショウ、バジル、ニンニク、オリーブ油）をかける。

鰆の味噌漬け

（まえ川）

▼仕込み―サワラは3枚におろして切り身にして、薄塩をあてて1日おく。

ミソ床を用意する。白粒ミソにミリンを混ぜ合せる。ここにサワラを1時間ほど漬け込む。

▼提供―ミソを手で落として焼く。器に大葉をしいてサワラを盛り、ちりめん山椒を添える。

▼コツ―普通の白ミソより粒ミソを使ったほうがおいしくできる。また、焼くときにはミソは洗い流さないで、多少残ったままで焼くと、ミソがこんがりこげて、またよいものである。

鰆の白子焼き

（四季音）

▼仕込み—サワラを3枚におろして塩をし、日本酒でのばした西京ミソに漬け込み、一晩おく。
　タラの白子を熱湯でさっとゆがき、ザルにとって水気を切る。裏漉しをし、日本酒、生クリーム、塩、卵白を加えて中火にかけながら練る。
▼提供—サワラを強火の遠火で焼き、火が通ったら、裏漉しした白子を塗ってさらに強火の遠火で焼く。ショウガの甘酢漬け（→29頁）を添える。
▼コツ—白子の白さを残したいので、焼きすぎないように。

鰆の香煎焼き

（久昇）

▼仕込み—キンカンは一晩水に浸け、茶せんのように包丁を入れて灰アクでゆがく。水にさらして種を取り、さっと蒸して水分をとる。水1升、砂糖400g、水アメ少量で作った蜜で炊き、蜜煮とする。
▼提供—サワラの西京漬けを焼き、濃口醤油にミリンを加えたミリン醤油を塗って、再度あぶる。砕いたかきモチをふりかけ、ショウガの甘酢漬け（→29頁）と蜜煮にしたキンカンを添える。

鰆の信州蒸し

（金田）

▼仕込み—サワラの切り身を観音開きにして厚さをそろえ、塩をして約30分間おく。
　ソバをかためにゆで、水でヌメリを落として水気を切る。巻簾にアルミホイルをしき、皮目を上に向けてサワラの切り身をのせ、ソバをそろえて巻く。アルミホイルの両端をとめて冷蔵庫で1～2時間おく。

　三ツ葉はざく切りに、アサツキは小口切りにする。キヌサヤは熱湯で色よくゆがく。
▼提供—ホイルを外し、15分間ほど蒸して器に盛る。つゆ（だし10、ミリン1、濃口醤油1）を熱して注ぎ、三ツ葉とアサツキを天に盛り、キヌサヤを添える。

秋刀魚のさっぱりマリネサラダ

（風神亭）

▼仕込み―サンマを3枚におろし、腹骨をすき取り、薄塩をあてて1時間おく。

サンマを4時間以上マリネ液（だし、酢、淡口醤油、サラダ油、砂糖、塩、コショウ）に浸ける。

玉ネギ、赤パプリカ、ピーマン、キュウリ、ニンジン、セロリを繊切りにし、マリネ液に4時間以上浸ける。

▼提供―サンマの薄皮を頭のほうからむいて、そぎ切りにし、冷やした皿に並べ、野菜を盛りつけて、レモン、クレソンを飾る。

秋刀魚の肝のやどかり焼き

（久昇）

▼仕込み―サンマは3枚におろし、内臓を取り出す。内臓に田舎ミソ、濃口醤油、うま味調味料、卵黄を加え、火にかけながらよく練る。裏漉しし、小口切りの長ネギを加える。

▼提供―内臓を貝殻に詰め、ウズラの卵を落とし、軽く焼く。

▼コツ―長ネギを入れて、サンマの臭みを消して旨みを出す。貝殻に詰める前に一度火にかけているので、仕上げの焼き加減は、ウズラの卵がおぼろ状になる程度にする。

秋刀魚の共肝焼き

（笹吟）

▼仕込み―サンマは3枚におろす。内臓は強めに塩をして1日おく。内臓を倍量の煮切り酒でのばし、濃口醤油、ミリンを少量加えてつけ地を作る。つけ地にサンマを1時間ほど浸け、風干しをする。

▼提供―サンマは皮目のほうから八割ほど天火で焼き、さらにつけ地に浸けて焼き上げる。

器に盛り、シメジタケとゴボウの炊き合せをあしらい、スダチを添える。

▼コツ―サンマは鮮度のよいものを使う。つけ地は、使い足していくほどコクが出る。

秋刀魚のガレット

（游山楽）

▼仕込み—サンマは3枚におろして腹骨をすき、塩、コショウをする。フライパンに放射状に少しずつ重ねて並べ、薄く切ったトマト、トマトソース、パルミジャーノチーズ、ハーブ、タプナード（→166頁海老のガーリックオイル焼き）をのせる。生パン粉をふりかけ、バター、オリーブ油をふりかけて、200℃のオーブンで30分間焼く。
▼提供—切り分けてグリーンカールをしいた器に盛り、トマトソースをのせ、レモンを添える。
▼コツ—水っぽくならないように焼き上げること。

秋刀魚とトマトのオーブン焼き

（游山楽）

▼仕込み—サンマは3枚におろして腹骨をすき、軽く塩、コショウする。
　ガーリックバターを作る。卵黄にオリーブ油を加えてポマード状にし、みじん切りのニンニク、タプナード（→166頁海老のガーリックオイル焼き）を加える。
▼提供—耐熱器にマッシュポテト、薄切りのトマト、サンマ、ガーリックバター、パルミジャーノチーズ、生パン粉をのせ、200℃のオーブンで15分間焼く。
▼コツ—サンマのない時期は、イワシで。

秋刀魚のガーリック焼き

（食彩工房舎人）

▼仕込み—ニンニクはみじん切りと薄切りにする。フライパンにオリーブ油を入れて熱し、香りが出るまでみじん切りのニンニクを炒め、ガーリックオイルを作る。
▼提供—サンマ全体にガーリックオイルを塗り、塩、コショウをふって、薄切りしたニンニクをのせ、オーブンで10分間焼く。
　器に盛りつけ、レモンとクレソンを添える。
▼コツ—ニンニクがこげやすいので、火加減に注意。

秋刀魚と秋茄子の立田揚げ

（橙）

▼仕込み―サンマは3枚におろし、骨を抜き、濃口醤油2、ミリン3、おろしショウガ少量の割合で地を作って浸ける。ナスも同じ地に浸ける。

▼提供―サンマ、ナスに片栗粉をまぶし、180℃の揚げ油でカラリと揚げて、別に素揚げしたシシトウ、レモンとともに器に盛りつけ、セルフイユを添える。

秋刀魚の梅紫蘇揚げ

（游山楽）

▼仕込み―梅干の種を取り、カツオ節、煎りゴマとともに包丁で叩いて梅叩きとする。

▼提供―サンマを3枚におろし、腹骨をすいて軽く塩、コショウする。大葉、梅叩きをのせてサンマを巻き、片栗粉をまぶして175℃の揚げ油で5分間ほど揚げる。グリーンカールをしいた器に盛って提供する。

▼コツ―梅の酸味がとばないよう、揚げすぎに注意する。

白魚と三つ葉の卵じめ

（佃喜知）

▼提供―三ツ葉を刻み、卵を溶いて、シラウオと混ぜる。だし5、ミリン2、淡口醤油0.5を合せただしを適量加える。

鍋に入れて煮立て、器に盛って、ユズを散らす。

▼コツ―シラウオは、透明なものが鮮度がよい。

鱸の粒マスタードマリネ

（どんじゃん）

▼仕込み―スズキは3枚におろす。

マリネ液（粒マスタード160g、白ワイン30cc、酢30cc、砂糖30g、サラダ油150cc）を合せる。

玉ネギは薄切りにし、水にさらす。ワカメは水でもどして、ざく切りにする。

クルミは殻を割り、実を砕いておく。

▼提供―スズキを薄切りにし、玉ネギ、カイワレ菜、ワカメ、クルミ、クルトンを混ぜ合せ、マリネ液で和える。

▼コツ―マリネ液は粒マスタードの量が鍵。

鱸筒切り　蕎麦の実餡かけ

（和義）

▼仕込み―スズキは内臓を除いて筒切りにする。塩をふって1時間おく。

粒ソバは熱湯でゆでて水にさらす。これを3回程度くり返したら、水から火にかけ、柔らかくなるまで2時間ほど煮て水にとる。ミョウガは繊切りにして水にさらす。

▼提供―スズキは表裏をこんがりと直火で焼いたのち、蒸し器で5分間蒸してふっくら仕上げる。粒ソバはうまだし（だし、淡口醤油、濃口醤油、塩、砂糖、ミリン）で炊いて、最後に水溶き葛でとろみをつける。

器にスズキを盛り、蕎麦の実餡をかけて、ミョウガと針ユズを天に盛る。

すっぽん海苔和え

（とひ家）

▼仕込み―スッポンは下処理し（→91頁大根すっぽん）、身をほぐしておく。

海苔は熱湯でゆでてほぐし、スッポンスープ（→91頁大根すっぽん）を入れて熱する。ここに濃口醤油、ミリン、たまり醤油、砂糖を合せて煮る。

▼提供―海苔醤油でスッポンの身を和えて器に盛る。大根のつまと大葉をあしらう。

▼コツ―海苔にスッポンスープの旨みをよく含ませる。

大根すっぽん

（とひ家）

▼**仕込み**—スッポンは裏返しにすると首をのばしてひっくり返ろうとするので、そのとき瞬時に首をつかみ、首を切り、血を抜く。背甲を外し、内臓を取り、腹甲から脚を外す。

　これらを温湯に1分間くらい浸して皮をむき、皮、ツメ、ボウコウ、タンノウ、肺以外のすべてを、水から強火にかけてアクを取りながら、1時間くらい煮て、さらに弱火で3～4時間煮出し、スッポンスープをとる。身は引き上げてほぐしておく。

　大根は厚めの輪切りにして下ゆでをしておき、スッポンスープ、淡口醤油、ミリン、塩、砂糖、ショウガ汁を加えて再度炊く。長ネギとショウガは繊切りにする。ワケギはざく切りにする。

▼**提供**—大根を温めて器に盛る。残ったスープにほぐしたスッポンの身を加えて熱し、水溶き片栗粉でとろみをつけて上からかけ、天に、白髪ネギ、針ショウガ、ワケギを添える。

▼**コツ**—スッポンの首を落とすさいにスッポンが失禁しアンモニア臭くなるので、ボウコウにタオルを当てるとよい。スッポンの身はぶつ切りにしてしまうとグロテスクだが、ほぐすことによって見た目も気にならず食べやすくなる。

そいの刺身

（あらまさ）

▼**仕込み**—ソイは3枚におろして皮を引き、サク取りしておく。ソイの肝、胃袋、皮は日本酒と塩を加えて沸騰させた湯で一煮立ちさせて氷水にとって水気を切る。

　梅肉を作る。すり鉢で梅干の果肉、糸がきカツオ、ミリン、濃口醤油をすり合せる。

▼**提供**—ソイを薄造りにして皿に盛る。肝、胃袋は薄切り、皮は細切りにして添える。

　梅肉、ワサビ、切りそろえた芽ネギ、紫芽を添える。別皿で刺身醤油を添える。

▼**コツ**—ソイは寒い地方の魚で、岩礁に棲息する。大きいものは30cmになり、脂がのっているので梅肉でさっぱりと食べる。

白身魚の昆布〆

（万代家）

▼仕込み―タイは3枚におろし、上身を薄く切り、軽く塩をして1時間ほど冷蔵庫に入れ、身を締める。

酢を落とした日本酒で昆布を洗う。昆布をしいた上にタイをのせ、昆布をかぶせて重しをし、4時間ほどおく。

▼提供―器に大葉をしき、タイの切り身と細切りにした昆布を別々に盛り、半分に切ったスダチをあしらう。

白身魚と野菜の和風サラダ

（笹吟）

▼仕込み―タイはおろしてサク取りする。

玉ネギは薄切りにし、水にさらして水気を切る。サニーレタスはざく切りし、シメジタケはほぐして八方だしで煮て冷ます。

和風ドレッシング（だし、濃口醤油、白ワイン酢、ゴマ油、塩、コショウ、サンショウ、玉ネギとリンゴのすりおろし）を作る。

▼提供―タイをそぎ切りにし、軽く塩をあてる。器にトマトをしき、サニーレタスを小高く盛り、玉ネギ、シメジタケ、タイの順番で盛り込み、和風ドレッシングをかける。松ノ実、シラス、白ゴマ、小口切りのアサツキを散らす。

真鯛のカルパッチョ

（開花屋）

▼仕込み―タイは薄切りにする。

ニンニク、パセリはみじん切りにする。鍋にオリーブ油を熱してニンニクのみじん切りを入れ、香りを出し、ガーリックオイルを作る。

▼提供―薄く切ったタイを器に並べ、塩、コショウしてガーリックオイルを回しかけ、バルサミコ酢を点々と散らし、レモンを絞る。ジェノヴァ・ペースト（市販）を中央に盛り、パセリのみじん切りを散らす。

▼コツ―タイはあまり薄く切らないこと。ニンニクはこがしすぎないように。

鯛粕漬け焼き

（山三）

▼仕込み—タイを3枚におろす。適当な大きさの切り身にする。塩をふり、身を締める。余分な水分が出切ったら、ミリン、砂糖で味をととのえた酒粕に漬け込む。3～4日間で漬け上がる。

▼提供—タイを取り出し、表面についている余分な酒粕をふき取って焼く。

皿に大葉をしき、タイを盛り、大根おろし、ライムの輪切りを添える。

▼コツ—酒粕は蔵元に頼み、大吟醸の酒粕を入手している。粕漬けはこげやすいので、火力には充分注意したい。

小鯛の利休干し

（金田）

▼仕込み—小ダイを背開きにして中骨を抜き、水洗いして水気をふき取る。

つけダレ（淡口醤油1、ミリン1、日本酒1）を合せ、小ダイを30分間ほど浸け込む。取り出して水気を軽くふき取り、白ゴマを表面にふって、3時間ほど風干しする。冷蔵庫で保存する。

▼提供—小ダイを焼いて、皿に盛り、輪切りのレモンを添える。

▼コツ—小ダイは身が薄いので、干しすぎると過度に水分が抜けて、ぱさついてしまうので注意する。

白身魚の酒盗焼き

（笹吟）

▼仕込み—白身魚（タイ）は3枚におろして切り身にし、塩をあてる。

酒盗は一度水にさらして塩抜きし、日本酒、ミリンで味をととのえる。切り身を酒盗に1時間ほど浸け込んでから、2時間ほど風干しする。長ネギは短冊に切っておく。

▼提供—タイは2、3度酒盗ダレをかけてグリルでつけ焼きし、器に盛る。長ネギ、シシトウもつけ焼きし、白身魚に添える。長ネギに酒盗を添える。

▼コツ—酒盗の塩分を抜きすぎないよう注意する。

あぶってかも

（有薫酒蔵）

▼**仕込み**—スズメダイに軽く塩をふって冷凍庫で保存しておく。

▼**提供**—スズメダイを解凍し、網焼きにする。器に大葉をしき、スズメダイを盛って大根おろしとレモンを添える。

▼**コツ**—福岡県の郷土料理で、同店では4月以降に博多湾で獲れるスズメダイを使っている。もともとは沖で獲れたスズメダイに、その場で塩をし、水揚げ後、そのまま焼いて食べたという。「火にあぶって噛もう」が転じて、この名がついたというが、ほかにもあぶって食べれば鴨の味がするからという説もある。

冬大根と鯛潮仕立て

（楽味）

▼**仕込み**—タイの頭は梨割りにし、霜降りして血合やウロコを除いて掃除する。

大根は皮をむき、縦に4等分して食べやすい大きさに小口から切り、ゆでて水にさらす。

鍋に水を注ぎ、昆布を入れ、日本酒を加える。沸いたらタイを入れ、塩、濃口醤油、うま味調味料で味つけし、昆布を引き上げる。さらに大根を加え、アクを取りながら、弱火で1時間ほどことこと煮る。

▼**提供**—器に1人前を盛り、電子レンジで温める。小口に切ったアサツキを散らし、七味唐辛子をふる。

鯛のあら炊き

（凧錦）

▼**仕込み**—タイの頭は、熱湯で霜降りをして、ウロコや血合を取り除いておく。

ゴボウを拍子木切りにして水にさらす。

▼**提供**—鍋にタイの頭とゴボウを入れ、同割の日本酒とミリンを加えて、火にかけ、アルコールを煮切る。アルコールがとんだら濃口醤油を入れ、落とし蓋をして煮詰める。煮汁が煮詰まってきたら最後にたまり醤油を入れてテリを出して仕上げる。

器に盛って、木ノ芽を天に盛る。

▼**コツ**—煮汁が煮詰まってきたら、玉杓子で煮汁をすくってかけながらテリを出す。

鯛の南蛮漬け

（藤乃）

▼仕込み—タイは3枚におろす。腹の身をさいの目に切り、薄力粉をつけて、180～220℃の高温に熱した揚げ油で唐揚げにする。

合せ酢（酢、ミリン、砂糖、濃口醤油）の材料を合せ、一煮立ちさせ、輪切りの赤唐辛子を加える。

薄切りの玉ネギ、繊切りのニンジンをタイの唐揚げにまぶし、合せ酢に浸け込む。1日冷蔵庫におく。

▼提供—器に盛り、クレソンをあしらう。

▼コツ—とくに2度揚げする必要はない。高温でカラリと揚げ、合せ酢も温めておくと、味がしみやすい。

鯛と長芋の唐揚げ スイートチリソース

（橙）

▼仕込み—タイはやや厚めのそぎ切りにし、軽く塩、コショウをする。長イモは厚めの短冊切りにし、ナスは輪切りにする。

スイートチリソースに塩、コショウ、白ワイン少量を加え、味をととのえる。

▼提供—タイ、長イモ、ナスに片栗粉をまぶし、180℃の揚げ油で揚げる。シシトウを素揚げしてともに器に盛り、スイートチリソースをかけ、セルフイユを盛る。

▼コツ—長イモは、中まで完全に火が通らない程度に揚げると食感がよくなる。

白身魚のあられ揚げ

（笹吟）

▼仕込み—白身魚（タイ）は3枚におろし、切り身にし、塩をして1時間ほどおく。

▼提供—タイを同割の日本酒と水で洗い、水気をふき取る。薄力粉、卵の順につけ、ぶぶあられをしっかりつける。160℃の揚げ油で、魚の中心まで熱が通るようにカラッと揚げる。シシトウ、紅葉麸は素揚げする。タイは2つに切り、天紙をしいて盛り、シシトウと紅葉麸を盛り合せる。大根おろし、紅葉おろし、塩、天つゆ（だし、塩、濃口醤油、ミリン）、レモンを添える。

▼コツ—ぶぶあられをつけてから冷蔵庫で保存すると、カラッと揚がりやすい。

鯛、鮑、蓮餅の薄葛仕立て

（和義）

▼仕込み―タイの切り身を蒸し器で蒸す。別の半身は皮を引いて身を細かく叩き、熱湯をかけてそぼろを作る。

アワビは掃除し、大根の薄切りをのせて日本酒をふりながら、蒸し器で6時間ほど蒸す。殻とワタを除き、へぎ切りにする。

卵液（卵、だし、淡口醤油、ミリン、塩）の材料を合せて漉し、流し缶に注いで蒸す。

▼提供―卵豆腐、タイの切り身を盛り、蓮餅（おろしレンコンに塩少量を加えて火にかけて練る）、アワビとゆでたツケ菜を添える。すまし汁に葛をひき、そぼろ鯛を混ぜて温め、器に注ぎ、木ノ芽を添える。

鯛の蕪蒸し

（泥味亭）

▼仕込み―タイを3枚におろす。皮を引いてそぎ切りにし、少量の塩をふる。

ユリネを水に浸けてアクを抜いてゆで、すり鉢で粗く潰す。すりおろしたカブの水気を切り、卵白を加えて攪拌し、塩で味をつける。

▼提供―茶碗にラップをしき、丸めたユリネをタイで包んでのせ、おろしたカブをかける。茶碗のまま蒸し器で15分間蒸す。

ラップを外して器に盛り、だしに淡口醤油、ミリン、日本酒を加えてやや濃いめの吸いもの程度に味をつけて熱し、水溶き片栗粉でとろみをつけた餡をかける。ワサビを天盛りにする。

鯛のワイン蒸し あさつきソース

（開花屋）

▼仕込み―タイの切り身に薄塩をする。

▼提供―小鍋にタイを入れ、白ワイン70～80cc、コショウ少量を加え、蓋をして中火でワイン蒸しにする。タイを取り出す。

小鍋に白ワイン100cc、みじん切りのニンニク大さじ1を入れて火にかけ、汁気がほとんどなくなるまで煮詰まったら弱火に落とし、バター60gを分離しないように注意しながら溶かし、刻んだアサツキを加えてソースを作る。

器にタイを盛り、ソースをかけてクレソンを飾る。

小鯛のから蒸し

（久昇）

▼仕込み―小ダイは背開きにして中骨、内臓をすべて取り除き、酒塩に20分間浸けた後、干す。オカラはすって水漉しして絞る。
短冊に切ったニンジンとシイタケをサラダ油で炒め、八方だし（だし8、白醤油1、ミリン1、うま味調味料少量）と醤油、砂糖、塩で味をつけ、オカラを入れる。最後に小口切りの長ネギとサクラエビを加える。
▼提供―小ダイにオカラを詰め、大根の桂むきを下にしき、昆布を上にのせて10～15分間蒸す。器に盛り、温めた八方だしに水溶き片栗粉を加えて銀餡を作り、かける。

太刀魚の焼霜造り

（久昇）

▼仕込み―タチウオは3枚におろし、串打ちして皮側をあぶる。すぐに氷水につけ、布巾で水気をふき、八重造りにする。
濃口醤油とダイダイ酢を同量ずつ合せ、カツオ節、昆布を入れて2日ほどおき、漉して、ポン酢醤油を作る。
▼提供―タチウオを器に盛り、黒ゴマをふる。アサツキの小口切り、紅葉おろしを添え、ポン酢醤油を別皿で添える。

太刀魚のグリーンチリ和え

（開花屋）

▼仕込み―タチウオは3枚におろす。酢漬グリーンチリはみじん切りにし、ナンプラー、レモン汁、濃口醤油、うま味調味料を合せ、グリーンチリダレを作る。
サラダ油を火にかけ、みじん切りのニンニクを加え、ニンニクの香りが出たら火からおろし、冷ます。レタス、ニンジン、大根は繊切りにする。
▼提供―野菜を器に盛り、細切りのタチウオを盛る。グリーンチリダレをかけ、ニンニク油をかけ、ディル、シブレットを飾る。
▼コツ―タチウオは大きいと銀皮がかたいので、70～80cmの小型がよい。

太刀魚の南蛮

（魚山亭）

▼仕込み―タチウオは3枚におろし、身に細かく包丁目を入れて、適宜に切り落とす。薄力粉をまぶし、180℃の揚げ油で揚げて油を切る。

小口切りの赤唐辛子、砂糖、淡口醤油、酢で作った南蛮酢に2～3時間浸ける。

長ネギはぶつ切りにして、表面を焼き、中身だけを取り出す。

▼提供―器に盛り合せる。

太刀魚と豆腐の甘酢餡かけ

（赤い魚）

▼仕込み―タチウオは3枚におろす。木綿豆腐は食べやすい大きさに切る。

▼提供―木綿豆腐をタチウオで巻き、片栗粉をまんべんなくまぶして、180℃の揚げ油で3～4分間揚げる。

鍋に餡（片栗粉、酢、水、砂糖、濃口醤油）の材料を入れ、火にかけてとろみをつける。器に盛り、餡をかける。白髪ネギと小口切りのワケギを飾る。

鱈昆布〆

（ひがし北畔）

▼仕込み―タラを3枚におろし、サク取りする。昆布は布巾でふいて汚れを取る。

タラの皮を引いて塩をふり、昆布で挟んで軽く重しをのせて半日おく。

大根は桂むきして繊切りにする。

▼提供―タラを一口大のそぎ切りにする。

器に大根の繊切りを盛り、大葉をしき、タラを盛る。薄切りのラディッシュを添えて、紅タデ、ワサビを天に盛る。

▼コツ―昆布をふくとき、布巾を酒で湿らせておくと、よりおいしくなる。

鱈の若草焼き

（しる平）

▼仕込み―タラを3枚におろし、切り身にする。濃口醤油、ミリン、日本酒を合せて、タラを10分間浸けて取り出しておく。

モロヘイヤはゆでてみじん切りにする。タラのつけ汁に卵白を加えて混ぜ、しっかり水気を絞ったモロヘイヤを混ぜる。

ミョウガ梅酢漬けを作る。ミョウガを熱湯に通してザルに上げ、少量の塩をふってウチワで冷まし、色出しする。赤梅酢に水と砂糖を加えて、先のミョウガを浸ける。

▼提供―タラは両面を焼き、九割火を通し、モロヘイヤを2回に分けてのせて表面を焼く。器に盛り、ミョウガ梅酢漬けを添える。

鱈のブランデー風味

（うしのほねあなざ）

▼仕込み―ジャガイモとニンジンは角切りにして、160℃に熱した揚げ油で素揚げする。バターを溶かし、ジャガイモとニンジンを入れ、ブランデーをたっぷりと注ぎ入れる。生クリームとマヨネーズを同割ずつ加えて、味をととのえ、ソースを作る。

▼提供―タラの切り身に塩とコショウをふり、薄力粉をまぶす。フライパンにバターを溶かし、タラを焼く。

タラを器に盛り、仕込んでおいたソースを温めてかける。

芋棒

（まえ川）

▼仕込み―棒ダラは適当に切り、熱湯をかけて霜降りをする。サトイモは六方に皮をむいてゆでこぼしてヌメリを取っておく。

棒ダラをたっぷりのだしで1時間ほど煮る。ここにサトイモを入れて、ミリン、濃口醤油、日本酒、砂糖を加えて甘めの薄味をつけて、さらに1時間半ほど煮る。

▼提供―棒ダラとサイトモを盛り合せ、針ユズをたっぷり天に盛る。

▼コツ―芋棒は、京都を代表する郷土料理の一つ。本来は特産のエビイモを使うが、ここでは入手しやすいサトイモを用いた。あっさりめに味をととのえる。

どじょうの煮もの

（鹿火矢）

▼**仕込み**—活ドジョウは日に2回ほど水をかえて、泥を吐き出させる。
ゴボウは笹がきにする。

▼**提供**—鍋にドジョウ、ゴボウ、1cmの角切りにした木綿豆腐を並べ、濃口醤油、砂糖、日本酒で味をつけただしで煮る。
煮上がったら溶き卵を回し入れて、半熟になるまで加熱する。

▼**コツ**—ドジョウのアクは、浮き上がってきたらそのつど取り除く。

どじょうの唐揚げ

（神田小町）

▼**仕込み**—活ドジョウを水洗いしてザルに上げて水気を切る。
揚げ油を170〜180℃に熱して、ドジョウを1尾ずつ入れて素揚げする。

▼**提供**—ドジョウをもう1度揚げて塩をふる。
器に大葉をしき、ドジョウを盛ってレモンを添える。

▼**コツ**—2度揚げしたのは、骨までからっと揚げるため。

どじょうの唐揚げ

（志乃ぶ）

▼**提供**—揚げ油は中火にかけて120℃まで温度を上げる。水気を切った活ドジョウに薄力粉をまぶして揚げる。器に盛り、別皿で塩とレモンを添える。

▼**コツ**—薄力粉をまぶすさい、ドジョウが器からとび出さないように蓋をする。かりっと揚がるよう、中火でゆっくり揚げる。

飛魚の叩き

（だいこん屋）

▼**仕込み**—トビウオは3枚におろして皮を引いて包丁で粗く叩く。

アサツキは小口切りに、ショウガはおろしておく。

▼**提供**—トビウオとアサツキを混ぜ合せる。器に大葉をしいて盛りつけ、おろしショウガと紅タデを添える。別皿で濃口醤油を添える。

▼**コツ**—トビウオの旬は春から初夏にかけて。この時期ならではの新鮮な季節料理。

つみれの笹焼き

（いそむら）

▼**仕込み**—トビウオを3枚におろして皮をむく。出刃包丁で身を粗く叩き、すり鉢でざっくりする。

みじん切りのショウガと大葉とシイタケ、赤ミソをトビウオに加えてよく混ぜ合せてツミレを作る。

▼**提供**—熊笹にツミレを1㎝厚さに塗り、上火でキツネ色に焼く。器に盛ってスダチを添える。

▼**コツ**—すり鉢では材料が混ざる程度にする。すりすぎないように。

飛魚の団子揚げ

（神田小町）

▼**仕込み**—トビウオは3枚におろして皮を引き、フードプロセッサーにかける。山イモはすりおろす。玉ネギはみじん切りにして汁気を絞る。大葉とショウガはみじんに切る。

トビウオと山イモ、卵黄、淡口醤油をすり合せる。ここに先の玉ネギ、大葉、ショウガ、片栗粉を混ぜ合せる。

▼**提供**—生地を丸め、片栗粉をまぶして180℃の揚げ油で揚げる。シシトウを同じ油で素揚げにする。器に大葉をしき、団子とシシトウを盛り、塩をふる。レモンを添える。

鰊切り込み

（ひがし北畔）

▼仕込み―ニシンは鮮度のよいものを用意し、3枚におろして5㎜の厚さのそぎ切りにする。
米麹は60℃の湯に浸けてもどしておく。

ニシン1kgに対して赤唐辛子5本、米麹200g、塩80g、砂糖80gを加えて混ぜ、軽めの重しをして、冷蔵庫で2週間ねかせる。
▼提供―器に盛る。

身欠鰊粕漬け

（ひがし北畔）

▼仕込み―身欠ニシンは焼酎で洗う。粕ミソ（白ミソ、酒粕）をすり鉢ですり混ぜて、身欠ニシンを2ヵ月間漬ける。
▼提供―ニシンを取り出してミソをふき、そぎ切りにする。
器に盛り、津軽ミソ、アサツキの小口切りを添える。
▼コツ―身欠ニシンが空気に触れないよう漬けること。

身欠鰊山椒焼き

（ひがし北畔）

▼仕込み―山椒ミソ（津軽ミソ、日本酒、砂糖、粉サンショウ）の材料をすり鉢ですり合せる。
▼提供―身欠ニシンを網で焼き、仕上がり前に身側に山椒ミソを塗り、さっと焼く。
ニシンをぶつ切りにして器に盛る。天に叩いた木ノ芽を盛る。
▼コツ―山椒ミソを塗ってから、焼きすぎないようにする。

鰊のにんにく焼き

（笹吟）

▼仕込み—身欠ニシン（半生）は、米の研ぎ汁に2時間ほど浸して油臭みを抜き、小骨を抜いて、八方だし（だし、淡口醤油、ミリン、日本酒）で炊く。

オリーブ油に薄切りしたニンニクを加え、かりっとキツネ色になるまで炒めて香りづけし、ニンニクは取り出す。

白髪ネギと大葉の繊切りを混ぜ合せる。

▼提供—陶板に先のオリーブ油を熱し、身欠ニシンを軽く焼き、八方だしと少量の濃口醤油を加え、アルミホイルをかぶせて焼き上げる。取り出したニンニクと白髪ネギと大葉を天に盛り、白ゴマを散らす。

鰊焼き

（さの丸ゆうゆふ）

▼仕込み—菜ノ花は熱湯でゆがき、だし、淡口醤油、ミリンを加えて吸い地より少し濃いめに味をととのえただしに一晩浸ける。

▼提供—ニシンは、腹を傷つけないように内臓を取り、片面だけに飾り包丁を入れ、串を打つ。全体に塩をふり、強火で表6、裏4の割合で焼く。

器に盛り、菜ノ花、大根おろし、レモン、はじかみを添える。

▼コツ—ニシンは20㎝くらいのものを使う。

笹筍と鰊の炊き合せ

（あらまさ）

▼仕込み—身欠ニシンは米の研ぎ汁に浸けてもどす。半生は2～3時間、本干しは半日かかる。もどしたニシンをほうじ茶で一煮立ちさせる。

笹タケノコを米糠を加えた水でゆでてアクを抜く。だしに淡口醤油とミリンを加えて笹タケノコを煮る。

鍋に昆布をしいてミリン、濃口醤油を加え、落とし蓋をしてニシンを煮る。

菜ノ花をゆで、塩を加えただしに浸す。

▼提供—ニシンと笹タケノコを温めて器に盛り、菜ノ花を添える。

▼コツ—笹タケノコは秋田名産の細タケノコ。

鰊田舎煮

（田舎家）

▼**仕込み**―身欠ニシンは米の研ぎ汁に半日ほど浸けて油抜きをする。

フキは熱湯でゆでてスジをむき、水にさらしておく。タケノコはアク抜きをする（→29頁）。凍大根は水でもどしていちょう切りにして水からゆでておく。

ニシンをぶつ切りにし、熱湯で煮て、柔らかくなったらフキ、タケノコ、凍大根を加えてミリンと濃口醤油で味をつけて煮る。

▼**提供**―器に盛り合せて、繊切りのショウガと木ノ芽を添える。

▼**コツ**―凍大根とは、冬期に大根を軒下に吊るして凍らせた大根のこと。

鰊の有馬煮

（まえ川）

▼**仕込み**―身欠ニシンはタワシできれいに洗い、食べやすく切る。米糠を加えた熱湯でさっとゆでて、水洗いしてウロコなどをきれいに取り除く。

たっぷりのだしにミリン、濃口醤油、日本酒を加えて下処理した身欠ニシンを2時間程度煮込む。柔らかく煮えたら、仕上がる直前に実サンショウの塩漬け（→28頁）を加えて一煮立ちさせる。

▼**提供**―器に盛って提供する。

鰊昆布巻き

（福増屋）

▼**仕込み**―身欠ニシンは米の研ぎ汁に一昼夜浸しておき、そのまま火にかけて柔らかくもどす。

日高昆布（煮物用）はぬれ布巾で表面の汚れをさっとふいて取る。

水に浸けてもどした日高昆布で身欠ニシンを巻き、竹皮でしばる。

大豆は一昼夜水に浸けてもどしておく。

鍋に水を注ぎ、昆布巻きと大豆を入れて煮る。柔らかくなったら、濃口醤油、ミリンを加えて味をととのえる。

▼**提供**―器に盛って提供する。一晩おいて、味をなじませると旨みが増す。

独活と身欠鰊の煮もの

（花の木）

▼仕込み—身欠ニシンは米の研ぎ汁に一昼夜漬けて、このままゆでてもどし、一口大に切る。カノカダケは食べやすく切る。山ウドは熱湯でゆでてアクを抜き、皮をむいて食べやすい大きさに乱切りにする。

鍋にサラダ油をひき、山ウド、身欠ニシン、カノカダケを炒めて、火が通ったら日本酒、ミリン、濃口醤油、顆粒だし、うま味調味料を加えて味をととのえる。

▼提供—小鉢に盛りつけて提供する。

▼コツ—山ウドはアクが強いが、抜きすぎると、独特の苦みと香りが落ちてしまう。ミソで煮てもよい。

月山筍と身欠鰊の味噌煮

（花の木）

▼仕込み—月山タケは皮をむく。身欠ニシンは一口大に切る。

鍋に水を入れ、日本酒、白ミソ、顆粒だし、うま味調味料を加えて、月山タケと身欠ニシンを煮る。

▼提供—器に盛りつけて提供する。

▼コツ—月山タケが生の場合は白ミソは薄めで、缶詰の場合は濃いめの味で煮込むとよい。そのときに日本酒を加えすぎると月山タケから酸味が出てしまう。

鰊の煮つけ

（花舎）

▼仕込み—ニシンは水洗いしてウロコを取り、骨抜きで小骨を抜く。とくに下ゆではしない。

ショウガ、濃口醤油、砂糖、ミリン、日本酒、だしを火にかけ、ニシンを入れ、赤唐辛子を加える。沸騰する直前にニシンを入れ、火を弱めてじっくりと煮る。

▼提供—大葉をしいた器に盛る。

身欠鰊の天ぷら

（花の木）

▼仕込み―身欠ニシンを一口大に切り、日本酒と濃口醤油に少量の顆粒だしを加えた中に半日くらい浸けておく。時間がない場合は、1～2時間でもよい。

薄力粉を卵黄と水で溶いて衣を作る。身欠ニシンの水気を切って薄力粉をまぶし、衣をつけて170～180℃に熱した揚げ油で揚げて油を切る。

▼提供―器に盛りつける。

▼コツ―衣をかためにに作ると、冷めても状態が変わりにくい。

はたはたの味噌焼き

（花の木）

▼仕込み―合せミソ（赤ミソ、砂糖、日本酒、濃口醤油、七味唐辛子）の材料を合せておく。

▼提供―ハタハタはさっと水洗いする。両面に合せミソを塗って焼く。くし形切りのレモンを添えて盛りつける。

▼コツ―ミソはこげやすいので、火加減に注意する。

はたはたの味噌煮

（花の木）

▼仕込み―ハタハタは水洗いする。

鍋に熱湯を沸かし、ハタハタをショウガの輪切りとともに入れて煮る。日本酒、白ミソ、砂糖少量を加え、味をととのえて煮込む。

▼提供―温めなおしてハタハタを盛り、汁をたっぷり注いで提供する。

▼コツ―ショウガでハタハタの生臭みを抑える。

八角の薄造り

（歓）

▼仕込み―ハッカクを3枚におろしてサク取りしておく。

▼提供―サク取りしたハッカクの皮を引き、薄造りにして皿に並べる。濃口醤油とおろしショウガとワサビを添える。

▼コツ―北海道特産のハッカクは1～3月が旬。この時期のものは脂がのっていて形もよい。

八角の味噌焼き（田楽）

（江差亭）

▼仕込み―ハッカクは背開きにして、八割程度焼く。シシトウに白身魚のすり身を塗り、揚げ油で軽く揚げ、そばつゆ（だし、濃口醤油、ミリン）に2～3分間浸ける。

赤パプリカは紅葉形に切り、軽く湯通ししてから甘酢（酢、砂糖）に浸ける。

▼提供―ネギミソ（白ミソ、卵、長ネギの青い部分）の材料をを混ぜ合せ、ハッカクに塗り、焼き上げる。

器に白菜をしき、ハッカクのミソ焼きをのせ、シシトウと赤パプリカを添える。

鱧皮酢のもの

（越後）

▼仕込み―ハモ皮はよく焼き、繊切りにする。

ポン酢醤油を作る。水、濃口醤油、昆布を火にかけ、沸騰したら火を止めて、カツオ節を入れて冷まし、ダイダイの絞り汁、リンゴ酢、オレンジジュースを入れてよく混ぜ、ザルで漉す。

▼提供―キュウリを繊切りにし、器の半分まで入れ、ハモ皮を盛り、ポン酢醤油をかけ、紅葉おろし、木ノ芽を添える。

▼コツ―ハモ皮はこげないようによく焼くこと。ポン酢醤油に水を入れるのは、濃口醤油を煮詰めすぎたくないため。

鱧と野菜のつみれ煮

（楽太朗）

▼仕込み―ハモ（腹開き）は骨切りをして1cmに切り落とす。長ネギ・ショウガはみじん切り、シイタケは薄切り、山イモはすりおろす。以上をボウルに入れ、卵と片栗粉を加えてよく混ぜ、つみれを作る。

　つみれを丸めて170℃の揚げ油で揚げ、熱湯をかけて油抜きをする。

　だしに淡口醤油、ミリン、塩、砂糖を加えて、ショウガの繊切りと焼いた青ネギを入れて加熱し、割下を作り、つみれを煮る。

▼提供―レンジで再加熱して、器に盛り、大根おろしを加え、温めた割下を注ぎ、天に小口切りのアサツキとユズの繊切りを盛る。

鱧の香梅揚げ

（いそむら）

▼仕込み―ハモは骨切りして5cmに切り落としておく。

▼提供―ハモは皮を内側にして2つに折って、梅肉を塗った大葉を間に挟む。薄力粉を卵と水でさっくりと溶いて衣を作る。ハモに薄力粉をまぶし、衣をつけて180℃に熱した揚げ油で揚げて油を切る。半分に切って、器に盛る。スダチを添えて提供。

▼コツ―揚げ油は新しいものを使う。

鱧コロッケ

（福増屋）

▼仕込み―ハモ（腹開き）は皮を引き、食べやすい大きさに切り落とし、包丁の刃で叩いてから、すり鉢ですってミンチ状にする。

　玉ネギ、ニンジンはみじん切りにする。ハモのミンチに玉ネギ、ニンジンを加えて、よく練り上げる。塩、コショウで下味をつけたら小判形に成形し、薄力粉をまぶして溶き卵にくぐらせ、パン粉をつける。

▼提供―160℃の揚げ油で揚げ、油を切る。トマトケチャップと中濃ソースを合せたソースをかけ、キャベツの繊切り、スダチを添える。

鱧のおこわ蒸し

（うしのほねあなざ）

▼仕込み―ハモは開いて串を打つ。照り焼きダレ（濃口醤油、ミリン、砂糖）をかけながら焼く。串を外して細切りにする。

油アゲは熱湯で油抜きし、細切りにする。

米（うるち米ともち米同量ずつ）、ハモ、油アゲを合せ、塩、淡口醤油で味をつけただしでおこわを炊き上げる。だしの分量は通常の米の水加減より控えめにする。ギンナンは殻を外し、熱湯でゆでて薄皮をむく。

▼提供―炊き上がったおこわを器に盛り、蒸し器で2～3分間蒸して温める。ギンナンを散らす。

だしを熱し、淡口醤油、塩で味をつけ、水溶き片栗粉でとろみをつけてかける。

ひらまさのかま焼き

（神田小町）

▼提供―ヒラマサのカマは縦半分に切り、串を打つ。塩をふって皮目から強火で両面を焼く。

器に大葉をしいてヒラマサを盛り、大根おろし、レモン、ショウガ甘酢漬け（→29頁）を添える。

平目と独活の梅肉和え

（万代家）

▼仕込み―ヒラメは5枚におろす。軽く塩をし、冷蔵庫に入れて30分間ほどねかせる。

ウドは大きめの乱切りにし、酢水に浸してアクを抜く。梅干は種を除き、包丁で叩いて漉し、煮切り酒、淡口醤油、煮切りミリンと和え、梅肉ダレを作る。

薄切りにしたヒラメとウドをボウルに入れ、梅肉ダレ、白ゴマ、刻んだ大葉、ワサビ、淡口醤油少量を入れて和える。

▼提供―器に盛り、天に紫蘇ノ実をあしらう。

平目の昆布〆

（泥味亭）

▼仕込み―ヒラメを5枚におろして皮を引き、昆布で挟んで輪ゴムでとめる。さらにラップで包んで重しをし、冷蔵庫に1日おく。

5㎝に切ったキュウリを桂むきして水にさらしておく。

▼提供―ヒラメから昆布を外し、平造りにする。器に水気を切ったキュウリをしき、ヒラメを盛る。手前にエンガワを盛る。ボウフウをあしらい、ワサビを添える。

▼コツ―昆布締めは、タイ、カレイ、コチ、スズキなど白身の魚で応用できる。

平目の鮟肝和え

（魚山亭）

▼仕込み―ヒラメを5枚におろし、身をぶつ切りにする。

蒸したアンコウの肝を裏漉しし、小口切りのアサツキ、塩、淡口醤油を混ぜて、ヒラメを和える。

▼提供―器にカイワレ菜をしいてヒラメを盛り、紅葉おろしを天に盛る。

平目の温刺身、柚子風味

（串駒）

▼仕込み―ヒラメを5枚におろす。

▼提供―ヒラメを一口大のそぎ切りにする。皿に並べて塩、黒コショウ、ゴマをふり、オリーブ油をたらす。針ユズ（ユズの皮の繊切り）を散らし、オーブンでさっと火を入れる。

▼コツ―ヒラメは表面の色が変わればよい。好みで濃口醤油をかけてもおいしい。

平目のおくら和え

（金田）

▼仕込み―ヒラメを5枚におろし、塩をして1時間ほどおく。こののち、昆布に挟んで冷蔵庫で一昼夜おく。

ヒラメを取り出し、細切りにする。

オクラを塩みがきして、熱湯でさっとゆで、小口切りにする。ヒラメとオクラをよくかき混ぜる。

▼提供―器に盛って、紅タデを天に盛る。ワサビを添える。

▼コツ―和えものは、提供間際に和えるものだが、ヒラメもオクラも水分が少ないので、仕込み時に和えておいても水っぽくならず、味もなじむ。

白身魚のプディング

（藤乃）

▼仕込み―ヒラメを5枚におろし、フードプロセッサーにかけてペースト状にする。塩、卵白を加えて、よく混ぜ合せる。

玉ネギをみじんに切り、バターを溶かしたフライパンでよく炒め、塩、コショウで味をととのえたら、ヒラメのペーストと合せる。アルミのカップに詰めて、サラダ油を表面に塗り、140℃のオーブンで30～40分間焼く。冷蔵庫で保管する。

トマトを包丁で叩いて、塩、コショウ、オリーブ油を加えて、トマトソースを作る。

▼提供―プディングを盛りつける。トマトソースをかけ、クレソンを添える。

くつぞこ

（有薫酒蔵）

▼仕込み―クツゾコ（舌ビラメ）はウロコをかき取り、水洗いして水気を切る。

平鍋に水を注ぎ、ザラメ糖、ミリン、日本酒、濃口醤油を加えて味をととのえる。ここにクツゾコを入れて、落とし蓋をして弱火で煮る。

▼提供―皿にクツゾコを盛り、煮汁を注ぐ。繊切りのショウガを添えて提供。

▼コツ―クツゾコは舌ビラメの一種で、クロウシノ舌（黒牛の舌）ともいう。1年中獲れるが、とくに夏と秋が旨い。

ふぐ皮と焼き茄子の煮凍り （開花屋）

▼仕込み—ナスは直火で焼き、流水で冷やしながら皮をむき、水気を切って食べやすく切る。フグ皮はゆでて、繊切りにする。だしに塩、淡口醤油、ミリンで味をつけて八方だしを作り、水でもどしたゼラチンを加えて煮溶かし、火を止めてから、フグ皮、ナスを加えて35℃くらいまで冷まして流し缶に流し、冷蔵庫で完全に固まるまで約3～4時間おく。

芥子酢ミソ（白ミソ、練り芥子、砂糖、酢）を合せる。

▼提供—適宜に切って器に盛り、芥子酢ミソを添え、木ノ芽を盛る。

京風鰤蕪 （どんじゃん）

▼仕込み—ブリは3枚におろし、身を薄いそぎ切りにする。ブリと大葉を一緒にカブの千枚漬けで挟む。

▼提供—扇形に切り分けて、器に盛り、ワサビを添える。

▼コツ—ブリは脂ののったもののほうが千枚漬けの酸味と合う。

鰤の照り焼き （凧錦）

▼仕込み—照り焼きのタレを作る。日本酒を熱してアルコール分をとばして煮切り、砂糖、濃口醤油、たまり醤油、薄切りにしたショウガを加えて熱する。これを冷ましておく。ブリの切り身をタレに浸けておく。

▼提供—ブリに串を打ち、タレをかけながら両面を焼く。串を外して器に盛り、ショウガ甘酢漬けと粉サンショウを添える。

▼コツ—タレをかけるとこげやすくなるので、火加減に注意。

鰤かま

（いたる）

▼提供―ブリのカマは、全体にたっぷり塩をふり、天火で焼く。中まで火が通るように、中火で20～25分間かけてゆっくりと。
器に盛り、桜の枝を飾り、たっぷりの染おろしと半分に切ったレモンを添える。

鰤と大根のあら煮

（越後）

▼仕込み―ブリのアラは熱湯でゆで、水でよく洗う。大根は厚めの輪切りにし、かためにゆでる。大きい鍋にアラと大根を交互に並べ、だし、日本酒、塩、濃口醤油で1日煮る。鉄鍋に移して同様に並べ、炭火にかけて1日煮る。
▼提供―器に盛り、ユズの繊切り、アサツキの小口切りを散らす。
▼コツ―必ず弱火で煮ること。あまり大根を動かさない。

根ボッケのつけ焼き

（江差亭）

▼仕込み―根ボッケは3枚におろす。グリーンアスパラガスに豚バラ肉と大葉を巻き、オーブンで焼く。八丁ミソに砂糖、ミリン、日本酒を混ぜて練り上げたものを肉巻きにかける。
▼提供―根ボッケに軽く塩をふり、骨切りをして10cmほどの大きさに切る。濃口醤油とミリンに2～3分間程度浸け込み、中火でつけ地をかけながら焼き目がつくくらいに焼く。器に盛り、アスパラガスの肉巻き、ラッキョウ、カイワレ菜を添える。
▼コツ―根ボッケの旬は4～6月。北海道全域。回遊しないホッケで珍品。

鮪ほほ肉の叩き

（游山楽）

▼仕込み—マグロホホ肉は血合、薄皮、スジを取り除く。ポン酢醤油を作る。日本酒、ミリン、濃口醤油、酢を合せて火にかけ、沸いたらカツオ節を入れて漉す。冷めてから酢、ダイダイの絞り汁、昆布、赤唐辛子を入れてねかせる。

▼提供—マグロのホホ肉に軽く塩をあて、強火で表面をあぶり、氷水に取る。

器に大根のつまと大葉をしき、そぎ切りにしたホホ肉を盛りつけ、小口切りのアサツキ、紅タデをたっぷり盛る。

ポン酢醤油を添える。

鮪とアボカドのカルパッチョ

（食彩工房舎人）

▼仕込み—マグロはサク取りして、薄切りにし、塩、コショウをする。プチトマトは小角切りにする。アボカドは薄切りにする。

鍋にオリーブ油を入れ、ニンニクとバジルのみじん切りを加えて、香りが出るまで炒めてガーリックオイルを作る。

マヨネーズにマスタードを少し色づく程度加え、ソースを作る。

▼提供—マグロとアボカド、プチトマトを盛り、ガーリックオイルを回しかける。ソースを網目状にたらし、パセリを散らす。薄切りのバゲットにバターを塗って焼いて添える。

鮪の皮のポン酢

（佃喜知）

▼仕込み—マグロの皮はゆでてウロコを取り、ザルに上げて水を切り、細かく刻む。ポン酢醤油（ポン酢の素３、濃口醤油３、ミリン１、だし１、昆布５㎝）の材料を合せて沸騰寸前まで加熱し、２〜３日間おいてなじませる。

▼提供—マグロの皮を器に盛り、ポン酢醤油をかけ、長ネギのみじん切りと紅葉おろしを盛る。

▼コツ—マグロの皮は、ゆですぎてかたくならないように注意する。

生鮪と秋野菜のエスニックサラダ

（橙）

▼仕込み―キュウリ、長イモ、リンゴはマッチ棒大に切る。オクラはゆでて小口切りにする。ナンプラー風味ドレッシング（濃口醤油、サラダ油、ナンプラー、酢、ゴマ油、黒コショウ、砂糖）の材料を合せる。

▼提供―マグロはサク取りし、薄切りにして器に盛る。上にキュウリ、長イモ、リンゴ、オクラ、白髪ネギを盛り、香菜を散らし、小口切りのラディッシュ、黄菊を添え、ナンプラー風味ドレッシングをかける。

▼コツ―各野菜は大きさをそろえ、3～4cm長さに切ると、マグロで巻いて食べやすい。

鮪納豆とろろ

（佃喜知）

▼仕込み―マグロは角切りにする。長イモはすりおろし、長ネギはみじんに切る。

納豆は出刃包丁でよく叩いてから濃口醤油をかけ、練り芥子、マグロを入れてよく混ぜる。

▼提供―器に盛り、とろろをかけ、長ネギを天に盛る。

ハイカラ 鮪の中落ちに天カス・葱・卵黄のせ

（開花屋）

▼仕込み―マグロ中おちは、濃口醤油少量をなじませる。

天ぷら衣（卵黄、小麦粉、水）を作り、揚げ油を熱して衣を散らして、揚げ玉を作る。

大根は桂むきにして繊切りにし、けんを作る。

▼提供―器に大根のけんと大葉をのせ、中おちを盛り、長ネギのみじん切り、揚げ玉を散らし、卵黄を中央に盛り、ワサビを添える。

▼コツ―中おちになじませる濃口醤油の量は、軽く下味がつく程度の控えめのほうがよい。

鮪ユッケコチジャン風味

（游山楽）

▼仕込み―マグロはサク取りする。長イモは短冊切り、アサツキは小口切りにする。コチュジャンダレ（濃口醤油、日本酒、コチュジャン、豆瓣醤、砂糖、おろしニンニク、うま味調味料）の材料を合せる。

▼提供―マグロをそぎ切りにし、コチュジャンダレにくぐらせる。器にセルクルをおき、長イモ、マグロ、みじん切りの大葉、長イモ、マグロの順に重ね、コチュジャンダレを流す。

アサツキ、紅タデ、煎りゴマをたっぷりのせ、ウズラの卵を割り落とし、松ノ実をのせてセルクルを抜く。

葱とろのカルパッチョ

（どんじゃん）

▼仕込み―マグロ大トロを細かく刻む。長ネギをみじん切りにし、大トロと混ぜ、包丁でペースト状になるまで叩いて、ネギトロを作る。

酢と卵黄をかき混ぜ、サラダ油をゆっくりとたらしながら、撹拌してマヨネーズを作る。ここにおろしニンニク、レモン汁、オリーブ油を加えて、ニンニクマヨネーズを作る。

▼提供―バゲットを5㎜厚さに切り、トーストしてネギトロをのせ、マヨネーズを細く絞る。万能ネギの小口切りを盛る。

▼コツ―ニンニクマヨネーズは、マヨネーズ1ℓにニンニク3片程度が目安。

茄子と鮪のなめこ醤油

（とひ家）

▼仕込み―マグロ赤身は、そぎ切りにし、濃口醤油で洗って下味をつける。

ナスは焼いて冷水にとって皮をむき、一口大に切る。むいたナスの皮は、繊切りにして乾かし、揚げ油でかりかりに揚げる。

ナメコは熱湯にくぐらせて細かく叩き、濃口醤油、ミリン、一味唐辛子で煮て冷まし、なめこ醤油を作っておく。

▼提供―器にナスとマグロを互い違いに重ねて、上からなめこ醤油をかけ、天にナスの皮をのせる。

▼コツ―ナスは加熱後すぐに冷水にさらし、皮をむかないと、きれいな緑色が出ない。

鮪のステーキ

（大観音）

▼仕込み—レタスとニンジンを繊切りにして水にさらして水気を切り、サラダとする。ドレッシング（サラダ油、ゴマ油、酢、濃口醤油、ガーリックパウダー）の材料を混ぜ合せる。つけ汁（濃口醤油、日本酒、おろしショウガ、おろしニンニク）の材料を混ぜ合せておく。

▼提供—サク取りしたマグロを1.5cmの厚さに切って（1人前150g）、つけ汁に10～20分間浸す。熱したサラダ油でマグロの両面を強火で焼く。つけ汁をかけて蓋をし、2分間ほど蒸し焼きにする。1cm幅に切って器に盛る。サラダを盛ってドレッシングをかける。レモンとパセリを添える。

たぬ吉ハンバーグ

（たぬ吉）

▼仕込み—マグロ中落ちと長ネギのみじん切りを混ぜ合せる。塩、コショウで味つけし、おむすび程度の大きさに丸める。表面に薄力粉をまぶしてサラダ油をひいたフライパンで焼き、日本酒をふって蓋をし、10～15秒間蒸し焼きにする。

▼提供—耐熱器に移し、表面にマヨネーズを塗り、焼き色がつくまで上火で焼く。

濃口醤油をたらし、ワサビを天盛りにする。アサツキの小口切りと刻んだ海苔を散らす。

鮪のスペアリブ

（開花屋）

▼仕込み—マグロのアゴは半割りにし、皮を取って、つけ汁（日本酒1、濃口醤油1、豆瓣醤少量、ニンニクみじん切り少量）に30分間ほど浸ける。

タレ（濃口醤油5、酢4、ガーリックオイル2、ニョクマム少量、砂糖適量、うま味調味料少量）の材料を合せる。

▼提供—マグロを250～300℃のオーブンで10～15分間、色よく焼いて器に盛る。長ネギと万能ネギのみじん切り、タレ、ゴマを混ぜ合せてマグロにかけ、香菜を散らす。

▼コツ—できるだけ大きなマグロ（ミナミマグロなど）を用いる。

鮪のかま

（銀禅）

▼仕込み―本マグロのカマは塩をふって炭火で焼く。

▼提供―器に盛りつけ、鬼殻をむいた焼きグリ、甘酢（酢、砂糖）に漬けたミョウガ、半分に切ったスダチ、大根おろしを添える。

鮪のほほ肉焼き

（なかむら）

▼仕込み―マグロホホ肉は水洗いして水気をふき取る。表面に塩をふって30分間おく。塩が回ったら水で流して水気をふき取る。

つけ汁（濃口醤油、日本酒、砂糖、おろしショウガ）の材料を合せ、先のマグロを1時間ほど浸ける。取り出してラップに包んで保存する。

焼きダレ（濃口醤油、ミリン、日本酒、砂糖）を合せておく。

▼提供―裏面から焼き、七割火が入ったら表面を焼く。最後に焼きダレをかけてテリを出して仕上げる。器に盛り、カイワレ菜、大根おろし、スダチを添える。

めじ鮪の角煮

（神田小町）

▼仕込み―メジマグロを3枚におろしてサク取りする。熱湯で霜降りし、角切りにする。

かぶるくらいの水と日本酒を入れ、薄切りのショウガを加えて熱する。沸騰したら火を弱めてアクを取り、砂糖、濃口醤油を入れて味がしみ込むまでじっくり煮る。最後に包丁で叩いた有馬サンショウを加えて香りをつける。

▼提供―器に盛り、ラップをして蒸し器で蒸して温める。大葉を添え、木ノ芽をあしらう。

▼コツ―メジマグロは本マグロの幼魚で、5～6kgくらいのもの。

鮪の血合の竜田揚げ

（萬屋松風）

▼仕込み—マグロの血合を一口大のぶつ切りにする。

おろしたニンニク、ショウガ、日本酒、濃口醤油を合せ、マグロを30分間ほど浸ける。

▼提供—マグロをザルに上げて汁気をよく切り、片栗粉をまぶして180℃の揚げ油で揚げる。

器に盛り、カイワレ菜を添える。

▼コツ—血合はビタミンも豊富なので捨てずに使う。

鮪のほほ肉のフライ

（赤い魚）

▼仕込み—マグロホホ肉はスジを切り、塩、コショウで味をつける。

▼提供—マグロに薄力粉をまぶし、溶き卵にくぐらせ、パン粉をつける。180℃の揚げ油で2〜3分間揚げる。食べやすいように一口大に切り分ける。器にサラダ菜をしいて、フライを盛る。大根おろし、カイワレ菜、ワケギをのせ、レモンを添える。

▼コツ—ホホ肉は火が通りにくいので、揚げ時間は長めにみておく。

鮪の唐揚げ

（食彩工房舎人）

▼仕込み—マグロは、2.5cm角の角切りにする。ショウガをすりおろし、濃口醤油、日本酒を入れてつけ汁を作り、マグロを入れて2〜3時間浸ける。

タルタルソース（マヨネーズ、カツオ節、白ゴマ、キュウリのみじん切り、レモン汁、塩、コショウ、ゆで玉子のみじん切り）の材料をボウルに入れてよく混ぜる。

▼提供—マグロに粉（薄力粉と片栗粉のブレンド）をまぶし、余分な粉を落としてから180℃の揚げ油で揚げる。器に盛り、別にタルタルソースを用意する。

鱒の木の芽焼き

（田舎家）

▼仕込み—川マスは1人分の切り身にする。

▼提供—川マスに串を打って両面をこんがりと焼く。途中でミリンと濃口醤油を合せたタレをはけで塗って、照り焼きにする。

串を抜き、器に盛って叩き木ノ芽を散らす。ショウガ甘酢漬け（→29頁）を添える。

▼コツ—春には川マス、秋にはサケを使う。川マスの焼きものは塩でもおいしいし、ミソ漬けもまたいい。

松茸と真魚鰹の梅肉和え

（和義）

▼仕込み—マナガツオは3枚におろす。

梅干は種を取り除いて、削ったカツオ節とともに叩いて梅肉を作る。

▼提供—マナガツオとマツタケを網焼きにする。マナガツオの身をほぐし、マツタケは薄切りにする。大葉を繊切りにする。

マナガツオと梅肉を和え、これに大葉とマツタケをさっくりと合せる。器に盛って提供。

▼コツ—マナガツオは脂がのっているわりには淡白な魚。梅肉がすっきりとマナガツオを引き立てる秋に好適な肴。

ムツゴロウの蒲焼き

（有薫酒蔵）

▼仕込み—ムツゴロウは水洗いしてヌメリを取り、水気を切る。串を打って両面を焼く。

濃口醤油、ミリン、ザラメ糖を合せて熱し、甘辛く煮詰めてタレを作る。

▼提供—タレにムツゴロウを浸けて、両面を焼く。これを3回くり返す。

器に大葉をしき、ムツゴロウを盛る。ショウガ甘酢漬け（→29頁）の繊切り、一味唐辛子、粉サンショウを添える。

▼コツ—ムツゴロウは有明海や八代湾の干潟に棲息するハゼ科の魚。旬は晩春から夏。

めひかりの一夜干し

（なまこ屋）

▼仕込み―メヒカリを立塩に浸したのち、一晩風通しのよいところで風干しにする。
▼提供―メヒカリをこがさないように遠火でじっくりと焼いて器に盛り、ショウガ甘酢漬け（→29頁）とレモンを添える。

めひかりの南蛮漬け

（魚山亭）

▼仕込み―メヒカリは頭を落とし、内臓を取り、薄力粉をまぶして180℃の揚げ油で、揚げる。
ニンジンは繊切り、玉ネギは薄切りにしてサラダ油で炒める。南蛮酢（砂糖、淡口醤油、酢、だし）の材料を合せて、揚げたてのメヒカリを1日浸ける。
▼提供―器に盛りつけカイワレ菜を添える。
▼コツ―揚げすぎるとかたくなる。酢をだしで割ると酸味がやわらぎ、食べやすくなる。

やまべ

（あぶらびれ）

▼仕込み―新鮮なヤマベは、すぐにラップフィルムで包み、急速冷凍しておく。
▼提供―解凍すると味が落ちるので、冷凍のまま薄塩をし、強火の遠火で皮をこがさないように焼く。皿に盛り、レモンとパセリを添える。

山女の塩焼き

（隠家なゝ樹）

▼仕込み—ヤマメを流水で解凍し、登り串を打っておく。

▼提供—ヒレや尾に化粧塩をし、全体にも塩をふって、こんがりと両側を焼く。

器に大葉をしき、ヤマメを盛る。半月切りのレモンとはじかみショウガ、染めおろし（大根おろしに醤油をたらしたもの）を添える。

▼コツ—ヤマメは季節のものだが、最近は冷凍ものでも質がよくなってきているので、通年商品として扱うことができる。

山女朴葉焼き

（隠家なゝ樹）

▼仕込み—ヤマメはウロコをひき、背開きにして水洗いする。

長ネギは繊切りにする。朴葉は水に浸けてもどす。レンコンは輪切りにして熱湯でさっとゆで、熱いうちに甘酢に浸けておく。

すり鉢で津軽ミソに日本酒、ミリン、砂糖、サラダ油を加えてする。

▼提供—開いたヤマメの内側にミソを塗り、長ネギをのせて閉じ、さらにサラダ油を塗った朴葉で包む。これを蒸し焼きにする。

器に朴葉に包んだままのヤマメを盛り、レンコンの甘酢漬けを添える。

わかさぎ南蛮漬け

（牧水）

▼仕込み—同量の酢と濃口醤油を合せ、香りづけに焼いた長ネギ、小口切りにした赤唐辛子を加えて合せ酢を作る。

ワカサギは水洗いし、160℃の揚げ油で素揚げする。油を切り、熱いうちに合せ酢に浸けて2〜3時間おく。

長ネギ（白い部分）を小口切りにする。

▼提供—酢漬けのワカサギを器に盛り、長ネギを添える。

日本酒豆知識

◎原料による分類

【吟醸酒】
米、米麹（15％以上）、醸造アルコールを原料とし、精米歩合は60％以下。低温長期発酵させ、特別に吟味してつくる。フルーティな香りとすっきりした味わい。

【大吟醸酒】
米、米麹（15％以上）、醸造アルコールを原料とし、精米歩合は50％以下。玄米の表層部を50％以上磨いた米と優良酵母を低温長期発酵。香り、色、味が優れたもの。

【純米酒】
米、米麹（15％以上）のみを原料とした酒。醸造アルコールは添加しない。精米歩合の指定はなし。米の旨みやコクなどの個性が出やすく、濃醇タイプが多い。

【純米吟醸酒】
米、米麹（15％以上）のみを使用。精米歩合は60％以下。華やかな吟醸香と純米ならではの旨みやコクを合せもつ。

【純米大吟醸酒】
米、米麹（15％以上）のみを使用。精米歩合50％以下。醸造アルコールを添加しないので、ずっしりとコクのある味わい。

【特別純米酒】
米、米麹（15％以上）のみを使用。精米歩合60％以下。蔵元の個性が現れる。季節限定品も。

【本醸造酒】
米、米麹（15％以上）、醸造アルコール（15％未満）を使用。精米歩合70％以下。広く親しまれ、味のタイプも多種多様。

【特別本醸造酒】
米、米麹（15％以上）、醸造アルコールを使用。精米歩合60％以下。あるいは特別な製造方法のもの。旨みや香りをほどよく残し、まろやかですっきりと飲みやすい。

◎製造工程による分類

にごり酒：もろみの状態を残してにごらせた酒。甘く濃厚な味わい。

あらばしり：もろみを搾り最初に出てくる白くにごった酒。「しぼりたて」ともいう。

袋取り：もろみを詰めた酒袋を吊るし、自然に落ちる滴を集めた酒。

生酒：製造工程で一度も火入れをしていない酒。濃厚な香りが残る。

原酒：もろみを搾り、加水調整をせずに瓶詰めした酒。度数は高め。

無ろ過：搾った酒をろ過せずに、上澄みだけを瓶詰めしたもの。

山廃仕込み：山廃もと（酵母）を用いて作る酒。重厚な味と香りになる。

生もと仕込み：最も時間と手間のかかる伝統的な製法。淡麗で深い味わい。

貴醸酒：水のかわりに酒で仕込む高級酒。まろやかで甘く濃醇な味。

ひやおろし：春の新酒を秋まで熟成させ、火入れをせずに出荷したもの。

◎燗と冷やの表現

日向燗（ひなたかん）：30℃近辺
人肌燗（ひとはだかん）：35℃近辺
ぬる燗（ぬるかん）：40℃近辺
上燗（じょうかん）：45℃近辺
熱燗（あつかん）：50℃近辺
飛びきり燗（とびきりかん）：55℃近辺
雪冷え（ゆきびえ）：5℃
花冷え（はなびえ）：10℃
涼冷え（すずひえ）：15℃

◎日本酒度について

日本酒の比重を測る単位で、甘口、辛口を判断する目安となる。15℃の状態で4℃の水と同じ重さの酒を日本酒度±0とし、それより軽いものは＋（辛口寄り）、それより重いものは－（甘口寄り）で表示する。一般的に甘口の酒は含糖量が多く比重が大きいため、－に傾く。つまり、－の度合いが高いほど甘口の酒となる。

居酒屋百科（日本居酒屋協会著・柴田書店刊）より抜粋

青柳ぬた

（はまぐり）

▼仕込み―ワケギを小口から3cmに切ってさっと塩ゆでしてザルに上げて冷ます。芥子酢ミソ（西京ミソ、練り芥子、酢）の材料をよく混ぜ合せておく。

▼提供―アオヤギ（バカ貝）をさっと熱湯にくぐらせて冷水にとり、霜降りをする。アオヤギとワケギを芥子酢ミソで和える。

器に大葉をしいて盛りつけ、新ショウガとレモンを添える。

▼コツ―食べる直前に和えること。

青柳味噌叩き

（佃喜知）

▼仕込み―芥子ミソ（京ミソ50g、信州ミソ50g、砂糖大さじ3、酢大さじ3、練り芥子小さじ1）の材料をすり鉢でよく混ぜる。

アオヤギはさっと湯に通し、冷ます。長ネギの繊切り、芥子ミソ、アオヤギを混ぜて、出刃包丁で細かく叩く。

▼提供―器に大根のつまと大葉をしいて、叩いたアオヤギを盛り、おろしショウガを添え、花穂紫蘇を飾る。

小柱とすじこのみぞれ

（魚山亭）

▼仕込み―アオヤギの小柱はあぶり焼きにして、五割ほど火を通す。

サケのハラコは水の中で薄皮を外し、水気を切って濃口醤油、ミリン、日本酒を合せて醤油漬けにする。

▼提供―小柱とイクラを大根おろしで和える。

ヘイベイズ（宮崎県特産柑橘類）の果実をくり抜いて、器にして盛りつける。

小柱の揚げ餃子

（はまぐり）

▼仕込み―アオヤギの小柱をさっと水洗いして、水気をふき取っておく。長ネギはみじん切りにする。

小柱と長ネギにゴマ油と少量の濃口醤油を加えてよく混ぜ、ギョウザの具を作る。

▼提供―具をギョウザの皮で包んで、180℃の揚げ油で揚げる。油を切って器に盛り、レモンとパセリを添える。別皿で塩を添える。

▼コツ―長時間揚げすぎると、小柱がかたくなってしまう。

小柱の磯辺揚げ

（風神亭）

▼仕込み―海苔は8等分に切る。玉ネギはみじん切りにし、片栗粉を薄くまぶす。

鶏挽き肉にアオヤギの小柱、玉ネギ、玉子の素（→28頁）、塩を加えて混ぜ合せ、種を作る。

▼提供―種を海苔で巻き、薄力粉を水と卵で薄く溶いた衣をつけ、160℃の揚げ油で揚げ、塩と輪切りのスダチを添える。

▼コツ―種が柔らかすぎると海苔で巻けないので、片栗粉で調節する。

赤貝と山芋の酢のもの

（中川）

▼仕込み―アカ貝は殻を外し、肝とヒモを取り除いて4等分にする。加減酢（酢、濃口醤油、砂糖、カツオだし）を作る。

▼提供―山イモの皮をむいてすりおろし、アカ貝を混ぜる。器に加減酢を注ぎ、山イモで和えたアカ貝を浮かせる。ワサビを天盛りにする。

▼コツ―アカ貝と山イモはスプーンを使うと取りやすく、きれいな浮き身になる。なお加減酢に使用する酢は一度沸騰させたものを使う。器にはった加減酢に浮かんだ赤と白が爽やかな初夏の一品。

独活と赤貝と若布のサラダ

（はまぐり）

▼仕込み―ウドは皮をむき、乱切りにする。ワカメは水でもどしてざく切りにする。ドレッシング（濃口醤油、酢、ゴマ油）を混ぜ合せて冷やしておく。

▼提供―アカ貝は殻から取り出し、肝とヒモを取り除いて身に飾り包丁を入れ、叩きつけて締める。肝は熱湯でさっとゆでる。

　器にアカ貝と肝、水気を切ったウドとワカメをいろどりよく盛りつけて、冷やしたドレッシングをかける。レモンとパセリを添える。

▼コツ―サラダの材料はよく水気を切って冷やしておくとぐっとおいしくなる。

芹と赤貝の煮浸し

（中川）

▼仕込み―アカ貝は殻を外し、肝とヒモを取り除いて薄いそぎ切りにする。セリは小口から2～3cmに切り、水気を切っておく。

▼提供―日本酒に濃口醤油とミリンを加えて熱し、沸騰したらセリを入れてさっと煮る。セリを取り出し、同じ煮汁にアカ貝を入れて一煮立ちさせる。

　器にセリとアカ貝を盛り、熱い煮汁を注いで提供。

▼コツ―セリの歯応えと香りを生かすため、煮汁の味は濃くしすぎない。セリとアカ貝はさっと煮て熱々を提供する。

あげまき貝の塩焼き

（はまぐり）

▼提供―アゲマキ貝を熱湯でさっとゆでて殻を外して、水洗いして砂を取り除く。

　アゲマキ貝の身に日本酒と塩をふって網焼きにする。

　皿に大葉をしき、アゲマキ貝を盛って、レモン、パセリ、新ショウガを添える。

▼コツ―貝そのものに塩味がついているので、塩加減に注意する。両面強火で焼くと身が縮んでしまうので、片面のみを強めに焼いて香ばしさを出す。

あげまき貝の塩焼き

（有薫酒蔵）

▼仕込み—アゲマキ貝を海水程度の塩水に浸けて砂を吐かせる。

▼提供—アゲマキ貝を網焼きする。貝殻が開いたら、器に盛り、大葉とレモンを添える。

▼コツ—アゲマキ貝は有明海のみに棲息する二枚貝。旬は4～10月で、吸いもの、酢のもの、煮ものにも向く。

あさりと小松菜の煮浸し

（神田小町）

▼仕込み—アサリのむき身をザルに入れて熱湯をかけて、水洗いする。

カツオだしにアサリを入れて一煮立ちさせてザルに上げる。この煮汁はとっておく。

コマツ菜は熱湯でゆでて3cm長さに切る。

油アゲは繊切りにして熱湯で油抜きする。

キクラゲは水でもどして、繊切りにする。

コマツ菜、油アゲ、キクラゲをゴマ油で炒めて、先のアサリの煮汁を加える。日本酒、淡口醤油、少量のミリンを加えて味をととのえ、最後にアサリを入れて一煮立ちさせる。流水を外側からあてて、急冷する。

▼提供—器に盛り、針ユズを散らす。

ちょっと辛い！あさりのピリ煮

（橙）

▼仕込み—アサリは塩水に浸け、砂を吐かせる。

▼提供—長ネギ、赤唐辛子をみじん切りにして、ゴマ油でさっと炒めてからアサリを加える。水、日本酒、濃口醤油、砂糖、コチュジャンを入れ、アサリの殻が開くまで火を入れる。

アサリを器に盛り、アサツキの小口切りを散らす。

▼コツ—アサリは火を入れすぎると、身が縮んでかたくなるので殻が開いたらすぐ火を止める。

味噌玉焼き

（居乃一ＢＡＮ）

▼**仕込み**—大根、ニンジンは食べやすく切ってゆでる。シメジタケは小分けにする。エノキダケは根を切り落とす。

▼**提供**—陶板鍋にだしを注ぎ、アサリ、食べやすく切ったサーモン、大根、ニンジンを入れて火を通す。シメジタケ、エノキダケを加え、火が通ったら、白ミソと田舎ミソを合せたミソをかける。卵黄をのせて、ワケギの小口切りを散らす。

▼**コツ**—ミソをかける前に火を止める。

あさりと高菜の炒めもの

（淡如水）

▼**仕込み**—アサリは海水程度の塩水に浸けて砂抜きする。

高菜漬けは1.5cmに切り、ニンニクは薄切り、赤唐辛子は種を抜いて小口切り、アサツキは小口切りにする。

▼**提供**—アサリ、高菜漬けをサラダ油で炒め、おろしショウガ、ニンニク、赤唐辛子を加え、濃口醤油で味をつける。アサリの殻が開いたら火を止めて少量のゴマ油をたらす。

器にレタスをしき、盛りつける。カイワレ菜と小口切りのアサツキを散らす。

▼**コツ**—アサリも高菜漬けも塩分を含んでいるので、濃口醤油の分量は控えめにする。

あさりとほうれん草のバター炒め

（萬屋松風）

▼**仕込み**—アサリを塩水に3時間ほど浸けて砂抜きし、流水でよく洗う。

ホウレン草を熱湯でゆで、5cm長さのざく切りにする。

ニンニクはみじん切りにする。

▼**提供**—鍋でバターとサラダ油を熱し、アサリとニンニクを加えて炒める。蓋をして加熱し、アサリの殻が開いたら、ホウレン草を加えてさらに炒め、塩、コショウ、日本酒で味をととのえて器に盛る。

▼**コツ**—アサリからよいだしが出るので、炒め汁も一緒に盛りつける。

あさりの酒蒸し
（鹿火矢）

▼仕込み―アサリを海水程度の塩水に浸けて砂抜きをしておく。
▼提供―アサリをゴマ油で炒める。殻が開きかけたら日本酒、ミリン、濃口醤油、七味唐辛子、だしを加えて蓋をしてさっと蒸す。
器に盛り、小口切りのアサツキを散らす。

鮑とクラゲの中華和え
（黒船屋ルネッサンス）

▼仕込み―キュウリは種を取り、斜めに切る。長ネギは白髪ネギにする。キクラゲは水でもどし、繊切りにする。クワイ（水煮）は5㎜厚さに、フクロダケ（水煮）は半分に切る。
鶏胸肉はセイロで蒸して脂を抜き、薄切りにする。ドレッシング（市販の中華ドレッシング500cc、酢1合）に浸け込み、臭みをとる。アワビ（水煮）は、さざなみ造りにする。
▼提供―右の材料をドレッシングで和える。トマトを台にして盛る。トビコ、セルフイユを飾り、ドレッシングをかける。

鮑とうにオムレツのミルフィーユ
（和義）

▼仕込み―アワビは塩みがきし、蒸し器で3～4時間蒸す。キウイは裏漉しする。レンコンは薄い輪切りにする。
▼提供―蒸しアワビは薄切りにしてバターで焼く。160℃の揚げ油で丸く抜いたワンタンの皮とレンコンを揚げて油を切る。
卵に生クリームと塩、コショウを加えて味をととのえ、生ウニを合せる。バターを熱してこの卵液でオムレツを作り、3等分にする。

器に天つゆの餡とキウイを流し、オムレツ、ワンタンの皮、レンコンを交互に重ねて盛り、アワビとゆでたボウフウを飾る。

鮑の酒煮

（万代家）

▼仕込み―アワビは塩みがきする。深鍋にたっぷりの水とともにアワビを入れ、アクをひきながら弱火で30分間ほど煮る。たっぷりの日本酒、塩、濃口醤油少量を入れ、さらに30分間ほど煮る。串がすっと通ったら火を止め、一晩ねかせて味をしみ込ませる。

▼提供―器にアワビの貝殻をおき、大葉をしく。アワビを薄く切って盛り、塩ゆでしたソラマメを添える。

▼コツ―旨みを逃さず身を柔らかくするため、酒で煮る。

鮑の昆布煮

（佃喜知）

▼仕込み―アワビは塩みがきする。淡口醤油と5㎝角に切った昆布を鍋に入れ、アクを取りながらアワビを3～4分間煮る。

▼提供―アワビをやや大きめに切って、昆布をしいた貝殻の中に盛り、木ノ芽をのせる。

鮑とレタスのトマトバター炒め

（うしのほねあなざ）

▼仕込み―アワビは塩みがきし、ワタを取り除いて掃除し、薄塩をふる。

トマトバターを作る。トマトは皮を湯むきして種を取り除く。たっぷりのバターで炒めて、塩、コショウ、ローリエを加える。トマトの1.5倍のバターを用意し、冷めたトマトと合せて練り上げる。ラップフィルムで筒状にまとめて冷蔵庫で保存する。

▼提供―バターで薄切りのアワビを炒める。さっと火が通ったら、ちぎったレタスを加え、塩とコショウで味をととのえる。器に盛り、トマトバターをのせる。

いしかげ貝の酢のもの

（はまぐり）

▼仕込み―イシカゲ貝は殻を外して熱湯でさっとゆでる。ワカメを水でもどしてざく切りにする。キュウリは小口切りにする。
　軽く火にかけた土佐酢（淡口醤油、カツオだし、酢、ミリン）を冷まし、ゴマ油を数滴たらす。
▼提供―器にイシカゲ貝とワカメ、キュウリ、大葉を盛って、土佐酢をかけて提供。レモンを添える。
▼コツ―貝類は甘みがあるので、味つけは甘さを控えめにする。

板貝のオイル焼き

（志乃ぶ）

▼提供―鍋に少量のサラダ油をひき、濃口醤油1、ミリン1、だし1を注ぎ、ナメコを入れて火を通す。
　イタ貝は殻を開き、食べやすく切る。小口切りの長ネギ、ワカメとともに鍋に加え、さらに火を通す。

　器にサニーレタスをしき、イタ貝の殻をのせ、その上にきれいに盛りつける。
▼コツ―貝に火を通しすぎない。イタ貝は石川・能登でとれる貝で、富山ではイタ貝、金沢ではシロ貝と呼ばれる。

海たけの酢のもの

（有薫酒蔵）

▼仕込み―ウミタケ貝の殻を外して水管を取り出す。包丁で水管を開いて、中の汚れを水洗いして掃除する。
　キュウリを繊切りにする。
▼提供―ウミタケ貝を熱湯に通し、冷水にとる。水気をふき取り、繊維に沿って細切りにする。
　器に盛ってキュウリを添え、煎った白ゴマを散らす。別皿で三杯酢（酢、塩、砂糖）を添える。

海たけの焼きもの

（有薫酒蔵）

▼提供―ウミタケ貝の水管の干ものを網であぶり、手で裂いて濃口醤油とうま味調味料をかけて器に盛る。

▼コツ―ウミタケ貝は有明海の特産。これはウミタケ貝の水管を開いて日干ししたもの。

生岩牡蠣

（魚山亭）

▼提供―岩ガキの殻を開き、小口切りのアサツキと紅葉おろしをのせ、ヘイベイズ（宮崎県特産柑橘類）を添える。

▼コツ―一般的な岩ガキとは違い、横に平たい殻になっている。ヘイベイズの代用品としてスダチでもよい。

生牡蠣のマリネ

（どんじゃん）

▼仕込み―カキは塩でもみ洗いをして、汚れを落として水気を切る。

玉ネギはすりおろす。赤唐辛子は種を除いてみじん切りにし、ピンクペッパー、バジル、サラダ油、レモン汁、酢、砂糖と合せて、泡立て器で混ぜ、ドレッシングを作る。

▼提供―カキをドレッシングで和え、器に盛り、万能ネギのみじん切りを散らす。

▼コツ―生カキのおいしさを生かすよう、ドレッシングは薄味に。ピンクペッパーはピンクの殻のついた、普通のコショウよりも辛くなく、香りと甘みがあるスパイス。

牡蠣と水菜の昆布ドレッシング

（うしのほねあなざ）

▼仕込み—カキはさっと水洗いして、昆布をしいた蒸し器でさっと蒸しておく。昆布は取り出して細切りにする。

ミズ菜は熱湯でさっとゆがいて、ざく切りにしておく。

昆布ドレッシングを作る。ポン酢醤油に先の細切りにした昆布を入れ、煮切りミリン、ゴマ油を加えて混ぜ合せておく。

▼提供—器にミズ菜をしき、カキを盛り、昆布ドレッシングをかける。輪切りのレモンを添えて提供。

牡蠣のオイル漬け

（はるばる亭）

▼仕込み—カキは塩水で洗い、ザルに取り、水気を切る。

カキはフライパンに入れ、弱火でころがしながら空煎りする。完全に水分がなくなったら、濃口醤油をふり、蓋をして蒸し焼きにする。

冷めてから、密閉容器に入れ、ローリエの葉1～2枚を入れ、カキがかぶるくらいサラダ油をひたひたに注ぎ、冷蔵庫に保管する。3日目からが食べ頃。

▼提供—器に盛る。

▼コツ—作ってから、1ヵ月くらいはもつ。

牡蠣の松前焼き

（萬屋松風）

▼仕込み—カキを殻から取り出し、大根おろしでもんでから水洗いして水気を切る。

昆布を水に浸けて柔らかくもどす。

▼提供—昆布はカキが8個並ぶくらいの長さに切る。切り目を入れて日本酒、塩をふり、カキをのせる。

さらにカキにも日本酒と塩をふり、昆布とともに焼き網にのせて焼く。片面に半分ほど火が入ったら、カキを裏返してさらに焼く。表面に焼き色がついたらでき上がり。

器に昆布ごと盛り、紅葉おろし、アサツキの小口切りを散らし、レモンを添える。

牡蠣の紅葉焼き

（四季音）

▼仕込み―玉子の素（→28頁）とケチャップを合せてソースを作る。カキ（加熱用むき身）は大根おろしをまぶして洗う。

▼提供―カキに塩をふり、煮切った日本酒で酒煎りする。タオルで水分をふき、別に用意したカキの殻に盛る。

　カキにソースを塗り、サラマンダーでこげ目がつくように強火の遠火で焼く。

▼コツ―カキが酒臭くならないように日本酒の量は少なめに。量の目安は鍋に入れたときのカキの高さの4分の1くらい。酒で煮るのではなく、酒煎りである。カキはこの段階で完全に火を通しておく。

牡蠣の朴葉焼き

（四季音）

▼仕込み―カキ（加熱用むき身）は大根おろしでよく洗う。

　桜ミソに調味料を入れて弱火で1時間練った朴葉ミソ（桜ミソ、日本酒、ミリン、だし）を用意する。

　長ネギ、シシトウ（種を抜く）をみじん切りにして、七味唐辛子を加え、ゴマ油で炒める。冷めたら、朴葉ミソと合せる。

　乾燥の朴葉を一昼夜、水に浸けてもどす。

▼提供―朴葉の水気を切ってから、朴葉ミソを塗って、生のカキをのせ、炭をおこした卓上焜炉にのせる。

▼コツ―カキの代わりに合鴨や牛肉でも合う。

牡蠣と椎茸のしぎ焼き

（風神亭）

▼仕込み―カキは片栗粉をまぶして水で洗って掃除をして水気を切る。

　長ネギは4cm長さのぶつ切りにする。長ネギの白い部分を繊切りにして水にさらして、白髪ネギを作る。

　タレ（濃口醤油、日本酒、ミリン）の材料を合せる。

▼提供―長ネギとシイタケをサラダ油で炒めてから、薄力粉をまぶしたカキを加え、八割程度火が入ったら、タレを加えて味をからませる。

　器にシイタケ、長ネギ、カキを盛り、白髪ネギを添え、粉サンショウをふる。

牡蠣のグラタン

（銀禅）

▼**仕込み**―バターを溶かし、薄力粉を入れて炒め、火が通ったら牛乳を注ぎ、塩、コショウで味をととのえる。ここに、バターで炒めた玉ネギをミキサーにかけて加え、自家製ホワイトソースを作る。

▼**提供**―カキと粗みじんに切ったホウレン草、ベーコンを自家製ホワイトソースで和えて殻に詰め、粉チーズ、刻みパセリをふる。表面に卵黄を塗り、260℃のオーブンで7～8分間焼いて器に盛る。

▼**コツ**―生食用のカキを使い、香りをそこなわずに持ち味を生かせるよう、表面にこげ目がつく程度の火入れにする。

牡蠣の塩焼き

（佃喜知）

▼**仕込み**―カキは大根おろしでよく洗ってヌメリを取り、ザルに上げて水気を切る。長ネギはぶつ切りにする。

▼**提供**―アルミホイルにカキと長ネギをのせて塩をふり、サラマンダーで焼いてから器に盛り、スダチを添える。

▼**コツ**―カキは中がレアの状態になるよう焼きすぎない。

牡蠣生姜煮

（牧水）

▼**仕込み**―カキの殻を外し、水洗いして汚れなどを取り除く。鍋に濃口醤油、砂糖、ミリンを合せ、ショウガ汁を加えて味をととのえた煮汁を注ぎ、カキを煮る。とろ火で煮詰め、味をゆっくりのせていく。

一晩おき、味をなじませる。

▼**提供**―器にカキを盛り、天に針ショウガをたっぷり添える。

牡蠣の桜味噌煮

（おふろ）

▼仕込み―カキ（加熱用むき身）は大根おろしをまぶして掃除し、水洗いをしてから水気を切る。

桜ミソ、水、日本酒、砂糖を合せて加熱し、味をととのえて煮汁を用意する。

▼提供―煮汁にカキとぶつ切りにした長ネギを入れて加熱し、カキが煮えたら、長ネギとともに取り出し、煮汁を煮詰めて少し濃度をつける。カキと長ネギを器に盛りつけ、煮汁をかけ、ユズの繊切りを散らす。

▼コツ―カキは煮すぎると縮んでしまうので、必ず先に取り出すこと。

牡蠣韓国風炒め

（ビストロめなみ）

▼仕込み―カキ（加熱用むき身）はよく水洗いし、ヒダの間の汚れや殻のかけらを取り除く。

三杯醤油（濃口醤油、日本酒、ミリン各同割）を合せてカキを浸ける。

▼提供―ゴマ油を熱し、カキを取り出して炒める。カキがふっくらとふくれてきたら、バターを加えて香りをつける。火からおろし、もみ海苔をまぶす。

器にサニーレタスをしき、カキを盛る。

▼コツ―カキの浸け時間は好みでよいが、あまり長時間浸けると、水分が抜けて身が締まってかたくなってしまう。

牡蠣のバター焼き

（萬屋松風）

▼仕込み―カキを殻から取り出し、大根おろしでもんでから水洗いして殻や汚れを落とす。

エノキダケの根を切り落として小房に分ける。長ネギは斜め薄切りにする。

▼提供―フライパンでバターとサラダ油を熱し、カキ、エノキダケ、長ネギを加えて炒める。塩、コショウで味つけして日本酒を加え、仕上がりに濃口醤油をたらす。

器にサラダ菜をしいて盛り、紅葉おろしを天に盛る。アサツキの小口切りを散らし、くし形切りのレモンを添える。

▼コツ―カキは手早く炒める。

牡蠣味噌バター

（佃喜知）

▼仕込み―カキ（加熱用むき身）は大根おろしでよく洗い、ザルにとって水気を切る。長ネギはぶつ切りにする。甘ミソ（信州ミソ（赤と白）1、砂糖3、だし3、ミリン3、濃口醤油0.5、昆布3、赤唐辛子1）の材料を鍋に入れ、よく練り合せる。
▼提供―フライパンにバターをひいて加熱し、甘ミソをからませながら、カキと長ネギに火を通す。器に盛り、ユズを添える。
▼コツ―バターがこげやすいので、強火で素早く炒める。

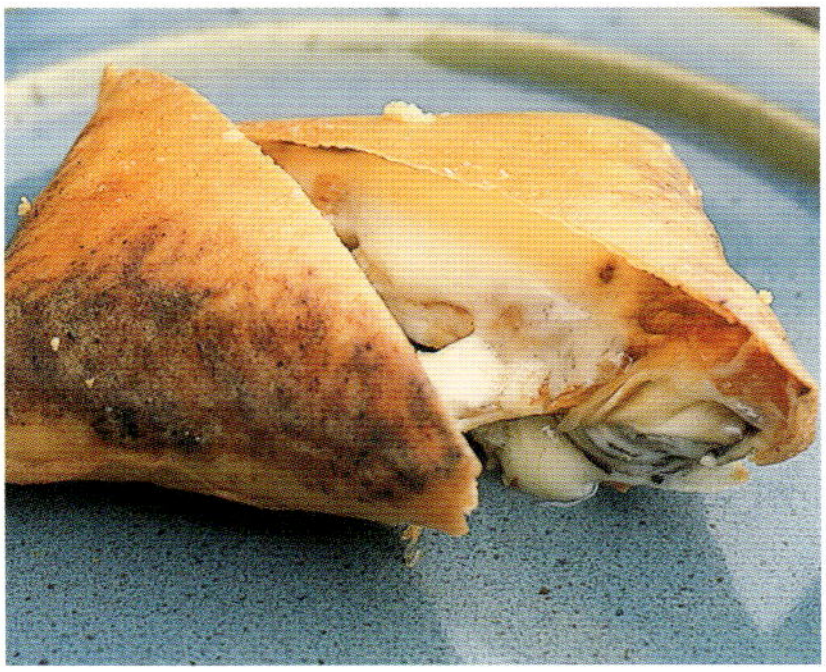

牡蠣のチーズ春巻

（泥味亭）

▼仕込み―カキは大根おろしをまぶして水洗いし、水気を切る。長ネギ、シイタケ、タケノコ（水煮）は繊切りにしておく。スライスチーズの上に金山寺ミソ、豆瓣醤を塗り、カキ、長ネギ、シイタケ、タケノコを重ねてラップフィルムで包んでおく。
▼提供―ラップを外し、スライスチーズをもう1枚上に重ねる。春巻の皮で四角形に包む。サラダ油にゴマ油を少量加えて170℃に熱し、春巻を揚げる。油を切り、半分に切って器に盛る。

牡蠣と野菜のワイン風味蒸し

（串駒）

▼仕込み―カキ（加熱用むき身）を水洗いして冷水にさらしておく。サヤインゲンを縦半分に切り、ニンジンとセロリはインゲンにそろえて切る。
▼提供―フライパンにバターを溶かし、野菜をしんなり炒めて、塩、黒コショウで味をつける。野菜の上にカキをのせて白ワインをふる。蓋をしてさっと蒸し煮し、カキを取り出す。
　煮汁をぎりぎりまで煮詰めたらバターを加え、レモン汁、塩、黒コショウで味をととのえ、カキをもどして温める。皿に盛り、アサツキの小口切りを散らす。

牡蠣の酒蒸し

（山田家）

▼提供―カキは酒塩（日本酒、塩）をふって、蒸し器で1分間ほど蒸す。
器に盛り、万能ネギの小口切りをのせる。小さく切ったスダチに紅葉おろしをのせて添える。

別皿でポン酢醤油（酢10、ミリン1～1.5、淡口醤油7、日本酒2）を添える。
▼コツ―素材の味を生かすため、限りなく生に近い蒸し方をする。

牡蠣豆腐

（四季音）

▼仕込み―カキ（加熱用むき身）は大根おろしで洗ってから霜降りし、ザルに上げる。
卵液（卵3個、卵の1割のだし）を作る。流し缶に水気をよくふき取ったカキを並べ、卵液を流し込む。蒸し器に入れ、はじめは強火、卵液の表面が白くなったら弱火にして30分間蒸す。

ミブ菜は塩ゆでし、吸い地（だし、淡口醤油、塩）に1時間浸ける。紅葉麩は吸い地で炊く。大根は薄い輪切りにする。
▼提供―器に1人前を切り出し、ミブ菜、紅葉麩、カキを盛り、大根をかぶせて、再度2～3分間蒸す。熱い吸い地を注ぐ。

姫さざえのエスカルゴ風

（はまぐり）

▼仕込み―姫サザエを熱湯でゆでて水洗いし、殻から取り出して、熱したコンソメスープに浸して薄味を含ませておく。
室温にもどしたバターを練り、すりおろしたニンニクを合せてガーリックバターを作る。
▼提供―姫サザエを殻にもどして、ガーリックバターを詰め、熱したオーブンで1分間焼く。
皿に塩をしき、姫サザエを殻ごと盛って、クネッケ、パセリを添える。
▼コツ―長時間焼きすぎないように注意。

味噌さざえ

（おふろ）

▼**仕込み**―サザエは中身を取り出し、ぶつ切りにして殻にもどす。

タレ（八丁ミソ、水、日本酒、砂糖）の材料を合せ、少し濃度が出るまで煮詰める。

サザエの殻にタレを注ぐ。

▼**提供**―サザエを直火でつぼ焼きにして器に盛る。

▼**コツ**―サザエから出るだしを加えると塩辛くなるので注意する。タレは少し濃度をつけないと味がからまない。

サザエカルゴ

（海浜館）

▼**仕込み**―サザエは身を殻から取り出して食べやすく切り、オイスターソースで和える。長ネギ、ショウガ、パセリのみじん切りを加えて、だしで煮る。

刻んだエシャロットを炒め、白ワインを加えて冷ましてから、バター、みじん切りのニンニクとパセリを加え、ガーリックバターを作る。

▼**提供**―サザエの殻に身を詰め、ガーリックバターとパン粉をのせて、200℃のオーブンで5～6分間焼く。焼いた石の上にのせ、固形燃料に火をつけて提供する。

がん漬け

（有薫酒蔵）

▼**仕込み**―活シオマネキをすり鉢に入れ、すりこぎですり潰す。これを土もののカメに入れて塩と粉に挽いた赤唐辛子を加えて冷暗所で保存し、発酵させる。

▼**提供**―器に大葉をしき、がん漬けを盛る。

▼**コツ**―シオマネキはスナガニ科の小形のカニ。甲羅は約3㎝。雌のハサミは小さいが雄のそれは左右のどちらかが大きい。がん漬けという名は蟹漬けからきていて、もともとは佐賀県の郷土料理で、有明海で獲れるシオマネキを使った保存食である。

しじみにんにく漬け

（はまぐり）

▼**提供**―シジミを少量の日本酒で蒸し煮にして、殻が半分くらい開いたら火を止めて取り出す。

残った煮汁に同量の濃口醤油とおろしたニンニクを加えて、シジミをもどして冷めるまでこのままおく。

器にシジミを盛り、パセリを添えて提供。

▼**コツ**―シジミは大粒のものを選ぶ。作りおきすると身がかたく締まるので、オーダーが入ってから作る。

スモークサーモンと平貝の和風ドレッシング

（ぶん也）

▼**仕込み**―スモークサーモンは角切りにする。和風ドレッシング（酢8、バルサミコ酢2、ゴマ油10、淡口醤油3～5、塩・コショウ・砂糖各適量）の材料を混ぜ合せて冷やす。

▼**提供**―タイラ貝に塩、コショウをふり、串を打ち、表面に薄くこげ目がつく程度にあぶる。串を抜き、横半分に切る。

器にスモークサーモンとタイラ貝を少量の和風ドレッシングで和えて盛り、花ワサビを添えて、上から和風ドレッシングをかける。

田螺の味噌和え

（あらまさ）

▼**仕込み**―タニシ（むき身）は2～3日水にさらして泥臭さを抜く。

鍋に湯を沸かして日本酒を加え、さっとタニシを湯通しし、ザルに上げて水気を切る。

八丁ミソに白ミソ、ミリンを加えて弱火で練る。ここに先のタニシを入れて和える。

長ネギは小口切りにして水にさらす。

▼**提供**―器に大葉をしき、タニシを盛って、水気を切った長ネギを添える。

▼**コツ**―タニシは火を通しすぎると身が縮んでかたくなってしまう。

田螺田舎煮

（田舎家）

▼仕込み―タニシを熱湯でゆでてザルに上げて殻から身を取り出す。みじん切りのショウガ、砂糖、ミリン、田舎ミソ、濃口醤油でさっと煮る。
▼提供―器に盛って提供。
▼コツ―タニシは田んぼなどの淡水に棲息する巻き貝。新潟では4月、アサツキと同じ頃にとれるので、アサツキとともにぬたにすることも多い。

つぶ貝と三度豆の大和煮

（牧水）

▼仕込み―ツブ貝は生でなく、煮熟した冷凍品が多く流通しているので、これを利用する。解凍し、汚れなどを洗っておく。
サヤインゲンは色よくゆがいて、適当な長さに切る。

だしに白ミソ、淡口醤油を合せて味をととのえて、4～5時間ツブ貝を煮る。仕上がりにサヤインゲンを加える。
▼提供―器に盛り、天に木ノ芽を添える。
▼コツ―三度豆はサヤインゲンのこと。年に3度も収穫できる、ということからついた異名である。

つぶ貝のブルーチーズソース焼き

（游山楽）

▼仕込み―ツブ貝（むき身）はぶつ切りにする。
香草バターを作る。みじん切りのハーブ（バジル、セージ、セルフイユ）、おろしニンニク、松ノ実、エダムチーズ、オリーブ油、バターをよく混ぜる。
▼提供―器にタプナード（→166頁海老のガーリックオイル焼き）小さじ1、ブルーチーズ大さじ2、香草バター大さじ1を入れ、ツブ貝を加えてコショウをふる。生クリーム100 cc、おろしたパルミジャーノチーズを加えて、250℃のオーブンで10分間焼き、フランスパンを添える。
▼コツ―ブルーチーズは使用量を加減する。

大つぶ貝のうま煮

（大観音）

▼仕込み―ツブ貝は殻を外し、さっと水洗いする。煮汁（だし1、淡口醤油1、ミリン1、日本酒1、うま味調味料少量）の材料を合せ、ショウガの繊切りを加えて、ツブ貝を煮る。沸騰したら火を弱めてアクを取り、20分間煮る。アクが浮き上がってきたら取り除く。

▼提供―器に大葉をしいて、一口大に切ったツブ貝を盛り、天に糸ウニを盛る。

▼コツ―貝は殻を外してから下ゆでするとと身がかたくなるので、下ゆではしない。

糸ウニとは、生ウニを乾燥させて繊切りにしたもの。珍味店で入手できる。

とこぶしと大根の炊き合せ

（ぶん也）

▼仕込み―トコブシは殻を外し、ワタを取り外す。トコブシの身と厚めの色紙切りにした大根を、日本酒を加えた水から2時間煮たのち、煮汁を漉す。鍋に煮汁とトコブシ、大根をもどして、かぶるくらいのだしを加えて煮て、砂糖、淡口醤油、濃口醤油で味をつけ、最後にミリンを加える。トコブシのワタも同じ煮汁で煮ておく。

菜ノ花は塩を少量加えた熱湯でゆがいてザルに上げる。

▼提供―トコブシ、大根、ワタを温めて器に盛り、菜ノ花を添えてショウガ汁をかける。

とり貝と三つ葉の山葵和え

（だいこん屋）

▼仕込み―トリ貝は縦3等分の細切りにする。根三ツ葉は熱湯でさっとゆがいて水気を絞り、トリ貝の大きさに合せてざく切りにする。

▼提供―ワサビ醤油（淡口醤油、おろしワサビ、粉末ワサビ）の材料を混ぜ合せて、トリ貝、根三ツ葉を和える。

▼コツ―和えもののときは、根ワサビのみより、同割の粉末ワサビを淡口醤油に加えたワサビ醤油を使うと辛みがきく。

ばい貝うに和え

（はまぐり）

▼**仕込み**―バイ貝は水洗いし、熱湯でさっとゆでる。

熱いうちに淡口醤油、日本酒、砂糖で味をととのえただしに浸けて味を含ませる。

▼**提供**―バイ貝の殻を取り外す。器に大葉をしき、バイ貝を盛り、ウニをのせ、細切りの海苔を散らして提供。

▼**コツ**―バイ貝は日本全国の比較的浅い砂底にすむ巻き貝。中でもエッチュウバイ貝は味がよいとされている。和えもののほかに酢のもの、佃煮などに適する。

ばい貝ブルゴーニュ風

（藤乃）

▼**仕込み**―バイ貝は熱湯で湯通しする。

玉ネギはみじん切りにして、塩、コショウをし、サラダ油で色づく程度に炒める。ニンニク、パセリもみじん切りにし、玉ネギとよく混ぜ合せる。室温にもどし、ペースト状に練ったバターをこれに加えて、混ぜ合せて、ガーリックバターを作り、冷蔵庫に保管する。

▼**提供**―専用の器にバイ貝とガーリックバターを入れ、強火のサラマンダーで表面がキツネ色になるまで焼く。薄切りのバゲットを焼いて添える。

▼**コツ**―玉ネギはよく炒めて、甘みを出す。

えぞばい貝のツブ焼き

（江差亭）

▼**仕込み**―エゾバイ貝は殻を割って身を取り出す。よく水洗いして、一口大に切る。

▼**提供**―鍋に、だし、濃口醤油、ミリン、日本酒を合せて薄味をつける。エゾバイ貝とワカメ、薄切りにしたシイタケを入れ、中火にかけて、沸騰する手前で火を止める。器に盛り、ウズラの卵を割り入れ、カイワレ菜をのせて、蓋を閉める。

▼**コツ**―エゾバイ貝は生でも食べられるものを使うので、身をかたくしないため、沸騰する手前で火を止める。

青ばい貝の煮つけ

（志乃ぶ）

▼提供―青バイ貝は殻を外す。器に、むき身と砂糖、濃口醤油を入れ、蓋をして電子レンジで加熱する（家庭用電子レンジで約5分間）。サニーレタスをしいた器に盛る。

▼コツ―青バイ貝は、水深600～1000mに生息。バイ貝の中でも肉が柔らかく、高級品とされる。

はまぐり昆布焼き

（はまぐり）

▼提供―ハマグリの殻を外す。水に浸して柔らかくした昆布の上にハマグリとシメジタケを並べて、日本酒、塩、うま味調味料をふって網焼きにする。別にレモンを添える。

▼コツ―コンロで供卓する場合、あまり焼きすぎるとハマグリが昆布に貼りついてしまう。これを無理にはがすと昆布が破れることがあるので提供時には注意を促す。

はまぐり焼き

（とひ家）

▼仕込み―ハマグリはさっとゆで、殻が開いたら、殻を1枚外す。長ネギ、ニンニク、ショウガをみじん切りにし、濃口醤油、ミリン、日本酒、豆瓣醤を加え、タレを作る。

▼提供―ハマグリを焼き台にのせて網焼きし、タレをかけて焼く。器に盛って提供。

▼コツ―タレは少々こがしたほうが、香ばしいが、焼きすぎると、身がかたくなってしまうので加減する。

小蕪とはまぐりの炊き合せ

（橙）

▼仕込み―ハマグリは、水と日本酒で煮て、殻が開いたらすぐ取り出す。

小カブは面取りし、少量の米、酢を入れた水から柔らかくゆでる。だし、ミリン、日本酒、淡口醤油、砂糖を加えた煮物地で煮て味を含ませる。

菊花（黄菊、もって菊）は酢少量を入れた湯でさっとゆで、水にさらす。

▼提供―カブとハマグリを器に盛りつけ、菊花と、ゆでたキヌサヤを添える。

カブを煮た地と、ハマグリの地を合せ、水溶き片栗粉で餡を作り、かける。アサツキの小口切りと木ノ芽を散らす。

地はまぐりのふくさ揚げ

（開花屋）

▼仕込み―パプリカ（赤・黄・緑）、長ネギ、生シイタケはみじん切りにする。

天ぷら衣（薄力粉、卵、水）を作る。

▼提供―ハマグリは殻に貝柱をつけたまま身を切り分ける。水気をふき取り、身の部分に打ち粉（薄力粉）して、みじん切りの野菜を天ぷら衣に混ぜてつけ、175℃の揚げ油（サラダ油5、ゴマ油1）で揚げる。

器に盛り、レモン、ハマボウフウを添える。

▼コツ―殻が重いため火が通っていても上に浮いてこないので、時間（2.5〜3分間）か衣の状態で揚がり具合を判断する。

ふじつぼ

（炉ばた）

▼提供―フジツボは熱湯でゆで、器に盛る。

▼コツ―一切の調味を加えない。青森、北海道のフジツボは、食用に適した大きさ。

帆立貝ととび子のサラダ

（淡如水）

▼仕込み—醤油ドレッシング（濃口醤油、サラダ油、酢、砂糖、ゴマ油）を混ぜ合せて冷やしておく。

大根は繊切りにして水に浸けておく。

▼提供—ホタテ貝柱を横に3等分の薄切りにし、それぞれにトビコをまぶす。

器に水気を切った大根を盛り、ホタテ貝柱を盛ってカイワレ菜を散らす。よく混ぜ合せた醤油ドレッシングをかけて提供。

▼コツ—トビコをまぶす前に、ホタテ貝柱を醤油ドレッシングに3～5分間浸けると味がよくしみる。

貝柱と大根サラダ

（シンスケ）

▼仕込み—リンゴと大根は色紙切りにする。大根は塩水に浸けてしんなりしたら絞って水気を切る。リンゴは変色しないようにさっと塩水にくぐらせる。

マヨネーズを作る。室温にもどした卵黄に塩を加えて泡立て器で混ぜ合せながらサラダ油を少しずつ加え、固まってきたらリンゴ酢を少量加える。状態をみながらサラダ油とリンゴ酢を交互に加える。コショウと練り芥子で調味する。

▼提供—直前に大根、リンゴ、ホタテ貝柱（水煮缶）をマヨネーズで和える。器にサラダを盛り、カイワレ菜を添える。

帆立貝と京人参

（どんじゃん）

▼仕込み—ホタテ貝柱は熱湯にくぐらせてさいのめ切り、京ニンジンは繊切りにし、さっと熱湯にくぐらせる。

粒マスタード、卵黄、酢、サラダ油、玉ネギのみじん切りを合せてよく混ぜ、ドレッシングを作る。

▼提供—ホタテ貝柱と京ニンジンをドレッシングで和えて器に盛る。

▼コツ—ニンジンの香りを消さないように湯通しはさっとくぐらせるのみ。

帆立とアンディーブのサラダ

（どんじゃん）

▼仕込み―ホタテ貝柱は熱湯にくぐらせてから、冷水にとって、そぎ切りにする。アンディーブは一口大、キュウリは半分に切って斜め切りにし、水にさらす。

▼提供―ホタテ貝柱、アンディーブ、キュウリに塩、コショウをし、ドレッシング（→132頁生牡蠣のマリネ）で和え、器に盛る。

▼コツ―アンディーブの苦みを消さないように、ドレッシングの量は控えめに。

貝柱と茄子の胡麻ドレ

（うしのほねあなざ）

▼仕込み―ホタテ貝柱をへぎ切りにして薄力粉をまぶし、180℃の揚げ油でさっと揚げる。ナスは小口切りにして素揚げにする。

ゴマドレッシング（濃口醤油、白ワイン酢、ゴマ油、海鮮醤、ミリン、おろしショウガ、半ずりの煎りゴマ）の材料を混ぜる。

揚げた貝柱とナスをゴマドレッシングに1日浸けて味をなじませる。

玉ネギを薄切りにして水にさらしておく。

▼提供―器に玉ネギとアルファアルファを盛り、貝柱とナスを共に盛る。別に生の貝柱を用意し、ゴマドレッシングにさっとくぐらせて盛りつける。カイワレ菜を添える。

生湯葉と焼き帆立貝

（笹吟）

▼仕込み―ホタテ貝柱は殻から外し、ヒモとワタを取り除き、薄塩をあてる。生ユバは白醤油で洗って、軽く下味をつける。八方だし（だし、ミリン、淡口醤油）を熱し、水溶き片栗粉でとろみをつけ、銀餡を作る。

▼提供―ホタテの身に串を打ち、日本酒をかけ、表面のみに焼き色がつく加減にあぶり、そぎ切りにする。器に生ユバとホタテを盛り、銀餡をかける。イクラ、おろしショウガ、三ツ葉を色よく天に盛る。

▼コツ―ホタテのあぶり焼きは色がうっすらと変わる程度とし、甘みを逃さない。

焼き帆立と大根のサラダ梅肉ソース

（橙）

▼仕込み―ホタテ貝柱は酒塩に少々浸けたのち、天火で火を入れる。大根はピューラーで引き、水によくさらす。
材料を合せ、梅肉ソース（白ワイン酢、梅肉、砂糖、レモン汁、淡口醤油）を作る。
▼提供―大根を器に盛り、貝柱を盛る。カイワレ菜、薄切りのラディッシュを添える。梅肉ソースをかけ、刻み海苔を天に盛る。
▼コツ―貝柱は生食できる新鮮なものを使い、完全に火を入れないレア程度が大根の食感とよく合う。

帆立といかのアッラガルム和え

（開花屋）

▼仕込み―ホタテ貝柱とイカ（ともに生食用）は1cm角に切る。オリーブ油にみじん切りのニンニクを加えて火にかける。香りが立ち、薄く色づいたら容器に移して冷まし、ガーリックオリーブ油を作る。
▼提供―ホタテ貝柱とイカに、トビコ（黄）、小口切りの万能ネギ、ガーリックオリーブ油、塩、コショウ、アッラガルム（またはナンプラー）を加えて和え、ディッシャーで取って器に盛る。酢取りミョウガ、花穂紫蘇を散らし、ガーリックオリーブ油を回しかける。

貝柱の三升漬け

（游山楽）

▼仕込み―濃口醤油1升、生麹1升、輪切りの赤唐辛子1升を合せ、冷蔵庫で3ヵ月以上ねかせる。
▼提供―湯引きしたホタテ貝柱を三升漬けで和え、大葉をしいた器に盛り、ユズの繊切りを散らす。
▼コツ―三升漬けは長期間ねかすことで、麹の甘みが広がる。

帆立照り焼き

（とひ家）

▼仕込み―活ホタテ貝の殻を外し、濃口醤油を全体にふる。

焼きダレ（濃口醤油、たまり醤油、ミリン）を合せておく。

▼提供―貝を串に刺し、焼きダレを数回つけながら、つけ焼きする。

器に盛りつけ、粉サンショウをふり、天に木ノ芽を盛る。

▼コツ―中心が半生ぐらいの状態に焼き上げると、ふっくら仕上がる。

貝柱のグリル　2色ソース

（料理倶楽部）

▼仕込み―香草ソース（EXV．オリーブ油、バジル、イタリアンパセリ、ニンニク、塩、コショウ）の材料をミキサーにかける。

薄切りのニンニクをオリーブ油で熱して香りを移し、玉ネギのみじん切りを入れてよく炒める。ホールトマトを加えて煮て、トマトソースを作る。

▼提供―ホタテ貝柱に軽く塩、コショウして、網焼きにする。器の中央にトマトソースをしき、貝柱を盛り、まわりに香草ソースをかける。マーシュ、セルフイユ、エディブルフラワーをあしらう。

▼コツ―ホタテは、こがさないように焼く。

帆立の貝焼き

（開花屋）

▼仕込み―ホタテ貝柱（生食用）は1個を4枚に薄くへぎ切りにし、水気を切っておく。ホタテの殻にご飯を薄く盛り、押しつけるようにしてのばす。

▼提供―ご飯の上にホタテを並べ、はけで表面に濃口醤油を塗り、300℃のオーブンで約3分間焼く。バターを適量のせ、再びオーブンで焼く。バターが溶け、ホタテに火が入ったら器に盛り、カイワレ菜をのせる。

▼コツ―焼き目がつきにくいので、あらかじめバーナーでホタテの表面にこげ目をつけておくとよい。

帆立バター焼き

（さの丸ゆうゆふ）

▼提供―陶板鍋に多めにバターをひき、玉ネギの薄切りをしく。

小分けにしたシメジタケとエノキダケ、4等分に切ったピーマン、薄切りにしたホタテ貝柱を盛りつけ、塩、コショウをふる。

コンロにのせて火をつける。

帆立貝柱ガーリックバター焼き

（藤乃）

▼提供―ホタテ貝柱を2等分に薄くへぐ。フライパンを熱し、表面を軽く焼いてから、ガーリックバター（→143頁ばい貝ブルゴーニュ風）を入れ、さらに軽く炒める。

器に盛ってクレソンを添える。

▼コツ―貝柱は表面に焼き目をつける程度にとどめる。ミディアムレアの状態にする。

貝柱大根

（はるばる亭）

▼仕込み―大根は皮をむき、厚さ2㎝の半月に切る。水に米糠を入れて、大根が柔らかくなるまで煮る。干貝柱と干シイタケはぬるま湯に浸けてもどす。干貝柱はほぐし、シイタケは薄切りにする。

鶏ガラスープの素にもどし汁、日本酒、塩、コショウを加える。ここに大根、貝柱、シイタケを入れて、強火で20分間蒸す。

▼提供―器に大根を盛り、残ったスープを熱して水溶き片栗粉でとろみをつけてかける。

▼コツ―干シイタケより、干貝柱を多くしたほうがおいしい。大根は蒸すので、下煮しすぎないようにする。

帆立がんもの煮おろし

（しる平）

▼仕込み―ホタテ貝柱は水からゆでて、ゆで汁を漉す。木綿豆腐は水切りする。ニンジンとサヤインゲンはあられに切ってゆでる。キクラゲはもどして繊切り、ギンナンは殻を外し、薄皮をむいて半分に切る。

木綿豆腐を裏漉しし、山イモ、淡口醤油をすり混ぜる。貝柱と野菜類を加え、ホタテのゆで汁で調整し、がんも生地を作る。

▼提供―だしに淡口醤油、ミリンを加えて熱し、おろした大根とショウガを加えておろし汁を作る。がんも生地を丸く取り、180～190℃の揚げ油で揚げる。器に盛り、熱々のおろし汁をかけ、アサツキを散らす。

帆立貝と蓮の博多揚げ

（ぶん也）

▼仕込み―ホタテ貝柱は軽く塩をふり、厚みのあるものは横半分に切る。

レンコンは酢を入れた熱湯で下ゆでして、貝柱の大きさに合せて切る。

エビは殻をむき、塩を加えて包丁で叩き、ペースト状にする。

▼提供―レンコンの上にエビのペーストを塗り、2枚のホタテ貝柱で挟む。海苔をホタテに巻く。薄力粉をまぶし、衣（薄力粉、水）にくぐらせて、180℃の揚げ油で揚げる。ハマボウフウの葉裏にも衣をつけて揚げる。器に盛って塩とレモンを添える。

帆立貝のかき揚げ

（神田小町）

▼提供―ホタテ貝柱は角切り、シイタケはさいの目切り、大葉、三ツ葉はざく切りにして、すべてを混ぜ合せ、薄力粉をまぶす。

衣（薄力粉、卵黄、水）を作る。薄力粉をまぶした貝柱、シイタケ、大葉、ミツバを合せ、衣を適量入れてからませ、170～180℃の揚げ油で揚げる。ピーマンを縦に切り、衣をつけて同じ油で揚げて油を切る。

器に盛り、大根おろしとおろしショウガ、天つゆを添える。

▼コツ―火通りをよくするには、菜箸ではさんで中央部分を薄くするとよい。

帆立貝のつみれ揚げ

（はまぐり）

▼仕込み―ホタテ貝柱をすり鉢でよくする。ここにショウガ汁、溶き卵、薄力粉を加えてすり合せ、つみれを作る。

▼提供―つみれを丸く取り、180℃に熱した揚げ油で揚げる。

　油を切り、器に盛ってパセリを添える。別皿で塩を添える。

▼コツ―長時間揚げすぎない。

筍と貝ひもの土佐煮

（料理倶楽部）

▼仕込み―タケノコ（水煮）は食べやすく切り、味がしみるように切り目を入れる。

　鍋にタケノコとホタテ貝のヒモを入れ、濃くとったカツオだしをかぶるくらい加えて煮る。濃口醤油、砂糖、日本酒、ショウガの繊切り、赤唐辛子のみじん切りを加えて、煮汁がなくなるまで中火で煮詰める。

　カツオ節を空煎りし、香りが立ったら火を止め、手で粉末状にもむ。ホタテの鍋をゆすりながら、カツオ節を全体にまぶす。

▼提供―器に盛る。

▼コツ―やや濃いめの味で勢いよく煮て、味を含ませる。

帆立湯葉揚げ

（越後）

▼仕込み―ホタテ貝柱は4枚に切る。タラコは皮を取り、包丁でよく叩く。

　ユバを広げてタラコを塗り、大葉、ホタテ貝柱の順にのせて巻く。

　天ぷら衣（卵黄、薄力粉、水）と天つゆ（カツオだし、ミリン、淡口醤油）を作る。

▼提供―ユバ巻きを天ぷら衣にくぐらせ、180℃の揚げ油で揚げる。

　器に盛り、紅葉おろし、アサツキの小口切りを添える。

▼コツ―ユバが破れる恐れがあるので油の温度に注意。油に入れたら、いったん火を止めて温度を下げるとよい。

帆立貝と蕪の菊花蒸し

（淡如水）

▼仕込み―カブに細かい格子の切り込みを深く入れて菊花カブを作る。カツオだしに塩、淡口醤油、日本酒を加えてカブを煮る。

ニンジンは半月切りにして、だしと砂糖で薄味に煮る。チンゲン菜はゆがいて、水気を絞り、ざく切りにする。

▼提供―器にホタテ貝柱を入れ、カブをのせて蒸し器で6～7分間蒸す。ニンジン、チンゲン菜、カニカマボコを散らす。

カツオだしに紹興酒と鶏ガラスープを加えて熱し、水溶き片栗粉でとろみをつけた餡をかける。アサツキを散らして提供。

北寄貝のカルパッチョ

（どんじゃん）

▼仕込み―ホッキ貝を熱湯でゆで、一口大に切る。

ドレッシング（→132頁生牡蠣のマリネ）を作る。

ニンニクマヨネーズ（→116頁葱とろのカルパッチョ）を作る。

ホッキ貝をクレソンとともに、ドレッシングで和える。

▼提供―ホッキ貝とクレソンを器に盛り、ニンニクマヨネーズを絞って飾る。

▼コツ―貝は煮すぎるとかたくなるので注意する。

北寄貝の洋風焼き

（和義）

▼仕込み―アスパラガスとパプリカ（赤・緑）は5㎜角のあられに切る。

ホワイトソースを作る。バターを熱して、みじん切りの玉ネギを炒める。キツネ色になったら塩とコショウをふり、鶏だしを加えて15分間煮る。固形コンソメで味を補い、牛乳と生クリームを加え、10分間ほど煮て、コーンスターチでとろみをつける。

▼提供―ホッキ貝は殻を外し、一口大に切って塩、コショウをふって殻にもどす。アスパラガス、パプリカをバターで炒めて殻に盛る。ホワイトソースを注いで、パイシートでおおう。230℃のオーブンで20分間焼く。

北寄貝とにんにくの芽の炒め煮

（はまぐり）

▼仕込み—ホッキ貝は殻を外して、身のまわりについている薄い膜を取り除く。生のまま一口大のぶつ切りにする。

ニンニクの芽は小口から3〜4cmに切って、熱湯でさっとゆでる。ギンナンは殻を外し、熱湯でゆでて薄皮をむいておく。

▼提供—ニンニクの芽、ギンナン、ホッキ貝の順にサラダ油で炒める。ここに日本酒、濃口醤油、カキ油、ゴマ油を加えて一煮立ちさせる。

器に盛って提供。

▼コツ—ホッキ貝の旬は、秋から冬。

ムール貝の香草バター焼き

（游山楽）

▼仕込み—ムール貝は汚れを取り、熱湯で軽くゆでる。

▼提供—天板にムール貝を並べ、タプナード（→166頁海老のガーリックオイル焼き）を少量挟み、白ワインをふり、塩、コショウ、香草バター（→141頁つぶ貝のブルーチーズソース焼き）、生パン粉の順にのせ、250℃のオーブンで5分間焼く。器に盛り、レモンを添える。

▼コツ—ムール貝の身がだれないよう、高温で一気に焼き上げること。

煮もの盛り合せ

（はまぐり）

▼仕込み—ナガラミ貝とシッタカ貝は塩を加えた熱湯で煮る。

エゾバイ貝、シロバイ貝、トウダイツブ貝は熱湯でゆでて砂を洗い、淡口醤油、砂糖、日本酒で薄味をつけただしで煮る。

姫サザエとトコブシは熱湯でゆでて、砂を洗い流し、濃口醤油、砂糖、日本酒で薄味をつけただしでさっと煮る。それぞれ煮汁に浸けたまま冷まして味を含ませておく。

▼提供—貝を盛り合せ、パセリを添える。

▼コツ—貝類はそれぞれ煮すぎないようにする。またもともと塩味を含んでいるので、味つけを加減しないと塩辛くなる。

焼酎豆知識

◎蒸留による分類

甲類：大麦やコーンを原料に、連続式蒸留器で蒸留し、アルコール度数36％未満にしたもの。無色透明でクセのない味わいが持ち味。酎ハイやサワー、カクテルに幅広く用いられる。

乙類：米、芋、麦などを原料に、単式蒸留器で蒸留してアルコール度数45％以下にしたもの。「本格焼酎」と呼ぶ。原料の風味が活きた味わいとなる。ロックやストレートで楽しむ。

◎おもな焼酎の種類

芋焼酎：主産地は鹿児島と宮崎。原料の芋は黄金千貫が主流だが、新品種も多い。どっしりと濃厚な甘みで、水や湯で割っても風味がくずれにくい。

米焼酎：熊本県球磨盆地の「球磨焼酎」に代表される日本で最も伝統的な焼酎。濃醇な旨みが特徴だが、フルーティで軽快なタイプも登場している。

麦焼酎：長崎県壱岐島を発祥とし、大分をはじめとする九州各地で作られている。麦特有のこうばしい香りを持ち、まろやかでクセのない味わいが特徴。

黒糖焼酎：鹿児島県奄美大島諸島のみで作ることを許された焼酎。サトウキビを原料としており、ほのかな黒糖の香りが感じられるまろやかな味わい。

そば焼酎：主産地は宮崎県高千穂地方で、信州や北海道でも作られている、比較的歴史の浅い焼酎。そば特有のフレッシュな香りがあり、飲みやすい。

泡盛：沖縄で作られる米焼酎。黒麹菌やタイ米など、独自の原料や製法で特有の風味を醸す。3年以上貯蔵したものは古酒（クース）と呼ばれる。

◎原産地呼称制度認定の本格焼酎・泡盛

球磨焼酎：熊本県の人吉・球磨地方で500年以上の歴史を持つ米焼酎。ガラとチョクという専用酒器を用いて、温めてストレートで飲むのが伝統的。

壱岐焼酎：長崎県壱岐島は、麦焼酎発祥の地といわれる。島内には7つの蔵元があり、原料を米麹3分の1に対して大麦3分の2を使用した独自製法で作られる。

薩摩焼酎：鹿児島産のさつま芋と水、米麹または芋麹を原料とし、鹿児島で製造される焼酎。多数ある蔵元ごとに個性あふれる味わいを生み出している。

琉球泡盛：タイ米、黒麹、水を原料とし、沖縄で製造される泡盛の総称。アルコール度数30％前後のものが中心で、現地では水割りで飲むのが主流。

◎焼酎の酒器

チョカ：鹿児島の酒器で、割水した焼酎を温める。水洗いせず使い込むのが基本。

カラカラ：沖縄発祥の酒器。酒の残量を確認するために振ると、カラカラと音がする。

ガラとチョク：球磨地方ではガラに入れた焼酎を直火で温め、小ぶりのチョクで飲む。

抱瓶：沖縄で携帯用として用いられていた酒器で、ユニークな形が特徴。

槍いかの刺身

（歓）

▼提供―ヤリイカの内臓と脚を抜き、皮をむいて細切りにする。大根のけんと大葉とおろしショウガを添える。
別皿で濃口醤油を添える。

いか刺身　黄身醤油がけ

（萬屋松風）

▼仕込み―イカをおろして皮をむく。キュウリを小口から薄切りにする。
▼提供―イカを細造りにする。溶いた卵黄に濃口醤油を加えて混ぜ、黄身醤油を作る。
器に大葉とキュウリをしき、イカを盛る。黄身醤油をかけ、刻み海苔を天盛りする。
▼コツ―黄身醤油の濃口醤油は塩辛くなりすぎないよう、少しずつ加えること。

いかと小松菜の真砂和え

（神田小町）

▼仕込み―コマツ菜を熱湯でゆでて水にとり、ザルに上げて水気を切る。小口から5cmのざく切りにする。
タラコに包丁目を入れて卵をしごくようにして薄皮をそぎ取る。
鍋にゴマ油を熱し、コマツ菜を炒め、タラコをほぐし入れてさっと炒めて冷ます。
▼提供―刺身用のイカの細切りを合せて和える。器に盛って提供。

麦いかの湯上げ

（だいこん屋）

▼**仕込み**―スルメイカ（小）は脚と内臓、軟骨を抜く。

▼**提供**―スルメイカの胴と脚を熱湯で15～20秒程度ゆでて半透明になったら取り出す。熱いうちに輪切りにして濃口醤油をかけ、小口切りのアサツキとおろしショウガを添えて提供。

▼**コツ**―6月、麦が実る頃とれるスルメイカを麦イカと呼ぶ。柔らかくて甘みのある肉質なので素材を生かすように調理した。

いかの山葵マヨネーズ和え

（いそむら）

▼**提供**―イカは脚と内臓、軟骨を抜いて皮をむく。身は5㎜厚さの輪切りにする。脚は5～6㎝に切って熱湯でさっとゆでる。ドレッシング（マヨネーズ、淡口醤油、コショウ、おろしワサビ）の材料を混ぜ合せてイカとカイワレ菜を和えて器に盛る。上に別に用意したカイワレ菜を添える。

▼**コツ**―イカはゆですぎるとかたくなって旨みがなくなってしまうので、さっと湯通しする程度にとどめる。

おくらといかのうに和え

（牧水）

▼**仕込み**―オクラは熱湯でゆでて、色出しし、適当な長さに切る。イカは表皮をむき、表面に鹿子に包丁目を入れ、短冊に切って湯通しして冷水にとる。練りウニを日本酒とミリンでのばしておく。

▼**提供**―器にオクラ、イカを入れ、練りウニをかける。天にぶぶあられを盛る。

いかとおくらの梅肉和え

（大観音）

▼**仕込み**―イカをおろし、身を切り開いて皮をむき、霜降りをして水気をふく。

オクラは塩でこすって塩みがきし、熱湯でさっとゆでてザルに上げる。

鍋に土佐酢（酢5、だし2、淡口醤油1、砂糖1、ミリン1.5、カツオ節適量）の材料を火にかけて冷まし、梅肉をのばす。

▼**提供**―イカは細切り、オクラは小口切り、ミョウガはみじん切りにして、梅肉風味の土佐酢で和え、器に盛る。

▼**コツ**―霜降りとは魚介類のヌメリや臭みなどを除くときに使われる調理法。湯通しし、これ以上熱が通らないよう急冷する。

あたりめの味噌漬け

（萬屋松風）

▼**仕込み**―スルメ（乾燥品）を日本酒に1日浸け、吊るして乾かす。さらに白ミソに2日間漬け込み、布巾で白ミソをきれいにふく。

▼**提供**―焼き網にのせ、軽く焼き色がつくまで焼く。1.5cm幅に切り、器に盛る。

▼**コツ**―白ミソに漬ける前に、しっかりと日本酒を切ること。また、スルメのかわりに、鶏のささ身でもおいしくできる。

ほたるいかと萱草の酢味噌和え

（バードランド）

▼**仕込み**―ホタルイカ（ボイル）の目を取り除く。カンゾウは塩ゆでにして水にとり、軽く絞ってだしと濃口醤油を合せただし醤油で洗っておく。ギョウジャニンニクはさっと塩ゆでする。

酢ミソ（酢、白ミソ、ミリン、練り芥子）の材料を合せて火にかけて練っておく。

▼**提供**―器にホタルイカ、カンゾウ、ギョウジャニンニクを盛って酢ミソをかける。

▼**コツ**―ギョウジャニンニクは別名アイヌネギと呼ばれ、4月の中旬頃の短期間のみ出回る。臭いは強いが、甘みのある山菜。

ほたるいかの酢味噌和え

（田舎家）

▼**仕込み**—ホタルイカ（ボイル）を熱湯でさっと湯通ししておく。

　芥子酢ミソを作る。白ミソに酢、砂糖、練り芥子を加えて弱火でよく練って冷ましておく。ワケギは小口切りにする。

▼**提供**—大葉を器にしき、ホタルイカを盛ってワケギを添える。芥子酢ミソを上からかける。

▼**コツ**—ホタルイカは3～5月に旬を迎える。最近ホタルイカはこの季節に店先でよく見かけ、入手しやすくなってきた。扱いやすい魚介類の一つである。

いかミンチステーキ

（いそむら）

▼**仕込み**—イカの内臓と脚を取り除き、皮をむく。イカをスピードカッターでミンチにし、白身魚のすり身とともにすり鉢でする。粗みじん切りのマッシュルームを合せ、卵、塩、コショウ、ショウガ汁を加えてよくこねる。

　長方形の耐熱器に詰めて、200℃に熱したオーブンに20分間入れ、表面にこげ目がつく程度に焼く。

▼**提供**—2cmに切り出し、バターで両面を焼いて器に盛る。おろしショウガ、ワケギを天に盛り、スダチ、パセリを添える。別皿で濃口醤油を添える。

いか浜焼き

（酒菜屋）

▼**仕込み**—イカは脚と内臓を取り出す。脚で肝を包み、刻んだ長ネギとともにイカの胴にもどし、楊枝でとめる。

▼**提供**—中まで火が完全に通るよう、弱火でじっくり焼き上げて、1cm厚さに切る。器に盛り、濃口醤油をかけ、刻んだ万能ネギをたっぷりのせて、キュウリに諸ミソを添えたモロキューと大根おろしを添える。

▼**コツ**—八戸の郷土料理である。

いか丸焼き ガーリックライス詰め

（開花屋）

▼仕込み―スルメイカは内臓と脚を外す。トマトとズッキーニは乱切りにする。みじん切りのニンニクをオリーブ油で温めて香りを立て、ご飯を入れて炒め、塩、コショウする。スルメイカの中に炒めたご飯を詰めて楊枝でとめ、イカの上面に包丁で切り目を数ヵ所入れる。

▼提供―アルミホイルの上にイカをのせ、オリーブ油とニンニクのみじん切り、トマトとズッキーニをオリーブ油、塩、コショウ、みじん切りのニンニクで和えたものをのせ、塩をふって300℃のオーブンで焼く。

小槍いかの詰めもの 野菜入りガーリックソース

（開花屋）

▼仕込み―小ヤリイカは脚と内臓を抜く。ここに細切りのエリンギを詰める。

パプリカ、ズッキーニは1cm角に切る。

▼提供―小ヤリイカに薄力粉をつけ、オリーブ油をひいたフライパンでソテーし、塩、コショウで味をととのえる。

別のフライパンにオリーブ油、みじん切りのニンニク、輪切りの赤唐辛子を入れて火にかけ、野菜を炒める。塩、コショウを加え、仕上がりにバルサミコ酢を加えて、先の小ヤリイカを軽く炒め、器に盛り、イタリアンパセリ、ルーコラ、バジルを飾る。

いかげそ腸焼き

（佃喜知）

▼仕込み―イカの肝は前日に塩をふって冷蔵庫に入れ、味をなじませる。

▼提供―イカの脚（ゲソ）に塩をふってから肝を塗り、アルミホイルにのせてサラマンダー（上火のみのオーブン）で焼く。器に盛る。

▼コツ―火は強火がよい。肝を焼きすぎないこと。

じゃが芋とするめいかの田舎煮

（笹吟）

▼仕込み―スルメイカの身は輪切りに、脚は食べやすく分け、肝は軽く塩をしておく。ジャガイモは4等分に切ってかためにゆでる。厚揚げとコンニャクは2cm角に切る。ニンジンは輪切りにする。

鍋に八方だし（だし、淡口醤油、ミリン、日本酒、塩）を入れ、ニンジン、ジャガイモ、厚揚げ、コンニャクを炊く。ジャガイモに味がしみたら、イカの身とゲソを入れ、色が変わったら裏漉しした肝を加える。

▼提供―再度温めて、ゆでたキヌサヤと一緒に器に盛る。

子持ち槍いかの照り煮

（古都里）

▼仕込み―水2、日本酒1、ミリン1、濃口醤油1、砂糖適量を合せ、火にかける。沸騰したら、適宜に切ったヤリイカ（子持ち）を入れ、約7分間（イカ1杯で）煮る。

▼提供―器に盛り、木ノ芽とユズを飾る。

▼コツ―イカの身の表面にツヤが出てきたころが仕上がりの目安。

里芋といかの葛煮

（佃喜知）

▼仕込み―サトイモは皮をむいて、塩でよくもみ、水からゆでる。イカの脚は細かく切り、シイタケは石突きを取り、半分に切る。サヤインゲンは半分に切る。鍋にだしを入れて、濃口醤油、砂糖、ミリンを加えてから、サトイモと野菜とイカを入れて煮、味をととのえる。

▼提供―再度温め、葛を水で溶いて回し入れ、とろみをつけて器に盛る。ユズの皮を散らす。

▼コツ―サヤインゲンの色がとばないように注意しながら煮る。

いか墨煮

（ビストロめなみ）

▼**仕込み**―スルメイカをの脚と内臓を取り出して皮をむき、1.5cm厚さの輪切りにする。

鍋にオリーブ油とみじん切りのニンニクを入れて弱火で熱し、香りが出たら、イカとイカの肝を加えてさっと炒める。イカに火が通ったら、イカ墨、白ワイン、バジル、オレガノ、タバスコを加えて、弱火で1時間半ほど煮る。

▼**提供**―小鍋に取り分けて温め、みじん切りのパセリを散らす。バゲットを薄く切って焼いて添える。

▼**コツ**―イカ墨は、別に市販されているものも加えるとよい。ハーブはドライを使用。

筍といかの北京風炒め

（料理倶楽部）

▼**仕込み**―イカはおろして皮をむき、鹿の子に包丁目を入れて3cm角に切る。大正エビは頭と殻を取り、背ワタを抜く。タケノコ（水煮）は短冊に切る。キクラゲはぬるま湯でもどし、一口大に切る。ニラは3cmに切る。

鶏ガラは血合いや脂などを掃除し、玉ネギ、ニンジン、ブーケガルニと一緒に水で1日煮て漉し、鶏ガラスープを作る。

▼**提供**―180℃の揚げ油で、片栗粉をまぶしたイカを揚げ、油を切る。

鍋にタケノコ、ほぐしたシメジタケとエノキダケ、キクラゲ、みじん切りの長ネギを入れて、さっと炒めて紹興酒を注ぎ、アルコールをとばす。

鶏ガラスープ、濃口醤油、ミリン、塩を入れ、調味し、イカ、大正エビ、ニラを加えて炒める。

水溶き片栗粉でとろみをつけ、最後に香りづけにゴマ油をたらし、器に盛る。

するめの天ぷら

（凧錦）

▼仕込み―衣（薄力粉、卵黄、水）を作る。
▼提供―サキイカ（おつまみ用の乾きもの）に薄力粉をまぶす。揚げ油を170～180℃に熱し、サキイカに衣をつけてからりと揚げる。取り出して油を切り、器に盛る。
　半月切りのレモンとマヨネーズを添える。
▼コツ―かりっと揚げるため、無駄な衣がつかないように、衣はよく切って揚げるのがコツ。

いかシューマイ

（海浜館）

▼仕込み―イカはすり身にしてつなぎに卵黄を入れて丸め、塩、コショウをふる。
　シュウマイの皮を繊切りにして、イカのすり身のまわりにまぶす。
▼提供―セイロに入れて蒸し、練り芥子、濃口醤油を別皿で添える。
▼コツ―そのままで食べてもよい程度に、塩味をきかせる。

海老と野菜の蓬味噌和え

（久昇）

▼仕込み―エビは酒塩（日本酒4、塩1）で煎り、殻をむく。
　タケノコ（水煮）、シイタケは一口大に切り、八方だし（だし8、白醤油1、ミリン1、うま味調味料少量）で下煮する。

　ヨモギは灰汁でゆでてアク抜きする。

　白ミソ700gに対して卵黄10個、日本酒少量を加えて練り混ぜ、玉ミソを作る。ヨモギを玉ミソとともにすり鉢でよくすり合せて蓬ミソを作る。

　野菜とエビを蓬ミソで和える。
▼提供―器に盛り、タケノコの皮を飾る。

小海老とハーブのサラダ

（游山楽）

▼仕込み―ムキエビは背ワタを抜いて水洗いして、ヌメリを取る。

グリーンカールは指でちぎって冷水にさらし、水気を切って冷やす。

ドレッシング（赤ワイン酢25cc、白ワイン酢25cc、バルサミコ酢150cc、レモン汁1個分、オリーブ油600cc、バジル、イタリアンパセリ、クミン、塩、コショウ）を作る。

▼提供―器にグリーンカール、バジル、ルーコラ、マーシュ、トレヴィス、熱湯で塩ゆでしたエビを盛りつけ、ドレッシングをかける。薄切りのチーズ、角切りのトマト、薄切りのマッシュルームを添える。

甘海老のカルパッチョ

（居乃一BAN）

▼提供―アマエビは、頭と尾を残して殻をむく。皿に甘エビを並べ、ドレッシング（オリーブ油、酢、塩）を作ってかける。

ワサビドレッシング（練りワサビ、マヨネーズ、ケチャップ、塩、コショウ）の材料を混ぜ合せる。

小口切りのワケギ、刻んだ三ツ葉、サラダ油で揚げた薄切りのニンニクをたっぷりのせる。

ワサビドレッシングを上からかける。

プリプリ海老とアボカドのサラダ

（橙）

▼仕込み―大正エビは日本酒で煎り、キュウリ、アボカドとともに一口大に切る。

ミックスサラダ（エンダイブ、サニーレタス、トレヴィス、クレソン）を用意する。

豆瓣醤ソース（濃口醤油、豆瓣醤、スープ、砂糖、桜ミソ、オイスターソース）の調味料を合わせて火にかけ、水溶き片栗粉でとろみをつけて冷ます。

▼提供―器にミックスサラダを盛り、エビ、キュウリ、アボカドを豆瓣醤ソースで和えて盛る。小口切りのラディッシュ、セルフイユを添える。

甘海老と蛸の和風サラダ

（食彩工房舎人）

▼仕込み—アマエビは頭と尾を残して、殻をむく。ゆでタコは一口大に切る。サニーレタス、レタスはちぎって水にさらす。キュウリ、ニンジンは繊切りにし、薄切りの玉ネギ、白髪ネギとともに水にさらす。ドレッシング（濃口醤油、酢、砂糖、おろしニンニクと玉ネギ、コショウ、サラダ油、うま味調味料）を作る。

▼提供—器に、サニーレタスとレタスを混ぜて盛り、アマエビ、タコ、プチトマト、カイワレ菜を均等に散らし、野菜の繊切りをのせ、ドレッシングをかける。パセリのみじん切りを散らす。

甘海老のペペロンチーネ

（開花屋）

▼仕込み—アマエビは腹の部分の殻をむいて、塩とオリーブ油をふって味をなじませる。

▼提供—フライパンにオリーブ油を熱し、みじん切りのニンニク、輪切りの赤唐辛子を加える。キツネ色になったらパセリのみじん切りを加え、フライパンを火からおろす。

ここに先のアマエビを入れ、さっと火を入れて手早く器に盛り、マーシュを飾る。

赤座海老の塩焼き

（赤い魚）

▼提供—アカザエビは縦2つに割り、頭の部分にある苦玉を取り除き、塩をふる。網にのせて焼き、器に盛り、マヨネーズとレモンを添える。

▼コツ—エビは焼きすぎると身がかたくなりおいしくないので、身が白くなる程度にとどめる。

海老のガーリックオイル焼き

（游山楽）

▼仕込み―えびの素を作る。玉ネギ、セロリ、ニンニク、ニンジン、エシャロットはすべてみじん切りにする。鍋にオリーブ油を熱して、エビ（ホワイトタイガー）の殻を入れ、塩をして強火で炒めて香りを立て、ミキサーで細かく砕く。同じ鍋で、再度オリーブ油でみじん切りのニンニクと赤唐辛子を炒め、みじん切りの野菜とホワイトタイガーの殻をもどして塩、コショウし、アメ色になるまでよく炒める。

別の鍋に砂糖を入れて熱し、軽めのカラメルを作り、白ワインを入れて煮詰めて先の鍋に加え、乾燥ハーブ、パプリカ、マルサラ酒、フレンチベルモットで味をととのえる。

タプナード（ニンニク100g、アンチョビ50g、黒オリーブ20粒・グリーンオリーブ20粒各種抜き）の材料をミキサーで粗く回す。

▼提供―えびの素大さじ1とタプナード小さじ1、ホワイトタイガーを器に入れ、オリーブ油をかぶる程度入れて250℃のオーブンで5分間焼き、バゲットを添えて提供する。

ぼたん海老焼き

（歓）

▼提供―ボタンエビに塩をふって、強火の直火でさっと両面を焼く。

▼コツ―完全に中まで火を通すと、エビの身がかたくなってしまう。

海老とアスパラのチーズ煮

（おふろ）

▼仕込み—エビは殻をむき、背ワタを取る。グリーンアスパラガスを熱湯でゆがいて、冷水にとる。

▼提供—エビ、アスパラガスを軽くサラダ油で炒め、八方だし（カツオだし10、ミリン1、淡口醤油1）を適量入れ、とろけるチーズを加える。チーズが溶けだし、ミルクっぽくなったら水溶き片栗粉でとろみをつけ、器に盛る。

▼コツ—チーズの塩分があるので、味加減に注意する。

桜海老のおから煮

（とび家）

▼仕込み—レンコンは細かく切り、ヒジキは水でもどして水気を切る。

サクラエビ、ヒジキ、レンコンをゴマ油で炒めて火が通ったらオカラを入れ、淡口醤油、ミリン、砂糖を加えて味をととのえる。

▼提供—おから煮を器に盛りつけ、小口切りの万能ネギを散らす。

車海老と青梗菜のマヨネーズ炒め

（食彩工房舎人）

▼提供—殻をむいて背開きした車エビに衣（卵黄、水、薄力粉、片栗粉、塩、コショウ）をつけ、180℃の揚げ油で揚げる。チンゲン菜は4等分に割り、塩、コショウをし、サラダ油で軽く炒める。

鍋に油をひいて熱し、みじん切りのニンニク、ショウガ、長ネギを炒める。中華スープ（市販）を加え、塩、コショウで味をととのえる。水溶き片栗粉でとろみをつけてエビを入れる。火を止めてマヨネーズを混ぜる。車エビのまわりにチンゲン菜を添える。パセリとパプリカをふる。

小海老とセロリとじゃが芋のきんぴら

（笹吟）

▼仕込み—小エビは背ワタを取り、塩水で洗い、ザルにとる。セロリ、ジャガイモはマッチ棒ほどの長さに切りそろえ、水にさらす。セロリの葉も小口から刻んで水にさらす。

▼提供—フライパンにゴマ油を熱し、ジャガイモ、セロリ、小エビを順に加えて炒め、だし、淡口醤油、煮切り酒、砂糖、塩で味つけする。

器に盛り、小口切りのアサツキを散らす。

▼コツ—均等に火が通るように、炒める手順を手際よく行なう。

海老とブロッコリーの塩炒め

（食彩工房舎人）

▼仕込み—エビは背開きしてよく洗う。卵白をかたく泡立て、片栗粉を少しずつ入れてよく混ぜ、衣を作る。

▼提供—エビに衣をつけて180℃の揚げ油で揚げる。ブロッコリーは小房にし、塩を入れた熱湯で軽く30秒間ゆでる。

熱した中華鍋にサラダ油をひいてニンニク、ショウガ、長ネギのみじん切り、赤唐辛子の輪切りを入れて香りが立つまで炒め、日本酒、中華スープ、塩、コショウで味つけをする。エビとブロッコリーを入れてあおり、水溶き片栗粉でとろみをつけ、ネギ油を鍋肌に注ぐ。器に盛り、白髪ネギを散らす。

小海老と春雨のさっぱり炒め

（風神亭）

▼仕込み—小エビは頭を落とし、殻つきのまま180℃の揚げ油で素揚げする。キクラゲは水でもどす。ハルサメは熱湯でゆでて4～5cmに切る。万能ネギは3cmに切る。

スープ（水、ナンプラー、酢、塩、コショウ、赤唐辛子、うま味調味料）を沸かす。

▼提供—中華鍋にサラダ油を入れ、ショウガと長ネギのみじん切りを炒め、香りが出たら、小エビ、キクラゲ、ハルサメを加えて炒め、スープを加える。最後に万能ネギを加え、2～3回鍋をあおり、器に盛る。仕上げにレモン、香菜を添える。

海老野菜炒め

（牧水）

▼仕込み―才巻エビは活けを使用。頭、尾、殻、背ワタを取り、霜降りして食べやすく切る。

玉ネギはくし形切り、ナスは乱切りにする。シイタケは一口大に切る。

白ミソに砂糖を加えて練り、濃口醤油、日本酒、ミリンを入れ、味をととのえながらのばし、ミソだれを作る。

▼提供―160℃の揚げ油で才巻エビと野菜類をさっと素揚げし、油を切る。

フライパンにミソだれを入れて熱し、素揚げした材料を炒める。

器に盛り、天に木ノ芽を添える。

海老の蓑揚げ

（しる平）

▼仕込み―大正エビは殻をむき、背ワタを取って、腹に包丁目を入れてのばす。軽く塩をふる。ジャガイモは1.5cm長さの繊切りにして1時間乾かしておく。

うまだし（だし、ミリン、淡口醤油）の材料を合せて熱しておく。

▼提供―エビとジャガイモに薄力粉をまぶしたのち、衣（薄力粉、卵、水）にくぐらせ、エビのまわりにジャガイモを蓑虫の蓑のようにつけて、170℃の揚げ油で揚げる。シシトウは衣をつけて揚げ、油を切る。

器に盛り、紅葉おろしを添える。別皿でうまだしを添える。

海老しんじょ揚げ

（シンスケ）

▼仕込み―山イモをすりおろして1日おく。

芝エビは頭、背ワタ、殻を取り除いて粗く叩き、片栗粉を少量加えて、塩で味をととのえる。先の山イモと混ぜ合せてしんじょ地を作る。

▼提供―水でぬらしたフライ返しで、しんじょ地を適量取り、丸く形をととのえて180℃に熱した揚げ油で揚げる。キツネ色になったら取り出して油を切る。シシトウも同じ油でさっと素揚げする。

器に盛り、スダチを添える。

▼コツ―山イモを前日におろしておくと、少しかたくなって扱いやすくなる。

さつま芋と海老しんじょ射込み揚げ

（和義）

▼仕込み—サツマイモは2～3㎝厚さの輪切りにし、蒸し器でふっくらと柔らかく蒸して断面を丸くくり抜いておく。

車エビは頭と殻を外して背ワタを抜き、細かく切って、エビのすり身に混ぜ込む。塩で味をととのえて、しんじょ地を作る。

天つゆ（だし4、濃口醤油1、ミリン1）の材料を表記の割で合せて熱する。

▼提供—サツマイモにしんじょ地を詰めて、片栗粉をまぶし、180℃の揚げ油で揚げる。小ナスは茶せんに切り目を入れて素揚げする。器に盛り、天つゆを添える。

海老とアボカドの春巻

（風神亭）

▼仕込み—プロセスチーズは5㎝長さの拍子木切りにする。エビは殻をむき、背ワタを取り、3～4ヵ所に切り目を入れる。アボカドは皮をむき、種を除いて乱切りにする。

フライパンにバターを入れて熱し、エビ、アボカドを炒め、塩、コショウをする。冷めてから、チーズと一緒に春巻の皮で巻く。

▼提供—春巻を180℃の揚げ油で揚げ、くし形に切ったレモンを添える。

▼コツ—エビとアボカドが完全に冷めてから巻かないと皮が破れてしまう。

海老すり身湯葉包み揚げ

（楽味）

▼仕込み—エビのすり身を作る。エビは殻をむき、背ワタを取って熱湯でゆで、水気をふく。塩を加えて、粘りが出るまでフードプロセッサーで回す。砂糖、うま味調味料、玉子の素（→28頁）、食紅で味をととのえ、卵白を少しずつ加え、耳たぶくらいに調整する。

干ユバを8×6㎝の長方形に切り、片側にエビのすり身を適量のせて折る。

シシトウは竹串で穴を開ける。

▼提供—薄衣（薄力粉、水、卵）にユバ包みをくぐらせ、180℃の揚げ油で揚げる。薄切りのカボチャ、シシトウも同様に。

器に盛り、レモン、素塩を別に添える。

海老のアーモンド揚げ

（楽太朗）

▼提供―大正エビは頭を落とし、殻をむいて背ワタを取る。

エビに薄力粉をまぶし、天ぷら衣（薄力粉、卵、水）をつけ、アーモンドスライスをしっかりまぶす。170℃の揚げ油で揚げ、素塩をふる。

シシトウは素揚げする。

器に盛り、レモンを添える。

▼コツ―アーモンドはこげやすいので、揚げはじめの温度は少し低めで。

海老寿司揚げ

（越後）

▼仕込み―エビは皮をむき、包丁で背に切り目を入れて背ワタを取り、ゆでて水洗いをする。

天ぷら衣（薄力粉、卵黄、水）を作る。

▼提供―鶏挽き肉に、玉ネギのみじん切りを混ぜて、すしのシャリのように握る。上に大葉、エビをのせ、天ぷら衣にくぐらせ、190℃の揚げ油で揚げる。

器に盛り、ワサビを添える。

▼コツ―油の温度は、はじめは190℃の強火にし、のちに160℃の弱火で揚げること。エビがはがれやすいので、大葉とエビの間に衣を指で塗っておくときれいに揚がる。

海老とオランダザヤの挟み揚げ

（開花屋）

▼仕込み―エビは殻をむき、腹に包丁を入れてのばす。オランダサヤエンドウはスジを取ってエビを挟み、楊枝などでとめる。

天ぷら衣（薄力粉、卵、水）を作る。

▼提供―エビに薄力粉をまぶして天ぷら衣をつけ、175℃の揚げ油（サラダ油5対ゴマ油1）で揚げる。

半分に切り、器に盛る。ショウガの甘酢漬けに黒ゴマをまぶし、レモンを添える。

▼コツ―天ぷら衣は薄めにすると色がきれいに揚がる。

京芋と車海老の柚子味噌

（笹吟）

▼仕込み—京イモを4cm長さに切って面取りをし、たっぷりの米の研ぎ汁でゆで、七〜八割火を通す。一度冷まして、八方だし（だし、淡口醤油、ミリン、日本酒）で煮て味を含ませる。車エビは、つの字型に串を打ち、霜降りし、八方だしで煮る。

▼提供—蒸し器で、京イモ、車エビを蒸す。ユズミソ（西京ミソ、卵黄、日本酒、ミリン、砂糖、塩、ユズ皮すりおろし）の材料を火にかけて練る。

　器に京イモと車エビを盛り、京イモにユズミソをかけ、ユズを散らす。別にゆでたキヌサヤ、レンコンを添える。

手毬しんじょ青梗菜包み

（橙）

▼仕込み—エビは殻をむき、背ワタを取ってすり身にし、みじん切りの玉ネギ、塩、砂糖、うま味調味料を加えてエビしんじょを作り、丸めてゆでる。チンゲン菜は熱湯でさっとゆでる。

▼提供—チンゲン菜でエビしんじょを包み、蒸し器でさっと蒸す。

　八方だしを火にかけ、濃口醤油で香りをつけ、水溶き片栗粉でとろみをつけて美味餡を作る。器に盛り、美味餡をかけて、白髪ネギを天に盛る。

▼コツ—エビは完全にすりつぶさないで多少、粒を残しておくと食感がよくなる。

小海老の桜蒸し

（ぶん也）

▼仕込み—小エビを熱湯でゆでて、ぶつ切りにする。ユリネに日本酒をふって酒蒸しにして裏漉しし、塩で味をととのえる。

　小エビとユリネを混ぜ合せ、サラシで球形に絞って種とする。

　昆布だしに塩、白醤油を加えて熱し、道明寺粉を加えてかために練り上げて皮を作る。皮で先の種を包んで饅頭にする。

▼提供—饅頭の上に桜花の塩漬けをのせ、葉で挟んでセイロで蒸し上げて提供。

▼コツ—道明寺粉はべとつきやすいのでかために練り、強火で短時間で蒸し上げるのがポイント。上から銀餡をかけてもよい。

毛蟹

（歓）

▼仕込み―ケガニはゆでてあるものを産地から直送。
▼提供―ケガニをさばく。包丁で脚を切り外す。食べやすいように脚の側面の殻を包丁でそぐように切り落とす。
甲羅を外し、エラ（ガニ）を取り除く。胴体を十字に4等分する。形よく皿に盛って提供。
▼コツ―北海道のケガニは流氷の到来とともに旬を迎える。金気を嫌うのでさばくさいにはなるべく包丁を入れないのが常道。

とら蟹

（魚山亭）

▼仕込み―トラガニを熱湯でゆでて、食べやすくさばく。キュウリに細かい切り目を表裏交互に入れて蛇腹キュウリを作る。
▼提供―三杯酢（砂糖、淡口醤油、酢）の調味料を合わせる。皿にトラガニを盛り、薬味にヘイベイズ、おろしショウガ、小口切りのアサツキを添える。蛇腹キュウリをあしらう。
▼コツ―殻が非常にかたいので、さばくときにケガをしないよう注意。旬は春から初夏にかけて。

ずわい蟹と胡瓜の酢のもの

（魚山亭）

▼仕込み―ズワイガニは身をほぐして、日本酒で煎って冷ます。キュウリは種を抜いて薄切りにし、軽く塩をふる。ズワイガニ、キュウリ、チリメンジャコ、白ゴマを小口切りの赤唐辛子、砂糖、淡口醤油、酢、日本酒、八方だしを合わせて作った合せ酢で和える。
▼提供―器に盛りつける。
▼コツ―生のカニは、酒で煎ると臭みを抑えることができる。

蟹となめこのみぞれ和え

（牧水）

▼仕込み—ズワイガニの脚を塩ゆでし、殻から身を取り出す。ナメコは熱湯をかけて水気を切る。三ツ葉は熱湯でゆがいて、ざく切りにしておく。

　大根をおろして軽く水気を切り、酢と淡口醤油を同量合せて作った二杯酢を加え、和え衣とする。水前寺海苔は水でもどし、短冊切りにする。

▼提供—カニの脚、ナメコ、三ツ葉を大根おろしの二杯酢で和え、器に盛る。天に水前寺海苔を飾る。

蟹とトマト

（どんじゃん）

▼仕込み—カニはほぐし、トマトは乱切りにする。菜ノ花は熱湯でゆでてざく切りにする。

　ドレッシング（玉ネギ、卵黄、酢、塩、コショウ、砂糖、サラダ油）の材料をミキサーにかける。

　カニ、トマト、菜ノ花をドレッシングで和える。

▼提供—器に盛る。

▼コツ—このドレッシングはマヨネーズの応用版である。

サラダの海苔巻き

（料理倶楽部）

▼仕込み—サニーレタスは洗って水気を切る。キュウリと大葉は繊切り、チーズは細切りにする。

　ポン酢醤油（柑橘類の絞り汁、酢、ミリン、濃口醤油、昆布、カツオ節）の材料を合せて3日間おき、漉す。

▼提供—巻簾に海苔をしき、サニーレタスを海苔の半分にのせ、キュウリ、チーズ、ズワイガニをおく。マヨネーズ、カイワレ菜、カツオ節、ゴマをのせて巻き、大葉、海苔のふちに水をつけてとめる。

　6等分に切り、器に盛る。ポン酢醤油を添える。

蟹とブロッコリーのサラダ

（楽味）

▼仕込み―玉ネギ、キュウリを繊切りにして水にさらす。しっかり水気を切る。

かたゆで玉子を作る。鍋に卵と卵がかぶるくらいの水を注ぎ、沸騰したら火を弱めて12分間ゆで、殻をむく。

ブロッコリーを小房に分けて熱湯でゆで、塩をふる。

▼提供―ボウルにカニ、玉ネギ、キュウリを入れ、マヨネーズ、塩、コショウで味つけしてサラダを作る。

器にレタスをしいてサラダを盛り、ブロッコリー、ゆで玉子、マヨネーズを添える。

蟹とくらげの胡麻酢和え

（四季音）

▼仕込み―クラゲを水に浸けて塩抜きし、沸騰した湯にくぐらせて水にとってから、土佐酢（だし3、ミリン1、淡口醤油1、酢1、追いガツオ）に浸ける。

カニのむき身をほぐす。キュウリは小口切りにして、塩もみをする。干シイタケは水でもどして、薄切りにする。

シイタケはもどし汁に日本酒、ミリン、たまり醤油、砂糖を加えて、甘めに味をととえ、煮汁がなくなるまで、煮詰める。

ゴマ酢を作る。白ゴマと同量の練りゴマをすり合せ、土佐酢と砂糖で味をととのえる。

▼提供―材料を合せて、ゴマ酢で和える。

アボカドと蟹の生春巻

（橙）

▼仕込み―アボカドは皮をむき、粗く潰し、マヨネーズ、塩、レモン汁で調味し、ディップ状にする。ライスペーパーは水でぬらしてもどし、カニ棒、アボカドのディップ、香菜を包む。ミックスサラダ（エンダイブ、サニーレタス、トレヴィス、クレソン）の野菜は手でちぎり、水にさらす。

醤油ドレッシング（紅花油6、濃口醤油2.7、ラー油、煎りゴマ各少量、玉ネギみじん切り適量、米酢3、淡口醤油0.3、コショウ少量）を作る。

▼提供―生春巻を一口大に切り分け、ミックスサラダを添え、ドレッシングをかける。

ずわい蟹の和風グラタン

（泥味亭）

▼提供―ズワイガニのむき身をほぐす。シイタケは石突きを取って薄切りにする。三ツ葉はざく切りにする。

カニとシイタケをバターで炒めて、白コショウをふる。ここに三ツ葉と玉子の素（→28頁）を加えて混ぜ、ホタテ貝の殻に詰める。上に玉子の素を塗る。

魚焼き器で表面にこげ目がつくまで焼く。殻に浮き上がった余分な油と水分を除く。

器に湿らせた塩をしいて、貝殻をおく。

▼コツ―玉子の素は流れないように少しかために作っておく。

蟹マヨネーズのバゲットグラタン

（うしのほねあなざ）

▼仕込み―ズワイガニの脚肉をほぐし、みじん切りにして塩でもんで水気を切った玉ネギと混ぜておく。カニと玉ネギに塩、コショウをふり、マヨネーズと生クリームを加えて味をととのえて具を作る。

キャベツを繊切りにする。

▼提供―バゲットを薄く切って、具をのせ、みじん切りのパセリを散らし、オーブントースターで表面にうっすらとこげ目がつく程度に焼く（2分間ほど）。

器に盛り、キャベツとアルファアルファを添える。

生たらば焼き

（さの丸ゆうゆふ）

▼仕込み―タラバガニは、さばいて食べやすく殻を切る。

▼提供―カニは強火で焼き、片面にこげ目がついたら、裏面は軽く焼く。器に盛り、レモンを添える。

▼コツ―焼きすぎると身が殻につき、旨みが逃げてしまうので、焼き時間に注意する。

蟹のみぞれ焼き

（江差亭）

▼仕込み―活毛ガニは海水程度の塩水に入れて火にかけ、沸騰してから中火で14分間ゆでる。冷ましてむき身にする。

カニのむき身をすり鉢に入れ、卵黄とサラダ油を混ぜた玉子の素（↓28頁）を加えてする。ボウルに移し、白身魚のすり身を加えて混ぜる。ゆでたジャガイモと、みじん切りの長ネギを加えて混ぜる。

▼提供―オーブンで約10分間焼く。甘酢餡（砂糖1、酢1、水1）の材料を火にかけ、沸騰する手前で火を止め、水溶き片栗粉でとろみをつけ、上からかける。

蟹味噌グラタン

（いたる）

▼仕込み―カニミソとホワイトソースを1対3の割合で混ぜ、ソースを作る。耐熱器にバターを塗り、半ゆでのうどんをしく。食べやすく切ったベーコン、シメジタケ、シイタケをのせ、たっぷりソースをかける。

▼提供―ピザ用のシュレッドチーズをのせて、200℃のオーブンで15分間ほど焼く。器のまま提供する。

◆ホワイトソース◆鍋でバターを溶かし、同量程度の薄力粉を入れて木ベラでよく炒める。粉に火が通ってさらさらしてきたら、牛乳を加え、濃度がつくまで混ぜながら加熱し、塩、コショウで味をつける。

蟹爪とアボカドのグラタン

（游山楽）

▼仕込み―ホワイトソースを作る。ボウルに卵黄、牛乳、白ワイン、砂糖、塩、白コショウ、ナツメグを加え、混ぜ合せる(A)。鍋にバターを溶かし、薄力粉を入れて炒める。粉に火が通ったら牛乳を加えて、さらに練る。Aを加え、卵が分離しないように加熱し、とろみをつける。シノワで漉す。

▼提供―アボカドを一口大に切り、器に入れて塩、コショウし、レンジで温める。ズワイガニのフレークとズワイガニの爪も盛り込み、ホワイトソースをかけ、おろしたチーズ（パルミジャーノとゴーダ）をのせて、250℃のオーブンで10分間焼く。

蟹玉

（志乃ぶ）

▼仕込み―カニはゆで、食べやすいように身をほぐす。シイタケ、長ネギ（白い部分）も食べやすい大きさに切る。

▼提供―カニ、シイタケ、長ネギを鍋に入れ、ミリンと濃口醤油で味をつけて煮る。卵を溶いて回し入れ、カニの甲羅に盛りつける。

だし3、ミリン1、濃口醤油1を合せて熱し、水で溶いた葛を入れて餡を作り、かける。

▼コツ―口当たりが柔らかく仕上がるよう、卵が半熟状態になったら火を止める。

蟹と豆腐の餡かけ

（おふろ）

▼仕込み―八方だし（カツオだし10、ミリン1、淡口醤油1）は材料を合せて一度沸騰させる。シメジタケは小房に分ける。

▼提供―みじん切りのショウガと長ネギをゴマ油で炒めて香りを出し、八方だしを適量注いで、カニフレーク、角切りの木綿豆腐、シメジタケを入れ、さっと煮る。水溶き片栗粉でとろみをつけて器に盛り、ゆでたグリーンピースを散らす。

ずわい蟹のガーリック風

（赤い魚）

▼仕込み―ズワイガニは、食べやすい大きさに包丁で割る。

▼提供―ニンニクは薄く切ってサラダ油で炒め、切り分けたカニを入れる。塩、コショウで味つけし、日本酒を加える。濃口醤油、砂糖、ガーリックパウダーを加えて味をととのえる。

器に盛り、小口切りのワケギを散らす。

▼コツ―火を入れすぎると身がかたくなるので、火加減に注意する。

蟹の新引揚げ

（ぶん也）

▼仕込み—カニ脚の間を縦に切り開いてカニミソを挟む。

卵白をサラシで漉してコシを切る。

▼提供—カニ脚に薄力粉をまぶし、卵白にくぐらせて新引粉をつける。揚げ油（白絞油6、ゴマ油4）を180℃に熱してカニ脚を揚げる。新引粉が色づいたら取り出して油を切る。

タラノ芽とほぐしたユリネに、衣（薄力粉、水）をつけて、それぞれさっと揚げる。

器に盛り、塩とレモンを添える。

▼コツ—卵白はコシを切っておくと、天種につきやすくなる。

蟹の甲羅揚げ

（しる平）

▼仕込み—ワタリガニは蒸し器で蒸して殻を外し、身をほぐしておく。タケノコはアク抜き（→29頁）して繊切り、シイタケも薄切りにする。ギンナンは殻を外し、湯に浸けて薄皮をむいて輪切りにする。三ツ葉は1.5cmのざく切りにする。

右の材料と卵、淡口醤油を弱火で混ぜ合て、半熟状（びしゃ玉）のゆるい具を作る。

中濃ソースをだしでのばして熱し、水溶き片栗粉を加えてソース餡を作る。

▼提供—ワタリガニの甲羅に具を詰めて、表面にパン粉をまぶし、180℃の揚げ油で揚げる。器に盛り、熱したソース餡をかける。

蟹の奉書揚げ

（金田）

▼仕込み—カニ脚の肉を用意する。肉を5本まとめて春巻の皮で包む。

天つゆ（だし4、濃口醤油1、ミリン1）の材料を合せておく。

▼提供—揚げ油を160〜180℃に熱して、春巻を揚げる。こんがりとキツネ色になったら、油を切り、器に盛る。天つゆを添える。

▼コツ—揚げ油の温度は最初は160℃、最後は180℃まで上げて油切れをよくして、からっと揚げる。

蟹味噌の一口コロッケ

（久昇）

▼仕込み—ホワイトソースを作る。バターを火にかけて溶かし、ここに同量の薄力粉を加えて木ベラでよく混ぜる。薄力粉に火が通ってさらさらになったら、牛乳を少しずつ加えて混ぜ、好みの濃度までのばす。あまりゆるくしない。

カニミソ（ズワイガニ）とホワイトソースを合せ、俵形に丸める。

▼提供—薄力粉と溶き卵をつけ、ぶぶあられをまぶして120～130℃の揚げ油で揚げる。ハルサメとシシトウは素揚げにする。器に盛り、ハルサメとシシトウ、レモンを切って添える。

蟹の蓑揚げ

（北○）

▼仕込み—カニ（生冷凍）は自然解凍する。脚の部分を使用。殻を外し、身を取り出す。爪と脚の殻は飾りに使うのでとっておく。

▼提供—衣にするカボチャは2cm長さの繊切りにし、薄力粉をまぶす。

カニ脚のむき身に卵白をつけ、カボチャを貼りつけ、160～165℃の揚げ油で10分間揚げる。カニの殻とシシトウも同じ油で素揚げにする。

器に盛り、スダチ、塩を添える。

男爵の蟹包み揚げ

（銀禅）

▼仕込み—ジャガイモ（男爵）は皮つきのまま丸ごと蒸して半分に切り、中をくり抜く。抜いたイモを裏漉しし、乱切りにしたアスパラガス、カニ肉、トウモロコシを混ぜ、塩、コショウで軽く味をつける。

レタス、セロリ、チコリ、トレヴィス、トマト、ベルローズ（食用バラ）でサラダを作り、ホワイトドレッシング（サラダ油、酢、塩、コショウ、粒マスタード、練り芥子、生クリーム、レモン汁）で和える。

▼提供—イモの皮に具を詰め、薄力粉をつけて140～150℃の揚げ油でじっくり火を通し、最後は180℃に上げる。器に盛り、サラダ、芥子バターとレモンを添える。

蟹しんじょの湯葉包み揚げ

（おふろ）

▼仕込み―カニフレークの水分を絞り、玉子の素（→28頁）と塩少量を加えてしんじょ地を作る。

▼提供―ユバを水でもどして広げ、春巻の要領でしんじょ地を包む。薄めの天ぷら衣（薄力粉、卵、水）にくぐらせて160℃の揚げ油でゆっくり揚げる。シシトウはさっと素揚げにする。

湯葉包みを2つに切り分けて盛り、シシトウを添える。

▼コツ―ユバが手に入らない時は春巻の皮で代用できる。このさい、天ぷら衣はつけずに揚げる。

ソフトシェルクラブ吉野葛揚げ

（橙）

▼仕込み―冷凍のソフトシェルクラブは、塩分が強いので、流水で解凍し、塩分を軽く抜く。ポン酢醤油（ダイダイ酢1、濃口醤油1、煮切りミリン0.5、昆布、カツオ節）を合せて3日ほどねかせる。

▼提供―ソフトシェルクラブに片栗粉をまぶし、水溶き吉野葛をつけて、180℃の揚げ油で揚げる。葛素麺とシシトウの素揚げをつけ合せにし、紅葉おろし、アサツキの小口切りを添え、ポン酢醤油を用意する。

▼コツ―水溶きの吉野葛はどろりとした濃さにするとよい。

蟹の素しゅうまい

（久昇）

▼仕込み―ハモのすり身10に対して、玉子の素（→28頁）2.5を加え、半量の玉ネギのみじん切り、片栗粉少量、好みの量のカニのほぐし身を加えてよく混ぜる。

シュウマイの皮で具を包む。

▼提供―カニの身をのせて7～8分間ほど蒸す。器に盛り、別皿で酢醤油を添える。

▼コツ―この料理にはズワイガニが適している。

久里浜蛸サラダ

（シンスケ）

▼仕込み―タコ（ボイル）はそぎ切りに、皮を湯むきしたトマトは角切りにする。キュウリは1.5cmの蛇腹切りにして、薄い塩水に浸して絞る。もどしたワカメはざく切りにする。レタスは繊切りにして水に浸けてから水気を切る。以上の材料を冷やしておく。
　ドレッシング（サラダ油4、リンゴ酢1、濃口醤油・塩・コショウ各適量）の材料を混ぜ合せ（酸味を抑える）、冷やしておく。
▼提供―タコとキュウリ、トマト、ワカメをドレッシングで和えてサラダを作る。
　器にレタスをしき、サラダを盛りつけ、天盛りに繊切りの大葉を散らす。

蛸の中華風

（ビストロめなみ）

▼仕込み―タコの脚は、塩で表面のヌメリをもみ落とし、熱湯にさっとくぐらせて冷水にとる。水気をふいて薄いそぎ切りにする。
　ワカメは水でもどし、ざく切りにする。玉ネギは薄切り、カイワレ菜をざく切りにする。
▼提供―器にワカメ、玉ネギ、カイワレ菜をしき、タコを盛る。上から塩、コショウをふり、小口切りの青ネギと松ノ実を散らし、ポン酢醤油を注ぐ。
　ゴマ油を熱し、熱いうちに上からかけてすぐに提供する。

蛸と春菊のさっぱり和え

（風神亭）

▼仕込み―タコ（ボイル）は薄切りにする。シュンギクは葉をちぎり、冷水にさらして、ぱりっとさせる。
　オレンジの皮は繊切り、果肉は薄皮をむいて、乱切りにする。だし、砂糖、淡口醤油、サラダ油、塩、コショウをオレンジに加えて、マリネ液を作る。

　タコをマリネ液に3時間浸ける。
▼提供―シュンギクの水気を切り、タコと和える。
▼コツ―マリネ液のサラダ油を少し控えめにすると、さっぱりする。シュンギクは生食用の柔らかいものを使う。

蛸サラダ

（酒菜屋）

▼仕込み―タコは塩でもんでヌメリを取り、濃口醤油を加えた湯で色よくゆでる。オクラはさっとゆでて小口から切る。大きさをそろえてトマトを小角切りにする。レタス、サニーレタスは食べやすくちぎる。サラダ油とマスタードを合せ、塩、コショウで味をつけ、ニンニクと玉ネギのすりおろしを加えて混ぜ合せて、フレンチドレッシングを作る。

▼提供―タコは小角に切り、野菜とともに器に美しく盛り、フレンチドレッシングを回しかけ、紅タデを散らす。

揚げニューヨークと蛸の諸味噌和え

（久昇）

▼提供―セロリは斜めに切り、タコ（ボイル）は食べやすくぶつ切りにする。
セロリ、タコ、シシトウは190℃の揚げ油でさっと油通しして、濃口醤油、タバスコで味つけし、諸ミソで和えて器に盛る。

▼コツ―生えている姿が摩天楼のようであることから、ニューヨークはセロリの隠語となっている。

焼き蛸のしば漬け和え

（笹吟）

▼仕込み―タコは大根おろしでしっかりもみ洗いし、ヌメリを取る。
脚を切り分け、吸盤、皮を取り除いてから、軽く天火であぶる。
合せ酢（だし、淡口醤油、ミリン、砂糖、塩）の材料を合せておく。

▼提供―タコの脚を薄切りにし、吸盤、しば漬けを加え、合せ酢で和えて器に盛る。酢を回しかける。

▼コツ―タコはあぶる程度に焼くと、甘みが出る。

蛸

蛸となっぱのパリパリサラダ

（開花屋）

▼仕込み―ドレッシング（玉ネギすりおろし1個、サラダ油360cc、酢180cc、ゴマ油90cc、濃口醤油120cc、白ゴマ、砂糖、コショウ）を作る。

紅芯大根は繊切りに、グリーンリーフは適宜にちぎる。春巻の皮は細切りにし、170℃の揚げ油で揚げる。

▼提供―野菜類を器に盛り、薄く切ったタコ（ボイル）を並べてドレッシングをかけ、春巻の皮をのせ、セルフイユを飾る。

▼コツ―タコは根元の太い部分を使用する。春巻の皮はなるべくきれいな油で揚げる。

活蛸の三色和え

（笹吟）

▼仕込み―タコはよくもみ洗いして、大根おろしでヌメリを取り、たっぷり沸かした熱湯で霜降りする。脚を切り分け、吸盤と皮を取り除く。

以下の材料を合せて3種の和え衣を作る。A（オリーブ油、おろしたニンニク、塩、粉チーズ、レモン汁）。B（梅肉、日本酒、ミリン、ユカリ）。C（ゴマ油、濃口醤油、粉サンショウ、煎りゴマ）。

▼提供―タコを薄くそぎ切りし、3種の和え衣でそれぞれ和える。器に大葉、レモン、昆布をしき、3種を3点盛りにする。

蛸と鮭のマリネ 茸と大根と人参のなます

（爐端本店）

▼仕込み―タコ（ボイル）は薄く切る。ポン酢醤油、白ワイン、オリーブ油、薄切りの玉ネギ、レモン、赤唐辛子を合せ、タコを入れて塩、コショウし、しばらく浸け込む。

サケの切り身は適当な大きさに切ってゆでる。つけ汁（オリーブ油、酢、塩、コショウ、ローリエ）を作る。さらし玉ネギをサケの上にのせ、つけ汁を注いで浸け込む。

大根、ニンジン、キュウリ、シイタケ、シメジタケを薄切りにし、湯通しする。なます酢（昆布だし、濃口醤油、日本酒、酢）を作り、材料を浸け込む。

▼提供―3種を盛り合せる。

蛸網焼き

（さの丸ゆうゆふ）

▼仕込み—活ダコは約2㎜の薄切りにし、ピーマンは1㎝幅に切る。
▼提供—七輪を用意し、焼き網の上にタコとピーマンをのせ、塩、コショウをふる。
▼コツ—素材の味を生かすため、タレに浸けない。好みにより、焼く前に塩、コショウをふりかけてもよい。

蛸と里芋煮

（シンスケ）

▼仕込み—タコ（ボイル）の脚を1本ずつ切り分ける。サトイモは六方に皮をむき、酢を少量加えた水からゆでて、ゆでこぼす。ザルにあけて塩でもんでヌメリを取り除く。
　タコとサトイモをかぶるくらいの水から煮る。サトイモの表面が少し割れてきたら、ミリン、濃口醤油、うま味調味料を加えて味をつけ、1時間ほど煮る。
▼提供—器に盛り、木ノ芽を添えて提供。
▼コツ—サトイモは大きめを、タコは小振りで脚が8㎝くらいのものを選ぶ。タコはあまり大きいと柔らかくなるまでに時間がかかる。提供のさい、再加熱はしない。

蛸の柔らか煮

（ぶん也）

▼仕込み—タコはヌメリを取って水洗いし、大根などで叩き、熱湯で霜降りする。
　土鍋に水でもどした大豆をしき、タコを入れる。表記の割で合せた煮汁（日本酒6、濃口醤油1、砂糖1、酢5％、たまり醤油5％）を注ぎ、昆布をかぶせる。カツオ節をガーゼに包んで入れる。落とし蓋をし、さらに土鍋の蓋をしてまわりをガムテープで密封して強火で煮る。沸騰したらごく弱火で30～40分間煮る。このまま完全に冷ます。エビイモは半月切りにし、だしで煮ておく。
▼提供—器にタコとエビイモ、ゆでてだしで煮含めた菜ノ花を盛りつけて提供。

活蛸の柔らか煮

（山田家）

▼仕込み—活タコは、内臓、目、クチバシを取り除き、脚を切り取る。大根で強く叩き、一口大に切り、炭酸水の中に入れて中火で1日煮込む。柔らかくなったら、淡口醤油、ミリン、日本酒、砂糖を加えて、少し煮てから火を止める。

▼提供—器に盛り、木ノ芽をあしらう。

▼コツ—あまり強火で煮込むと、タコの皮が溶けてしまうので、ゆっくり煮込む。

飯蛸の炒め煮　白独活

（古都里）

▼仕込み—イイダコは水洗いしてよく水気を切り、調味液（濃口醤油、ミリン、豆瓣醤少量）に2～3分間浸ける。

鍋にサラダ油をひき、イイダコと調味液をひたひたになる程度に入れる。汁気がなくなるまで強火で炒め煮にし沸騰したら火を止め、余熱で火を通す。

ウドは、酢を入れた湯で下ゆでしてから、八方地（昆布カツオだし8、淡口醤油1、ミリン1）でさっと炊く。

▼提供—器にイイダコを盛り、ウドを添え、ハマボウフウをあしらう。

蛸と干大根中華風煮

（とひ家）

▼仕込み—活タコの脚はもむようにして塩でヌメリを取り除き、ぶつ切りにする。切干大根は水でもどし、水分をよく絞り、ざく切りにし、鶏ガラスープ（市販）、濃口醤油、ミリン、豆瓣醤で煮る。ここにタコを入れてさらに煮る。ゴマ油を加えて風味をつける。

▼提供—器に盛る。

▼コツ—加熱しすぎるとかたくなるため、タコは必ずあとから入れる。最後にゴマ油を入れると香りがよくなる。

アボカドと活蛸の炒め

（うしのほねあなざ）

▼仕込み―活タコの脚を用意してぶつ切りにする。アボカドは皮をむき、種を取り除いて、くし形に切る。

タレ（玉ネギすりおろし、濃口醤油、ミリン、水）の材料を同割ずつ合せて火にかける。

▼提供―まず強火でアボカドを炒め、タコをさっと炒めて、仕上がり直前にタレを加えて味をととのえる。

器に盛る。

蛸の天ぷら

（神田小町）

▼仕込み―活タコの内臓を除き、脚と胴を米糠でもんでヌメリを取る。ほうじ茶葉を一つまみ入れた水を沸騰させ、タコを1～2分間ゆでて氷水に落とす。

ナスは縦半分に切り、縦に切り目を入れておく。シイタケは軸を切る。

▼提供―タコをそぎ切りにして薄力粉をまぶす。衣（薄力粉、卵黄、水）を溶き、タコをくぐらせて、170～180℃の揚げ油で揚げる。ナスとシイタケも同様に揚げる。

器に盛り、大根おろしとおろしショウガを添える。別皿で天つゆを添える。

蛸のイタリア風揚げ

（どんじゃん）

▼仕込み―オリーブ油におろしたニンニク、塩、コショウを加えて、マリネ液を作る。

タコ（ボイル）を一口大のぶつ切りにし、マリネ液に10分間浸ける。

▼提供―タコを取り出し、片栗粉をまぶして、180℃に熱した揚げ油で揚げる。

器に盛り、スダチを添える。

▼コツ―衣にマリネ液の風味がつくように、片栗粉は多めにつける。

蛸ボール

（凧錦）

▼**仕込み**―タラのすり身をすり鉢に入れ、ショウガ汁、溶き卵、薄力粉、塩を合せてよくすり混ぜる。様子をみて、ゆるいようならば薄力粉を加えて調整する。

ここに粗みじんに切ったタコ（ボイル）を混ぜて種を作る。

▼**提供**―揚げ油を170～180℃に熱し、種を丸めて鍋肌から静かに入れて揚げる。ときおり回しながらまんべんなく揚げ色をつける。油を切って器に盛る。

大葉の葉裏に薄力粉を水で溶いた衣をつけてさっと揚げて添える。

染おろしを添える。

蛸の唐揚げ

（銀禅）

▼**仕込み**―タコは一口大に切り、さっと湯通しする。サツマイモは紅葉形に細工し、茶ソバは松葉に仕上げる。ギンナンは煎って殻と薄皮をむく。

▼**提供**―タコに塩、コショウをして片栗粉をつけ、160℃の揚げ油で揚げる。サツマイモ、ソバ、ギンナンも片栗粉をつけて、同じ油で揚げる。器に彩りよく盛りつけ、スダチを切って添える。

▼**コツ**―塩で味をつけているので、スダチのみで提供する。

蛸のとろろ揚げ

（おふろ）

▼**仕込み**―活タコは塩でもんでヌメリを取り除いて、熱湯に通して冷水にとる。

山イモはすり鉢ですりおろす。

▼**提供**―タコはぶつ切りにして、片栗粉をまぶしてから山イモと合せる。

スプーンで取り分けて180℃の揚げ油に落とし、表面が固まったら取り出して、青海苔を散らす。

さっと揚げたタタミイワシとともに盛りつける。

蛸の唐揚げ　抹茶風味

（食彩工房舎人）

▼**仕込み**—タコ（ボイル）は少し厚めに切る。

抹茶塩（抹茶粉末1.5、塩1）の材料をよく混ぜ合せる。

▼**提供**—タコに片栗粉をまぶし、よく粉を落としてから180℃の揚げ油で揚げ、器に盛って、抹茶塩をふりかける。

▼**コツ**—タコは衣がはがれやすいので注意。タコの水気をふくとよい。

生ほやの刺身

（あらまさ）

▼**提供**—ホヤの殻を割ってワタを取り除き、身を塩水で洗う。殻の中に入っている汁は捨てずに別にとっておく。身を一口大のぶつ切りにして先の汁に浸す。

殻にホヤと蛇腹キュウリを盛り、二杯酢（酢、濃口醤油）をかける。

▼**コツ**—ホヤの汁には旨みがあるので、捨てずに身にからませる。ホヤは三陸沿岸地方の特産で、7～8月に旬を迎える。この時期のホヤは独特の甘みとキュウリに似た香りがある。刺身のほかに酢のもの、塩辛、焼きもの、天ぷらなどにする。ここでは二杯酢をかけたが、ワサビ醤油も合う。

ほやと蓮根の和えもの

（笹吟）

▼**仕込み**—ホヤは殻を外し、ザルに入れ、大根おろしで洗って水気を切る。軽く塩をしてホヤの塩辛を作る。レンコンは皮をむいて薄切りにし、酢水に落とし、熱湯に通して八方だし（だし、淡口醤油、ミリン）に浸ける。材料を合せ、加減酢（だし、酢、淡口醤油、ミリン、砂糖、塩）を作る。

▼**提供**—ホヤとレンコンと刻んだ大葉を加減酢で和える。器に盛り、ショウガ汁をたらして、天にユズの薄切りを添える。

▼**コツ**—ホヤは、大根おろしでていねいに洗い、臭みをとって淡味に仕上げる。

ほや沢煮

（久昇）

▼仕込み―ホヤは殻を外し、短冊に切って霜降りにする。
サトイモはゆでて、小さく切る。ミョウガは4つに、三ツ葉は3cm長さに切る。

つけ地（だし、淡口醤油、ミリン、塩、うま味調味料）を吸いもの程度の味にする。
▼提供―つけ地にホヤとサトイモ、ミョウガ、三ツ葉を入れて一煮立ちさせて器に盛り、ゴマをふる。

わけ

（有薫酒蔵）

▼仕込み―ワケは水洗いする。
だしを作る。水に小アジ煮干し5、日高昆布2、干シイタケ2、カツオ節1を表記の割で入れて熱する。

これを漉して、日本酒、ミリン、塩、淡口醤油で味をつけて煮汁を作る。

ワケをこの煮汁で煮ておく。
▼提供―器にワケを盛り、針ショウガを盛って提供。
▼コツ―ワケは福岡・能古島産のイソギンチャクの一種。こりこりした食感で甘みもある。ワケの内側に貝殻が入っていることがあるのでよく掃除する。

【専門店の技術】

おでん

（おでん割烹稲垣）

「稲垣」では、3種類のつゆで煮たおでんを楽しむことが出来る。塩味（関西風）、ミソ味（名古屋風）、醤油味（関東風）を用意し、それぞれの味にあった種を用意してすすめている。

◎だしの取り方

利尻昆布…250〜300g
水…24ℓ＋1.8ℓ
カツオ節…250〜300g

寸胴鍋に水24ℓを入れ、昆布を入れて火にかける。沸騰直前で昆布を取り出し、1.8ℓの水を加える。サラシの袋に入れたカツオ節を入れる。アクを取り切ったら火を止めて5〜6分間おいて袋を取り出す。

◎3種のおでんだし

だし…9ℓ
日本酒…1ℓ
ミリン…300cc（醤油味）
180cc（ミソ味）
120cc（塩味）

だしに日本酒、ミリンを合せる。

◎おでんつゆの作り方

3種のつゆを作り、それぞれに合う種を煮ておでんを作る。

［塩味のつゆ］

おでんだしベースに塩大さじ3を入れてかき混ぜ、火にかけてアルコール分をとばす。

塩味に合う具材
（手前から）ハンペン、玉子、大根、タコ、野菜巻き、コンニャク、厚揚げ、串団子、さつま揚げ、ロールキャベツ。

［醤油味のつゆ］

おでんだしベースに濃口醤油540ccを入れてかき混ぜ、火にかけてアルコール分をとばす。

醤油味に合う具材
ごぼう巻き、野菜巻き、つみれ、ツブ貝、大根、コンニャク、玉子、シラタキ、帆立貝。

［味噌味のつゆ］

おでんだしベースに西京ミソ300g、八丁ミソ200g、信州ミソ300gを入れてかき混ぜ、火にかけてアルコール分をとばす。

味噌味に合う具材
スジ、玉子、竹輪、焼き豆腐、コンニャク、ジャガイモ、大根。

◎おでん種

［野菜巻き］

半分に切った油アゲで棒状に切ったゴボウ、ニンジン、インゲン、高野豆腐を巻いて、カンピョウを結わく。

［さつま揚げ］

ハモのすり身に片栗粉を加えて、小さく刻んだムキエビ、キクラゲ、ゆでた枝豆を混ぜる。適量を円盤形にまとめて160℃の揚げ油で揚げる。

［袋］

鶏挽き肉に日本酒を入れて煎り、繊切りの野菜（シイタケ、ニンジン、サヤインゲン）を混ぜる。油アゲを半分に切って袋状にし、これを詰めて口を閉じてカンピョウで結わく。

ハンペン塩辛焼き（越後）

▼仕込み—スルメイカの肝とエンペラとゲソを取り出して使用。エンペラとゲソは軽くゆでて洗う。

肝は裏漉しして、日本酒、塩、濃口醤油で味をととのえる。

大根は1cm厚さの輪切りにする。

▼提供—アルミホイルにサラダ油を塗り、ハンペンで大葉、大根、ゲソ、肝をサンドイッチ状に挟み、上にバターをのせてホイル焼きにし、器に盛る。

▼コツ—大根は少しゆでておくと、火の通りがよい。ハンペンは薄いものを使う。

包饅煮（江差亭）

▼仕込み—白身魚のすり身に、日本酒、昆布だし、すりおろした山イモを混ぜ、生ウニを包んで丸く形を整える。

吸い地（だし、塩、濃口醤油）を熱し、この中にすり身を入れて1～2分間さっとゆでる。

▼提供—器にワカメ、カイワレ菜、ユズの皮を入れ、すり身団子と吸い地を注ぎ、蓋をする。

▼コツ—すり身をゆでるさいは、強火にするとふくれてしまうので火加減に注意。

さつま揚げ（なかむら）

▼仕込み—イカはおろして細切りにする。ニンジンとゴボウも同じように細切りにする。

魚すり身とすりおろした長イモ、卵、日本酒を加えてすり混ぜる。ここにイカ、チリメンジャコ、ニンジン、ゴボウを混ぜ合わせる。

▼提供—一口大の大きさに丸め、180℃に熱した揚げ油で揚げる。油を切り、器に盛って、おろしショウガを添える。

▼コツ—すり身に混ぜる長イモと日本酒と卵の分量が多すぎて生地が柔らかすぎると、ふわっと揚がらない。

自家製さつま揚げ

（大観音）

▼仕込み―ゴボウは皮をこそげ落として笹がきに、ニンジンは短冊切り、シイタケは軸を切り落として薄切りにする。

魚すり身と卵黄をすり鉢ですり合せ、なめらかになったら先の野菜を混ぜ合せてさつま揚げの生地を作る。

適量ずつ取り、ラップに包んでおく。

天つゆ（だし5、ミリン1、濃口醤油1、うま味調味料適量）を合せて熱しておく。

▼提供―生地を170℃の揚げ油で揚げて、油を切る。シシトウも同じ油で素揚げする。器に盛りつけて、天つゆを添える。

▼コツ―生地の保存は冷蔵庫で2日が限度。

自家製さつま揚げ

（すいか）

▼仕込み―白身魚のすり身にキクラゲ、ゴボウ、ニンジン、玉ネギの繊切りと、長ネギの小口切り、おろしショウガを加えて練る。ミリン、淡口醤油で下味をつける。

生地を丸め、170℃の揚げ油で七割まで火を入れる。

▼提供―再度揚げ、器に盛って大根おろし、おろしショウガ、大葉を添える。

▼コツ―途中まで揚げておくことで、早く提供できる。

自家製さつま揚げ

（佃喜知）

▼仕込み―魚のすり身（何の魚でもよい）をすり鉢でよくすり、塩、ミリン、淡口醤油を加えて味をととのえる。

シイタケ、ニンジンは繊切りして、それぞれ別に砂糖、濃口醤油で煮て、すり身に混ぜ込む。サヤインゲンは軽くゆでる。

魚のすり身をのばし、サヤインゲンを芯にして巻き、棒状のさつま揚げを作る。

▼提供―揚げ油を170℃に熱してさつま揚げを揚げ、食べやすいように切る。器に盛り、おろしショウガとユズを添える。

▼コツ―火が通りにくいので、弱火でじっくり揚げる。

自家製さつま揚げ

（由庵）

▼仕込み―ゴボウはタワシでこすって斜め切りにして酢水に落とし、酢を入れた湯でさっとゆがき、水にさらす。水気を切り、すり鉢でよくする。すり身、ホタテ貝柱をフードプロセッサーで細かくし、卵白、昆布だしを加えてほどよいかたさにして、ゴボウ、ショウガ汁を加え、よく混ぜる。

ユズ皮をおろして乾燥させ、天然塩と混ぜ合せ、ユズ塩（ユズ1、塩2）を作る。

▼提供―生地をほどよい大きさにまとめて、170℃の揚げ油で揚げ、器に盛って、ユズ塩、細ネギ、スダチを添える。

▼コツ―こげやすいので、高温にしない。

たぬ吉コロッケ

（たぬ吉）

▼仕込み―白身魚のすり身とエビのすり身をすり合せ、すりおろした山イモ、卵黄、サラダ油、塩、片栗粉を加えて混ぜ合せ、コロッケの種を作る。種を俵形に整える。

▼提供―表面に片栗粉と溶き卵をつけ、それぞれに道明寺粉、白黄丸（色つきのしんじょう粉）、スライスアーモンドをまぶしつけて、175℃の揚げ油で3分間揚げる。器に盛り、レモンを添える。

北陸団子

（いたる）

▼仕込み―甘エビの身はすり鉢ですり、すり身にする。スケソウダラのすり身、カニの身、卵を加え、薄く塩をし、淡口醤油を加えてよく練る。

▼提供―丸くまとめ、160℃の揚げ油でキツネ色になるまで、ゆっくり揚げる。フキノトウは衣（薄力粉、水）をつけ、160℃の揚げ油で揚げる。

器に盛り、フキノトウを添える。

あさりさつま揚げ

（越後）

▼**仕込み**—白身魚は細かく切り、すり鉢でする。アサリはゆで、身を取り出し、水で洗う。レンコンは皮をむき、細かく切る。

白身魚のすり身に、卵白、ミリン、淡口醤油、レンコン、アサリを入れてよく混ぜてさつま揚げの生地を作る。

▼**提供**—一口で食べられる程度に生地を丸めて、160℃の揚げ油に入れる。こんがりと揚がったら、器に盛る。おろしショウガとアサツキの小口切りを添える。

▼**コツ**—白身魚はなめらかにすり、ボソボソさせない。油の温度は160℃。高すぎるとアサリがかたくなる。

しめじ饅頭

（黒船屋ルネッサンス）

▼**仕込み**—具を作る。タケノコはさいの目に切り、だし、濃口醤油、ミリンで炊いて味を含ませる。白菜はみじん切りに、ザーサイは粗みじんに切る。これらの野菜の水気を切り、豚挽き肉、卵、片栗粉、濃口醤油、ゴマ油、日本酒、コショウ、うま味調味料を加えて練り、ダンゴ状に丸める。

皮を作る。すり身におろした山イモと日本酒を加え、卵白を少しずつすり混ぜる。だしで煮たシメジタケを混ぜる。皮の材料を1個分ずつ手に取ってのばし、具を包む。

▼**提供**—セイロで蒸し上げ、おろしショウガを添える。

和風しゅうまい

（しる平）

▼**仕込み**—エビは頭と殻をむき、背ワタを抜いて包丁で叩く。玉ネギはみじん切りにしてサラシに包み、水洗いして絞っておく。

すり鉢にエビ、魚すり身、玉子の素（→28頁）、ゴマ油、ラー油、淡口醤油を入れてよくすり、最後に玉ネギを混ぜ合せて種を作る。

つけダレ（だし、淡口醤油、練り芥子）の材料を合せておく。

▼**提供**—平ユバを6㎝角に切り、種をシュウマイのように包み、蒸し器で5分間蒸す。つけダレを添える。

魚とトマトのカルパッチョ風サラダ

（串駒）

▼仕込み—魚の切り身（ヒラメ、アジ、マグロ、ホタテ貝柱、サケ）を、それぞれ別に包丁で粗めに叩き、塩、コショウで味つけする。

バジル、玉ネギ、大葉、ケイパー、ピクルス、アサツキをみじん切りにし、アンチョビは裏漉ししておく。

トマトは皮を湯むきし、8等分のくし形に切って種を除く。

▼提供—ヒラメにはバジル、アンチョビを混ぜる。アジには玉ネギ、大葉を混ぜる。マグロにはアンチョビ、ケイパー、ピクルス、アサツキ、練り芥子、卵黄を混ぜる。ホタテ貝柱にはもみ海苔を混ぜる。サケにはアサツキを混ぜる。

これらを1種ずつトマトに詰め、チャービルを飾る。2種のオリーブ油をかけ、ピクルス、玉ネギの酢漬け、黒オリーブ、山イチゴのシロップ漬けなどを添える。

季節魚の中華風お刺身サラダ

（橙）

▼仕込み—カツオ、タイ、タコ、イカはサク取りし、刺身用に切る。

ワンタンの皮は短冊に切り、素揚げする。

葛そうめんも素揚げする。

▼提供—ミックスサラダ（エンダイブ、サニーレタス、トレヴィス、クレソン）を器に盛り、刺身を上に盛って、醤油ドレッシング（→175頁アボカドと蟹の生春巻）をかけ、素揚げしたワンタンの皮、葛そうめんを添える。

カラーピーマンの海鮮サラダ パプリカソース

（食彩工房舎人）

▼仕込み―タコとタイは薄切りにし、タラバガニは身をほぐす。小エビは熱湯でゆでた後、ザルに上げて冷ます。サニーレタス、レタスはちぎって冷水にさらす。グレープフルーツの実は一口大に切る。

以上の材料をドレッシング（おろしニンニク1片分、粉パプリカ小さじ2、レモン汁4分の1個分、オリーブ油3分の2カップ、塩、コショウ）で和える。

パプリカ（赤・黄）は、種をくり抜く。

▼提供―パプリカの中に具を詰め、パセリのみじん切りを散らして、盛りつける。

たぬ吉サラダ

（たぬ吉）

▼仕込み―材料を混ぜ合せてドレッシング（サラダ油7、酢3、濃口醤油1、塩・コショウ・マスタード・マヨネーズ各少量、おろし玉ネギ適量）を作っておく。

▼提供―一口大に切った刺身用のタイ、イカ、タコ、細かくちぎったレタス、キャベツ、薄切りの紫玉ネギ、キュウリ、半分に切ったプチトマトを大きめの器に盛り、ウニを添えてドレッシングをかける。

▼コツ―魚介類と野菜の水気はきちんと切る。

漁師サラダ

（串駒江古田店）

▼仕込み―その日に仕入れた鮮魚の刺身数種類を用意する。

山イモはすりおろし、ポン酢醤油（濃口醤油、柑橘類の絞り汁、日本酒、ミリン）、土佐酢、ワサビ、刻んだ大葉で味をつける。

▼提供―薄く切ったキュウリとちぎったレタスを器にしき、刺身を並べ、調味した山イモをたっぷりかける。繊切りにしたミョウガ、刻み海苔を飾る。

ばくだん

（開花屋）

▼仕込み―マグロ、カンパチ、タイなどの端肉を用意し、納豆、みじん切りの長ネギ、万能ネギ、煎った白ゴマとともに包丁で叩き、1人前ずつラップフィルムに包んで丸めておく。

　材料を合せて、タレ（唐辛子ミソ、砂糖、ゴマ油、白コショウ）を作る。

▼提供―叩きを器に盛り、タレを回しかける。卵黄を器にのせ、箸で割って軽くくずす。まわりに長ネギと海苔の繊切りを散らし、白ゴマをふる。

魚介サラダ

（酒菜屋）

▼提供―器にちぎったレタスをしき、刺身用のマグロ、白身魚、甘エビ、ホッキ貝を食べやすく薄く切って並べる。

　上から軽く塩、コショウをふり、自家製フレンチドレッシング（→183頁蛸サラダ）をかける。

　ウニとイクラをのせ、カイワレ菜を飾る。

シーフードのマリネ

（家鴨長屋）

▼仕込み―エビ、カニ爪、ムール貝、イカ、タコ、ホタテ貝柱、アサリは熱湯でさっとゆでて、マリネ液（ドレッシング、塩、黒コショウ、オリーブ油）に浸ける。

　サニーレタス、トマトは食べやすく切る。

▼提供―野菜をしき、ドレッシングで和えた魚介を盛る。トビコとレモンを添える。

◆ドレッシング◆材料をフードプロセッサーにかける。オリーブ油・サラダ油各550cc、白ワイン酢160cc、スタッフドオリーブ・黒オリーブ各20個、パセリ1束分、おろしニンニク・粒マスタード各小さじ2、玉ネギ半分、レモン汁60cc、ケイパー40個。

大誠サラダ

（大誠）

▼仕込み―タコ（ボイル）は細切りにする。ロールイカは縦に包丁目を入れて、熱湯でゆでて薄く切る。ムキエビは熱湯でゆでる。スモークサーモンとチーズは適宜に切る。レタス、サニーレタス、トレヴィスは手でちぎる。キュウリ、マッシュルームは薄切り、トマトは乱切りにする。

フレンチドレッシング（玉ネギ、マスタード、ニンニク、ショウガ、酢、塩、コショウ、サラダ油）と醤油ドレッシング（濃口醤油、酢、日本酒、ゴマ油、砂糖、サラダ油）の材料をミキサーにかける。

▼提供―野菜と魚介を盛り合せ、カイワレ菜とイクラを飾る。ドレッシングを添える。

団子

（有薫酒蔵）

▼仕込み―魚の種類と数は不問。刺身に使える鮮魚をおろして、身を包丁で叩き、薄力粉、パン粉、溶き卵を加えて練り合せる。

叩きを丸めて片栗粉をまぶし、180℃の揚げ油で揚げて油を切る。3個ずつ串に刺しておく。

タレ（濃口醤油、ミリン、ザラメ糖）の材料を合せて熱し、甘辛く煮詰める。

▼提供―串に刺した団子をタレにくぐらせ、直火で焼き上げる。

器に大葉をしいて、団子を盛る。ショウガ甘酢漬け（→29頁）の繊切りと一味唐辛子を添える。

柿釜チーズ焼き

（和義）

▼仕込み―アマダイは3枚におろし、一口大に切る。車エビは頭を取り、殻をむいて尾と背ワタを除く。アスパラガスは1cmに切って熱湯でさっとゆでる。ギンナンは煎って殻を外し、塩を入れた熱湯の中でころがして薄皮をむく。シメジタケはほぐす。

▼提供―ギンナン以外の材料をバターで炒めて、塩、コショウで味をととのえる。火からおろしてギンナンを混ぜて具を作る。

柿はヘタ側を切り、実をくり抜いて釜を作り、中に具を詰めてチーズを散らし、220℃のオーブンで15～20分間焼く。

器に盛って提供。

海の幸のグラタン

（なかむら）

▼仕込み—魚のすり身とおろした長イモをすり合せ、だしと塩で味をととのえる。エビは背ワタを抜いてゆで、殻をむく。

薄切りの玉ネギをバターで炒め、しんなりしたら、さいの目切りのジャガイモを加えて炒める。塩とコショウで味をつける。

カニの身と4等分のホタテ貝柱、薄切りのシイタケ、ほぐしたエノキダケとシメジタケをバターで炒めて、塩、コショウ、濃口醤油で味をつけ、ホワイトソース（→28頁）と混ぜ合せる。

▼提供—耐熱器に玉ネギとジャガイモ、すり身、エビを入れて5分間蒸す。ソースをかけてチーズをのせ、サラマンダーで焼く。

海の幸の朴葉焼き

（なかむら）

▼仕込み—エビは殻をむき、背ワタを取って1㎝に切る。イカは内臓を抜き、皮をむいて5㎜の細切りにする。ホタテ貝柱は4等分に切る。長ネギはみじん切りにする。合せミソ（仙台麹ミソ5、西京ミソ3、七味唐辛子）の材料を表記の割で合せて練っておく。

▼提供—合せミソにエビ、イカ、ホタテ貝柱、長ネギを混ぜ合せる。これを朴葉の上に盛り、斜め切りにした長ネギを散らしてコンロで提供。

▼コツ—カキが出回る季節には、カキを加えるとまた一味違った味になる。

貝づくしの鉄板焼き

（和義）

▼仕込み—田舎ミソ2種、麹入り田舎ミソ、桜ミソ、西京ミソと砂糖、ミリン、日本酒、みじん切りの長ネギを混ぜ、火にかけて練る。ハマグリは熱湯でゆでて殻を外す。

▼提供—アオヤギ、小柱、ホタテ貝、トリ貝はむき身を用意し、食べやすい大きさに切る。ミル貝、ホッキ貝は殻を外して内臓やヒモを除いて掃除し、同じくらいの大きさに切る。

鉄板にサラダ油をひき、すべての貝類と練りミソを盛る。ミソの中央をくぼませ卵黄を落とす。客席でコンロに点火する。途中で卵黄と練りミソを貝類に混ぜ合せる。

海の幸のグラタン

（楽味）

▼仕込み―エビは殻をむいて背ワタを取る。イカはおろして薄皮をむく。ホタテ貝は殻を開いて貝柱を取り出す。カキのむき身はよく洗う。アサリは塩水に浸けけて砂抜きする。

エビ、イカ、ホタテ貝柱、カキ、サケの切り身を一口大に切り、軽く塩、コショウをふる。

キヌサヤは熱湯でさっとゆがく。

ホワイトソースを作る。バターを溶かし、同量の薄力粉を弱火で炒める。薄力粉に火が通ってさらさらしてきたら、牛乳を加えてのばし、塩、コショウで味をととのえる。

▼提供―魚介をサラダ油で炒め、グラタン皿に盛る。ホワイトソースをかけてトウモロコシ（缶詰・ホール）を散らし、表面に焼き色がつくまでオーブンで焼く。上がりにキヌサヤを添える。

▼コツ―ホワイトソースにコクをつけたいときは、バターを多めに。

干し物盛り合せ

（由庵）

▼提供―ザルにタタミイワシ、イワシの丸干し、アユの風干し、フグの笹干し、海苔を盛り合わせる。

七輪とともに供卓する。

おでん

（有薫酒蔵）

▼仕込み―スープを作る。豚骨と鶏ガラを3対1の割で用意してゆでこぼし、たっぷりの水で半日煮て漉す。塩で薄味をつける。

巾着を作る。油アゲを油抜きし、半分に切って袋状に開く。鶏モモ肉ともどした干シイタケはあられ切りにし、淡口醤油、ミリン、砂糖を合せた煮汁で煮て具を作る。餅と具を油アゲに詰め、もどしたカンピョウでしばって巾着を作る。木綿豆腐は4等分に、大根は厚めの輪切りにする。

鍋にスープを注ぎ、各種おでん種を煮る。

▼提供―器におでん種を盛る。小口切りのワケギと、練り芥子を添える。

鱚とうにと蟹包み ライスペーパー揚げ

（和義）

▼仕込み―キスはウロコを落として大名おろしにする。

玉子焼き鍋にサラダ油を熱し、溶き卵を少量流して薄焼き玉子を作る。

▼提供―薄焼き玉子の上に、軽く塩をふったキスと生ウニ、カニの身をのせて、ウニが中央にくるように巻く。

これを水で柔らかくもどしたライスペーパーで巻いて、溶き卵にくぐらせ、薄力粉をまぶす。180℃に熱した揚げ油で揚げる。油を切って半分に切る。シシトウも同じ油で素揚げにする。器に盛り、塩を添えて提供。

小魚のフリット カポナータソース

（開花屋）

▼仕込み―小ダイ、キスは開き、中骨を取る。パプリカ（赤・黄・緑）、ナス、ズッキーニ、玉ネギは各々1cm角に切る。

鍋にオリーブ油、みじん切りのニンニク、輪切りの赤唐辛子を入れて火にかけ、香りが立ったら野菜を加えて炒める。全体に油が回ったら、ホールトマト（缶詰）をくずしながら加え、かき混ぜながら煮る。

途中でバットに移し、250℃のオーブンに入れる。時おりかき混ぜて水気がなくなるまで加熱する。

取り出して塩、コショウ、バルサミコ酢で味をととのえて冷やし、カポナータソースを作る。

▼提供―小ダイ、キスは粉（薄力粉5、パルミジャーノチーズ1）をつけて180℃の揚げ油で揚げ、エンダイブをしいた器に盛る。

カポナータソースをかけ、みじん切りのパセリを散らし、イタリアンパセリを飾る。

▼コツ―炒めるさいのオリーブ油は多めにして、野菜は少し焼き色がつくように炒める。

骨煎餅

（有薫酒蔵）

▼仕込み—店で使っているすべての魚の骨と軟骨を3日間風通しのよいところで陰干しする。場所がないときは換気扇の脇に干す。
▼提供—揚げ油を180℃に熱し、陰干しにした骨と5cm幅に切った昆布を素揚げする。熱いうちに塩をふって器に盛る。
▼コツ—タチウオ、アナゴ、アジ、ヒラメ、サバなどの骨を使っている。何種類もの骨を盛り合せると目先の変わった肴になる。

柚子釜蒸し

（四季音）

▼仕込み—カキ（むき身）は大根おろしで洗う。タラの白子はさっと水洗いして掃除をし、適当な大きさに切る。ヒラメは5枚におろし、厚めのそぎ切りにする。マイタケは石突きを取り、小分けにする。
紅葉麩は八方だし（だし、ミリン、淡口醤油）でさっと煮る。
▼提供—ユズの上部を切り落とし、中をくり抜く。昆布をしき、先の具を詰めて日本酒をふり、中火で10〜15分間蒸す。
美味だし（だし6、日本酒1、ミリン1、濃口醤油1、カツオ節）を熱して、水溶き葛粉でとろみをつけた餡をかける。

海鮮茶碗蒸し

（淡如水）

▼仕込み—エビは頭を落として殻をむき、背ワタを取り除いてぶつ切りにする。
ホタテ貝柱は4等分にする。干シイタケは水でもどして薄切りにする。三ツ葉は小口から1cmのざく切りにする。アサリは熱湯でゆでておく。

卵液を作る。卵を溶き、だし、魚介のゆで汁、塩、淡口醤油、日本酒を合せて味をととのえておく。
▼提供—器にエビ、ホタテ貝柱、干シイタケ、三ツ葉を入れる。卵液を注ぎ、蒸し器で10分間蒸す。仕上がる直前にカニ爪を入れて取り出し、アサリと木ノ芽を盛る。

北海包み蒸し

（和義）

▼仕込み—時ザケは3枚におろして薄塩をふり、そぎ切りにする。ホタテ貝柱は横に2～3等分に切る。シイタケは薄切りにする。生昆布は塩抜きのために水に浸したのち、熱湯で15分間煮る。

合せミソ（田舎ミソ2種、桜ミソ、西京ミソ、田舎ミソ）に長ネギのみじん切りと砂糖を混ぜてネギミソを作る。

▼提供—生昆布の上に時ザケを広げ、ネギミソを塗り、ホタテ、シイタケをのせて巻く。タコ糸で3ヵ所ほど結んで、蒸し器で10分間蒸す。2cm長さに切って盛りつける。

和義風茶巾絞り

（和義）

▼仕込み—時ザケの切り身、ホタテ貝柱、ムキエビ、アオリイカ、合鴨を大きめのさいの目切りにする。ソラマメはサヤを外し、塩ゆでして皮をむく。ホウレン草も同様にゆでておく。

皮を作る。同量のソバ粉と薄力粉に少量の粉末グルテンを合せて水で溶く。テフロン加工のフライパンに生地を少量注いで薄くのばし、両面を焼く。

▼提供—魚介類と合鴨に片栗粉をまぶして、180℃の揚げ油でさっと揚げる。

これらをソラマメとともにサラダ油で炒めてオイスターソースと少量のだしを加えて煮て、具とする。

ラップの上に皮を広げ、具をのせ、茶巾絞りにする。輪ゴムで口をとめて蒸し器で10分間蒸して取り出す。

ラップを外して器に盛り、ホウレン草を添えて醤油餡をかける。おろしショウガを天盛りにする。

醤油餡の作り方は以下の通り。だし6、濃口醤油1、ミリン1を表記の割で合せて熱し、カツオ節を加えて追いガツオをして漉す。水溶き片栗粉でとろみをつける。

▼コツ—具は最後に炒め煮にするので、完全に火を通さないように揚げる。

第2章 肉・卵・乳製品

Meat, Egg, Dairy products

うずら焼きとり

（ビストロめなみ）

▼仕込み―ウズラは肛門から内臓を引き出す。頭を切り、食道を引き抜く。手羽先を切り落とし、腹側に包丁を入れて1枚に開いて肋骨などの骨を取り除く。

ザウワークラウトを作る。キャベツはざく切りにして、水に酢、砂糖、キャラウェイシードを合せた煮汁でさっと煮て、このまま漬け込んで味をなじませる。

▼提供―ウズラに塩、白コショウを多めにふり、炭火でこんがりと焼いて、4等分に切り分ける。器に盛り、ザウワークラウトとセルフイユ、大葉を添える。

合鴨の叩き

（なまこ屋）

▼仕込み―合鴨胸肉をつけ汁（濃口醤油、日本酒、ローリエ）に約5時間浸ける。

大根、ニンジンは繊切りにする。ニンニクは薄切り、アサツキは小口切り、ミョウガを薄切りにする。大根に赤唐辛子を射込んで紅葉おろしを作る。ショウガをおろしておく。

▼提供―合鴨を強火で焼いて焼き目をつけ、3㎜の厚さに切って器に盛る。大根とニンジンと大葉とともに合鴨を盛り合せ、ニンニク、小口切りのアサツキ、おろしショウガを散らす。紅葉おろしとミョウガを添える。別皿でポン酢醤油を添える。

スモーク鴨と焼き玉葱のサラダ

（串駒）

▼仕込み―スモーク鴨を180℃のオーブンに入れてクルミ油をかけながら10分間ほど焼き、薄切りにする。

玉ネギ（皮つき）は160℃のオーブンで1時間焼く。皮をむいて乱切りにする。

春巻の皮を細切りにし、素揚げする。クルミを包丁で粗く刻む。

フレンチドレッシング（塩、赤ワイン酢、サラダ油）を作る。

▼提供―鴨、玉ネギ、アサツキの小口切りをドレッシングで和える。皿に盛り、春巻の皮、クルミをふり、セルフイユを飾る。

スモーク鴨と茄子のサラダ

（由庵）

▼仕込み―合鴨胸肉は、塩を混ぜたくず野菜で半日マリネし、水にさらして塩抜きする。脱水シートで水気を抜き、70〜80℃のオーブンで15分間加熱する。空き缶にチップを入れて火をつけ、鴨をつるし、蓋をして、軽くスモークする。

ナスは天地を切り落とし、串で数ヵ所皮に穴を開け、170℃の揚げ油で揚げる。冷水に落として皮をむき、6等分に切ってドレッシング（オリーブ油とサラダ油7、米酢3、みじん切りのエシャロット、赤唐辛子、塩、コショウ）に浸ける。

サラダホウレン草、サラダ菜、キク菜、トレヴィスは食べやすくちぎる。サヤインゲンは熱湯でゆでる。

ジャガイモは繊切りにして水にさらし、170℃の揚げ油で揚げる。

▼提供―葉野菜に軽く塩、コショウして混ぜ、器にしく。

鴨、ナス、サヤインゲン、プチトマトの順に盛り、最後にジャガイモを盛り、ドレッシングをかける。

筍と合鴨の木の芽焼き

（ぶん也）

▼仕込み―タケノコはアク抜きし（→29頁）、塩で薄味をつけた昆布だしで煮る。

合鴨胸肉の皮に串で穴を数ヵ所開けて（味をしみ込みやすくするため）、同割の日本酒、濃口醤油、ミリンを合せた中に30分間浸ける。取り出して薄いそぎ切りにする。この浸け汁を煮詰めてタレを作る。

▼提供―タケノコの穂先と根元の中央に縦に切り目を入れて合鴨を挟み、串を打つ。先のタレを塗りながら直火で焼く。

串を外して器に盛り、叩き木ノ芽をたっぷりと散らして提供。

▼コツ―合鴨に火を通しすぎないように。

合鴨と葱の陶板焼き

（なかむら）

▼仕込み―合鴨胸肉の皮側を直火で香ばしく焼いて脂を落とし、5㎜厚さに切る。

長ネギは斜め切り、ナスは皮の表面に切り目を入れて2㎝厚さの半月切り、シイタケは飾り包丁を入れる。

タレを作る。ニンニクは粗みじん、長ネギはみじん切り、赤唐辛子は種を除いて小口切りにし、濃口醤油、日本酒、ミリン、ザラメ糖と合せて煮詰める。最後に七味唐辛子を加える。

▼提供―陶板に合鴨と野菜を並べて、タレを注ぎ火にかける。そのまま提供。別皿で大根おろしとウズラの卵を添える。

合鴨の串焼き

（なまこ屋）

▼仕込み―合鴨胸肉を3㎝の角切りにし、長ネギは3㎝長さに切る。

合鴨と長ネギを竹串に交互に刺す。

別にシシトウを串に刺しておく。

▼提供―2種の串に軽く塩をふり、直火で両面を焼く。合鴨はレアに仕上がるように焼き上げる。

器に盛り、レモンを添える。

▼コツ―シシトウなどを1本の串で焼く場合、丸串ではくるくる回ってしまうので、平串や鉄砲串を使うとよい。

合鴨ロース

（泥味亭）

▼仕込み―合鴨胸肉は金串で皮の表面に穴を開ける。フライパンで皮目を強火で焼き、脂を抜いてこげ目をつける。裏面はさっと焼く程度。

煮汁（淡口醤油1、ミリン1.5、日本酒2.5、バター・白コショウ各適量）を合せ、焼いた合鴨を12分間程度煮る。

長ネギは弱火で表面を焼いて3㎝長さに切る。密封容器に合鴨と長ネギを入れて先の煮汁を注いでしばらくおく。

▼提供―合鴨を薄切りにし、焼きネギとともに器に盛る。白髪ネギを天に盛り、粒マスタードと練り芥子を添える。

合鴨汐焼き

（神田小町）

▼提供―合鴨胸肉の余分な脂身を包丁でそぎ取る。5㎜厚さに切り、包丁の背で肉を叩く。

身が回らないように、2本の串で4枚の切り身を刺して、塩をふって強火で焼く。串を外して器に盛り、大根おろし、ショウガ甘酢漬け（→29頁）、スダチを添える。

▼コツ―包丁で肉を叩くのは、スジを断ち切り、肉の縮みを防ぐため。

合鴨ロースの味噌漬け焼き

（萬屋松風）

▼仕込み―合鴨胸肉の脂肪やスジを包丁で掃除し、フライパンで表面を軽く焼く。白ミソに2日間漬け込む。

長ネギを繊切りにする。

▼提供―合鴨をミソ床から取り出して、白布巾で白ミソをきれいにふく。薄切りにし、焼き網にのせて焼く。

器に大葉をしいて合鴨を盛り、長ネギを添える。

▼コツ―合鴨を白ミソに漬ける前に表面を軽く焼いておくと、余分な脂が抜ける。

鴨つくねの杉板焼き

（開花屋）

▼仕込み―合鴨は骨だけを取り、軟骨と身をミンサーで2度挽きし、みじん切りの玉ネギ、卵黄、濃口醤油、ミリン、赤だしミソを加えてよく練り合せて種を作る。

焼きダレ（煮切りミリン1、濃口醤油1、たまり醤油0.1、全体4ℓに対して400gの氷砂糖）を合せて、1割煮詰める。

▼提供―杉板に種をつけ、250～280℃のオーブンで火を通す。焼きダレをかけて上火グリルで焼き、テリを出す。器に盛り、繊切りの長ネギと菊花を散らし、菊花かぶらをあしらう。

鴨ロースの葱巻き

（もり川）

▼仕込み—合鴨胸肉は薄切りにする。九条ネギは6～7cm長さに切り、鴨肉でまわりを巻いて串に通す。

タレ（日本酒1、ミリン1、濃口醤油1、黄ザラメ糖・水アメ各少量）の材料を合せて火を通す。

▼提供—串にタレをつけながら、こんがりと焼く。

半分に切り分けて盛りつけ、木ノ芽を添える。

合鴨の北京ダック風

（由庵）

▼仕込み—合鴨胸肉は余分な脂やスジなどを掃除して、フライパンで皮をこんがりと焼く。170～180℃のオーブンで20分間焼き、何回かハチミツを塗ってテリを出す。

上新粉、コーンスターチを牛乳で溶き、塩、コショウを加える。熱したフライパンで薄く焼いてライスペーパーを作る。

エゴマミソ（エゴマ、赤ミソ、ミリン、日本酒）の材料を一煮立ちさせる。長ネギ、キュウリは繊切り、カイワレ菜はそろえる。

▼提供—薄く切った鴨、野菜、ライスペーパーを器に盛り、エゴマミソを添える。

合鴨のアスパラ巻き

（佃喜知）

▼仕込み—合鴨胸肉は薄く切り、包丁目を入れる。アスパラガスは、塩を入れて沸騰させた湯で軽くゆでる。アスパラガスを合鴨で巻く。

▼提供—フライパンにサラダ油をひいて、合鴨で巻いたアスパラガスを焼く。

器に盛ってポン酢醤油をかけ、スダチを添える。

▼コツ—アスパラガスの色がくすむので焼きすぎない。

鴨ロース

（中川）

▼仕込み―合鴨胸肉の表面を、サラダ油をひいたフライパンで焼き固める。

合鴨を濃口醤油、日本酒、砂糖、ミリンで甘辛く味をととのえた煮汁で10分間ほど煮る。このまま冷まして1日おく。

▼提供―合鴨をそぎ切りにして、挽きたての黒コショウをふり、網焼きしたシシトウを添える。

鴨の治部煮

（しる平）

▼仕込み―だしにミリン、砂糖、濃口醤油を加えて味をつけ、合鴨胸肉を弱火で5分間煮る。3㎜厚さのそぎ切りにする。

サトイモは六方に皮をむき、米の研ぎ汁でゆがいて水にさらす。スダレ麩は湯でもどす。生麩（サクラ麩とヨモギ麩）は5㎜厚さに切る。サトイモと麩を淡口醤油、ミリンで味をつけただしで煮る。

▼提供―サトイモ、麩、シイタケに薄力粉をまぶして、熱い合鴨の煮汁で煮る。煮上がる手前で、合鴨に薄力粉をまぶして加える。器に盛り、キヌサヤとワサビを添える。

合鴨ロース治部煮

（藤乃）

▼仕込み―合鴨胸肉は残った羽を包丁でこそげ取り、フライパンで軽く焼く。

治部煮ソース（だし、濃口醤油、ミリン、日本酒、砂糖）を合せる。片栗粉7、薄力粉3の割で合せて水で溶かし、ソースに加えて火にかけてとろみをつける。ここに合鴨を入れて、さらに煮る。あまり火を入れすぎない。完全に火が通る手前がよい。

芽キャベツは熱湯でゆでる。

▼提供―合鴨をそぎ切りにし、芽キャベツを添え、熱したソースをかける。

合鴨の治部煮椀

（四季音）

▼仕込み―合鴨胸肉は皮側に格子に包丁目を入れてから、薄切りにする。
大根はいちょう切り、京ニンジンは短冊切りにして下ゆでする。タケノコ（水煮）は薄切り、セリはざく切りにする。シイタケは石突きを切る。
▼提供―吸い地（だし、淡口醤油、塩、日本酒）を合せて熱し、野菜を温める。葛粉をまぶした合鴨を入れて煮る。
煮上がったら器に盛る。

鴨葱豆腐

（おふろ）

▼仕込み―合鴨胸肉の切り落としは適当な大きさに切り分ける。木綿豆腐は奴に切り、長ネギはぶつ切りにする。
煮汁（カツオだし3、ミリン2、濃口醤油2、砂糖0.8）に合鴨、豆腐を入れて20分間ほど加熱し、長ネギを加えてさらに煮る。
▼提供―器に盛り、七味唐辛子をふる。
▼コツ―煮込みすぎると、鴨、豆腐がかたくなるので注意。

合鴨と山芋の炊き合せ

（爐端本店）

▼仕込み―山イモは皮をむき、5cm厚さの輪切りにする。コンニャクはゆでこぼす。ニンジンは乱切りにする。合鴨は食べやすく切り、厚揚げは大きめに切る。合鴨と昆布でだしをとり、山イモを煮含める。
鍋に先のだしを注ぎ、合鴨を煮る。火が通ったら、ニンジン、コンニャク、厚揚げの順に入れ、アクをひきながらしばらく煮る。濃口醤油、淡口醤油、日本酒、砂糖、ミリンで味をつけ、弱火で1時間ほど煮る。
▼提供―器に盛り、粉サンショウを添える。サンショウの醤油煮（濃口醤油、日本酒、砂糖、ミリン）を一緒に煮てもよい。

合鴨と茄子の炒めもの

（笹吟）

▼仕込み—合鴨胸肉は薄切りにし、フライパンで表面を焼く。ナスは天地を切り落とし、中心を抜いてらせん状に切り、ミョウバン水でアクを抜く。長ネギはぶつ切りにする。アスパラガスは食べやすい大きさに切る。

▼提供—鍋で鴨、ナス、アスパラガス、長ネギを炒め、合せ地（だし、淡口醤油、ミリン、日本酒、砂糖）を加えて、味をからめる。

器に色よく盛る。アサツキの小口切りを散らして、軽く粉サンショウをふる。

合鴨の竜田揚げ

（なまこ屋）

▼提供—合鴨胸肉を厚めのそぎ切りにする。濃口醤油、日本酒、ショウガ、おろしショウガを合せてつけ汁を作り、合鴨を浸ける。

合鴨の汁気を切り、薄力粉をまぶして170℃に熱した揚げ油で揚げる。

シシトウは同じ油にさっとくぐらせて素揚げにする。ともに油を切って器に盛りつける。

▼コツ—合鴨をつけ汁に長時間浸けすぎると辛くなってしまう。

鴨白ロース 合鴨の蒸しもの

（しる平）

▼仕込み—合鴨胸肉の皮に串で穴を開ける。塩、コショウをふり、30分間おく。

大根をすりおろしてバットに入れ、中に合鴨を入れてラップフィルムをかけ、蒸し器で25分間蒸す。そのまま冷まし、大根おろしを取り除いて冷蔵庫で冷やす。

梅肉ネーズを作る。玉子の素（→28頁）に赤梅干の果肉を加えてすり合せる。酢で味をととのえ、最後にレモン汁をたらす。

▼提供—合鴨を3㎜厚さのそぎ切りにし、レタスをしいた器に盛る。梅肉ネーズを添える。

牛肉の叩き

（大観音）

▼仕込み―牛モモ肉ブロック1kgを4等分に切り、表面を強火の直火で焼いてこげ目をつける。すぐに冷水にとり、水気をふき取って冷蔵庫で保存する。

ポン酢醤油を作る。濃口醤油に煮切った日本酒とミリンを加える。ここにダイダイの絞り汁、昆布、カツオ節を入れて2週間おく。これを漉しておく。

▼提供―牛モモ肉を8㎜厚さに切って、器に盛る。ポン酢醤油をかけてカイワレ菜を添える。大葉の上に紅葉おろし、おろしニンニク、アサツキの小口切りを添える。

牛肉のしゃぶしゃぶサラダ

（なかむら）

▼仕込み―ゴマダレを作る。白ゴマ540ccを煎ってすり鉢でよくする。ここに、田舎ミソ360cc、濃口醤油720cc、砂糖180cc、リンゴ酢180cc、卵黄2個、おろしニンニク、おろしショウガ、カツオだし、一味唐辛子を加えてさらにすり合せる。

▼提供―牛ロース肉しゃぶしゃぶ用を、塩と日本酒を加えた熱湯にさっとくぐらせて氷水にとり、水気をふき取る。器に細切りのレタスとカイワレ菜を混ぜ合せて盛り、牛ロース肉を盛りつける。小口切りのアサツキを散らし、白髪ネギを天盛りにする。別皿でゴマダレを添える。

牛肉の叩きのすぐき漬け和え

（うしのほねあなざ）

▼仕込み―牛モモ肉ブロックを用意し、適当な大きさに切り分ける。塩、コショウをふり、フライパンで表面を焼く。すぐに冷水にとって冷まし、水気をふき取っておく。

すぐき漬けを用意する。ゴマ油とポン酢醤油をすぐき漬けに加えて、味をととのえる。

▼提供―牛の叩きを薄切りにして器に盛り、すぐき漬けをかける。水でもどしたワカメ、大葉、カイワレ菜を添える。

牛叩き

（万代家）

▼仕込み―牛イチボ肉ブロックは、フライパンにサラダ油とバターを入れ、表面を強火で焼き、軽く塩、コショウする。
　タレ（ゴマ油、だし、煮切った濃口醤油、みじん切りのニンニク・長ネギ・ショウガ）を混ぜ合せる。
▼提供―適当な大きさに切ってレタスをしいた器に盛り、別皿でタレを添える。
▼コツ―臀部の端にある、脂肪の少ないイチボという部位を使う。

霜降り牛と山独活のサラダ

（どんじゃん）

▼仕込み―牛肉を薄切りにし、80℃のお湯にくぐらせて、ピンク色になったら氷水で冷やす。
　山ウドは短冊切りにし、水にさらして、アクを抜く。クレソンは適当に切る。

　ゴマミソドレッシング（ミソ、練りゴマ、豆瓣醤、酢、サラダ油、砂糖）の材料を合せる。
▼提供―牛肉、ウド、クレソンをゴマミソドレッシングで和え、器に盛る。
▼コツ―牛肉は沸騰した熱湯でゆでると、かたくなるので注意。

五色サラダ

（牧水）

▼仕込み―牛肉は食べやすく切り、濃口醤油、日本酒、ミリン、繊切りショウガの地で短時間で煮詰め、味と色をのせる。
　薄い塩味の薄焼き玉子を繊切りにする。

　赤玉ネギは薄切りにして、水にさらす。

　シュンギクは熱湯でゆがき、吸い地（だし、淡口醤油、塩）に浸ける。凍りコンニャクは、塩を入れた水から、とろ火で煮もどしたのち、吸い地で煮て味をつける。レンコンは花型にむき、食紅を入れた甘酢に浸ける。
▼提供―材料を皿に盛る。ゴマ酢ダレ（ゴマダレ、酢）を添えて提供する。

牛肉じゃが芋

（越後）

▼**仕込み**―ジャガイモ（男爵）は皮と芽を取り除いて、水にさらす。シラタキはゆでこぼす。ジャガイモは半分に切り、ニンジン、玉ネギは食べやすい大きさに切る。

　鍋で牛肉を炒めてからジャガイモとニンジンを加え、さらに炒める。水を加えて火にかけ、沸騰したらアクを取る。日本酒、ミリン、砂糖、濃口醤油を入れて味をととのえる。玉ネギ、シラタキを入れて弱火で煮る。

▼**提供**―温めて器に盛り、別にゆでたキヌサヤを添える。

牛肉とごぼうの田舎煮

（神田小町）

▼**仕込み**―牛肉は細切りにする。

　ゴボウは笹がきにして水にさらす。ニンジンとサヤインゲンは斜め切り、キクラゲは水でもどして繊切りにする。

　牛肉をゴマ油で炒めて、先の野菜を加えてさらに炒める。ここにカツオだし、日本酒、砂糖、濃口醤油を加えて煮る。

▼**提供**―器に盛り、ラップフィルムをかけて蒸し器で温める。煎った白ゴマをふり、木ノ芽を天盛りにする。

肉葱

（福増屋）

▼**仕込み**―牛肉薄切りは食べやすい大きさに切る。青ネギはぶつ切りにする。煮汁（カツオだし、濃口醤油、日本酒、砂糖、ミリン）を合せておく。

▼**提供**―鍋に煮汁を注ぎ、火にかける。沸騰したら牛肉を入れて煮る。青ネギを加え、しんなりさせる。

▼**コツ**―煮汁はやや甘めに味つけする。牛肉、青ネギは、ともにあまり煮すぎないこと。

牛肉と牡蠣のソテー　エシャロットソース

（串駒）

▼提供―牛ヒレ肉薄切りに塩、黒コショウをふってフライパンで焼く。ベーコンも同様に。キャベツはちぎり、オリーブ油でさっと炒め、塩、コショウで味つけする。

エシャロットをみじん切りにしてバターで炒め、白ワインを注いでカキを加え、半分火を入れて取り出す。残った汁にフォンドヴォーを加えて煮詰める。カキ油をたらして塩、コショウで味をととのえ、カキをもどして温める。

牛フィレ肉を盛り、ベーコン、カキをのせ、ソースをかける。キャベツを添える。

どて焼き

（山三）

▼仕込み―牛スジ肉を40分間ほどゆで、適当な大きさに切る。

焼いた白身魚の骨と昆布を水から火にかけてだしをとる。だしを漉して鍋に注ぎ、白ミソ、三温糖、濃口醤油、昆布、赤唐辛子を加える。ここに牛スジ肉を入れ、柔らかくなるまで、とろ火でことこと煮る。

▼提供―注文が入ったら、温めて器に盛り、天にたっぷり小口切りの青ネギを盛る。

▼コツ―牛スジ肉は、身がたっぷりついていて、にかわ質の多い部分を使う。脂身はできるだけ取り除いておく。煮ながら、浮いてくるアク、脂をていねいに取り除く。

新じゃがと牛すじの煮もの

（楽味）

▼仕込み―牛スジ肉は一口大に切り、日本酒を加えた水で、柔らかくなるまでことこと煮込む（約3時間）。

新ジャガイモは皮をむいて半分に切る。玉ネギは1cmほどのくし形切りにする。シラタキは10cmほどに切っておく。

鍋に以上の材料を入れ、牛スジ肉の煮汁、だしを注ぎ、日本酒、塩、淡口醤油、ミリン、うま味調味料で味つけし、新ジャガに火が入るまで煮る。

▼提供―温めて器に煮汁ごと盛る。牛スジ肉の上にアサツキの小口切り、一味唐辛子をふる。

夏大根と牛すじの煮込み

（だいこん屋）

▼**仕込み**—牛スジ肉を熱湯でゆでこぼし、水洗いしてアクや余分な脂肪を取り除く。一口大のぶつ切りにして圧力鍋に入れ、かぶるくらいの熱湯で柔らかく煮る。

大根は2㎝厚さのいちょう切りにし、水から下ゆでしておく。

圧力釜に牛スジ肉と大根を入れ、かぶるくらいのカツオだしを注ぎ、ミリンと少量の砂糖、淡口醤油、小口切りにして種を除いた赤唐辛子を加えて10分間煮込む。

▼**提供**—器に盛り、電子レンジで再加熱し、針ショウガを添えて提供。

▼**コツ**—ミソを加えた味噌仕立てもうまい。

大根牛すじ煮

（おふろ）

▼**仕込み**—牛スジ肉は一口大に切りそろえ、水から、アクを取りながら2時間ほど、途中で水を加えながら煮る。

大根は3㎝厚さの半月切りにそろえ、水と水の1割の日本酒を加え、串が通るまで煮る。牛スジを大根の2割ほど加え、さらに30分間煮て、塩で味をととのえる。

▼**提供**—器に盛りつけ、万能ネギの小口切りと七味唐辛子をかける。

▼**コツ**—牛スジのスープが味の決め手なので、水を多めにして煮て味を含ませる。牛スジは一度にたくさん下煮して冷凍保存すると手間が省ける。

牛すじのコチュジャン煮

（どんじゃん）

▼**仕込み**—牛スジ肉は1度水からゆでこぼす。鍋にもどし、食べやすく切ったコンニャクを加えて、再度水からゆでる。

牛スジ肉が柔らかくなったら、ミリン、ミソ、コチュジャン、テンメンジャン、豆瓣醤を入れ、甘みと辛さを調整する。

▼**提供**—土鍋に1人前を取り分け、おろしたニンニク、モヤシ、ニラ、ゴマ油を入れて煮る。

▼**コツ**—牛スジ肉はある程度、歯応えが残るようにミリンを入れて仕上げる。

牛すじの煮込み

（鳳仙花）

▼仕込み―牛スジ肉は、熱湯でさっとゆでてアクを抜き、食べやすい大きさに切る。鍋にもどし、水をたっぷり入れて火にかける。沸騰したらとろ火にし、アクを取りながら2時間煮る。

いちょう切りにした大根、手でちぎったコンニャクを加え、さらに2時間煮る。牛スジ肉と同じくらいの大きさに切ったジャガイモを加えて10～15分間煮、濃口醤油、塩、うま味調味料、みじん切りのニンニク・赤唐辛子各少量で味をつける。

▼提供―鉄鍋に取り分け、小口切りの長ネギを加え、卓上コンロで火を通す。

牛すじ韓国風

（串駒江古田店）

▼仕込み―牛スジ肉は掃除をして、熱湯でさっとゆでる。食べやすく切り分けて、くず野菜とともに水から弱火で約8時間煮る。

柔らかくなったら野菜を取り除き、コチュジャン、豆瓣醤、濃口醤油、ミリン、砂糖で味をつける。

▼提供―小鍋に取り分け、豆腐を加えて温める。器に盛り、小口切りの長ネギを飾る。

牛すじ肉シチュー

（ビストロめなみ）

▼仕込み―牛スジ肉は熱湯をかけて洗い、香味野菜を入れたコンソメで3時間煮る。

別の大鍋で香味野菜を炒め、ドミグラスソース（市販）、鶏ガラ、塩、コショウ、タイム、オールスパイス、クローブ、ローリエ、シナモンを加え、弱火で半日煮込む。漉して味をととのえる。

ジャガイモ、玉ネギ、ニンジンは乱切りにして、下ゆでする。玉ネギはくし形切りにする。

▼提供―耐熱皿にシチューを注ぎ、牛スジ肉、野菜を入れて火にかける。玉ネギに火が通ったら、ゆでたサヤインゲンを添え、サワークリームをたらす。バゲットを添える。

牛ばら肉の紹興酒煮ポテトソース

（串駒）

▼仕込み―牛バラ肉ブロックを一口大の角切りにし、サラダ油で焼く。ブイヨン、濃口醤油、紹興酒、薄切りのショウガ・ニンニク、ぶつ切りの長ネギ、五香粉、砂糖を入れ、弱火で2時間ほど煮る。
ジャガイモを乱切りにしてゆで、ゆで汁、牛バラ肉の煮汁、生クリームと一緒にミキサーにかけ、コショウを加えてポテトソースを作る。ゆで汁の量でソースを調整する。
▼提供―牛バラ肉を温めて盛り、バターでソテーしたブロッコリーとカリフラワーを添える。煮汁とポテトソースをかける。

牛カルビの山葵煮

（開花屋）

▼仕込み―牛バラ肉ブロックは、フライパンで焼き目をつける。鍋に移し、水と粗みじん切りのショウガ、赤唐辛子を入れて1時間ほど煮る。肉を取り出して冷ます。
角切りにし、再び鍋にもどし、煮汁の3分の1量の日本酒、20分の1量の濃口醤油を加え、1時間煮る。砂糖を加え、必要なら濃口醤油を加え、弱火でさらに1時間煮る。
▼提供―牛肉を煮汁で温め、肉を器に盛り、ゆでたタア菜を添える。煮汁におろしワサビ、ポルト酒を加え、水溶き片栗粉でとろみをつけてかける。長ネギの繊切りを盛る。

和風スペアリブ

（串駒江古田店）

▼仕込み―牛スペアリブは骨1本ずつに切り分け、熱したフライパンで焼き色をつける。
くず野菜とともに、炭酸水で6時間ほど煮る。柔らかくなったら日本酒、濃口醤油、砂糖を加えて煮詰め、味をととのえる。
▼提供―オーブンで再加熱して器に盛り、ワサビをのせる。

牛肉の朴葉焼き

（大誠）

▼仕込み―西京ミソに、おろしニンニク、淡口醤油、日本酒を混ぜる。

朴葉にこの合せミソを塗り、牛バラ肉薄切りを重ね、冷蔵庫に保管する。

長ネギは斜め切り、アサツキはざく切り、ニンジンは繊切りにして水にさらす。

▼提供―牛バラ肉を200℃のオーブンで1.5分間焼く。器に盛り、用意した野菜を添える。

▼コツ―仕込んでから1日おくと、ミソの味が、よく肉にしみ込む。

牛カルビと大根の炊き合せ

（どんじゃん）

▼仕込み―水に昆布を入れて加熱し、沸騰直前に昆布を取り出し、八方だしをとる。濃口醤油、ミリン、日本酒、塩を加えて、八方だしをとる。

大根の皮を厚めにむき、3㎝厚さに切って面取りをする。八方だしで大根を煮る。

牛バラ肉は、大根と同じ煮汁でかたくならないように煮込み、淡口醤油、塩で味をととのえる。

菜ノ花は熱湯で色よくゆがく。

▼提供―牛バラ肉と大根と菜ノ花を器に盛り合せ、練り芥子を添え、ユズの繊切りを天に盛る。

牛舌サラダ

（銀禅）

▼仕込み―牛タンはよく洗って皮をむき、塩をしてゆで、薄く切る。

ホワイトドレッシング（サラダ油、酢、塩、コショウ、粒マスタード、練り芥子、生クリーム）の材料を混ぜ合せる。

▼提供―細かく刻んだセロリを器の中央に盛り、牛タンを8枚盛りつける。まわりにチコリ、ワカメ、トマト、ヤングコーンを盛り、キンギョ草の花、松ノ実を散らす。ホワイトドレッシングを添える。

牛舌といんげんのサラダ

（泥味亭）

▼仕込み―皮をむいた牛タンを丸のまま表面を焼き、日本酒を加えた水でゆでる。沸騰したら弱火で柔らかくなるまで煮る（約2時間）。鍋から取り出して短冊切りにする。サヤインゲンはかためにゆでる。

ドレッシング（淡口醤油1、ポン酢1、煮切り酒1、ゴマ油0.5、粒マスタード0.5、砂糖0.1）の材料を表記の割で混ぜ合せて冷やしておく。

▼提供―牛タン、サヤインゲン、白髪ネギ、クレソンをドレッシングで和えて器に盛る。

▼コツ―ドレッシング、皿、材料ともによく冷やしておく。

牛舌ガーリックバター焼き

（大誠）

▼仕込み―圧力鍋に皮をむいた牛タンを入れ、乱切りにしたニンニク、ざく切りにした長ネギのくず、たっぷりの水を加えて柔らかく煮る（牛タン4本で約45分間）。濃口醤油、ミリン、砂糖を入れて、牛タンに味をつける。火が通ったら冷蔵庫で冷やして、5㎜厚さに切る。

ガーリックバター（おろしニンニク、パセリのみじん切り、パン粉、塩、柔らかく練ったバター）を練って冷やし固める。

▼提供―牛タンにガーリックバターをのせて、180℃のオーブンで3分間焼く。器に長ネギの薄切りをしいて、牛タンをのせる。

牛舌と洋梨のソテー

（串駒）

▼仕込み―皮をむいた牛タンに塩、コショウ、濃口醤油をもみ込み、30分間おく。フライパンにサラダ油をひき、7～8分間焼く。ブランデーをたらし、火を入れてアルコール分をとばす。取り出して15分間ほど温かいところにおき、余熱で火を入れる。

▼提供―冷ましておいた牛タンを薄切りにする。洋ナシの皮をむいて半月切りにし、塩、コショウ、ポートワインをふり、1、2分間おく。

皿に洋ナシを盛り、牛タンを重ねる。ミントの葉を飾り、ポートワインをふる。

▼コツ―牛タンの火入れは七割ほどに。

黒牛舌の塩漬け焼き

（萬屋松風）

▼仕込み―皮をむいた牛タンにたっぷりの塩をもみ込み、黒コショウをふって1日おく。蒸し器で3時間蒸し、しばらくおいて冷ます。

▼提供―牛タンを薄切りにし、火にかざして軽くあぶる。

器にサラダ菜をしいて牛タンを盛り、くし形切りにしたレモンをあしらう。

▼コツ―牛タンをさっとあぶって焼くと、香ばしさがついておいしくなる。

柔らか牛舌西京漬け焼き

（久昇）

▼仕込み―皮をむいた牛タンは、番茶（柳葉茶）の茶葉を入れた水で5時間煮込む。

粒白ミソに日本酒、ミリン、うま味調味料を加えてミソ床を作る。牛タンを厚めに切って、ミソ床に3時間以上漬ける。

セロリはミリン醤油（濃口醤油、ミリン）を塗って、炭火で軽くあぶって焼き色をつけ、食べやすく切る。はじかみは掃除し、熱湯でさっとゆがいて塩をふり、甘酢（水5、酢4、砂糖2）に浸ける。

▼提供―牛タンのミソをふき取って焼き、ミリン醤油を塗る。

器に盛り、セロリとはじかみを飾る。

牛舌の串焼き

（銀禅）

▼提供―牛タン（皮をむいたもの）を厚めに切り、塩、コショウして焼き上げ、巻いて串に通す。1串はそのまま、もう一方には揚げたニンニクを1切れのせる。

ヤングコーン、長ネギ、シシトウ、玉ネギは同じ大きさに切りそろえて串をさして焼く。

サニーレタスをしいた器に3種の串を盛り、白菜キムチとレモンを添える。

◆白菜キムチ◆白菜を塩漬けにする。赤唐辛子、辛ミソ、仙台ミソを合せて白菜塩漬けを漬けて、一晩おく。

牛舌の味噌漬け焼き

（由庵）

▼仕込み―牛タンは皮をむきスジを掃除して、ほどよい大きさに切る。合せミソ（田舎ミソ3、白ミソ6、砂糖・日本酒各0.5）の材料を混ぜ、牛タンを2日間漬け込む。

▼提供―牛タンを弱火で網焼きし、食べやすい大きさに切る。ミソをこがさないように注意。

器に白髪ネギをのせ、牛タンを盛り、スダチを添える。

牛舌の塩釜焼き

（風神亭）

▼仕込み―牛タンの表皮をむいて、ドライハーブ（コリアンダー、ナツメグ、セージ、ローズマリー、オレガノ）をすり込み、塩をまぶして、アルミホイルで包む。

無水鍋に塩を1cm厚さにしき詰め、牛タンを入れて蓋をし、40〜60分間蒸し焼きにする。粗熱が取れたら、塩を洗い流す。

▼提供―牛タンを縦半分に切り、2mm厚さに切って盛る。プチトマト、クレソン、粒マスタードを添える。

▼コツ―牛タンの火通りは、金串をさしてしばらくおいて唇にあて、温かければよい。全体に柔らかく熱を回すため鍋に塩をしく。

牛舌の白味噌煮

（爐端本店）

▼仕込み―牛タンは皮をむいて丸のままゆでる。火が通ったら1cm厚さに切る。

鍋に薄く菜種油をひき、みじんに切ったニンニクをたっぷり用意して炒める。牛タンを入れ、軽く炒めてから水と日本酒を入れ、2時間ほど弱火で煮る。牛タンが柔らかくなったら、白ミソを入れる。粗塩を一つまみ入れて味をととのえ、日本酒とマージョラムを入れて香りをつける。

▼提供―器に盛り、パセリのみじん切りを散らす。温製でも冷製でもよい。

▼コツ―酒と水のかわりに赤ワインで煮て、白ミソで味をつけてもよい。

牛舌の和風シチュー

（ぶん也）

▼仕込み—たっぷりの水に牛タンと香味野菜を入れ、ローリエ、粒コショウを加えて4〜5時間煮る。一旦煮汁を漉して鍋にもどし、フォンドヴォーとトマトピュレと赤ワインを加えてさらに1時間弱火で煮込む。

木綿豆腐は角切り、シイタケとジャガイモは乱切りにして下ゆでする。

煮汁を火にかけ、ミソ（桜、八丁、田舎）を加えて味をととのえる。3cm角に切った牛タンをもどし、他の具材を加える。

シチューを深い耐熱器に盛り、パイシートをかぶせて冷蔵庫で保存する。

▼提供—280℃のオーブンで10分間焼く。

牛舌の角煮

（山田家）

▼仕込み—牛タンは皮をむいてフライパンで表面を焼く。

鍋に移し、水を注いで火にかける。沸騰したらアクを取り、中火で3日間ほど煮込む。

濃口醤油、ミリン、砂糖、日本酒、たまり醤油を入れ、さらに3〜4時間、中火で煮込んで味をつける。

▼提供—牛タンを温めて器に盛り、白髪ネギ、木ノ芽を飾り、練り芥子を添える。

牛もつ煮込み

（大観音）

▼仕込み—牛内臓（テッチャン、ハチノス、カシラ）は熱湯にくぐらせて水に取り、臭みを取り除く。大根、ニンジン、ゴボウ、コンニャクは乱切りに、長ネギは小口切りにする。コンニャクは水からゆでておく。

牛内臓をたっぷりの水で煮て、沸騰したら弱火にし、アクを取り除きながら1時間ほど煮る。肉が柔らかくなったら長ネギ以外の野菜類を加える。

野菜類が柔らかく煮えたら仙台ミソ、おろしショウガ、濃口醤油少量を加えて、さらに30〜40分間煮込む。

▼提供—温めて器に盛り、長ネギを添える。

牛もつのスパイス煮込み

（游山楽）

▼仕込み—牛ハチノスと小腸は、香味野菜とともに水で下ゆでして臭みを抜き、一口大に切る。

玉ネギ、ニンジン、セロリ、ニンニクはすべてみじん切りにする。

砂糖を鍋に入れて熱し、軽めのカラメルにしてから赤ワインを加えて煮詰める。

別の鍋にオリーブ油、ニンニク、赤唐辛子を入れて香りが立つまで炒め、乾燥トマト、ハラペーニョ、残りの野菜を加えて、アメ色になるまでよく炒める。ハチノス、小腸、煮詰めた赤ワイン、ドミグラスソース、トマトピュレ、フォンドヴォーを加え、煮込む。

別の鍋でバターを熱し、薄力粉を入れてよく炒めてから元の鍋に加え、とろみをつけ、塩、コショウ、ドライミックスハーブ、マルサラ酒、フレンチベルモット、バルサミコ酢で味をととのえる。

一晩ねかせてから冷蔵する。

▼提供—器に牛モツのスパイス煮込みを入れ、電子レンジで3分間加熱してから、250℃のオーブンで5分間焼き、バゲットを添えて提供する。

◆ドミグラスソース◆玉ネギ、ニンジン、ニンニク、鶏ガラ、エシャロット、牛スネ肉、牛バラ肉にオリーブ油、塩、コショウをまぶしてオーブンでよく焼き、赤ワイン、水を加えて煮詰め、漉してから、バターでよく炒めた薄力粉を加える。マルサラ酒、フレンチベルモットで香りをつける。

◆フォンドヴォー◆セロリ、玉ネギ、ニンジン、ニンニク、エシャロット、鶏ガラ、牛スネ肉、牛バラ肉、牛スジ肉に、塩、コショウをして、オリーブ油でよく炒め、水、白ワイン、角切りトマト、トマトピュレ、パセリを加えて煮詰め、漉してからマルサラ酒、フレンチベルモットで香りをつける。

ミノの唐揚げ

（福増屋）

▼仕込み—ミノ（牛の第1胃）は厚めのものを求める。揚げたとき、縮まないように表面に浅めに切り込みを入れる。1cmほどの幅に切りそろえる。

ニンニクをおろし、日本酒と合せた中にミノを半日ほど浸けて臭みを抑える。

▼提供—溶き卵にミノをくぐらせ、片栗粉をよくからめ、中温に熱した揚げ油で揚げる。キャベツの繊切りを添え、素塩（うま味調味料入りの塩）をふって提供する。

▼コツ—片栗粉はたっぷりまぶして、さっくりした感じに仕上げる。

煮込み

（鳥芳）

▼仕込み—寸胴鍋に水12ℓを入れて強火で沸騰させる。牛の内臓（直腸、小腸、第4胃ギアラ）5kgを入れる。

30分間煮たら、アクをひき、ボイルした豚の内臓（大腸、直腸、胃）10kgを入れる。引き続き強火で煮てアクを引く。

1時間10分間煮て、アクが少なくなったら香味野菜（青ネギ、ニンジン、玉ネギ）を丸ごと入れて甘みを出す。強火を保つ。55分間煮たら、大きめの笹がきゴボウ4本分、厚めの色紙切りにしたコンニャク4枚分を入れ、ときおりかき混ぜる。充分に甘みが出切った香味野菜を取り除いてアクをひく。白ミソ2kg、濃口醤油200ccを加え、よくかき混ぜて、味を調節する。最初は薄味にし、味を足してちょうどよく調節する。火を止める直前に最後のアクをひく。ここまでおよそ3時間かかる。

火を止めてから風味づけのニンニク2玉分の皮をむいて入れる。

寸胴鍋から20人前用の鍋に煮込みを移す。提供はこの鍋から。絹漉し豆腐5丁（1人前4分の1丁）を角切りにして入れ、蓋をして弱火で閉店まで煮続ける。

▼提供—煮込みを盛り、さらしネギを天盛りにする。

▼コツ—牛内臓生1対豚内臓ボイル2の比率で、煮込みのしつこさをやわらげ、あっさりとした野菜の甘みのある味をつくる。

肉の柔らかさが際立つ一品。

はるばるタコス

（はるばる亭）

▼仕込み—ニンニク、ショウガはみじん切りにし、干エビ、松ノ実とともにサラダ油で炒める。香りが立ったら合挽き肉（牛肉7、豚肉3）を加えてさらに炒める。肉の色が変わったら、ウスターソース、コチュジャン、濃口醤油、砂糖、白コショウ、ナツメグで味をつけ、ぴり辛の肉ミソを作る。

▼提供—フライパンにサラダ油をひき、餃子の皮を2枚重ね、両面に焼き目をつける。器にレタス、餃子の皮、肉ミソを盛る。

▼コツ—レタスを外側にして、餃子の皮を半分に折って、肉ミソを挟む。

ガンジー春巻
（料理倶楽部）

▼仕込み―玉ネギ、ニンジンをみじん切りにして、ラードで炒める。火が通ったら、牛挽き肉を加える。肉の色が変わり、ほぐれてきたら、ご飯を入れる。ここにみじん切りにしたニンニク・ピーマン・ピクルス、カレー粉、塩、コショウ、砂糖、パプリカを加え、味をととのえる。最後に濃口醤油で香りをつけてドライカレーを作る。
▼提供―春巻の皮に大葉、ドライカレー、レーズンをのせて巻く。170℃の揚げ油で春巻を絶えず返しながら揚げる。油を切って塩をふり、斜め半分に切ってカレー粉をふった器に盛りつけ、マーシュを散らす。

挽き肉と春雨のサラダ
（楽味）

▼仕込み―みじん切りの長ネギ・ニンニク・ショウガをサラダ油で炒めて香りを出し、合挽き肉を入れ日本酒でほぐす。色が変わったら、水を注いで5分間煮る。皮をむいて刻んだナスを加え、塩、砂糖、濃口醤油、うま味調味料で味つけし、ゴマ油をふって冷ます。
　ドレッシング（煮切り酒1、濃口醤油1.6、煮切りミリン1.1、酢1、サラダ油0.4、レモン汁、うま味調味料）を作る。
▼提供―皿にレタスをしき、ゆでたハルサメ、繊切りの玉ネギとキュウリ、挽き肉を盛り、ドレッシングをかける。みじん切りのアサツキとレモン、練り芥子を添える。

肉団子の湯葉包み蒸し
（淡如水）

▼仕込み―合挽き肉に塩、コショウを加えてよく練る。ピンポン玉よりやや小さめの団子を作り、生のモチ米をまぶして生ユバで包む。
　チンゲン菜は根元を切って、熱湯でゆでる。ニンジンは輪切りにし、水からゆでる。
▼提供―器に肉団子を盛り、チンゲン菜とニンジンを添えて約20分間蒸す。
　だしを熱し、淡口醤油と塩で味をつけて水溶き片栗粉でとろみをつけて餡を作り、肉団子にかける。
▼コツ―モチ米はつけすぎると食感が悪くなるので、重ならないようにまぶす。

南瓜の肉詰め蒸し カレー風味

（淡如水）

▼仕込み―合挽き肉にみじん切りの玉ネギ、おろしショウガ、卵を混ぜ、塩、コショウ、砂糖、ミリン、濃口醤油、片栗粉を加えてよく練って種を作る。カボチャは縦半分に切って、中をくり抜き、先の種を詰める。アルミホイルで包み、30分間蒸す。

▼提供―カレー粉にカツオだしを加えて熱し、塩で味をつけ、水溶き葛でとろみをつける。

半分のカボチャをさらに4等分に切って器に盛り、蒸し器で蒸す。ゆでたチンゲン菜とだしで甘く煮含めたニンジンを添えて、カレー餡をかける。

牛肉コロッケ

（なかむら）

▼仕込み―牛挽き肉と玉ネギの薄切りを白絞油で炒めて、塩、コショウ、濃口醤油で下味をつける。

ジャガイモは乱切りにして水からゆでて、熱いうちにポテトマッシャーで潰す。卵はかためにゆでて、みじん切りにする。粗熱が取れたら、すべてを混ぜ合せて、塩、コショウで味をととのえて丸める。

表面に薄力粉をまぶし、少量の薄力粉と水を加えた卵黄にくぐらせ、パン粉をまぶしてコロッケを作る。冷蔵保存する。

▼提供―揚げ油を180℃に熱し、コロッケを揚げる。器に盛ってスダチを添える。

揚げビーフンと挽き肉のレタス包み

（酒菜亭）

▼仕込み―タケノコとシイタケは細かく刻む。ショウガとニンニクはみじん切りにする。ビーフンはゴマ油で揚げる。

▼提供―合挽き肉、タケノコ、シイタケ、ショウガ、ニンニクをサラダ油で炒め、日本酒を入れる。火が通ったら濃口醤油、塩、コショウ、砂糖、オイスターソース、ラー油で味をつける。器にレタスをしき、揚げビーフンをのせた上に盛る。

ささ身と大根の醤油締め

（オンドリ）

▼仕込み―鶏ササ身は観音開きにし、薄塩をあてて10分間ほどおき、湯にくぐらせて冷水にとる。大根は皮をむいて3㎜厚さの輪切りにし、塩をまぶす。しんなりしたら水気を絞り、湯通しして冷ます。

　押し箱に大根をしき、濃口醤油を少したらし、とろろ昆布を重ねる。上から濃口醤油を少したらす。ササ身をのせ、刻んだユズを散らし、濃口醤油をたらす。これを再度くり返し、押し蓋をして1日おく。

▼提供―適当な大きさに切り、器に盛る。

ささ身の昆布〆の山かけ

（オンドリ）

▼仕込み―鶏ササ身はスジを取り除いて細かく切り、酢洗いして薄く塩をあて、10分間ほどおく。昆布は水洗いし、表面を日本酒でふく。昆布の上に鶏ササ身を並べて巻き、ラップフィルムに包んで2日間おく。

　山イモは、生ユバを入れてとろろ状にする。卵黄を加えて薄く塩味をきかせ、山かけ（山イモ10、生ユバ2～3、卵黄1）にする。

▼提供―昆布〆を切り分けて器に盛り、軽くゆでてワサビ和えにした三ツ葉を入れ、山かけをかける。紅タデを天に盛る。

地鶏ささ身の叩きサラダ梅肉ドレッシング

（食彩工房舎人）

▼仕込み―鶏ササ身は軽く熱湯にくぐらせた後、氷水で冷まし、布巾でふき取る。塩、コショウをして、薄切りにする。

　玉ネギはみじん切りにし、10～20分間水にさらして、水を切る。

　梅肉ソース（だし、梅肉、酢、ミリン、砂糖、サラダ油）の材料をよく混ぜ合せる。

▼提供―器にササ身を並べ、梅肉ソースに玉ネギのみじん切りを混ぜて上からかける。セルフイユを盛りつけ、提供する。

▼コツ―梅肉ソースに玉ネギを混ぜておくと便利だが、水分が出るので注意。

青とうとささ身の芥子醤油和え

（笹吟）

▼仕込み—鶏ササ身はスジを取り、熱湯をかけて冷ます。

シシトウは天火で焼いてから、八方だし（だし、淡口醤油、ミリン、日本酒）に浸ける。

芥子醤油（たまり醤油、だし、ミリン、練り芥子）を作る。

▼提供—ぶつ切りにした鶏ササ身とシシトウを芥子醤油で和え、器に盛る。糸がきカツオを天に盛る。

▼コツ—シシトウは色と香りをそこなわないように、加熱時間を短くする。

ほうれん草のささ身巻き

（笹吟）

▼仕込み—ホウレン草は、さっとゆがき、水にとる。白醤油で洗い、つけ地（だし、淡口醤油、日本酒、塩、白醤油）に浸ける。

鶏ササ身は熱湯をかけて冷ます。巻簾にラップフィルムをのせ、ホウレン草の葉を広げて、ササ身を中心に巻き込む。

割り醤油（だし、白醤油）とポン酢醤油（ダイダイの絞り汁、だし、濃口醤油、ミリン、酢、日本酒、たまり醤油）を作る。

▼提供—ホウレン草巻きを切り分けて、器に盛り、割り醤油、またはポン酢を少量流す。焼いたシメジタケ、湯通しをしたカブ、スダチを添え、糸がきカツオを盛る。

鶏叩き

（しる平）

▼仕込み—鶏ササ身はスジを取り、強火でこげ目をつけて冷水にとり、一口大に切る。

長ネギ、アサツキは小口切り、ニンニクはみじん切りにして紅タデと混ぜ合せて薬味を作る。

だしポン酢醤油（濃口醤油、カボスの絞り汁、オレンジジュース、カツオ節、昆布）の材料を合せて2日間おいて漉す。

鶏ササ身をバットに広げ、だしポン酢醤油に紅葉おろし（大根、タカノツメ）とだしを加えて鶏ササ身肉に注ぐ。薬味をその上にのせて、冷蔵庫で6時間ほど浸ける。

▼提供—鶏ササ身と薬味を器に盛る。

山かけ

（なかむら）

▼**仕込み**―鶏ササ身のスジを包丁で取り除き、熱湯にくぐらせて冷水にとって霜降りにする。取り出してさいの目切りにする。

長イモはすりおろして少量の塩、レモン汁を加えて混ぜ合せておく。三ツ葉は小口から1cmに切る。

▼**提供**―濃口醤油におろしワサビを混ぜ合せて、鶏ササ身と三ツ葉を和え、器に盛る。長イモをかけて提供。

▼**コツ**―長イモに少量の塩とレモン汁を加えるのは味つけと変色を防ぐため。

ささ身の花山葵和え

（バードランド）

▼**仕込み**―花ワサビの醤油漬けを作る。まず花ワサビ（または葉ワサビ）を長さ3cmに切る。粗塩をふり、10分間おいて塩を洗い流す。これをボウルに入れて熱湯をかけてザルに上げ、すぐに密閉容器に入れて完全に冷めるまでおく。つけ汁（日本酒200cc、濃口醤油180cc）の材料を合せて、花ワサビを一晩浸ける。

▼**提供**―鶏ササ身（軍鶏）のスジを包丁で取り除き、細切りにして花ワサビと和える。

▼**コツ**―湯通しした花ワサビは、すぐに密閉容器に入れると、余熱で蒸されて程よく火が通り、辛みが抜けない。

ささ身の梅紫蘇焼き

（バードランド）

▼**仕込み**―鶏ササ身（軍鶏）のスジを抜いておく。

▼**提供**―鶏ササ身を薄くそぐように横に包丁で切り目を入れて梅肉を挟む。切り口を縫うようにして串を打つ。

炭火でレアの状態に焼き上げ、串を抜き、そぎ切りにして器に盛る。

上に大葉の繊切りをたっぷりのせる。

▼**コツ**―焼き加減がポイント。火を通しすぎないように。焼きすぎると肉が均等にふっくらと膨らまない。

鶏

ササ身

ささ身の風干し

（バードランド）

▼**仕込み**―鶏ササ身（軍鶏）のスジを抜き取る。つけ汁（濃口醤油4、ミリン2、日本酒1）の材料を表記の割で合せて、鶏ササ身を2〜3時間浸ける。

取り出して水気をふき取り、室内で1日干して生干しにする。

▼**提供**―鶏ササ身の表面をあぶり、薄いそぎ切りにして器に盛る。カイワレ菜を添える。

▼**コツ**―ササ身は焼けたらすぐに切らないと、かたくなって切りづらくなってしまう。

筍とささ身の木の芽焼き

（なかむら）

▼**仕込み**―鶏ササ身はスジを取り除き、タケノコの大きさに合せて切る。

タケノコはアクを抜き（→29頁）、根元は1cm厚さの輪切りにして、格子に包丁目を入れ、穂先は縦に切る。塩水に浸ける。

タレ（濃口醤油、日本酒、ミリン、ザラメ糖）を合せて、甘辛く煮詰める。

▼**提供**―鶏ササ身とタケノコは中火で両面を網で焼く。表面にはけでタレを数回塗りながら焼いてテリを出す。

器に盛りつけ、叩き木ノ芽を散らす。

鶏ささ身の田楽味噌焼き

（食彩工房舎人）

▼**仕込み**―田楽ミソ（信州ミソ1、西京白ミソ1、仙台ミソ1、日本酒1、砂糖1、だし）の材料を合せて火にかけて練る。

▼**提供**―鶏ササ身2本を串に刺し、グリラーに入れ、両面を焼いてこげ目をつける。1本に田楽ミソを塗って粉サンショウをふり、もう1本にはユズの皮をすりおろしたものを田楽ミソに混ぜ合せて塗り、焼く。白ゴマをふり、器に盛りつける。

▼**コツ**―ササ身は火が通りやすいので、焼きすぎに注意する。

写真左上

鶏ささ身ハーブバター焼き

（串駒）

▼仕込み―ハーブバターを作る。バターを常温にもどして柔らかく練り、香草粉（セルフイユ、エストラゴン、シブレット、大葉）、塩、コショウで味つけする。

鶏ササ身はスジを取り除いて切り開き、包丁で叩いて平らにのばす。ハーブバターを塗り、ハーブソルト（市販）をふって四方から折る。

アルミホイルにバターを塗り、シイタケのそぎ切りを数切れ並べ、ササ身をのせ、シイタケを重ねてホイルで包む。

▼提供―180～200℃のオーブンで10分間焼く。皿に盛り、スダチを添える。

ささ身の明太巻き

（魚山亭）

▼仕込み―鶏ササ身（日向産）のスジを取り、観音開きにして、塩、コショウする。明太子はほぐし、サツマイモは拍子木切りにする。ササ身の上に大葉をしき、明太子とサツマイモをのせて巻く。薄力粉をまぶし、溶き卵にくぐらせ、パン粉をつける。キュウリとニンジンは繊切りにする。

▼提供―160℃に熱した揚げ油で明太巻きを揚げて、油を切る。半分に切って盛りつけ、タルタルソース（→242頁ちきん南蛮）をかける。サニーレタス、キュウリ、ニンジンをあしらう。

栗とささ身の湯葉巻き揚げ

（橙）

▼仕込み―クリは柔らかくゆで、粗く潰す。鶏ササ身は開いて塩をあてる。大判のユバでササ身とクリを巻き込む。

ミリン1を煮切り、だし4と濃口醤油1を加えてねかせ、天つゆを作る。

▼提供―薄い天ぷら衣をつけてユバ巻を170℃の揚げ油で揚げ、適当な大きさに切る。同様にナスと紅葉の葉を揚げ、ギンナンの素揚げと一緒に盛る。紅葉おろし、アサツキの小口切り、天つゆを添える。

▼コツ―高温の油で揚げると、ササ身に火が通る前にユバがこげてしまうので中温でじっくりと。

ささ身のゼラチン寄せ

（オンドリ）

▼仕込み―鶏ササ身は1cm幅に切り、霜降りする。ワカメは水でもどし、湯に通す。ウニは酒蒸しする。白キクラゲは水でもどして、細かく刻んだアサツキ、大葉を混ぜる。流し缶にワカメ、ウニ、白キクラゲを詰め、湯せんで溶かしたゼラチンを流し込み、冷蔵庫で冷やす。

芥子酢ミソ（白ミソ、砂糖、酢、練り芥子、あたりゴマ、マヨネーズ少量）を作る。

▼提供―器に芥子酢ミソを流し、ゼラチン寄せを適当な厚さに切って盛る。

ささ身の寄せうに

（オンドリ）

▼仕込み―鶏ササ身は細かく切ってすり鉢ですする。玉ネギはみじん切りにする。ササ身と玉ネギをボウルに入れ、卵白、片栗粉、塩、赤酒を加えて、カマボコ状に練り上げる。酒蒸しにしたウニを加え、アルミホイルで巻いて蒸し器で蒸し、冷蔵庫で冷やす。

▼提供―シシトウはサラダ油をひいて軽く煎りつけ、濃口醤油とカツオ節をからめる。

適当な厚さに切って器に盛り、シシトウをあしらう。

ささ身のそぼろ胡麻豆腐

（オンドリ）

▼仕込み―鶏ササ身は軽く塩をし、日本酒をふって酒蒸しにして、そぼろ状に細かく刻む。

葛粉1、あたりゴマ1、赤酒1、昆布だし8を表記の割合で混ぜて火にかけ、30分間練る。ササ身を加えてさらに10分間練り、流し缶に流して冷やし固め、一晩おく。

▼提供―適当な大きさに切って器に盛り、ワサビをのせる。

鶏

ササ身

若鶏胡麻酢和え

（しる平）

▼仕込み―若鶏胸肉は余分な脂肪を取り除いて、日本酒、塩をふりかけて蒸し器で10分間蒸して手で裂いておく。

皮をむいたウド、キュウリを細切りにして水にさらしておく。

土佐酢（酢、だし、濃口醤油、淡口醤油）を合せておく。すり鉢に白ゴマ、濃口醤油、砂糖を入れてよくすり、土佐酢を少しずつ加えて、ゴマ酢を作る。

▼提供―器に水気を切ったウドとキュウリをしき、鶏肉を盛って、ゴマ酢をかける。

▼コツ―若鶏胸肉は蒸しすぎるとかたく締まってしまうのでほどほどに。

南部地鶏の朴葉焼き

（由庵）

▼仕込み―鶏胸肉は、皮を取って水気を切り、冷蔵庫で締める。

鶏ミソ（鶏挽き肉2、桜ミソ2、白ミソ0.5、ミリン0.2、日本酒0.2）の材料を混ぜ合わせ、火にかけてよく練る。

▼提供―朴葉に鶏ミソを塗り、胸肉をそぎ切りにして並べ、アサツキの小口切りを盛って七輪にのせる。

蒸し鶏　おろしポン酢

（古都里）

▼仕込み―鶏モモ肉は塩、コショウをふり、蒸し器で20分間ほど蒸して、自然に冷ます。

レタスはサラダ油適量を加えた熱湯でさっとゆで、歯ざわりを柔らかくすると同時に、ツヤを出す。

シメジタケは、日本酒と水を同割でひたひたになる程度に入れて蒸し焼きにする。

▼提供―器に鶏肉を盛り、大根おろしを加えたポン酢醤油（濃口醤油、ミリン、ユズ絞り汁）をかけ、白髪ネギを飾る。シメジタケ、レタスを彩りよく盛りつける。

若鶏のマスタードサラダ

（游山楽）

▼仕込み―若鶏モモ肉は骨とスジを取り除く。ベーコンスライスは一口大に切る。

グリーンカールは一口大にちぎって冷水にさらし、水気を切って冷やす。

ドレッシング（酢200cc、サラダ油100cc、EXV．オリーブ油300cc、濃口醤油90cc、粒マスタード90cc、みじん切りのパセリ・塩・コショウ・おろしニンニク各適量）の材料を合せる。

▼提供―若鶏モモ肉に塩、コショウをしてベーコンとともに250℃のオーブンで10分間加熱し、皮をぱりっと焼く。

器にグリーンカール、バジル、ルーコラを盛り、切り分けた鶏肉とベーコンをのせ、ドレッシングをかける。角切りトマトと薄切りのマッシュルーム、マーシュを添える。

鶏の唐揚げサラダ

（楽味）

▼仕込み―玉ネギ、キュウリを繊切りにして水にさらし、水気を切る。

和風ドレッシング（煮切り酒1、濃口醤油1.6、煮切りミリン1.1、酢1、サラダ油0.4、レモン汁、うま味調味料）を作る。

▼提供―鶏モモ肉を一口大に切り、片栗粉をまぶし、170℃に熱した揚げ油で揚げる。

ボウルに唐揚げ、玉ネギとキュウリを合せて和風ドレッシングで和える。

器にレタスをしいてサラダを盛り、アサツキの小口切りを散らし、レモン、カイワレ菜を添える。

地鶏の叩き

（魚山亭）

▼仕込み―地鶏モモ肉（日向産地鶏）は皮を除き、表面のみを強火でこげ目がつくぐらい焼く（肉の内側は生の状態）。
　玉ネギは薄切りにして水にさらす。キュウリは繊切りにする。
▼提供―玉ネギとキュウリを器にしき、その上に食べやすい厚さに切った肉を盛り、カイワレ菜、小口切りのアサツキ、紅葉おろしを添える。最後にポン酢醤油をかける。
▼コツ―生食に近い火の入れ方なので鮮度のよい鶏肉を使うこと。

鶏の柚香漬け

（オンドリ）

▼仕込み―鶏モモ肉と鶏胸肉は塩をして日本酒をふって酒蒸しにし、手で粗くむしる。鶏レバーは掃除して血抜きをし、塩をして酒蒸しにし、適当な大きさに切る。
　これらをボウルに入れ、繊切りにしたユズを加えてさっくり混ぜる。サラダ油を熱してかけ、冷まして一晩おく。
▼提供―器に盛り、刻んだユズを添える。

鶏肉のくわ焼き

（魚山亭）

▼仕込み―鶏モモ肉を一口大のぶつ切りにして片栗粉をまぶす。フライパンにサラダ油をひいて熱し、モモ肉を入れる。
　焼き目がついたら、濃口醤油、ミリン、日本酒を加えて、からめながら焼く。最後に香りづけにゴマ油をたらす。
▼提供―器に盛りつける。
▼コツ―くわ焼きとは、昔、農作業の合い間に野鳥を取り、鍬の上にのせて焼いて食べたことからこう呼ばれるようになった。

鶏の照り焼きと煎り玉子

（藤乃）

▼仕込み—鶏モモ肉は、濃口醤油、日本酒、ミリンを合せたタレの中で、さっと煮る。すぐに取り出して、このタレをつけながら直火で焼く。

卵を溶きほぐし、フライパンで弱火で煎って煎り玉子を作る。

▼提供—鶏モモ肉はそぎ切りにし、器に盛り、煎り卵を散らして木ノ芽を天に盛る。

▼コツ—鶏の皮が決め手になるので、こがさないように、ぱりぱりに焼く。

地鶏の味噌漬け焼き

（おふろ）

▼仕込み—鶏モモ肉はスジを切り、縦半分の大きさに整え、ミソ床（信州ミソ5、砂糖2、日本酒1）に一晩漬け込む。

▼提供—串を打ち、焼き上げて器に盛り、ナンテンを飾る。

▼コツ—ミソ床に砂糖が入っているため、こげやすいので注意する。保存時は、そのままにしておくと肉がかたくなるので、ミソ床から取り出す。

鶏もも肉焼き 野菜ソース

（串駒）

▼仕込み—鶏モモ肉を一口大に切る。塩、コショウ、日本酒をふってもみ、20～30分間おく。

野菜ソースを作る。鍋にチキンブイヨン、濃口醤油、ミリン、日本酒を入れて沸かして冷ます。おろしたニンジン、ニンニク、玉ネギ、トマト、リンゴと煎った白ゴマ、練りゴマ、七味唐辛子を加えて1時間おく。

キャベツをざく切りにし、軽く塩ゆでする。豆モヤシは熱湯でさっとゆでる。

▼提供—鶏モモ肉をオーブンで焼く。器に盛り、キャベツ、豆モヤシを添え、野菜ソースをかける。

タンドリーチキンのオーブン焼き

（大誠）

▼仕込み—ソース（クミンシード、コリアンダー、カイエンヌペッパー、クローブ、黒コショウ、シナモンスティック、パプリカ、カレー粉、塩、玉ネギ、食紅、ヨーグルト）の材料をフードプロセッサーにかける。

鶏モモ肉（骨つき）は開いて、塩、コショウをふり、レモン汁をかけて1時間おいたのち、ソースに1日浸ける。

▼提供—鶏モモ肉を白ワインで洗い、200℃のオーブンで12～13分間焼く。玉ネギの輪切りを揚げ油で揚げ、そぎ切りにしたモモ肉をのせる。レモン、パセリを添える。

地鶏の香草串焼き

（開花屋）

▼仕込み—鶏モモ肉はぶつ切りにし、串に刺す。

▼提供—鶏モモ串の片面に薄力粉をふり、ニンニクの薄切りをのせ貼りつける。塩とドライバジルをふり、サラダ油をひいたフライパン（テフロン加工）で押さえつけながら両面を色よく焼き、器に盛る。

サラダ菜、ルーコラ、チコリ、レモンを添え、みじん切りのニンニクを入れて熱したオリーブ油をかけ、パセリのみじん切りを散らす。

鶏もも肉のガランティーヌ

（うしのほねあなざ）

▼仕込み—鶏モモ肉を切り開いて厚さをそろえ、塩、コショウをふる。

合挽き肉に牛挽き肉を混ぜ、みじん切りの玉ネギ、パン粉、卵を加え、塩、コショウ、おろしたナツメグで下味をつける。

小エビは殻をむいて熱湯でゆがく。ギンナンは殻を外し、熱湯でゆでて薄皮をむく。

巻簀の上に鶏モモ肉をのせ、挽き肉をのばして小エビとギンナンを巻き込む。アルミホイルにゴマ油を塗り、肉を包む。

フライパンで30分間、蒸し焼きにする。

▼提供—アルミホイルを外し、切り分けて器に盛る。アルファルファを添える。

地鶏の煮込み

（とひ家）

▼仕込み―鶏モモ肉（骨つき）は関節に包丁を入れて切り分け、フライパンで全体に焼き目をつける。

田舎ミソ、濃口醤油、ミリン、砂糖、ニンニク、ショウガを加えた水で、鶏モモ肉を2～3時間柔らかく煮る。

▼提供―器にモモ肉を盛り、汁を多めに注いで、天に白髪ネギと小口切りの万能ネギを散らす。好みで豆瓣醤を添えてもよい。

▼コツ―煮くずれしないよう、全体にしっかり焼き目をつける。煮汁に鶏の旨みが出ているので、スープ感覚で汁を多めに提供する。

無責任風ホットチキン鶏もも肉のカレー煮込み

（風神亭）

▼仕込み―鶏モモ肉はぶつ切りにし、塩、コショウをして、サラダ油で香ばしく焼く。

粗みじんに切ったニンニク、玉ネギ、ニンジン、セロリをバターでしんなりと炒め、水、トマト、赤唐辛子、チキンコンソメを加えて、中火で1時間煮込む。これをフードプロセッサーでクリーム状にして鍋にもどし、鶏モモ肉を入れる。カレー粉、ガラムマサラ、塩、コショウで調味し、30分間煮込んで濃口醤油、レモン汁を加える。

米を研ぎ、サフラン、バター、塩を一度に加えてサフランライスをかために炊く。

▼提供―器を温め、サフランライスと鶏の煮込みを盛る。パセリ、レモンを添える。

軍鶏の赤ワイン煮

（バードランド）

▼仕込み―鶏モモ肉（軍鶏）を観音開きにして均等な厚さに切り開き、皮目を外側にしてくるくると巻いてタコ糸でしばる。

つけ汁を作る。玉ネギを薄切りにして赤ワイン200cc、濃口醤油80cc、ローリエ・ナツメグ・パプリカ各適量を合せる。ここにモモ肉を30分間浸けて取り出す。

このつけ汁を熱し、煮立ったら鶏モモ肉を入れて肉が柔らかくなるまで煮る。煮汁を漉してソースにする。

▼提供―モモ肉を7㎜厚さに切って器に盛り、ソースをかける。レタスと粒マスタードを添える。

がめ煮

（有薫酒蔵）

▼仕込み―鶏モモ肉(骨つき)はぶつ切りに、砂肝は皮をむき、レバーは流水にさらす。

ニンジン、レンコン、ゴボウ、サトイモ、コンニャクは乱切りにし、サトイモ、コンニャクはゆでこぼす。干シイタケと高野豆腐は水でもどして適宜に切る。タケノコはアク抜きし（→29頁）、乱切りにする。

シイタケのもどし汁に砂糖、ミリン、濃口醤油、塩を加え、モモ肉、砂肝、レバーを煮る。次にサトイモ以外の材料を加え、最後にサトイモを加えて柔らかく煮る。

▼提供―温めて器に盛り、針ショウガを添える。

ちきん南蛮

（魚山亭）

▼仕込み―鶏モモ肉（日向産）を一口大のぶつ切りにする。胸肉でもよい。

タルタルソース（マヨネーズ、レモン汁、みじん切りのピクルス・玉ネギ）を作る。

キュウリは細かく切り目を入れて蛇腹キュウリを作る。ニンジンは繊切りにする。

▼提供―モモ肉に塩、コショウして、薄力粉を卵で溶いた衣につけて、160℃の揚げ油で揚げる。甘酢（酢、淡口醤油、砂糖）に揚げた鶏肉をくぐらせる。

鶏肉を盛り、タルタルソースをかける。サニーレタスをしき、蛇腹キュウリ、ニンジンをあしらう。

若鶏の竜田揚げ

（なかむら）

▼仕込み―若鶏モモ肉は一口大に切る。濃口醤油、日本酒、長ネギのぶつ切り、ショウガ汁を合せて、モモ肉を1時間浸ける。

梅肉ネギソースを作る。梅肉におろした玉ネギとニンニク、みじん切りの長ネギを混ぜ、濃口醤油、サラダ油、酢、コショウ、砂糖で味をととのえる。

▼提供―モモ肉を取り出して片栗粉をまぶし、180℃に熱した揚げ油で揚げて油を切る。

繊切りのレタスを器にしき、竜田揚げを盛って梅肉ネギソースをかけ、小口切りのアサツキを散らす。

地鶏と大根の水炊き風

（おふろ）

▼仕込み―鶏モモ肉（骨つき）は熱湯をかけて霜降りし、汚れを洗い流す。大根は3㎝厚さの半月切りにする。
　鍋に地鶏、大根、昆布を入れ、水を注いで火にかける。沸いてきたら火を弱め、だしパックに米を入れて加え、大根が柔らかくなるまで煮る。途中、適宜アクをひく。
▼提供―鶏モモ肉、大根を器に盛り、白髪ネギ、万能ネギの小口切りを添え、ポン酢醤油をかける。天にユズコショウを盛る。
▼コツ―米を加えると、コクが出て旨みが増す。ユズコショウは青唐辛子とユズを練り合せたもの。

地鶏の辛唐揚げ

（銀禅）

▼仕込み―鶏肉（骨つき）は大きめのぶつ切りにし、塩、コショウで味つけする。
　トマトは食べやすく切る。セロリ、赤パプリカ、アンディーブ、オクラは細かく刻む。

　タレ（鶏スープ、濃口醤油、砂糖、みじん切りのショウガ・ニンニク・長ネギ・パセリ・レモンの皮、ラー油、ゴマ油、豆瓣醤）の材料を合せて用意する。
▼提供―鶏肉に片栗粉をつけ、揚げ油で唐揚げにする。ヤングコーン、トマト、オクラ、セロリ、パプリカ、アンディーブのサラダと唐揚げを器に盛りつけ、レモンを切って添える。別皿でタレを添える。

一ばんどり

（居乃一ＢＡＮ）

▼仕込み―丸鶏（半身）は掃除し、軽く塩もみする。濃口醤油を日本酒で割り、塩、豆瓣醤、ゴマ油、香辛料（コショウ、カイエンヌペッパー、ローリエ、クローブ、ターメリック）、ショウガ、長ネギ、ニンニクを加えてタレを作る。
　鶏肉をタレに浸け込んで1日おき、蒸し器で30分間蒸す。
▼提供―鶏肉を180℃の揚げ油で1～1.5分間揚げて油を切る。適当な大きさに切ったキャベツを器にしき、その上に盛る。
▼コツ―皮はぱりぱり、身にはジューシーさを残すよう、蒸しすぎず、揚げすぎない。

手羽先のポン酢和え

（オンドリ）

▼仕込み―鶏手羽先は、先端を数cm切り落とし、充分にゆでてから細く裂く。
▼提供―手羽肉をポン酢醤油（ダイダイ酢5、米酢2、赤酒1、濃口醤油5）、大根おろし、小口切りの万能ネギ、ユズコショウで和える。
鉢に盛り、紅葉おろしをのせ、白ゴマをふる。
▼コツ―ポン酢の醤油は、違うメーカーのものを2種類混ぜて使うとよい。ユズコショウは、ユズと唐辛子粉をペースト状にしたもの。

手羽先の揚げ焼き

（なかむら）

▼仕込み―鶏手羽先に串を打っておく。
タレを作る。ニンニクは乱切り、長ネギはみじん切り、赤唐辛子は種を除いて小口切りにして、濃口醤油、日本酒、ミリンと合せ、濃度がつく程度に煮詰める。最後に一味唐辛子を加える。
▼提供―鶏手羽先に片栗粉をまぶして、180℃の揚げ油で揚げて完全に火を通す。
鶏手羽先にタレを塗ってテリが出るように焼き上げる。器に盛りつけて提供。
▼コツ―焼くのは余分な油を切って、テリを出すためなので、強火でさっと。

手羽元の酢炊き

（風神亭）

▼仕込み―鍋に水、酢を同割で入れ、潰したニンニクとショウガ、長ネギのぶつ切り、手羽元を加えて火にかける。
一煮立ちしたら、濃口醤油、ナンプラー、砂糖、粉唐辛子を入れて、調味し（酸っぱくて、辛い味）、15分間中火で煮る。
▼提供―器にサニーレタスをしき、手羽元を盛り、香菜を添える。
▼コツ―火を入れすぎると、煮くずれする。提供は冷たくても、温かくてもよい。

鶏手羽先の紹興酒煮

（淡如水）

▼仕込み―長ネギはぶつ切り、シイタケは繊切り、ニンジンは輪切りにする。

鶏手羽先と先の野菜を、濃口醤油と砂糖で味をつけた、たっぷりの紹興酒で2時間煮る。煮汁に浸けたまま冷蔵庫で保存する。

▼提供―器に大葉をしき、鶏手羽先、長ネギ、シイタケ、ニンジンを盛り、15分間蒸し器で蒸して温める。香りづけに紹興酒を少量ふる。カイワレ菜を散らして提供。

▼コツ―手羽先と野菜は煮汁につけて一昼夜おいて、味をなじませる。

鶏手羽南蛮揚げ

（なまこ屋）

▼仕込み―濃口醤油2、日本酒1、ミリン1、砂糖適量を表記の割で合せて沸騰させる。冷めたら、おろしたショウガとニンニク、種を抜いて小口切りにした赤唐辛子を加えて調味液を作る。

▼提供―鶏手羽先を180℃に熱した揚げ油で素揚げして、油を切る。すぐに調味液に浸ける。

シシトウも同じ油で素揚げして調味液にくぐらせる。

器に手羽先とシシトウを盛り、煎った白ゴマをふる。

軍鶏皮の二杯酢

（バードランド）

▼仕込み―鶏皮（軍鶏）を少量の酢と塩を加えた熱湯で下ゆでしてザルに上げる。水で洗って余分な脂やアクを取り除く。水気を切って細切りにする。

赤唐辛子を小口切りにして、合せ酢（酢2、濃口醤油1.2、日本酒1）に加える。

鶏皮に繊切りのショウガを混ぜ、合せ酢で和えて一晩おく。

▼提供―器に盛り、みじん切りの長ネギ、白ゴマ、粗みじん切りの香菜を散らす。

▼仕込み―下ゆでした軍鶏皮に羽が残っていたら直火であぶって焼き切るとよい。

自家製つくね

（大観音）

▼仕込み―鶏挽き肉（半量）を日本酒、ミリン、砂糖、濃口醤油で煎ってソボロを作る。シイタケ、玉ネギ、ニンジンをみじん切りにしてサラダ油で炒めて冷ます。

残りの鶏挽き肉と片栗粉をすり混ぜ、ソボロを加えてすり合せる。卵黄と炒めた野菜を混ぜ、ツクネの種にする。

タレ（鶏ガラ３羽分、日本酒・ミリン各1.8ℓ、濃口醤油１４４０cc、たまり醤油360cc、砂糖１kg、ニンジン・玉ネギ・ニンニク各適量）を七割まで煮詰めて漉す。

▼提供―ツクネを丸めて串を打ち、タレを塗りながら強火で焼いて器に盛る。

鳥のつくね焼き

（万代家）

▼仕込み―鶏肉（モモ肉、首の肉、尻の肉）は2度挽きにし、細かく刻んだニラと混ぜ合せる。薄塩をし、つなぎに卵を割り入れて練り上げる。粘りが出てきたら一晩冷蔵庫でねかせる。

ねかせた生地を適当な大きさに丸め、蒸し器で軽く蒸す。

タレ（濃口醤油、ミリン、日本酒）を作る。

▼提供―串に刺し、タレをかけながら焼き上げる。器に盛り、レタスと繊切りのニンジンを添える。

鳥肉団子

（越後）

▼仕込み―すり鉢で山イモをおろし、玉ネギとゴボウのみじん切り、鶏挽き肉、片栗粉、塩、コショウを入れてよく混ぜる。湯を沸かし、ピンポン玉くらいの大きさに丸めて入れ、浮いたらすぐに取り出す。

ニンニクとショウガをみじん切りにして鍋に入れ、カツオだし、日本酒、濃口醤油を加えて加熱し、スープを作る。

▼提供―スープに団子を入れて温め、器に盛り、万能ネギの小口切りを散らす。

▼コツ―片栗粉は少なめでよい。

秋野菜とつくねの蒸し煮

（なかむら）

▼提供—ツクネを作る。長ネギをみじん切りにし、鶏挽き肉、卵、ショウガ汁、片栗粉を合せてよく練る。湯に濃口醤油、ミリン、砂糖で甘辛く味をつけて沸かし、ツクネをスプーンで丸く取って落として煮る。

カボチャ、ナス、姫タケノコ、シイタケは適宜に切る。シュンギクは熱湯でゆでる。

煮汁を作る。カツオだしを熱し、濃口醤油、ミリンで味をつけ、水溶き片栗粉で薄いとろみをつけておく。

▼提供—ナスを160℃の揚げ油で揚げる。土鍋にツクネ、野菜類を盛って煮汁を注ぎ、蒸し煮にする。直前にウズラ卵を落とす。

鶏そぼろのかわり揚げ

（魚山亭）

▼仕込み—鶏挽き肉、木綿豆腐をすり鉢ですり合せる。

水でもどしたキクラゲ、ニンジン、ゴボウはみじん切りにし、すり鉢に入れて混ぜ合せる。砂糖、塩、淡口醤油、白ミソを加えて味をととのえる。

細長く形を整えて大葉で挟み、160℃の揚げ油で揚げて油を切る。

▼提供—器に盛りつける。

鶏饅頭

（なまこ屋）

▼仕込み—鶏挽き肉に松ノ実を混ぜ、塩、淡口醤油で薄めに味をつけておく。

山イモとジャガイモを蒸して皮をむき、裏漉しして混ぜ合せる。合せたイモで先の鶏挽き肉を丸く包み、まわりに新引粉をまぶして鶏饅頭を作る。

▼提供—鶏饅頭を160℃に熱した揚げ油で揚げて油を切る。

銀餡を作る。だし、塩、淡口醤油を合せて熱し、水溶き片栗粉でとろみをつける。

器に鶏饅頭とゆでたシュンギクを盛り、銀餡をかけて木ノ芽を添える。

鶏つくねの野菜餡かけ

（なかむら）

▼仕込み―ツクネを作る。鶏挽き肉にみじん切りの長ネギ、卵を混ぜ合せ、塩、淡口醤油、砂糖、田舎ミソ、片栗粉を加えてよく練る。熱湯に濃口醤油、ミリン、砂糖（各少量）を加え、ツクネを丸めてゆでる。

野菜餡を作る。玉ネギ、長ネギ、ニンジン、大根、エノキダケ、シイタケは薄切りにして下ゆでする。カツオだしに濃口醤油とミリンを加え、先の野菜を加えて熱し、水溶き片栗粉でとろみをつける。

▼提供―ツクネに薄力粉をまぶし、180℃の揚げ油で揚げる。熱した野菜餡に下ゆでしたブロッコリーを入れてツクネにかける。

おろし蓮根の鶏肉包み蒸し

（いそむら）

▼仕込み―もどした干シイタケ、ニンジン、アクを抜いたタケノコ（→29頁）を繊切りにする。全体の半量の鶏挽き肉と繊切りの野菜を、淡口醤油、砂糖、干シイタケのもどし汁で煮る。粗熱を取って残りの鶏挽き肉と混ぜて種とする。煮汁は取っておく。

レンコンはすりおろして軽く水気を絞り、卵白、片栗粉、塩を加えて、流れない程度のかたさにまとめる。ラップの上に広げ、種を包んで茶巾に絞る。

▼提供―10分間強火で蒸し、ラップを外して器に盛る。煮汁に水溶き片栗粉でとろみをつけてかける。カイワレ菜を添える。

南瓜と鶏のつくね饅頭

（楽太朗）

▼仕込み―鶏挽き肉半量を砂糖、日本酒、濃口醤油で煮て汁気を切る。ここに残りの肉、山イモ、卵を加えて、フードプロセッサーにかける。玉ネギ、シイタケはみじん切りにし、ゆでて水気を切り、鶏挽き肉に混ぜて種を作る。だしに濃口醤油、砂糖、ミリンを加えて沸かし、種を丸めて煮る。

カボチャは蒸して裏漉しし、バター、片栗粉、卵を合せる。カボチャでツクネを包み、ラップで絞って、10分間中火で蒸す。

▼提供―ツクネの煮汁に水溶き葛でとろみをつける。饅頭をレンジで温めたあと、蒸し器で2分間蒸して器に盛り、餡をかける。天におろしショウガ、木ノ芽を盛る。

鶏のそぼろチーズ寄せ

（オンドリ）

▼仕込み―鶏挽き肉を鍋に入れ、隠し味程度の砂糖、濃口醤油、赤酒を加えてよく混ぜた後、火をつけ、そぼろ状に炒める。

ボウルに砕いたプロセスチーズ、日本酒・ワイン各少量、うま味調味料少量を混ぜ、20分ほど蒸して、適度に柔らかくする。鶏挽き肉を混ぜ、流し缶に入れて冷やし固める。

▼提供―適当な大きさに切って器に盛り、モロキュウ（キュウリにもろみミソを添えたもの）を添える。

くびきの南蛮揚げ

（オンドリ）

▼仕込み―丸鶏をさばいて、くびき肉（鶏の首のまわりのスジ肉）を取り出す（1羽から3本取れる）。薄力粉をまぶし、普通の唐揚げより若干低めの温度の揚げ油で、ゆっくり歯ざわりよく揚げる。

つけ汁（濃口醤油1、酢1、水1、うま味調味料少量）に小口切りにした長ネギを入れ、揚げたてのくびきを浸ける。そのままでもよいが、一晩おくと味がしみ込む。

▼提供―器に笹をしいて盛り、つけ汁に入れた長ネギをあしらう。

砂肝生刺

（魚山亭）

▼仕込み―鶏砂肝は銀皮（薄膜）をそぎ落として、適当な厚さのそぎ切りにする。

▼提供―砂肝を盛りつけ、薬味のおろしニンニク、おろしショウガ、小口切りのアサツキを添える。濃口醤油ですすめる。

▼コツ―砂肝は身が赤いものが鮮度がよい。

砂肝の辛煮

（バードランド）

▼仕込み―鶏砂肝のまわりについている銀皮（薄膜）を取り除いて水洗いしておく。

砂肝がかぶるくらいの日本酒に、塩、コショウ、ナツメグ、カイエンヌペッパー、濃口醤油、薄切りのショウガ、バター、マスタードを加えて、落とし蓋をし、汁気がなくなるまで砂肝を煮る。

▼提供―器に大葉をしき、砂肝を盛りつける。

▼コツ―バターを加えたのは、マスタードにコクととろみ、ツヤを出すため。

砂肝の中華煮

（風神亭）

▼仕込み―鶏砂肝は熱湯でさっとゆがいて水で洗う。

鍋に砂肝がかぶるくらいの水を入れ、長ネギとショウガのぶつ切り、実サンショウ、赤唐辛子を入れて加熱し、濃口醤油、紹興酒、砂糖を加えて調味し、5〜6分間煮る。

▼提供―冷めて味がしみてから、砂肝を2〜3㎜厚さに切り、器に盛る。

▼コツ―砂肝は煮すぎないように。少し甘めに砂糖を入れるとおいしい。

鶏もつ煮

（花舎）

▼仕込み―鶏レバーとタマヒモ（卵の通る管）は、一口大に切って水にさらして血を抜く。水でよく洗って臭みとヌメリを取って、熱湯でゆでこぼす。

ショウガのみじん切りと濃口醤油、砂糖を合せて火にかけて煮詰め、レバーとタマヒモを加え、テリが出るようにタレをよくからませ、大皿に盛る。

▼提供―大葉をしいた小皿に盛る。

▼コツ―酒のつまみとしてもご飯のおかずとしても合うよう、味を濃いめにつける。

レバー田舎焼き

（田舎家）

▼仕込み—鶏レバーを流水にさらして血抜きをし、さいの目切りにする。

タケノコはアクを抜いて（→29頁）さいの目切りにする。ピーマンとシイタケも同様にさいの目切りにする。長ネギは小口切りにする。

▼提供—鶏レバーの水気をふき取り、バターで炒める。タケノコ、シイタケ、長ネギを加えて炒めて、砂糖、濃口醤油、ミリンで味をつける。

器に盛り、中央に卵黄をのせ一味唐辛子を添え、煎った白ゴマを散らす。

ポテトレバー

（泥味亭）

▼仕込み—鶏レバーは血抜きし、フードプロセッサーにかけ、おろした玉ネギとニンニクを加える。これをバターで炒め、赤ワイン、塩、白コショウ、ナツメグを加え、ペースト状にする。

ジャガイモは丸ごとゆでて裏漉しし、バター、塩、白コショウ、ナツメグを混ぜる。冷めたら卵白を混ぜ合せる。

▼提供—茶碗にラップをしいてジャガイモを詰め、中心にレバーペーストを入れて丸める。電子レンジで温めて器に盛る。コンソメに梅酒少量を加えて熱し、水溶き片栗粉でとろみをつけてかける。ワサビを添える。

自家製レバーのパテ

（バードランド）

▼仕込み—鶏レバー（軍鶏）は流水にさらして血抜きする。酢を加えた熱湯でゆでこぼし、血やアクをていねいに洗い流す。

レバーを薄切りの玉ネギ、ぶつ切りのショウガ、ローリエ、濃口醤油、砂糖を入れたたっぷりの水で煮る。途中でアクを取り除き、汁気がなくなる手前まで煮詰める。

ショウガとローリエを取り除いてフードプロセッサーにかけ、無塩バター、塩、コニャックを加えてさらに撹拌し、内側に無塩バターを塗った型に流してパテを作る。

▼提供—パテを1cm厚さに切り、レタスと大葉をしいて盛る。バゲットを添える。

鶏の軟骨のピリカラ揚げ

（とひ家）

▼**仕込み**—鶏軟骨（ササ身についている三角形の軟骨）に片栗粉をまぶし、180℃に熱した揚げ油で2〜3分間揚げ、熱いうちに塩、一味唐辛子、粉サンショウを全体にふりかける。

▼**提供**—器に盛りつける。

▼**コツ**—すぐ火が通るので、揚げすぎに注意する。揚げすぎるとこりこりした軟骨の歯応えがなくなる。

【専門店の技術】

やきとり

（バードランド）

銀座に移転した「バードランド」（取材は移転前の阿佐ヶ谷の店）。移転後も茨城県産の奥久慈軍鶏を中抜きで仕入れ、店でさばき、塩とタレで提供している。串の作り方は取材当時と多少変えている。

◎タレの作り方

濃口醤油…500cc
ミリン…600cc
長ネギ・ショウガ…各適量

鍋に醤油、ミリン、ぶつ切りの長ネギとショウガを入れて火にかける。沸騰直前で弱火にして約20分間煮詰める。冷まして残ったタレに継ぎ足す。新規にタレを作るときは、ここに手羽先などの肉を入れて30分〜1時間煮る。

◎やきとりの串

[胸肉わさび焼き]

胸肉を掃除し、縦3等分に切り分け、それぞれを均等な大きさに切り分ける。肉が厚いときは観音開きにして厚さをそろえる。串も厚さがそろうよう平にならしながら打つ。3かん刺して先を少し出す（焼き台にかける部分）。塩をふり、日本酒を霧吹きで吹き、焼き色をつけないようにこまめに返しながら焼く。仕上がりにおろしワサビをのせる。

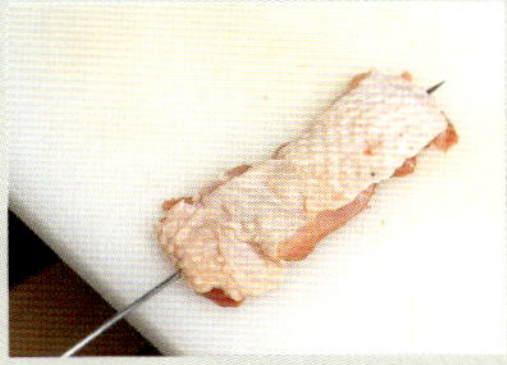

[モモ肉]

モモ先とモモ元部分に分け、モモ元部分を使用。繊維を断ち切るように2等分にして長方形に整える。金串で肉の繊維を縫うように刺す。串の先を少し出しておく。塩をふり、日本酒を霧吹きで吹きつける。焼き上がったら、串を抜いて提供。

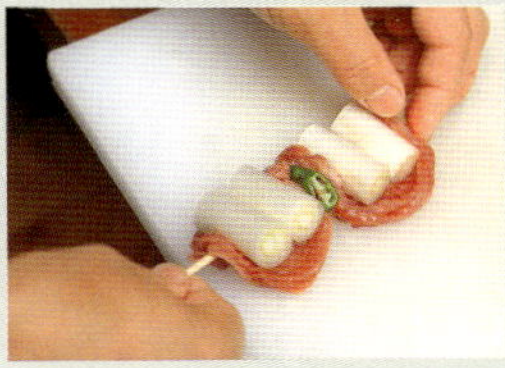

[モモ肉ネギ巻き]

モモ先を使用。関節部分の余分な皮と肉を取り除く。モモの筋肉ごとに切り分け、皮をそいで外す。モモ肉を観音開きにして薄く広げる。長ネギの白い部分を肉の幅に切りそろえる。肉でネギをかぶせるように串を通す。間にシシトウを入れて2かん。

[砂肝]

砂肝（割って中を洗ったもの）から銀皮を削ぎ取る。串に5かん刺して先を少し出す。

[レバー]

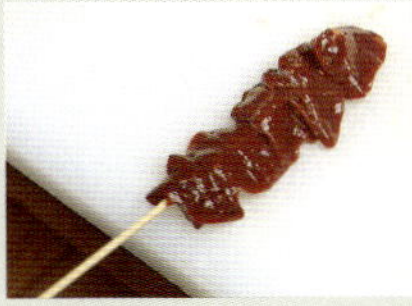

ハツ（心臓）とレバーを切り外す。レバーのつなぎ目のスジを切り外し、血の塊などを取り除き、斜めに薄切りにする。幅をそろえて切る。串を刺して（5かん）先を少し出す。塩をふって八割焼き、タレを塗る。

[つくね]

胸肉とモモ肉を同量ずつ用意し、粗めのミンサーで一度挽く。肉1kgに対して塩5g、少量の黒コショウ、粉サンショウ、みじん切りの玉ネギ、おろしショウガ、卵白2個分、鶏脂を入れて手でこねる。ねっとりと粘りが出てくるまでよく練る。
串2本のまわりにツクネをつける。幅や厚さを均等につけ、串の先を少し出す。

[皮]

鶏皮とモモ肉を5かんずつ使用。まず皮を縫うように刺し、切り落しのモモ肉を刺す。交互に刺して、最後は串の先を少し出す。

馬刺

（有薫酒蔵）

▼仕込み—玉ネギを薄切りにして水にさらしておく。

▼提供—馬肉を3㎜厚さに切る。器に水気を切った玉ネギをしき、馬肉を盛って、おろしショウガとパセリを添える。

別皿で刺身醤油をつける。

▼コツ—馬刺用の肉には前脚から脇にかけての部位が使われる。入手元は熊本県阿蘇地方。

信州刺身盛り合せ

（隠家なゝ樹）

▼仕込み—馬肉は表面の薄膜と脂肪を削ぎ落として、サク取りする。ヤマメ（30㎝くらいのもの）とコイは3枚におろす。

イワタケは3回ゆでこぼしてもどす。

酢ミソ（ミソ、酢、砂糖）の材料を練る。

▼提供—馬肉は繊維を断つように薄切りにする。ヤマメはそぎ造りにする。コイは薄造りにして冷水で締めてあらいにする。

各々いろどりよく皿に盛りつけ、大葉、大根けん、パセリ、イワタケ、小口切りのアサツキ、ユズコショウをあしらい、すりおろしたニンニクとショウガを添える。

濃口醤油と酢ミソですすめる。

桜もつ煮

（隠家なゝ樹）

▼仕込み—馬の大腸は、熱湯で3時間ほどゆでてザルに上げる。これをもう一度くり返して柔らかくなるまで煮る。水気を切って、一口大に切る。

鍋に大腸を入れ、信州ミソ、濃口醤油、砂糖、ショウガの輪切りとニンニクを加えて1時間ほど煮込む。

▼提供—温めなおして、器に盛り、小口切りの長ネギを天に盛る。

▼コツ—馬の大腸はすでに一度ボイルしたものを仕入れている。この場合は、最初の下ゆでは省略してよい。

冷肉しゃぶ

（山三）

▼仕込み―豚肉しゃぶしゃぶ用を1枚ずつ熱湯に入れてさっと火を通し、氷水にとる。レタス、セロリ、長ネギ、ニンジンは細切り、トマトを角切りにする。カイワレ菜とともに冷水に放って水気を切る。
▼提供―器にトマト以外の野菜をしき、その上に豚肉、トマトを盛る。ゴマダレをかけ、ペパーミント、バジル、マジョラムなど、好みのハーブ類を添える。
▼コツ―日本酒に合うように、ゴマダレを使っているが、ポン酢醤油などでもよい。

豚肉と茸のサラダ

（食彩工房舎人）

▼仕込み―豚肉しゃぶしゃぶ用は熱湯でさっと火を通して氷水にとる。ブナシメジ、エノキダケ、マイタケはほぐして、バターで炒め、カツオだしを注ぎ、日本酒をふる。淡口醤油で香りをつける。キュウリ、ニンジン、長ネギは繊切りにする。玉ネギは薄切りにして約30分間水にさらし、ザルに上げる。
ゴマドレッシング（すり白ゴマ、濃口醤油、砂糖、酢、サラダ油）を作る。
▼提供―器にサニーレタスとレタスをしき、豚肉とキノコを盛る。野菜の繊切りとプチトマトを散らし、ドレッシングをかける。

冷し豚しゃぶ

（なかむら）

▼仕込み―豚ロース肉しゃぶしゃぶ用（黒豚）は1人分ずつラップに包んで保存しておく。
玉ネギは薄切りにして流水にさらし、冷やしておく。アサツキは小口切りにする。
▼提供―豚肉は塩と日本酒を加えた熱湯にくぐらせて氷水にとる。水気をふき取って器に盛る。
玉ネギの水気を切ってつけ合せ、アサツキを散らす。
別皿でゴマダレを添える。

豚ロースのスパイス焼き

（串駒）

▼**仕込み**—タレ（オールスパイス、おろしショウガ、おろしニンニク、濃口醤油、卵黄、粒マスタード、みじん切りのアサツキ）の材料を混ぜ、豚ロース肉薄切りを漬ける。キュウリ、長ネギ、セロリ、ニンジンを5cm長さの繊切りにして混ぜる。

▼**提供**—アルミホイルに豚肉をのせてオーブンで3分間焼く。皿にレタスをしいて軽くコショウをふり、豚肉を盛る。中央に繊切りの野菜を盛り、ライムを添える。

▼**コツ**—豚ロース肉はむらなく焼けるよう、しっかりと広げてアルミホイルにのせる。

豚肩ロースのミソっかす焼き

（風神亭）

▼**仕込み**—合せミソ（白ミソ、酒粕、煮切りミリン）を作る。豚肩ロース肉厚切りは1cmの厚さに切り、合せミソに1日以上漬ける。

▼**提供**—余分なミソを取り、強火の遠火で焼く。食べやすく切り、はじかみショウガを添える。

▼**コツ**—ミソはこげやすく、焼きすぎるとかたくなるので注意する。

黒豚岩塩焼き

（はるばる亭）

▼**仕込み**—天板に卵白で練った自然塩をしき詰め、豚ロース肉ブロック（黒豚・800g）をおおって固め、塩釜を作る。オーブンを180℃に熱して、28分間蒸し焼きにする。

▼**提供**—塩釜を割って豚肉を取り出し、薄切りにする。器にレタスをしき、豚肉を盛り、粒マスタードを添える。

▼**コツ**—加熱時間は肉の中心部まで完全に火を通し、かつピンク色になるように加減する。肉はレタスで巻いて食べる。

和風チャーシュー

（しる平）

▼仕込み―豚ロース肉ブロックを7㎝幅に切り、タコ糸でしばる。たっぷりの水に紅茶のティーバッグを入れて豚肉を30分間煮る。

　つけ汁（濃口醤油、日本酒、ミリン、酢）の材料を合せて一煮立ちさせて冷ましておく。ここに豚肉を浸けて3時間おき、チャーシューを作る。

　ワカメはもどしてざく切りにする。

▼提供―器にワカメをしき、中央に白髪ネギを盛る。チャーシューを3㎜の薄切りにして盛り、つけ汁をかけて提供。

▼コツ―紅茶は肉のクセを抑えてくれる。

和風チャーシュー

（おふろ）

▼仕込み―豚肩ロース肉ブロックは適当な大きさに切り分け、フライパンを熱し、サラダ油をひいて焼き目をつける。

　鍋に煮汁（ミリン8、淡口醤油2）を注ぎ、豚肉を入れて強火の蒸し器で20分間蒸す。火が通ったら一旦取り出し、煮汁の粗熱がとれたら再び煮汁にもどす。

▼提供―食べやすい大きさに切って器に盛り、白髪ネギ、ざく切りの三ツ葉をあしらい、ワサビを添える。

▼コツ―火の通り加減をみるには、竹串などを刺して確認するとよい。

葱豚

（游山楽）

▼仕込み―豚肩ロース肉ブロック（丸1本）に塩をして、野菜スープで血が止まるまで煮、冷まして冷蔵する。

　ポン酢醤油を作る。日本酒、ミリン、濃口醤油、砂糖、たまり醤油を火にかけ、カツオ節を入れて漉し、冷めてからダイダイの絞り汁を合せて、昆布、赤唐辛子を入れてねかせる。

▼提供―豚肉を薄く切って器に盛り、ポン酢醤油をかけ、小口切りのアサツキ、白ゴマ、紅タデをあしらう。

▼コツ―ポン酢醤油は、酸味を控えめに。

豚ヒレ肉のリンゴ風味焼き

（串駒）

▼仕込み—豚ヒレ肉厚切りに塩、コショウをふり、バターをひいたフライパンでミディアムに焼く。リンゴは３㎜厚さのくし形切りにする。

鍋に豚肉を入れ、リンゴを数切れのせて粉糖をふる。白ワイン、リンゴジュースを注ぎ、オーブンで豚肉に火が通り、リンゴに焼き色がつくまで焼く。途中で何度か焼き汁をスプーンですくってかける。

鍋から肉を取り出し、焼き汁にフォンドヴォー、生クリーム、レモン汁を入れ、バターを少量ずつ加えてよく混ぜ、塩、コショウ、マデラ酒で味をととのえてソースを作る。

ニンニクのみじん切りをサラダ油とバターで炒め、さいの目切りの赤パプリカ、ズッキーニ、ジャガイモを入れて炒め、塩、コショウをふる。ゆで玉子をみじん切りにし、炒めた野菜と混ぜ、卵白、バジルのみじん切りを加えて種を作る。

大根の薄切りをゆでてラップフィルムに広げる。上に種をのせ、軽く塩、コショウし、ゆでたブロッコリーをのせて茶巾に包んで結わき、蒸し器で蒸す。

▼提供—豚ヒレ肉を電子レンジで温めて皿に盛り、ソースをかけ、茶巾蒸しを添える。

▼コツ—豚ヒレ肉を焼くときは、表面が乾かないよう、こまめに焼き汁をかけて焼き上げる。

自家製ソーセージ２種

（ビストロめなみ）

▼仕込み—豚モモ肉はスジを取り除き、肉挽き器で２度挽く。ボウルに豚モモ肉、さいの目切りの豚背脂、みじん切りの玉ネギ、塩、黒コショウ、セージ、タイム、オールスパイス、ナツメグを入れてよく混ぜる。

大葉のソーセージは、ここにみじん切りの大葉を混ぜる。

ピリ辛ソーセージは、カイエンヌペッパー、ニンニクピュレを混ぜる。

おのおの塩抜きした腸に詰める。

▼提供—オーブンで焼く。ザウワークラウト（→206頁うずら焼きとり）、セルフイユを添える。粒マスタードですすめる。

豚キムチ

（凧錦）

▼仕込み―豚モモ肉薄切りと白菜キムチは一口大に切っておく。

▼提供―サラダ油で豚モモ肉を炒め、塩、白コショウをふる。豚肉に火が通ったら、白菜キムチを入れる。最後に日本酒を加えて煮詰める。

器に盛り、小口切りの青ネギをたっぷり盛る。

▼コツ―最後にカレー粉を加えてもおいしい。豚肉はあまり火を入れすぎないように。

豚ばら肉と白菜の重ね煮

（しる平）

▼仕込み―白菜は葉を1枚ずつにばらして、熱湯でゆでる。豚バラ肉薄切りと白菜を交互に10層ほど重ねてタコ糸でしばる。

水にコンソメ、トマトケチャップ、黒コショウを加えて味をととのえて、肉と白菜を入れる。アクを取り除きながら1時間ほど煮る。

▼提供―4cm厚さに切って器に盛り、煮汁を注いでパセリのみじん切りを散らす。

キャベツのあっさり肉じゃが

（風神亭）

▼仕込み―豚バラ肉薄切りは4cm長さに切る。ジャガイモとニンジンはそれぞれ乱切りにし、キャベツはざく切り、玉ネギはくし形に切る。

大きめの鍋にキャベツ以外の材料を入れ、ひたひたの水を入れて火にかけ、アクを取ったのち、日本酒、濃口醤油、塩で味をととのえる。ジャガイモに八割程度火が入ったら、キャベツを入れて蓋をして、14～15分間煮る。キヌサヤはゆでて繊切りにする。

▼提供―電子レンジで2分間温めてから、器に盛り、キヌサヤを飾る。

ラフテー

（おもろ）

▼仕込み—豚バラ肉ブロックを適当な大きさに切り分けて熱湯でゆでこぼして洗う。

豚肉を鍋に入れ、濃口醤油と黒砂糖でじっくりと煮込み、アクと脂が浮き上がってきたら小まめに取り除く。途中で数回濃口醤油、黒砂糖、ミリンを加える。ある程度柔らかくなったら泡盛を加えてさらに煮込む。5〜6時間ほどかかる。

鍋のまま冷まし、翌日再び同じように5〜6時間煮込んでラフテーを作る。

▼提供—レタスをしき、ラフテーを盛る。カブとキュウリとキャベツの塩もみを添える。

豚の角煮

（大観音）

▼仕込み—豚バラ肉ブロックはタコ糸でしばり、オカラを入れた水でゆで、沸騰したら中火で15分間ゆでて脂を落とし、洗う。たっぷりの水に日本酒と砂糖を加えてバラ肉を柔らかく煮る。火を止めて30分間このままおき、濃口醤油、ミリンを加えて約2時間煮込む。最後にたまり醤油を加える。

キヌサヤはゆでて八方だしに浸ける。シメジタケはほぐして八方だしでさっと煮る。

▼提供—豚バラ肉は大きめの角切りにして温め、器に盛ってキヌサヤとシメジタケをつけ合せる。練り芥子を添える。

黒豚の角煮

（食彩工房舎人）

▼仕込み—豚バラ肉ブロックを3×7cm角に切り、約5分間ゆでてアクを取る。ザルに上げ水気を切り、高温の揚げ油で揚げる。

鍋にタレ（日本酒、紹興酒、濃口醤油、中ザラメ糖、ハッカク、ショウガの薄切り）の材料を火にかけてザラメ糖を溶かす。

煮立ったタレを揚げた豚肉を入れたボウルに注ぎ、長ネギの青い部分をのせ、しっかりとラップをして蒸し器で3時間蒸す。

▼提供—フライパンで肉の蒸し汁を煮詰め、豚肉を半分に切ってからめる。器にサニーレタスをしき、豚肉と蒸し直した蒸しパンを盛り、白髪ネギと練り芥子を添える。

黒豚の角煮

（酒菜亭）

▼仕込み―豚バラ肉ブロック（黒豚）は脂身を取って7～8cm角に切り、一度ゆでこぼして脂抜きをする。

豚肉を鍋に入れて水を注ぎ、3時間ゆでたのち、日本酒、砂糖、濃口醤油を入れ、さらに8時間ほど煮込む。

▼提供―小鍋に取り分けて再加熱して器に盛り、練り芥子を添える。

▼コツ―一度に1kg（30人前）を仕込み、毎日煮汁を足しながら煮直す。食べ頃は作ってから3～4日あたり。

焼豚

（まえ川）

▼仕込み―豚バラ肉ブロックをタコ糸でしばる。フライパンを熱し、表面をこんがり焼き固める。寸胴鍋に水をたっぷり入れ、ニンニクを入れて豚バラ肉を1日かけてゆでる。時おり水を足し、脂を取り除く。

日本酒、砂糖、濃口醤油、ショウガの薄切りを足して、約2日間かけて弱火で煮ていく。途中水を足しながら煮る。最後は煮詰めて、ミリンを加えてテリを出し、甘辛く煮含める。

▼提供―適当な厚さに切って、タコ糸を取り除いて器に盛る。マスタードを添える。

豚肉と大根のゆっくり煮

（黒船屋ルネッサンス）

▼仕込み―豚バラ肉ブロックは掃除し、フライパンで焼き目をつけ、水とくず野菜を入れた圧力鍋で2時間煮込む。冷めたら水洗いする。一晩おいて、煮汁（だし、日本酒、濃口醤油、砂糖、ショウガ）で2時間半～3時間煮込み、濃口醤油、ミリン、おろしショウガを加えて1時間半煮詰める。

大根は厚く切り、八割程度までゆで、1日水にさらしてアクを抜く。ゆで玉子と大根は先の煮汁で6時間ほど弱火で煮る。

▼提供―大根と卵の煮汁で、肉、大根、玉子を温めて器に盛る。クレソンを飾り、練り辛子を添える。

サラダ風角煮

（楽太朗）

▼仕込み—水にオカラを溶かして豚バラ肉ブロックを5～6時間ゆで、油抜きをする。流水にさらしたのち、日本酒、濃口醤油、おろしショウガを加えて、5時間煮る。

　和風ドレッシング（濃口醤油、砂糖、サラダ油、ゴマ油、おろしニンニク、レモン汁、七味唐辛子）を混ぜておく。

▼提供—レタス、玉ネギ、キュウリ、ニンジン、ピーマンを繊切りにして合せる。

　角煮をレンジで2分間加熱してから、器に盛り、和風ドレッシングをかけ、繊切り野菜をまわりに盛る。カイワレ菜を添える。

▼コツ—ドレッシングは少し甘めに。

肉じゃが

（さの丸ゆうゆふ）

▼仕込み—豚バラ肉ブロックは適当な大きさに切り、約2時間弱火で蒸す。ジャガイモは弱火で少し芯が残る程度にゆでる。

　鍋にタレ（だし7合（1260cc）、ミリン1合（180cc）、濃口醤油1合（180cc）、日本酒1合（180cc）、淡口醤油大さじ1（15cc）、砂糖大さじ1（15cc））を入れ、豚バラ肉を約1時間煮る。赤唐辛子、ジャガイモを加え、弱火でさらに2時間煮込む。

▼提供—小鍋に取り分けて加熱し、器に盛り、ゆでたキヌサヤをあしらう。

新じゃが豚ばら炒め

（はるばる亭）

▼仕込み—新ジャガイモは皮つきのまま使う。豚バラ肉ブロックは2cmの角切りにし、濃口醤油を加えて、よくもみ込む。

　鍋にサラダ油をひいて、強火で豚バラ肉を炒め、こげ目をつける。日本酒、濃口醤油を加え、アルコール分をとばす。弱火にして、落とし蓋をし、10分間蒸し煮にする。だしをひたるまで注ぎ、砂糖を加えて沸騰させ、アクを取りながら、弱火で1時間半、水分がなくなるまで煮てテリを出す。

▼提供—電子レンジで3分間温め、器に盛る。

豚骨醤油煮

（魚山亭）

▼**仕込み**―豚スペアリブ（黒豚）を湯通しして油抜きする。鍋に水をたっぷり注ぎ、黒砂糖、淡口醤油、濃口醤油、ミリン、ぶつ切りのニンニクとショウガを入れ、弱火で1日半煮る。

▼**提供**―スペアリブに小口切りのアサツキをのせ、マスタードを添える。

▼**コツ**―煮くずれしないように火加減に注意する。

写真左　日の出南京／写真右　豚骨醤油煮

日の出南京

（魚山亭）

▼**仕込み**―小ぶりのカボチャ（日向産）の上部を切り、種をくり抜いて器を作る。

ニンジン、キクラゲはみじん切りにし、水切りした木綿豆腐、卵、鶏挽き肉（日向産）とともに淡口醤油、白ミソ、塩で味をつけて混ぜ、カボチャに詰める。八方だし（だし、淡口醤油、日本酒、塩、ザラメ糖）でカボチャの器ごと炊く。

干シイタケは水でもどし、もどし汁で炊く。ニンジンの繊切りを八方だしで炊く。キヌサヤは軽くゆでる。

▼**提供**―カボチャを器に盛り、卵のそぼろで蓋をし、中心に卵の黄身をのせる。シイタケ、ニンジン、キヌサヤをあしらう。

豚肉と筍のレタス包み

（淡如水）

▼**提供**―豚バラ肉ブロックはさいの目に切る。タケノコ（水煮）は熱湯でゆでてザルに上げて臭みを取り、さいの目切りにする。

豚バラ肉をサラダ油で炒め、火が通ったらタケノコを加える。砂糖、赤ミソ、豆瓣醤、日本酒で味をつける。最後に火を止めてゴマ油をたらして風味を出す。

レタスの上に先の豚バラ肉とタケノコを盛りつけ、カイワレ菜を添える。くし形に切ったトマトとパセリをつけ合せる。

▼**コツ**―水分の多いレタスとともに食べるので、味つけは濃いめにする。

キムチと豚肉のサラダ

（料理倶楽部）

▼仕込み―白菜キムチ、豚バラ肉薄切りは適当な大きさに切る。キュウリは細切り、サニーレタスはちぎり、カイワレ菜は根元を切って、ともに水にさらし、水気を切る。大葉は繊切りにする。

▼提供―豚バラ肉に薄力粉をまぶし、サラダ油で炒める。火が通る寸前に、キムチ、みじん切りのニンニクを入れ、仕上げにゴマ油、濃口醤油を加える。

ボウルに野菜を入れ、白ゴマ、豚バラ肉を加えて混ぜる。カイエンヌペッパーをふる。器に盛り、クレソンをあしらう。

▼コツ―ビーフン、松ノ実を入れても美味。

豚ばら肉唐揚げ

（ぶん也）

▼仕込み―豚バラ肉ブロックを一口大の角切りにする。肉と肉の間にぶつ切りにして叩いた長ネギとショウガの皮を挟む。これに日本酒をかけて蒸し器で3時間蒸す。

蒸し上がったら肉を取り出し、つけ汁（老酒3、濃口醤油7）に10分間浸ける。

▼提供―豚バラ肉の汁気を切り、モチ粉をまぶして180℃に熱した揚げ油でからっと揚げる。シシトウは同じ油で素揚げする。

器に豚肉とシシトウを盛って山椒塩（塩と粉サンショウを合せる）を添えて提供。

▼コツ―蒸すと火が通りにくい塊のバラ肉が柔らかくなり、脂肪も適度に落ちる。

豚ばらと豆腐の豆鼓蒸し

（風神亭）

▼仕込み―木綿豆腐は水切りをして8等分に切る。鶏ガラは熱湯をかけて洗い、水から2〜3時間煮て鶏ガラスープをとる。

中華鍋にゴマ油を入れて熱し、みじん切りのニンニクとショウガを炒める。香りが出たら、薄切りのタケノコ、もどして薄切りにした干シイタケを入れて炒め、鶏ガラスープを注ぐ。粗みじん切りの豆鼓を加え、濃口醤油、砂糖、紹興酒で調味して、水溶き片栗粉でとろみをつけ、餡を作る。

▼提供―豆腐の上に豚バラ肉薄切りを広げ、餡をかけてラップで包み、15分間中火で蒸す。天に香菜を盛る。

スペアリブの中華風蒸しもの

（淡如水）

▼仕込み―豚スペアリブは骨ごとに切り分けて、表面をフライパンで軽く焼く。
豆鼓、日本酒、濃口醤油、塩、黒コショウ、片栗粉を合せて、スペアリブを2～3日浸ける。

▼提供―スペアリブを取り出して、セイロで30分間蒸す。
カイワレ菜を散らして提供。

▼コツ―浸け込む前に表面を焼くと、おいしい肉汁が肉から出にくくなる。

和風肉味噌サラダ

（なかむら）

▼仕込み―キュウリ、大根、ニンジンは長めの繊切りにして冷水にさらす。アサツキは小口切り、包菜は1枚ずつばらしておく。
肉ミソを作る。豚挽き肉をゴマ油で炒める。火が通ったら、みじん切りの長ネギを加えて炒め、日本酒、ミリン、赤ミソ、砂糖、ショウガ汁、ゴマ油を加え、テリが出るまでよく練る。

▼提供―器に包菜をしき、3種の繊切り野菜を盛り合せる。大葉の上に肉ミソを添え、小口切りのアサツキと白ゴマを散らす。

▼コツ―野菜を肉ミソとともに包菜で包んで食べる。肉ミソは大量に作って保存可能。

巻かないキャベツ

（開花屋）

▼仕込み―豚挽き肉、玉ネギのみじん切り、生パン粉、牛乳少量を合せ、塩、コショウで下味をつけて練り、種を作る。同量の鶏ガラスープとだしを火にかけ、塩、淡口醤油、うま味調味料で味をつける。沸騰したら種を丸めて落とし、大きめに切ったキャベツを入れて中火で1時間ほど煮る。
ホールトマト（缶詰）は果汁を切らず砂糖、バルサミコ酢少量を混ぜて天板に広げ、250℃のオーブンで時おり混ぜて30分間煮る。

▼提供―温めて器に盛り、濃縮トマトを添え、イタリアンパセリを飾る。

豚

バラ肉・挽き肉

菊花しゅうまい

（なまこ屋）

▼仕込み―種を作る。玉ネギともどした干シイタケはみじん切りに、ホタテ貝柱はほぐしておく。豚挽き肉（黒豚）にこれらの材料を合せて、濃口醤油、塩、ミリン、隠し味のカキ油で下味をつけてよく練る。シュウマイの皮を1cmの短冊切りにする。ギンナンは殻を外し、湯に浸けて薄皮をむく。

種を100g取って丸め、シュウマイの皮をまぶして、中央にギンナンをのせる。

▼提供―シュウマイを蒸し器で15分間蒸す。器に盛り、練り芥子を添える。別皿で二杯酢（酢、濃口醤油）を添える。

スンデ（自家製韓国式腸詰め）

（鳳仙花）

▼仕込み―モチ米は前日に研ぎ、水を切って一晩おく。豚の血を加えてなじませ、ハルサメ、豚挽き肉を加え、ニンニク、ショウガ、豚網脂、日本酒、塩、コショウ、うま味調味料で味つけし、牛の腸に詰める。蒸し器に入れて、20～30分間蒸す。

▼提供―薄く切って電子レンジで温め、器に盛る。サラダ菜と練り芥子を添える。

▼コツ―新鮮な牛の腸、豚の血が入手できたときに、1週間分をまとめて作る。

血のソーセージ

（ビストロめなみ）

▼仕込み―豚背脂はさいの目切りにして鍋で熱し、みじん切りの玉ネギとニンニクをしんなりするまで炒める。牛乳と生クリームを加えて、沸騰直前で火からおろす。豚の血を加え、湯せんにかけて加熱する。血が固まったら、塩抜きした腸に詰めてタコ糸で端を結ぶ。その日のうちに使う。

▼提供―ソーセージをオーブンで焼き、器にサニーレタスをしいて盛る。こんがり焼いたバゲットに塗って食べるようすすめる。ザウワークラウト、セルフイユ（→206頁うずら焼きとり）を飾る。

ちむ

（おもろ）

▼仕込み—豚レバーを塩でもみ、流水にさらして血抜きする。水気をふき取り、塩をまぶして蒸し器で蒸す。蒸し上がったら取り出して冷ましておく。

酢ミソ（ミソ、酢、砂糖）を弱火で練り合せて冷ましておく。

キュウリを繊切りにして水にさらす。

▼提供—器に大葉をしき、一口大の薄切りにしたレバーを盛り、酢ミソと水気を切ったキュウリを添える。

▼コツ—豚肉は血や内臓にいたるまで、すべてを使い尽くす。このチム（レバー）には酢ミソを合せることが多い。

ミミガー

（おもろ）

▼仕込み—豚耳を水から柔らかくなるまでゆでる（約2時間）。ザルに上げて水気を切り、薄切りにする。

キュウリは繊切りにする。

二杯酢（酢、淡口醤油）の材料を合せる。

▼提供—豚耳とキュウリを器に盛り、二杯酢をかける。煎った白ゴマを散らす。

▼コツ—豚耳のゆで時間は、圧力釜を利用すると短縮できる。

豚尾

（おもろ）

▼仕込み—豚尾を圧力釜に入れ、水からゆでる。柔らかくなったらゆでこぼして、ぬるま湯で脂やアクを洗い落とす。

別の鍋に水を注ぎ豚尾を入れて、黒砂糖と濃口醤油で濃いめの味に煮る。

▼提供—尾を大きめのぶつ切りにして温めて盛りつける。白菜キムチを添える。

▼コツ—沖縄では豚肉を使うときは、必ず下ゆでして脂を取り除く。暑い地方ならではの保存性を考えた調理といえよう。また砂糖は沖縄の黒砂糖を使うことが多い。

ソーセージのパイ巻き揚げ

（家鴨長屋）

▼仕込み―薄モチ（北京ダック用）に、粒マスタードとフレンチマスタードを薄く塗り、粗挽きロングウインナーソーセージ（市販）を巻いて、180℃の揚げ油でキツネ色に揚げる。

▼提供―器に盛り、ザウワークラウト（市販）、粒マスタード、フレンチマスタード、スイートチリソース、パセリ、レモンを添える。

長芋と菜の花の生ハム巻き

（開花屋）

▼仕込み―菜ノ花は不要な葉を取り、掃除して塩ゆでし、吸い地（だし、塩、淡口醤油）に浸ける。長イモは皮をむき、菜ノ花に合せた長さの棒切りにする。

▼提供―長イモ2～3本、菜ノ花1本を薄く切った生ハムで巻いて器に盛る。サワークリームは同量の牛乳でのばし、絞り袋に入れて細く絞る。ラディッシュの薄切りを飾る。

▼コツ―長イモを切ったあと、ミョウバン水でアク止めしてもよいが、多少のヌメリ感を残すこと。また、水気はペーパータオル等で完全にふき取ること。

ラム山椒焼き

（ビストロめなみ）

▼仕込み―フレンチラムラック（肋骨つき）ブロックはスジを取り除き、掃除をして骨1本ずつに切り分ける。

▼提供―塩をふり、炭火で焼く。仕上がりに粉サンショウをふる。

器にサニーレタスをしき、ラム肉を盛りつけてザウワークラウト（→206頁うずら焼きとり）とセルフイユを添える。

▼コツ―ラム肉は肉が赤く、脂肪が白くてかたいものを選ぶ。サンショウは挽きたてのものを使いたい。

そぼろ玉子と味噌漬け大根炒め和え

（和義）

▼仕込み―田舎ミソ3種を合せたミソ床に干した大根を漬けて3ヵ月以上おく。
鍋に卵を溶きほぐして湯せんにかけ、4～5本の箸でかき混ぜて、そぼろ玉子を作る。
▼提供―大根をミソ床から取り出し、さっと洗っておろし金で粗くおろして水気を絞る。鍋にサラダ油を熱して、おろした大根を炒める。調味は大根の塩味が強いので、隠し味程度に砂糖を加えるのみ。
これにそぼろ玉子を混ぜ合せて、器に盛って提供する。

温度玉子

（バードランド）

▼仕込み―卵（軍鶏）は室温にもどして65℃を保った湯に30分間浸ける。これを水にとり、さらに氷を入れて急冷する。
だしに、ミリン、淡口醤油、塩を加え、少量の濃口醤油をたらして一煮立ちさせて冷やしておく。
▼提供―器に温度玉子を割り入れて、味をととのえただしを注ぎ、すりユズを散らして提供する。
▼コツ―コクのある軍鶏卵を使用しているので、少量の濃口醤油を加えてみた。

冷やし温泉玉子

（楽味）

▼仕込み―温泉玉子を作る。卵を70℃の湯で20分間ゆでる。温度を正確に保つ。
鍋でつゆ（だし8、淡口醤油1、ミリン適量、うま味調味料少量）を合せて一旦熱し、冷やしておく。

素麺を熱湯でゆで、水にとってよくもみ洗いする。カニの身をほぐしておく。

サヤインゲンのスジを取り、熱湯でゆでて半分に切る。アサツキを小口切りにする。
▼提供―椀に温泉玉子を割り入れ、素麺、カニ、サヤインゲン、アサツキを盛る。冷やしたつゆを注ぎ、ユズ皮をすりおろす。

出汁巻き玉子

（ぶん也）

▼仕込み—セリを塩を入れた熱湯でゆでる。
　和え衣を作る。白ゴマをすり鉢ですり、淡口醤油で味をととのえておく。

▼提供—ボウルに全卵4に対し卵黄1を合せて軽く溶きほぐし、だしを加え、淡口醤油と塩で味をととのえる。
　玉子焼き器にゴマ油を薄くひき、2～3回に分けて卵液を注いで焼く。焼き上がったら巻簀で巻いて形をととのえて切る。

　器に盛り、大根おろしと、和え衣で和えたセリを添える。

▼コツ—作りおきせず焼き立てをすすめる。

の焼き玉子

（中川）

▼仕込み—エビと卵を合せて、すり鉢でよくすって、砂糖と塩で薄味をつける。
　玉子焼き器に少量の白絞油を熱し、すり身入りの卵液を入れて蓋をし、弱火でふんわりと蒸し焼きにする。

　焼き上がったら熱いうちに巻簀に取って海苔をのせ、断面がのの字になるように海苔を巻き込んで形をととのえる。

▼提供—1cmの輪切りにして、器に盛る。

▼コツ—卵液はかたいので、玉子焼き器に入れたら一文字などを使って表面を平らにしてから焼く。

玉子焼き

（鹿火矢）

▼仕込み—卵を溶いて、濃口醤油、砂糖、塩、日本酒を加えて甘めの味にととのえる。
　玉子焼き器に白絞油を熱し、卵液を2～3回に分けて注いで焼いておく。

▼提供—器に大葉をしき、厚切りにした玉子焼きを盛り、ショウガ甘酢漬け（→29頁）、大根おろしを添える。

▼コツ—濃口醤油と砂糖が入るのでこげやすい。卵焼き器を熱しすぎないこと。

たくあんの厚焼き玉子

（風神亭）

▼**仕込み**―タクアンはみじん切りにし、塩分が強ければ、水にさらして塩抜きをする。万能ネギは小口切りにする。

ボウルに卵を溶きほぐし、だし、タクアン、万能ネギ、ゴマ油、淡口醤油を混ぜる。

玉子焼き器に油を少量ひき、だし巻き玉子の要領で、少しずつ卵液を流し入れ、巻き込みながら焼き上げる。

▼**提供**―玉子焼きを適当な大きさに切り、レンジで温める。器に盛り、大根おろしを添える。

▼**コツ**―作りおきする場合は、だしがしみ出てくるので、だしの分量を控えめにする。

イタリアンオムレツ

（大誠）

▼**仕込み**―ミートソースを作る。玉ネギ、ニンジン、ニンニク、ショウガはすべてみじん切りにし、牛挽き肉とともに炒める。肉がほぐれたらトマトピュレ、トマトペースト、トマトソース、白ワインを加え、タイム、ローリエを入れてしばらく煮る。

▼**提供**―卵を溶き、サーモン、イカ、ハム（以上繊切り）、ムキエビを混ぜ、塩、コショウ、牛乳で味をつける。フライパンにサラダ油を熱して、オムレツを作る。耐熱器に盛り、ピザ用チーズをのせ、180℃のオーブンで焼き、ミートソースをかける。

▼**コツ**―オムレツには火を入れすぎない。

キムチの厚焼き玉子

（楽太朗）

▼**仕込み**―玉ネギをみじん切りにし、合挽き肉とともに炒め、砂糖、濃口醤油、日本酒、だしで味をととのえ、ザルに上げて汁気を切る。

卵にだしを加えてよく攪拌し、玉子焼き器にサラダ油をしいて鰻巻き玉子を作る要領で、中に白菜キムチ2〜3枚と炒めた具を巻いて、厚焼き玉子を作る。

▼**提供**―3cm厚さに切って電子レンジで加熱し、器に盛りつけ、大葉と大根おろしを添える。

▼**コツ**―キムチの量で辛さを加減する。

蛸のオムレツ赤ピーマンソース

（串駒）

▼仕込み―タコ（ボイル）を食べやすくぶつ切りにする。
パプリカ（赤・黄・緑）、玉ネギは小角切り、ニンニクはみじん切り、トマトはぶつ切りにし、オリーブ油で炒める。

ボウルに卵を溶き、タコと炒めた野菜を加え、塩、コショウ、粉パプリカで味つけする。フライパンにバターをひいて、卵液を流し入れ、弱火でオムレツを焼き上げる。

赤ピーマンソースを作る。エシャロットとニンニクのみじん切り、赤パプリカの乱切りをオリーブ油で色づかないように炒め、乱切りのトマトを加え、フォンドヴォー、塩、コショウ、粉パプリカで味をととのえる。パプリカが柔らかくなったらミキサーにかける。
▼提供―オムレツを6等分して皿に盛り、赤ピーマンソースをかける。
▼コツ―タコは火を入れすぎるとかたくなるので注意する。ソースは少し濃いめに。

鰻入り厚焼き玉子

（食彩工房舎人）

▼仕込み―ボウルに卵を割り入れて、切るように混ぜる。だし、淡口醤油、水溶き片栗粉を加え、泡立てないように混ぜ合せる。
玉子焼き器を火にかけて熱し、サラダ油をなじませ、綿で鍋をよくふく。おたま(大)1杯分の卵液を鍋に流し入れて焼く。鍋を火から外してウナギの蒲焼きをのせ、その上に大葉をのせて巻いて焼き上げる。粗熱がとれるまでおく。
▼提供―食べやすく切り、器に盛る。大根おろしと万能ネギの小口切りを添える。
▼コツ―玉子焼き器によく油をなじませ、火加減に注意して焼くこと。

秋刀魚の玉子巻き

（すいか）

▼仕込み―サンマは内臓を取り除き、濃口醤油、砂糖、ミリンで1時間ほど、骨が柔らかくなるまで煮る。

卵にだしと砂糖を加え、よく溶く。だし巻き玉子の要領で卵に火を通し、焼き上がったらサンマを入れて巻簾で巻く。

▼提供―適当な厚さに切って器に盛り、マヨネーズとパセリを添える。

ほうれん草と茸のオムレット

（居乃一BAN）

▼仕込み―ホウレン草はゆでて、エノキダケは塩、コショウしてバターでソテーする。卵は溶きほぐし、熱したフライパンに流す。ホウレン草とエノキダケを芯にして、だし巻き玉子の要領で巻く。

ワサビドレッシング（練りワサビ、マヨネーズ、ケチャップ、塩、コショウ）を作っておく。

▼提供―食べやすいように切り、器に盛って、ワサビドレッシング、お好み焼き用ソースを流し、糸がきカツオを添える。

鶏のささ身と野菜の薄焼き玉子巻き

（食彩工房舎人）

▼仕込み―鶏ささ身は熱湯にくぐらせ、氷水で冷やして手で裂く。ニンジン、キュウリ、長ネギの白い部分は繊切りにする。

卵を溶き、だしと水溶き片栗粉、淡口醤油を少量加え、薄焼き玉子を焼く。焼いた玉子の上に海苔をしき、ささ身と繊切りにした野菜を均等にのせて巻く。1本ずつラップフィルムで巻き、冷蔵庫で冷やす。

▼提供―3㎝長さに切って器に盛りつけ、白ゴマとパセリのみじん切りをふり、カイワレ菜とワカメを添える。ワサビと醤油を別皿で添える。

蟹と帆立の玉子焼き

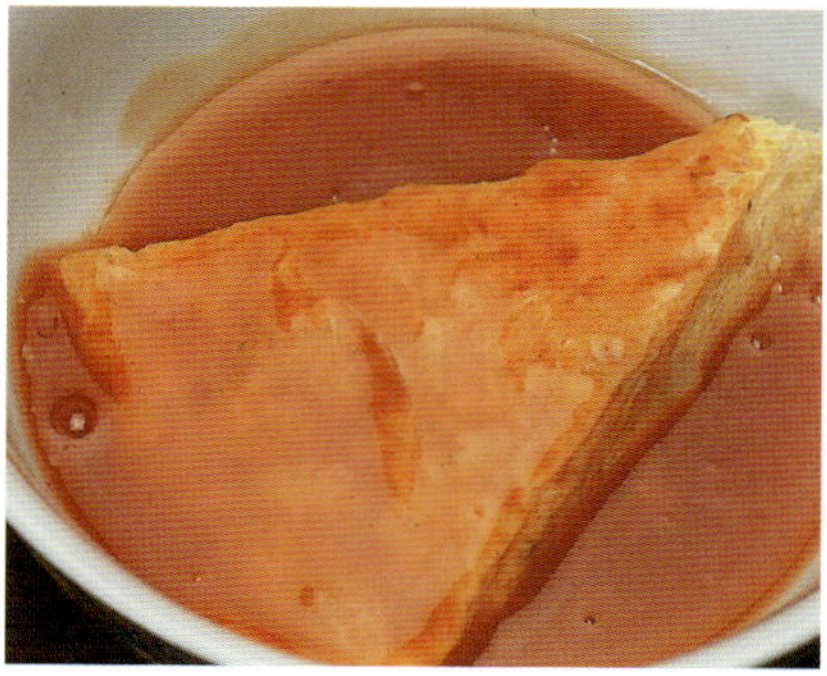

（酒菜亭）

▼提供―ボウルに卵（8人前で6個）を溶いて塩を入れ、カニとホタテ貝柱（ともに缶詰）を汁ごと加えて混ぜ合せる。フライパンを熱し、弱火で焼く。

カツオだしに砂糖、濃口醤油、酢、トマトケチャップを加え、水溶き葛粉でとろみをつけて餡を作る。玉子焼きを切り分けて器に盛り、餡をかける。

▼コツ―玉子焼きを焼くさいは、少し卵液を残しておき、裏返して形を整えるときに流し込んで、表面をなめらかに仕上げる。

すきやき玉子焼き

（久昇）

▼仕込み―タケノコとシイタケは繊切りに、長ネギは斜め切りにする。シラタキ、牛肉、三ツ葉は、3cm長さに切る。

だし玉杓子1杯に対し、砂糖レンゲ2杯、塩小さじ半分、うま味調味料少量に濃口醤油をべっこう色になる位加える。日本酒、ミリン少量を加えて熱し、追いガツオをして割下を作る。タケノコ、シイタケ、長ネギ、シラタキ、牛肉、三ツ葉を割下で煮込む。

▼提供―溶き卵8個分に対し、玉杓子1杯のすきやきを混ぜ、玉子焼き器で焼く。中まで火が通るよう中火でじっくり。切り分けて器に盛り、大葉と染おろしを添える。

由庵風オムレツ

（由庵）

▼仕込み―トマトチリソースを作る。玉ネギのみじん切りをサラダ油で炒め、トマトピュレ、ホールトマト（缶詰）を入れて煮て塩、コショウで味をつける。フードプロセッサーにかけて漉し、タバスコを加える。

タコ、トマト、赤パプリカをみじん切りにしてバターで炒め、塩、コショウする。

▼提供―卵にすった山イモを入れてよく混ぜ、生クリーム、昆布茶の素、炒めた具を加える。ミニフライパンで無塩バターを溶かし、卵液を流して焼く。200℃のオーブンでふっくらと加熱し、トマトチリソースを添える。

納豆オムレツ

（たぬ吉）

▼仕込み―ひきわり納豆に刻んだ長ネギ、マスタード、濃口醤油少量を加えて混ぜる。

▼提供―卵を溶いて、塩、コショウし、バターを溶かしたフライパンに流し入れ、納豆を具にしてオムレツを作る。

器に盛り、トマトケチャップをかけ、アサツキのみじん切りを散らし、マヨネーズを添える。

▼コツ―ひきわり納豆が合う。

じゃが芋のスペイン風オムレツ

（游山楽）

▼仕込み―厚手のフライパンにオリーブ油をひき、ベーコンスライス50g、薄切りのニンニク、くし形切りの玉ネギ1個分を入れて炒める。ジャガイモ2個は4等分して揚げ、塩、コショウする。

ボウルに卵8個、生クリーム200cc、白ワイン・砂糖・塩・コショウ各適量を入れて適度にかき混ぜてフライパンに流す。ジャガイモを入れて紙蓋をし、150℃のオーブンで1時間程度焼く。

トマトソースを作る。ニンニクのみじん切りと赤唐辛子をオリーブ油で炒めて香りを出し、玉ネギ・ニンジン・セロリ・ドライトマトのみじん切りを加え、塩、コショウをして、アメ色になるまで炒める。別の鍋で砂糖を加熱して薄い色のカラメルを作り、赤ワインを加えて煮詰め、ホールトマト（缶詰）、トマトピュレを加えて元の鍋にもどし、バジル、オレガノ、バルサミコ酢で味をととのえる。

▼提供―切り分けて器に盛り、トマトソースを添え、マーシュを飾る。

▼コツ―ゆっくり時間をかけて焼くので、なめらかな口あたりとなる。スペインのトルティージャを日本人好みにアレンジ。

豆腐オムレツ

（うの花）

▼仕込み―木綿豆腐は重しをかけ、軽く水切りする。3分の1量を手でくずし、濃口醤油と塩を加え、味をととのえる。

▼提供―サラダ油を熱したフライパンに、溶き卵を流し入れ、くずした木綿豆腐、花カツオ、繊切りの大葉をのせる。フライ返しで半分に形をととのえオムレツを作る。仕上がり直前にバター少量をフライパンに入れてからめて風味をつけ、器に盛る。カイワレ菜を添える。お好みでケチャップを添えてもよい。

▼コツ―強火で手早く焼くのがコツである。

姫皮とさやえんどうの玉子とじ

（だいこん屋）

▼仕込み―下ゆでした姫皮を繊切りにする。キヌサヤは熱湯でさっとゆがいておく。

▼提供―平鍋にカツオだしを入れ、淡口醤油とミリンで味をつけて沸騰させ、姫皮とキヌサヤを入れる。温まったら溶き卵を回し入れてとじる。蓋をして弱火で短時間蒸し煮する。

▼コツ―タケノコの季節に、柔らかい姫皮の部分を利用した春らしい一品。

土筆の玉子とじ

（泥味亭）

▼仕込み―ツクシはハカマを取って熱湯でゆでて水にさらす。密閉容器にツクシを入れ、水を注いで保存する。毎日水を取りかえる。

▼提供―淡口醤油とミリンで味をつけただしを熱し、ツクシを入れて温め、溶き卵を回し入れ、蓋をして半熟状態になるまで蒸し煮して火を止める。器に盛って提供。

▼コツ―ツクシのほろ苦さを生かすために薄味に仕上げる。

いんげんと茗荷の玉子とじ

（だいこん屋）

▼仕込み─サヤインゲンは塩を少量加えた熱湯でさっとゆでてザルに上げて冷まし、斜めに切る。ミョウガは繊切りにする。
▼提供─平鍋にサヤインゲンとミョウガを入れ、だしに淡口醤油、ミリン、砂糖を加えて柳川風の甘辛い味をつけて煮る。煮立ったら溶き卵を回し入れて、蓋をして弱火で短時間蒸し煮する。
▼コツ─サヤインゲンはゆですぎると色が悪くなるので、下ゆではあまり柔らかくしない。水にとらずザルに上げて広げて、なるべく早く熱を取るようにする。

豆腐玉子とじ

（うの花）

▼仕込み─玉ネギは薄切りにし、木綿豆腐は大きめのさいの目切りにする。三ッ葉はざく切りにする。卵は溶きほぐしておく。
▼提供─割下（だし、濃口醤油、砂糖、ミリン、日本酒）の材料を合わせて火にかけ、木綿豆腐と玉ネギを加える。煮立って火が通ったら、溶き卵をかけ回して、すぐ火からおろし、器に盛る。
　天に三ッ葉を散らす。
▼コツ─溶き卵はあまり火を通さず、ふわりと仕上げる。

黒豚の柳川風

（とひ家）

▼仕込み─豚ロース肉薄切り（黒豚）は一口大に切る。ゴボウは笹がきにし、水にさらしてアクを抜く。割下（濃口醤油、ミリン、カツオだし）の材料を合せる。
　三ツ葉はざく切りにする。
▼提供─鍋にゴボウをしいて豚肉を広げ、割下を加えて火にかける。沸騰したら、溶き卵を流し入れてとじる。
　器に盛り、粉サンショウ、三ツ葉を散らす。
▼コツ─ゴボウの食感を残すため、煮すぎない。

梅蒸し

（まえ川）

▼仕込み―茶碗蒸しの要領で、卵を割りほぐし、だしと少量の淡口醤油を加えて味をととのえて、裏漉しして卵液を作る。

茶碗に小梅梅干を一つ入れて、卵液を注ぐ。蒸し器で湯を沸騰させ、茶碗に蓋をして、弱火で15〜20分間蒸す。

▼提供―蒸し器で中まで温めて、ふりユズをして提供する。

▼コツ―中に入れる梅干は、紀州産の柔らかい小梅を使用。冬は熱く、夏には冷やして提供している。

とっくり蒸し

（うの花）

▼仕込み―だしに濃口醤油、ミリン、日本酒を加えて、吸いものより濃いめの味にする。

木綿豆腐は３cmの角切り、白身魚は食べやすくそぎ切りにする。芝エビは頭と殻をむき、背ワタを抜く。白身魚と芝エビは霜降りする。シイタケは薄切りにする。

▼提供―器に木綿豆腐、白身魚、芝エビ、シイタケを入れ、だしを注いで蒸す。温まったら、卵を割り落とし、表面が固まりはじめるまで再び蒸す。三ツ葉を散らし、香りづけにユズ皮を入れる。薬味として小口切りの万能ネギ、紅葉おろしを添える。

玉葱の茶碗蒸し ブロッコリー餡かけ

（串駒）

▼仕込み―玉ネギを薄切りにしてバターでしんなりするまで炒める。ブイヨンを加えて煮てミキサーにかける。生クリーム、卵、卵黄を加え、塩、コショウで味をととのえる。茶碗に注いで12〜13分間蒸す。

ブロッコリー餡を作る。ブロッコリーを小房に分けて熱湯でゆで、一部をみじん切りにする。ブイヨンを熱し、塩、コショウをし、水溶き片栗粉でとろみをつける。冷ましてブロッコリー、トンブリを加える。

▼提供―茶碗蒸しを温め、餡を温めてかける。

大胆な銀禅蒸しうに

（銀禅）

▼仕込み―三ツ葉は刻み、カマボコはさいの目に切る。シイタケとタケノコは繊切りにして、ゆでて殻を取ったエビとともに、吸い地（かつおだし、塩）で煮て、味を含ませる。ギンナンは塩で煎って鬼殻をむく。

▼提供―器に材料と餅を入れて、卵液（卵、だし、煮切り酒）を注いで蒸す。固まりかけたらウニをのせ、蒸し上げる。器のまま、提供する。

▼コツ―2〜3人で食べられるほど大きな茶碗蒸しにする。

茶碗蒸し

（北〇）

▼仕込み―水に昆布を入れ、沸騰する直前に取り出す。カツオ節を入れて火を止め、15分間ほどおき、漉して一番だしをとる。

卵液（卵1、一番だし2.5、塩、砂糖、淡口醤油、ミリン）の材料を混ぜて味をととのえ、漉しておく。

▼提供―ズワイガニのむき身とシイタケの薄切り、刻んだ三ツ葉、炊いて殻をむいたクリを器に入れ、卵液を注いで15分間ほど蒸す。切り三ツ葉を散らす。

▼コツ―カニの味を生かすため、だしは甘さを抑える。

山菜茶碗蒸し

（あらまさ）

▼仕込み―山菜のアクを抜く。ワラビは木灰をふって熱湯を注ぎ、蓋をして1日おいて下ゆでする。笹タケノコは米の研ぎ汁でゆでる。ツクシはハカマを外して熱湯でさっとゆでる。コゴミは熱湯でゆでる。アミタケは湯通しする。以上を食べやすく切る。

卵液を作る。だし2合（360cc）に卵3個を溶き、淡口醤油、塩、ミリンで調味する。

▼提供―器に山菜を入れ、卵液を注ぐ。三ツ葉を添えて蒸し器で蒸す。湯気が出てから10分間たったら木ノ芽を天盛りにする。

▼コツ―山菜の水分を考慮し卵を多くした。

衛生豆腐揚げ三色田楽

（久昇）

▼**仕込み**—卵白と牛乳は同量ずつ混ぜ、塩、ミリン、白醤油、うま味調味料で味をつけ、流し缶に流して25分間ほど蒸す。角に切り、片栗粉をつけて揚げる。

タイは素焼きにし、肝臓を外して掃除する。肝臓は日本酒、濃口醤油、砂糖で煮て、玉ミソ（→28頁）を混ぜて肝ミソを作る。

ホウレン草をすり、水を混ぜた汁を漉して火にかけ、青寄せを作る。サンショウの葉、玉ミソとすり合せ、木ノ芽ミソとする。

▼**提供**—器に豆腐を3かん盛り、明太子、肝ミソ、木ノ芽ミソをのせる。

クリームチーズとくるみ

（どんじゃん）

▼**仕込み**—ステンレスのボウルに少量の濃口醤油を入れ、火にかけてこがす。ここにレモン汁、ワサビ、クリームチーズを入れて混ぜる。

▼**提供**—バゲットを焼き、チーズを塗る。殻を割ったクルミを添える。

▼**コツ**—醤油をこがすのは水分をとばして凝縮させるため。醤油とレモン汁の割合を好みで調整する。

モッツァレラと三つ葉の和えもの

（おふろ）

▼**仕込み**—モッツァレラチーズは1cm角に切りそろえる。

三ツ葉は湯通しして、適当な長さに切り、水気を絞る。

タレ（濃口醤油2、ミリン1、日本酒1）は一度沸騰させ、冷ます。

▼**提供**—タレにワサビを溶かし入れ、チーズ、三ツ葉をさっと和え、器に盛る。

▼**コツ**—チーズ、三ツ葉はタレにからみやすいので、味が濃くならないように注意する。

焼きカマンベール

（どんじゃん）

▼仕込み—食パンを薄くスライスし、4等分の三角形に切る。両面をパリパリに焼いてメルバトーストを作り、くし形切りにしたカマンベールチーズをのせ、中火の天火で5分間、こげ目がつくまで焼く。

▼提供—器に盛り、シェリー酒を添える。

▼コツ—メルバトーストは薄く切った食パンの両面をパリパリに焼いたもののこと。スープやチーズなどに添えて出す。

酒盗とパルメザンのフォカッチャ

（どんじゃん）

▼仕込み—ドライイーストはぬるま湯を加えて発酵させる。

ボウルに強力粉、ドライイーストの順に入れ、オレガノ、塩、砂糖、オリーブ油、牛乳、水を入れてよく混ぜ合せ、ピザ生地を作る。1人前50gずつに分けて、表面にオリーブ油を塗って、ラップフィルムで包んで冷蔵庫で保管する。

▼提供—生地を1㎜厚さの円形にのばし、酒盗とフードプロセッサーで砕いたパルミジャーノチーズをふり、200℃のオーブンで7分間焼く。七味唐辛子を添える。

チーズフォンデュー

（どんじゃん）

▼仕込み—白ワインを煮詰め、刻んだチーズ（モッツァレラ、グリュイエール、エメンタール）を溶かし、冷蔵庫で保管する。グリーンアスパラガスは熱湯でゆでる。

▼提供—白ワインで溶かしたチーズを温めて、再度溶かし、おろしニンニクとカイエンヌペッパーを加えて、味をととのえる。トマトの種をくり抜いて、チーズを詰め、200℃のオーブンで10分間焼く。かりっと焼いたバゲットとアスパラガスを添える。

▼コツ—モッツァレラ2、グリュイエール1、エメンタール1の割合がおいしい。

モッツァレラチーズ入り手作りコロッケ

（家鴨長屋）

▼仕込み—ジャガイモはゆでて、ボウルに入れ、バターと一緒に潰す。フライパンでニンニクと合挽き肉を炒め、みじん切りの玉ネギと生クリームを加えて煮詰める。ここに先のジャガイモ、プロセスチーズを混ぜ、塩、白コショウで味をつけて種を作る。
▼提供—モッツァレラチーズを芯にして種を丸めて薄力粉をまぶし、卵にくぐらせてパン粉をつけ、180℃の揚げ油で揚げる。
　器にサニーレタスとトマト、コロッケを盛り、ケチャップとサラダクリーム（市販）をかけ、レモン、パセリを添える。

カマンベールのクレープ包み木イチゴソース

（黒船屋ルネッサンス）

▼仕込み—水に砂糖とレモン汁を入れ、火にかけてよく溶かす。冷めたらミキサーにかけて、ペースト状にした木イチゴを加え、裏漉ししてソースを作る。
▼提供—クレープの皮（市販）でカマンベールチーズを包み、180℃の揚げ油で5分間揚げる。器に盛り、ソースをかけ、レモンとセルフイユを飾る。
▼コツ—揚げるときにクレープの皮がふくらまないよう、空気を入れないように包む。

カマンベール揚げ

（海浜館）

▼仕込み—イチゴピュレに生クリームを加えて、ソースとする。
▼提供—カマンベールチーズ（ホール）は中心から8等分に切り、薄力粉をまぶし、卵黄にくぐらせてパン粉をつけて、180℃の揚げ油で1分間揚げる。
　器に盛り、ソースを流してパセリを添える。別に色よくゆでた菜ノ花を添える。

チーズの茶巾揚げ

（神田小町）

▼提供―クリームチーズを1cm角に切り、シュウマイの皮で茶巾に包む。揚げ油を170～180℃に熱して、茶巾包みを揚げる。中のチーズが熱くなって溶け、皮がぱりっとしたら油を切る。器に盛って提供。

クリームチーズ豆腐

（橙）

▼仕込み―クリームチーズ、木綿豆腐をフードプロセッサーでピュレ状にする。棒寒天を水3、日本酒1で煮溶かし、淡口醤油で味つけし、ピュレと混ぜ合せ、流し缶に流し、冷やし固める。

べっこう餡（八方だし、たまり醤油、砂糖、水溶き片栗粉）を作る。

▼提供―包丁で切り出し、器に盛り、熱したべっこう餡をかけ、ラディッシュ、キャビア、カツオ節、セルフイユを添える。

【専門店の技術】

串揚げ

（はん亭）

串揚げの魅力は、小さなポーションでさまざまな素材を楽しめる多様性にある。肉と果物、魚と野菜といった異種を組み合わせ、意外性を出せるのも魅力だ。

[はん亭　膳のスタイル]

串の皿（レモンつき）以外に、お通し2品（写真両側）、タレ皿（右からソース、塩、ミソ）、キャベツ（左上）、膳の外にスティック野菜（キュウリ、ニンジン、大根）、アサツキ。

◎はん亭の衣とパン粉と揚げ油

衣（ネリヤと呼んでいる）は卵20個、牛乳1ℓ、薄力粉1kg、塩・コショウ・日本酒各適量を混ぜている（薄め）。パン粉は極細を製粉会社に特注。種が小さいので粗めは不向き。揚げ油はサラダ油7にラード3を合せ、香りづけのゴマ油をたらす。油温は150〜160℃と低め。

◎串の種類

平串、4寸の丸串、4寸の細丸串、松葉串を使用。平串は串自体が回転しにくいので、ピーマン肉詰めなど、ネタがゆるいものに使う。丸串はエビ紫蘇巻きなど、ネタがかたくて密度の濃いものに使うと抜け落ちる心配がない。細丸串は身くずれしやすいネタに使う。ハス肉詰めや牛肉とチーズなど。松葉串は先割れした2本でネタを支えることができる。キス三ツ葉巻き、マスカットとタイなど、材料がばらけやすいものに適している。

[ネタ勢ぞろい]

外側（時計回り）は、エビ紫蘇巻き、ウズラ卵、鶏とセロリ、牛肉ごぼう巻き、マッシュルームチーズ詰め、牛肉とチーズ、茗荷、ピーマン肉詰め、ハマグリとネギ、プチトマトとチーズ、キスの三ツ葉巻き、アスパラガス、豆腐、シャケ、玉ネギ、サトイモ、牛タン、レンコン肉詰め、合鴨とネギ、オクラ、ウドとアサリ。
内側（時計回り）は、穴子、沢ガニ、タコ、マスカットとタイ、ナス肉詰め、ホタテガイ、アユ、谷中ショウガの肉巻き、イカの海苔巻き。

[牛肉とチーズ]

牛モモ肉とプロセスチーズをサイコロ大に切る。細丸串をチーズ1かんを牛2かんで挟んで刺す。

[谷中ショウガ肉巻き]

谷中ショウガの皮をむく。塩、コショウをふった豚肉ロース薄切りに田舎ミソを塗り、ショウガに巻く。肉部分のみに衣をつける。

[レンコン肉詰め]

新レンコンを5mm厚さに切り、細丸串を回しながら刺す。穴に種（ナス肉詰めと同じ）を詰める。

[シイタケ肉詰め]

シイタケは石突きと端を切り落とし、半分に切る。切り落とした部分から松葉串を刺し、種（ナス肉詰めと同じ）を詰める。

[ナス肉詰め]

4つに切ったナスの実をくり抜いて、松葉串を刺し、種（鶏挽き肉、長ネギ・ニンニク・ショウガのみじん切り、塩、コショウ、ゴマ油）を詰める。皮側には衣をつけない。

[イカの海苔巻き]

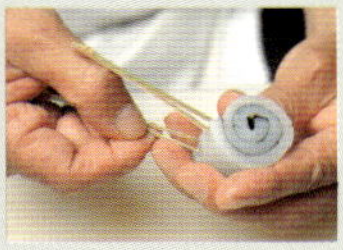

モンゴウイカに5mm間隔で浅い切り目入れる。イカを裏返して海苔をのせて巻く。4cmに切りそろえ、松葉串を2本刺す。

[マスカットとタイ]

マスカットの皮をむき、包丁を入れて広げ、種を除く。広げたマスカットの上にタイの切り身をのせて、松葉串を刺す。

[エビ紫蘇巻き]

殻をむいた才巻エビ（尾のみ残す）に、大葉を葉裏を表にして巻く。尾の方から丸串を刺す。尾には衣をつけない。

[キス三ツ葉巻き]

3枚におろしたキス（皮目内側）で、切りそろえた三ツ葉を巻く。松葉串を刺す。キスのみに衣をつける。

[牛肉のごぼう巻き]

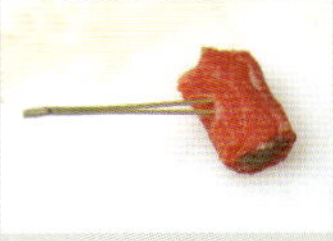

棒切りにしたゴボウ2〜3本を芯に牛薄切り肉を2〜3重に巻いて、4cmに切りそろえ、松葉串を刺す。

第3章

野菜

Vegetable

明日葉の旨だし

（なまこ屋）

▼仕込み―アシタバの若葉を摘んでおく。だしを熱して濃口醤油、ミリンで味をつけて天つゆを作る。

大根とショウガをおろしておく。

▼提供―アシタバの葉裏に、薄力粉を卵と水で溶いた衣をつけ、180℃に熱した揚げ油でさっと揚げて油を切る。

器に盛って大根おろしとおろしショウガを添える。別皿で天つゆを添える。

▼コツ―八丈島のアシタバが有名。葉を間引いても翌日になればすぐに伸びるほどの成長力があることから、明日葉と名づけられた。

アスパラガスのアーモンド和え

（しる平）

▼仕込み―アスパラガスの根元のかたい皮をむき、小口から4cmに切って塩ゆでし、氷水にとってザルに上げて冷ます。

卵黄を溶きほぐし、塩、マスタードを加えて混ぜ合せる。ここに少量ずつサラダ油を加えて撹拌して玉子の素を作る。

アーモンドをビニール袋に入れて出刃包丁のミネで叩いて細かくしたのち、すり鉢でする。ここに玉子の素、酢、レモン汁を加えてアーモンドネーズを作る。

▼提供―アスパラガスをアーモンドネーズで和えて器に盛って提供。

アスパラガスの落花生味噌かけ

（泥味亭）

▼仕込み―アスパラガスは根元のかたい皮をむき、ハカマを取って塩ゆでし、ザルに上げて冷ます。

落花生ミソを作る。落花生（無塩）をスピードカッターで粉末状に挽き、途中で信州ミソ、淡口醤油、砂糖、酢、煮切り酒を加えてさらに撹拌する。

▼提供―器に切りそろえたアスパラガスを盛り、落花生ミソをかける。

▼コツ―アスパラガスは塩を多めに入れて色鮮やかにゆがく。ゆですぎないように。

アスパラガスと焼き椎茸の胡麻クリームがけ

（串駒）

▼仕込み―アスパラガスの根元の皮をむき、塩を加えた熱湯でゆで、歯応えを残す。
ゴマクリームを作る。すり鉢で白ゴマをすり、生クリーム、レモン汁、だし、砂糖を加えてさらにする。
▼提供―シイタケは塩、コショウ、淡口醤油、日本酒をふり、焼き網で焼く。
アスパラガスを半分に切って皿に盛り、シイタケを食べやすく切ってのせる。ゴマクリームをかけ、トレヴィスを添える。

アスパラガスサラダ

（万代家）

▼仕込み―アスパラガスはかためにゆで、適当な長さに切る。車エビは塩湯でさっとゆで、頭を残して殻をむく。レタスは冷水につけ、よく水切りする。ドレッシング（サラダ油、酢、玉ネギの絞り汁、塩、コショウ、ニンニクみじん切り、オリーブ油）の材料を合せる。
▼提供―器に、軽く塩をまぶしたレタスを盛り、アスパラガス、車エビ、半分に切ったプチトマトをのせ、ドレッシングをまんべんなくかける。

アスパラガスバジル

（福増屋）

▼仕込み―アスパラガスは根元を切り、熱湯でさっとゆがいておく。ベーコンは食べやすい大きさに切っておく。ニンニクはみじん切りにする。
▼提供―オリーブ油をフライパンで熱し、ニンニクを炒めて香りを出し、さらにアスパラガス、ベーコンを加えて炒める。塩、コショウで味をととのえ、仕上げに乾燥バジルをふり、器に盛って提供する。

アスパラガスの胡麻だれかけ

（なかむら）

▼**仕込み**—アスパラガスは根元の皮をむき、ハカマを取って4等分にする。ナスは表面に細かく包丁目を入れて、2cm厚さの半月切りにする。シイタケは傘に飾り包丁を入れる。

ゴマダレを作る。煎った白ゴマをすり鉢でよくすり、砂糖、濃口醤油、卵黄、七味唐辛子を加えて練る。

▼**提供**—アスパラガスに、衣（薄力粉、卵黄、水）をつけ、180℃に熱した揚げ油で揚げて油を切る。ナスとシイタケは同じ油で素揚げして油を切る。

器に盛り、ゴマダレをかけて提供。

▼**コツ**—ゴマダレは煎りたてのゴマを使う。

唐辛子とじゃこの煎り煮

（まえ川）

▼**仕込み**—甘長唐辛子（万願寺唐辛子）のヘタを落として、種を取り除き、適当な大きさに切る。水気をしっかり切っておく。

鍋に少量のサラダ油をひいて熱し、チリメンジャコを炒める。甘長唐辛子を加えて、砂糖、淡口醤油、日本酒で味をつけて柔らかくなるまで煮る。

▼**提供**—器に盛る。

▼**コツ**—京都特産の野菜で、青唐辛子の一種。果肉が肉厚で甘みがあり、辛さはあまりない。関東で入手が難しいときは、シシトウで代用する。ジャコは細かいチリメンを選ぶ。

甘長唐辛子の煮つけ

（花舎）

▼**仕込み**—甘長唐辛子は洗って水気を切る。鍋にサラダ油を熱し、さっと炒める。砂糖、濃口醤油、だし各少量をかくし味程度に入れ、水分がとぶように炒め煮にする。しっかりと味をからめたら、大皿に盛る。

▼**提供**—小皿に取り分け、カツオ節を天盛りにする。

無花果の風呂吹き

（しる平）

▼仕込み―イチジクの皮をむく。だしに塩を加えて薄めの吸いもの程度の味をつけて火にかける。沸騰直前にイチジクを入れて、すぐ火を止めて5分間おく。

ゴマミソ（白ミソ、あたりゴマ、日本酒、ミリン、卵黄）の材料を合せて、こがさないように弱火で練る。

▼提供―イチジクを温めて器に盛る。

イチジクを煮ただしでゴマミソをのばしてイチジクにかける。

ユズ皮をすりおろしてふる。

▼コツ―イチジクは長時間だしに浸けると淡い酸味がとんでしまう。

芋がら田舎煮

（ひがし北畔）

▼仕込み―イモガラを湯でもどし、3cm長さのざく切りにする。

油アゲは長さをそろえて短冊に切り、熱湯をかけて油抜きする。

鍋でだし6、濃口醤油1、ミリン1を合せて沸かし、イモガラ、油アゲを加えて7～8分間煮る。

▼提供―火を入れて温め、器に盛る。

▼コツ―イモガラは歯応えを残すため、さっと煮る程度にとどめる。

岩茸の酢のもの

（隠家な〻樹）

▼仕込み―イワタケは水から沸騰させてゆでこぼし、もみ洗いする。これを3回くり返し、適当に切る。

エビは頭と殻をむき、背ワタを抜いて、熱湯でさっとゆでてザルに上げる。

キュウリは薄切り、ニンジンは花型で抜いて薄切り、大根は繊切り、レモンは半月切りにする。

酢に砂糖と塩と少量の淡口醤油を加え、だしでのばして合せ酢を作る。

▼提供―器にイワタケ、エビ、キュウリ、ニンジン、大根、大葉をいろどりよく盛り、合せ酢をかける。レモンを添えて提供する。

梅叩き

（しる平）

▼仕込み―梅干は表面の薄皮と種を取り除いておく。大葉、ショウガ、長ネギはみじん切りに、ニンニクはおろし、カツオ節は削る。これらに砂糖を加えて混ぜ合せ、包丁で叩く。

▼提供―器に盛って提供。

▼コツ―梅干は薄塩で肉厚のものを使う。

まりも梅

（しる平）

▼仕込み―青ウメの薄皮をむき、沸騰した湯の中に入れ、浮いてきたらすぐに水にとる。水に砂糖とメロンシロップを加えて淡い緑色をつけて熱し、蜜を作る。

ここに青ウメを加え、落とし蓋のかわりに切り目を入れた半紙をかぶせ、実が中で踊らないように約2時間煮る。火からおろし、ふやかした粉ゼラチン（ゆるく固める）を加えてこのまま冷まし、冷蔵庫で冷やす。

▼提供―蜜とゼリーとともに青ウメを盛る。

▼コツ―半紙を落とし蓋がわりに使うのは、蓋の重さでウメをくずさないため。また紙にしみてウメの上部に味がいきわたる。

えご

（田舎家）

▼仕込み―エゴ海苔を水洗いしたのち、浸るくらいの水で煮溶かす。これを漉して流し缶に注いで冷し固める。

田舎ミソに酢と砂糖を加えて火にかけて練り、酢ミソを作る。

▼提供―固まったエゴを適当な大きさに切り分ける。大葉をしいて、エゴ、ワケギ、ショウガ、紅タデを盛る。酢ミソをかける。

▼コツ―佐渡の名産品、エゴは5～6月が収穫期の海草。この時期は生のエゴノリが出回るが、通常は乾燥品を使用。乾燥品は水でもどしてから、火にかけて煮溶かす。

えのき茸とベーコンのチーズ焼き

（酒菜亭）

▼提供—エノキダケは石突きを取って適当な長さに切り、グラタン皿に入れる。塩、コショウをふり、濃口醤油をたらしてベーコンを並べる。上にシュレッドチーズをのせ、オーブントースターで10分間焼く。器のまま提供する。

海老芋の鴨巻き焼き

（開花屋）

▼仕込み—エビイモはミョウバン水に浸けてアクを止める。下ゆでして水にさらし、カツオだし、砂糖、塩、淡口醤油、ミリンで含め煮にする。合鴨胸肉は薄く切り、スジを切り、濃口醤油をなじませる。

焼きダレ（煮切りミリン1、濃口醤油1、たまり醤油0.1、以上合計4ℓに対して400gの氷砂糖）を火にかけ、1割煮詰める。

▼提供—エビイモに合鴨を巻き、楊枝でとめて串を打ち、3回ほど焼きダレをかけて焼く。器に盛り、松葉刺しのギンナン、はじかみショウガ、木ノ芽をあしらう。

▼コツ—鴨は薄く大きく切ると巻きやすい。

海老芋揚げだし

（ビストロめなみ）

▼仕込み—エビイモは皮をむき、水にしばらくさらす。水でエビイモを下ゆでする。

昆布だしに淡口醤油、塩、日本酒で味をととのえ、下ゆでしたエビイモを炊く。柔らかくなったら火からおろし、そのまま冷まして味を含ませる。

天つゆ（だし、淡口醤油、ミリン、塩）の材料を合せて沸かしておく。

▼提供—エビイモを大きめに切って片栗粉をまぶし、180℃の揚げ油で揚げる。油を切って、器に盛り、熱した天つゆを注ぎ、大根おろしとおろしショウガを添える。

海老芋と銀杏の唐揚げ

（四季音）

▼仕込み—エビイモは六方に皮をむき、米の研ぎ汁で八割程度火を入れてザルに上げたのち、甘八方だし（だし、日本酒、ミリン、淡口醤油、砂糖）で炊く。
ギンナンは殻を外し、ゆでて薄皮をむく。
▼提供—葛粉をすり鉢で細かくすり、2～3cm厚さに切ったエビイモにたっぷりとまぶしつけて、はけで払う。エビイモを160℃に熱した揚げ油で揚げる。ギンナンは素揚げして松葉に刺す。器に盛り、素塩をふる。
▼コツ—甘く煮ているので、低温で揚げないとこげ目がつきやすい。

海老芋の吹き寄せ

（四季音）

▼仕込み—エビイモは六方にむいて縦半分に切り、面取りをして甘八方だし（だし、日本酒、ミリン、淡口醤油、砂糖）で炊く。
具を用意する。ギンナンは殻を外し、ゆがいて薄皮をむき、半分に割る。エビは殻をむいて1cm角に切り、霜降りをする。シメジタケは根元を切り落とす。

甘八方だしが沸いたら具を入れ、再度沸いたら水溶き葛粉を入れてとろみをつける。
▼提供—器にエビイモを盛り、上部を少しくり抜き、具を詰めて蒸す。餡を温めてかける。天に針ユズを盛る。

おきうと

（有薫酒蔵）

▼仕込み—オキウト草（エゴ海苔）を水洗いして汚れを除き、水を注いで煮る。ここに水でもどした寒天を加えて液体状になるまで煮詰める。流し缶に流し入れ、冷まして固める。
▼提供—おきうとを3mm厚さに切って器に盛る。酢醤油を上からかける。小口切りのワケギ、白ゴマ、カツオ節を散らし、中央におろしショウガを添える。
▼コツ—おきうとに使うエゴノリなどの海草をオキウト草と呼んでいる。九州では一般的なおかずで、醤油や三杯酢で食べる。

だん菜

（有薫酒蔵）

▼仕込み―カイワレ菜は水洗いしてザルに上げて水気を切っておく。
▼提供―器にカイワレ菜を盛り、上にカツオ節を盛る。別皿で濃口醤油を添える。
▼コツ―カイワレ菜は福岡の能古島で暮らしていた作家の壇一雄が作り出したものといわれている。この作家の名をとって料理名をつけた。

柿の白和え

（魚山亭）

▼仕込み―カキはさいの目切りにする。ニンジン、シイタケは繊切りにして、八方だしで炊く。
木綿豆腐は水切りし裏漉しして、白ゴマ、淡口醤油、白ミソ、塩を加えて味をととのえ、白和え衣を作る。

カキ、ニンジン、シイタケを白和え衣で和える。

キヌサヤは熱湯でさっとゆがいて、斜め切りにする。
▼提供―器に盛り、キヌサヤをあしらう。

柿と蒟蒻の白和え

（由庵）

▼仕込み―コンニャク、シイタケはさいの目に切り、コンニャクはゆがいて水にさらす。だしを火にかけて、日本酒、淡口醤油、ミリンを加えて吸い地を作り、コンニャク、シイタケを煮て味を含ませる。
木綿豆腐はまな板の上で重しをかけて水切りをしてから裏漉しする。
▼提供―カキを5㎜角に切り、コンニャク、シイタケとともに豆腐とよく混ぜて、柿の葉をしいた器に盛る。

柿とアスパラガス豆腐ソース

(串駒)

▼仕込み—カキは皮をむき、さいの目切りにする。アスパラガスは皮をむいて熱湯で塩ゆでし、斜め切りにする。山イモは皮をむいて乱切りにし、塩ゆでする。カブは皮をむいてくし形切りにし、塩を少量ふる。

　豆腐ソースを作る。すり鉢で絹漉し豆腐をすり、練りゴマをすり合せ、だし、淡口醤油、砂糖、塩で味つけする。

▼提供—器にカキ、山イモ、カブを盛り合せ、豆腐ソースをたっぷりかけ、アスパラガスを添える。

▼コツ—カキはかたいものを使う。

蕪と蓮根の柚子甘酢漬け

(笹吟)

▼仕込み—カブを薄切りにし、薄い塩水に1時間ほど浸ける。レンコンは皮をむき、酢水に30分間ほど浸けたのち、沸騰した酢水にくぐらせて水にさらす。合せ酢(水、酢、砂糖、昆布、塩、カツオ節)の中に、刻みユズをガーゼにくるんで入れる。カブとレンコンの水を切り、合せ酢に浸ける。

▼提供—カブとレンコンを2対1の割合で盛り、合せ酢を注いで天に針ユズをあしらう。

▼コツ—長い間、合せ酢に浸けておくと水っぽくなるので、注意する。

蕪の柚子味噌

(魚山亭)

▼仕込み—カブはくし形切り、京ニンジンは短冊切りにし、それぞれ八方だし(水、カツオ節、昆布、淡口醤油、ミリン、日本酒、塩)で炊く。

　カブの葉は熱湯でゆがき、適当な大きさに切る。

　ユズミソ(卵、おろしたユズ皮、白ミソ、日本酒)の材料を湯せんにかけて練り合せる。

▼提供—カブを器に盛り、ユズミソをかける。カブの葉と京ニンジンを盛り合せる。天に針ユズを散らす。

蕪桜煮

（だいこん屋）

▼仕込み―カブはタワシできれいに洗って皮つきのまま使う。大きいものは葉のつけ根側に隠し包丁を十字に入れておくと熱の通りがよくなる。

カブとカブの葉は、たっぷりのだしにミリン、淡口醤油、塩を加えて、別々に煮る。カブが柔らかくなったら葉と合せて桜エビを加えてさっと一煮立ちさせる。

▼提供―煮汁とともに温めて提供。

蕪スープ

（ビストロめなみ）

▼仕込み―カブとジャガイモの皮をむき、適当な大きさに切る。ベーコンと玉ネギをみじん切りにする。

無塩バターを溶かし、弱火でベーコンと玉ネギをよく炒める。ここにカブとジャガイモを入れて炒め、しんなりしたら、コンソメを注いで煮する。柔らかくなったら、ミキサーにかけ、漉しておく。

鍋にもどし、バター、牛乳、塩、白コショウで味をととのえる。

▼提供―小さな器に盛って提供する。

▼コツ―再加熱はせずに、営業時間中ずっと湯せんにかけて温めておく。

京蕪の蟹餡かけ

（四季音）

▼仕込み―カブを六方にむき、米の研ぎ汁で八割程度ゆでて水にさらし、八方だし（だし、日本酒、ミリン、淡口醤油）で炊く。

▼提供―カブを蒸して温める。

炊いた地を加熱し、カニのむき身をほぐし入れ、水溶き葛でとろみをつけて餡を作る。器にカブを盛り、上面を少しくり抜き、餡をかける。天におろしショウガを盛り、アサツキを散らす。

▼コツ―大根と違って、カブはくずれやすいので、カブが動かないような火加減でゆっくりと煮る。

蕪蒸し

（凧錦）

▼仕込み―アナゴ（開き）はだしで煮る。沸いたらアクを除き、淡口醤油、ミリン、日本酒で味をつける。5cm長さに切る。

ギンナンは殻を外し、ゆでて薄皮をむく。シイタケは軸を切る。ユリネはばらしてゆでておく。三ツ葉はゆでてざく切りにする。

聖護院カブをすりおろし、だし、ミリン、合せ醤油（淡口醤油、濃口醤油）で煮る。

▼提供―器にアナゴ、ムキエビ、野菜類を盛る。カブを煮立てて、水溶き葛でとろみをつけて上からかけ、三ツ葉を散らして蒸し器で蒸す。おろしショウガを添える。

蕪と大和芋のムース

（橙）

▼仕込み―カブは適宜に切ってだしで柔らかく炊き、ミキサーでピュレにする。八方だし800ccに粉ゼラチン40ccを煮溶かし、カブのピュレ360cc、おろした山イモ360ccを加えて、流し缶に入れて冷やし固める。粉ゼラチンは冷たい八方だしでふやかしてから煮溶かすと、きれいに溶ける。

土佐酢を作る。日本酒1、ミリン1を煮切り、だし7を加える。沸騰したら淡口醤油1.5と酢3を入れ、追いガツオをする。

▼提供―ムースを切り出し、カニ棒、イクラを添える。水溶き片栗粉でとろみをつけた土佐酢餡をかける。セルフイユを飾る。

南瓜とさつま芋の芥子マヨネーズ和え

（とひ家）

▼仕込み―カボチャとサツマイモは、一口大に切って蒸し器で蒸す。レーズンは水に浸けてもどしておく。

下ごしらえしたカボチャ、サツマイモ、レーズンを合せ、西京ミソ、マヨネーズ、マスタード、白ワイン酢を加えてよく混ぜ合せる。

▼提供―器にサラダ菜（ほかの葉野菜でもよい）をしき、こんもりと盛りつけする。

▼コツ―野菜は蒸し器で火を通すと余計な水分が出にくいので、和えても水っぽくならない。かために火を入れて食感を残す。

南瓜のクリームサラダ

（游山楽）

▼仕込み―カボチャは蒸して裏漉しし、電子レンジで温めて柔らかくしたクリームチーズを加え、バター、生クリームを混ぜ合せ、塩、コショウで味をととのえる。アーモンドスライスは、オーブンで軽く焼く。パセリはみじん切りにする。

　クリームソースを作る。卵黄にサラダ油を加え、ポマード状になったら、生クリーム、レモン、砂糖を加える。カボチャの甘さが引き立つように、甘さはおさえて。

▼提供―グリーンカールをしいた器にカボチャのサラダを盛り、クリームソースをかけ、アーモンドスライス、パセリを散らす。

南瓜サラダ

（佃喜知）

▼仕込み―カボチャは4分の1に切って種を取り、蒸し器で15分間蒸して皮をむく。

卵はややかためにゆでて粗く刻む。

キュウリは輪切り、セロリは繊切り、玉ネギは薄切りにして、立塩に浸ける。

▼提供―材料をすべてマヨネーズで混ぜ合せて、塩、コショウをし、味をととのえ、器に盛る。

南瓜不思議焼き

（越後）

▼仕込み―カボチャは適宜に切り、皮をむいて蒸す。アスパラガスとベーコンは3cm長さに切り、フライパンで炒める。

　蒸し上がったカボチャを裏漉しし、アルミホイルの上でアスパラガス、ベーコン、ミソ、片栗粉を入れてスプーンでよく混ぜて包み、ホイル焼きにする。カボチャの状態で片栗粉の分量を加減する。

　春巻の皮は4等分の三角形に切って、190℃の揚げ油で揚げる。

▼提供―カボチャを春巻の皮で挟んで器に盛る。

南瓜煮

（凧錦）

▼**仕込み**―カボチャは種を取り、大きさをそろえて切る。煮くずれしないように面取りをして、皮をまだらにむく。

鍋にカボチャを入れ、浸るくらいの水を入れて強火で煮る。沸騰したら、日本酒、砂糖、淡口醤油を加えて、弱火でことこと煮る。最後に塩を加えて味をととのえる。

▼**提供**―器に盛って提供する。

▼**コツ**―カボチャやサトイモなどは、冷蔵庫で保存すると、煮たときにくずれやすいので、室温で保存する。

南瓜饅頭

（魚山亭）

▼**仕込み**―カボチャ（日向産）は乱切りにして面取りをし、だしで煮る。

鶏挽き肉（日向産）に淡口醤油、塩、ザラメ糖、日本酒を加えて火にかけ、鶏そぼろを作る。柔らかく煮たカボチャで鶏そぼろを包んで一口大の茶巾に絞る。

葛餡（だし、淡口醤油、ミリン、日本酒、塩、水溶き葛）を作る。

▼**提供**―器に茶巾を盛り、熱した葛餡をかけ、天に小口切りのアサツキを添える。

▼**コツ**―日向カボチャは果皮が黒緑色でコブが多く、深い縦溝があり、肉質はきめ細かく粘り気がある。

南瓜の冷製

（開花屋）

▼**仕込み**―カボチャは四角に切り分けて皮をむき、合せだし（カツオだし、砂糖、濃口醤油、カレー粉、うま味調味料）でくずれないように煮る。竹串が通るようになったら火からおろし、冷蔵庫で冷やす。

▼**提供**―器に盛り、砂糖を加えたプレーンヨーグルトを絞り袋に入れ、細く絞り出す。マーシュを添える。

▼**コツ**―カボチャはほくほく感を出すため、クリカボチャ系（えびすカボチャ、みやこカボチャなど）を使う。カレー粉は、やや多めに用いる。

南瓜の唐揚げ

（大誠）

▼**仕込み**―カボチャを横半分に切り、さらに12等分のくし形に切ってから、面取りをし、だしに砂糖、淡口醤油を加えた地で煮る。

▼**提供**―カボチャの汁気を切り、片栗粉をつけ、180℃に熱した揚げ油で揚げる。油を切って器に盛る。

▼**コツ**―煮くずれしないように、落とし蓋をして、弱火でじっくり煮る。

南瓜の蒸しもの

（泥味亭）

▼**仕込み**―カボチャを4等分に切ってゆでる。皮をはがし、果肉に生クリームと卵を加えてフードプロセッサーにかける。

流し缶にラップフィルムをしき、先の皮を並べて、カボチャの果肉を詰め、蒸し器で1時間蒸す。

ソースを作る。卵黄10個分を攪拌しながら、溶かしたバター225gを少量ずつ加えて、生クリーム、塩、砂糖、少量のレモン汁で味をととのえる。

▼**提供**―ソースを攪拌して皿にしき、蒸したカボチャを4cm角に切って盛りつける。

▼**コツ**―水分が少ないカボチャを選ぶ。

南瓜と茄子のミルフィーユ

（大誠）

▼**仕込み**―カボチャは蒸して5mm厚さに切る。ナスも5mm厚さに切る。

ナスを流し缶の底にしき、ハンバーグ種（豚挽き肉、玉ネギのみじん切り、卵、パン粉、ブランデー、塩、コショウ、ケチャップ）を詰め、カボチャ、ハンバーグ種、ナスの順に重ねる。ラップフィルムをかぶせ、35～40分間中火で蒸して1日おく。

ココナツミルクに水、オイスターソース、カレー粉、塩を加えて火にかけ、水溶き片栗粉でとろみをつけ、ソースを作る。

▼**提供**―長方形に切り、器に盛って再度蒸す。温めたソースをかけ、セルフイユを飾る。

南京豆腐

（四季音）

▼仕込み―カボチャを大きい角切りにし、170℃の揚げ油で素揚げし、熱湯をかけて油抜きする。これを甘八方だし（だし、日本酒、ミリン、淡口醤油、砂糖）で煮て、ザルに上げて冷ます。

卵液（卵4、だし1、淡口醤油、砂糖）に鶏挽き肉を入れて混ぜる。

流し缶にカボチャを詰め、卵液を注ぎ、蒸し器で30分間蒸して冷やす。

ゴマダレを作る。白ゴマをすり、同量の練りゴマ、だし、砂糖、淡口・濃口醤油、うま味調味料を加えて、ゆるめにのばす。

▼提供―角に切って盛り、ゴマダレをかける。

菊花の酢のもの

（山三）

▼仕込み―酢とだしを合せて、三温糖、塩、淡口醤油、ショウガ汁、赤唐辛子で味をととのえ、甘酢を作る。

菊花を熱湯でさっとゆがく。冷水にとって、かたく絞る。甘酢に2～3時間ほど浸ける。

▼提供―菊花の甘酢を軽く絞り、大葉をしいた器に盛る。

▼コツ―甘酢はあまり酢をきつくせず、ショウガ、赤唐辛子をきかせて、味のめりはりをつける。

もってのほか

（花の木）

▼仕込み―菊花（もってのほか）の花びらをばらして酢水にさらす。これを熱湯にくぐらせて冷水にとり、水気を切っておく。

▼提供―小鉢に盛りつけ、少量のポン酢醤油をたらして提供する。

▼コツ―花びらをあまり長時間湯に浸けないようにする。鮮やかな色と歯応えが悪くなる。

菊白和え

（酒菜屋）

▼仕込み—木綿豆腐は水切りし、手で潰しながらボウルに入れる。すり鉢ですった白ゴマ、砂糖、淡口醤油を加え、ホイッパーでかき混ぜて白和え衣を作る。
　菊花は酢を少量入れた湯で2～3分間ゆで、冷水にさらし、半日おく。よく洗って水気を絞り、白和え衣とよく混ぜる。
▼提供—器に大葉をしいた上に白和えを盛り、イクラを飾る。

胡瓜もみ

（いそむら）

▼仕込み—煎った白ゴマをすり鉢ですり、砂糖、酢、淡口醤油を加えて和え衣を作る。
▼提供—キュウリは塩で板ずりして小口切りにする。大葉は繊切りにして水にさらす。ともに水気を絞って混ぜ合せて、和え衣で和える。器に盛って提供。
▼コツ—塩で板ずりしたキュウリは水洗いしないので、塩は少なめに。

胡瓜の叩き

（久昇）

▼仕込み—キュウリは出刃包丁のミネで叩き、縦に包丁で切れ目を入れ、間に梅肉を入れ込む。
　山ウドは皮をむき、酢水につけてアクを抜き、薄切りにする。
▼提供—キュウリを器に盛り、繊切りの大葉、小口切りのミョウガ、カイワレ菜をのせ、煎りゴマをふる。
　山ウドの薄切りに諸ミソをのせて添える。
▼コツ—梅肉に本ワサビを加えると、梅の酸っぱさが相殺され、より洗練された味になる。

銀杏の塩煎り

（魚山亭）

▼仕込み―ギンナンは殻を割ったのちに塩で煎る。

▼提供―器に塩をしいて、ギンナンを盛りつける。

銀杏の鶏味噌田楽

（オンドリ）

▼仕込み―ギンナンは殻を取り、ゆでて薄皮をむき、ゴマ油で軽く煎る。鍋で鶏挽き肉1kgをそぼろに炒め、砂糖800gを入れる。出てきた水分を弱火で半分ほどとばしてから桜ミソ1kgを入れ、あんこを練るように弱火で40分間ほどゆっくり練る。ショウガ汁を加え、5分間ほど煮詰めてから濃口醤油少量を入れ、火を止める（鶏ミソ）。

▼提供―器にギンナンを盛り、湯煎で温めた鶏ミソをかけ、すりおろしたユズを香りづけにのせる。

▼コツ―鶏ミソはこげつかないように時々混ぜるくらいにし、練りすぎない。

揚げ銀杏

（橙）

▼提供―むきギンナンを160℃の揚げ油で揚げ、薄皮をむき、塩をふる。
別に揚げた吹寄麩を添え、松葉を飾る。

▼コツ―ギンナンははじめから高い温度で揚げると表面が白くなるので、160℃でゆっくり火を入れる。

銀杏の包み揚げ

（金田）

▼提供―揚げ油を160～180℃に熱し、冷凍したままギンナン包みを揚げる。油を切って、器に盛って提供。塩を添える。
▼コツ―揚げ具合が決め手。最後は油の温度を上げて、からっと仕上げる。

芽くわいの素揚げ

（おふろ）

▼提供―160℃の揚げ油に芽クワイを入れる。浮いてきたら一度取り出して、さらに揚げ（2度揚げ）、器に盛り、塩をふる。
▼コツ―揚げ足りないと青臭さが出るので注意する。

ゴーヤチャンプルー

（おもろ）

▼仕込み―豚バラ肉薄切りは食べやすく切る。木綿豆腐はザルにのせてしっかり水切りをする。ゴーヤは両側のヘタを切り落として縦半分に切り、種を取り除いて薄切りにする。モヤシは洗って水気を切る。
▼提供―豚バラ肉をサラダ油で炒め、木綿豆腐、ゴーヤ、モヤシを炒める。カツオ節、塩、うま味調味料を加えて味をととのえ、仕上げに濃口醤油を少量加えて香りをつける。器に盛りつける。
▼コツ―ゴーヤは夏が旬。ゴーヤのさわやかな苦みが暑い夏に食欲をそそる。どうしても苦みが気になる場合は、塩もみする。

苦瓜の味噌炒め

（魚山亭）

▼仕込み―ゴーヤは、縦半分に切り、種を取り除いて、薄切りにする。

鍋にサラダ油を熱して、水切りしてくずした木綿豆腐を入れて一緒に炒め、砂糖、白ミソ、日本酒を加えて味をととのえる。

▼提供―器に盛り、カツオ節をたっぷりのせる。

▼コツ―歯応えが残るぐらいに強火でざっと炒める。

信楽和え
ごぼうの木の芽味噌和え

（中川）

▼仕込み―ゴボウは笹がきにして酢を入れた湯で、歯応えが残るようにゆでてザルに取って冷ます。

木ノ芽ミソを作る。白ミソを弱火で練り、砂糖、塩、日本酒で味をつけて練り上げる。木ノ芽をすり、青寄せ（→28頁）と粉サンショウを加える。これを白ミソに混ぜ合わせる。

▼提供―ゴボウを木ノ芽ミソで和える。

新ごぼうの胡麻和え

（バードランド）

▼仕込み―新ゴボウはタワシでこすって汚れを落として4～5㎝長さに切る。縦に2～4等分に割って水にさらしておく。

和え衣を作る。白ゴマを煎ってすり鉢でする。ここに同割ずつの砂糖と濃口醤油をすり合せ、粉サンショウを加える。

熱湯に酢を少量加えて、先のゴボウをゆがき、熱いうちに和え衣で和える。

▼提供―ゴボウの粗熱が取れて、味がしみ込んだら器に盛り、木ノ芽を添える。

ごぼうサラダ

（いそむら）

▼**仕込み**—ゴボウは皮をこそげ落として細切りにし、水にさらしてアク抜きしたあと、熱湯でさっとゆがく。だしを熱し、ミリン、淡口醤油、砂糖を加えて一煮立ちさせ、煮汁に浸けたまま冷まして薄味を含ませる。

白ゴマをすり鉢ですり、マヨネーズ、少量の淡口醤油、コショウで味をととのえて和え衣を作る。

汁気を切ったゴボウを和え衣で和える。

▼**提供**—器に盛り、パセリを散らす。

▼**コツ**—ゴボウの歯応えが残るようにさっと煮ること。

叩きごぼう

（まえ川）

▼**仕込み**—ゴボウは皮をこそげて、適当な長さに切る。酢水にさらし、沸騰した湯に酢を加えて歯応えが残る程度にゆがく。

和え衣を作る。酢、砂糖、淡口醤油を合せて一旦沸したのち、冷まして調味液を作る。白ゴマをよく煎ってすり、調味液を加えて味をととのえる。酢の味がきついようなら、水で薄める。ゴボウを和える。

▼**提供**—器に盛り、煎りゴマを半ずりにしてたっぷりとかけ、天に木ノ芽を盛る。

▼**コツ**—提供直前に和えるのではなく、事前に和えておくと味がしみる。1週間以上日持ち可。日持ちを考え、だしは加えない。

新ごぼうの酒煮

（だいこん屋）

▼**仕込み**—新ゴボウの皮をタワシでこすり落とし、小口から5㎝長さに切って、水にしばらくさらし、アクを抜く。ゴボウを水から下ゆでしてザルに上げる。

だし5に対し、日本酒1、ミリン1を合せた煮汁に淡口醤油、塩、少量の酢、実サンショウで味をつけ、ゴボウを柔らかくなるまで煮る。このまま冷まして味を含める。

▼**提供**—冷たいまま器に盛って提供。

▼**コツ**—実サンショウのかわりに赤唐辛子を入れると、また違った味を楽しめる。

ごぼうのカレー風味煮

（風神亭）

▼仕込み―ゴボウは乱切りにし、水に放して、アクを抜く。豚バラ肉薄切りは3cmに切る。

サラダ油で豚バラ肉を炒め、水気を切ったゴボウを加える。全体に油が回ったら、ひたひたの水を入れて、合せ調味料（チキンコンソメ顆粒、カレー粉、ウスターソース、トマトケチャップ、コショウ、濃口醤油、日本酒）を加え、ゴボウの歯応えが残るように炒り煮する。

▼提供―ゴボウを器に盛って、レンジで温める。

▼コツ―カレー粉の量が多いと粉っぽくなり、苦みが出てしまう。

ごぼうのきんぴら

（中川）

▼仕込み―ゴボウは皮を包丁のミネでこそげ落として、5～6cm長さの繊切りにし、酢水にさらして水気を切っておく。

ゴマ油を強火で熱してゴボウをさっと炒める。砂糖、濃口醤油、一味唐辛子を加えてさらに炒めて味をととのえる。煎った白ゴマを混ぜ合せる。

▼提供―きんぴらを器に盛る。

▼コツ―ゴボウは針のように細い繊切りにする。したがって短時間で炒めないと、火が通りすぎてゴボウの歯応えをそこなってしまう。家庭で作る汁気の多いきんぴらとは一味違った仕上がり。

きんぴらごぼう

（花の木）

▼仕込み―ゴボウは、泥がついていれば洗い、皮をこそげ、少し大きめの棒状に切る。鍋にサラダ油をひいて、ゴボウを炒め、濃口醤油、日本酒、ミリン、うま味調味料で味をととのえて、最後に赤唐辛子の輪切りを入れる。

▼提供―小鉢にきんぴらを盛りつけて提供する。

▼コツ―濃口醤油を入れすぎると塩辛くなるので少なめに。ゴボウは炒めすぎず、歯応えを大切にする。

叩きごぼうのきんぴら

（牧水）

▼**仕込み**—ゴボウは皮をこそげ、酢水にさらしてアク抜きする。適当な長さに切り、拍子木切りにして包丁のミネで叩く。
フライパンでゴマ油を熱し、濃口醤油、ミリン、小口切りの赤唐辛子を入れ、叩いたゴボウを入れて炒める。
▼**提供**—きんぴらを器に盛り、煎りゴマを散らす。
▼**コツ**—普通、きんぴらは笹がきにするが、太めの叩きゴボウにすることで、ゴボウ特有の歯応えが楽しめ、味もなじんでくる。

揚げごぼうのカレー餡

（はるばる亭）

▼**仕込み**—ゴボウは笹がきにし、酢水に浸けて水気を切る。片栗粉をまぶし、180℃の揚げ油で、ゴボウを一つかみ揚げる。
木綿豆腐はあられ切り、シシトウは小口切り、シメジタケは小分けに、シイタケは薄切り、ニンジン、タケノコ（水煮）は食べやすく切る。サラダ油を熱し、弱火でカレー粉をよく炒めて、だしを注ぐ。沸騰したら、ミリン、塩、コショウで調味し、木綿豆腐と野菜を加えて煮る。水溶き片栗粉でとろみをつけ、カレー餡を作る。
▼**提供**—器に揚げゴボウを盛り、再加熱したカレー餡をかける。

胡麻豆腐の茶巾包み

（橙）

▼**仕込み**—昆布だし7、吉野葛1、すりゴマ1を火にかけて練り、日本酒、砂糖、淡口醤油で調味してかためのゴマ豆腐を作る。
エビとギンナンは日本酒をたっぷり使ってゆでる。干シイタケは水でもどし、だしに砂糖、たまり醤油を加えて甘辛く煮る。

ゴマ豆腐をラップフィルムに取り、エビ、ギンナン、シイタケを入れ、茶巾に絞る。
▼**提供**—ゴマ豆腐をラップフィルムのまま湯せんで温め、ラップを外して器に盛る。カツオだしにミリン、淡口醤油で味つけし、水溶き片栗粉でとろみをつけた餡をかけ、ワサビと白髪ネギを盛る。

小松菜と若布の柚子風味和え

（おふろ）

▼仕込み―コマツ菜は塩を加えた熱湯でゆでて切りそろえ、水にとって冷まし、水気を絞る。

ワカメは水でもどして、適宜に切る。

▼提供―コマツ菜とワカメを合せてユズの絞り汁と淡口醤油で味をととのえ、器に盛りつけ、白ゴマをすりおろしてふる。

小松菜と新生姜のナムル

（開花屋）

▼仕込み―コマツ菜は塩ゆでして冷水にとって水気を絞り、適宜に切る。新ショウガ漬け（市販）も適宜に切る。

▼提供―コマツ菜と新ショウガ漬けを合せ、塩、うま味調味料、ゴマ油で和え、器に盛って、繊切りの長ネギと煎り白ゴマを天に盛る。

▼コツ―和えておいてもかまわないが、30分ほどで色が変わるので要注意。

青菜ナムル

（鳳仙花）

▼仕込み―コマツ菜は塩を入れた熱湯でゆでて冷水にとり、水気を絞る。

コマツ菜を食べやすい長さに切り、おろしニンニク、煎りゴマ、ゴマ油、塩、コショウ、うま味調味料で和える。

▼提供―ナムルを器に盛る。

昆布の山椒煮

（だいこん屋）

▼仕込み—肉厚の日高昆布を水に浸けてしんなりさせたら2㎝幅に切る。このまま一昼夜水に浸けてもどす。

昆布と実サンショウを日本酒、ミリン、砂糖、濃口醤油で煮る。沸騰したらアクを取り除きながら弱火で2時間煮る。途中で汁気がなくなったら水を足す。

昆布が充分柔らかくなったら、煮汁を別鍋に移して濃度がつくまで煮詰め、再び昆布をもどして混ぜる。

▼提供—器に盛って提供。

昆布煮

（凧錦）

▼仕込み—昆布は水でもどして、一口大の色紙切りにする。干シイタケは水でもどして、薄切りにする。もどし汁はとっておく。レンコンは薄切りに、ゴボウは笹がきにしてさっとゆがいておく。

昆布はたっぷりの日本酒で煮る。柔らかくなったら、酒塩、干シイタケのもどし汁、レンコン、ゴボウ、実サンショウを入れ、濃口醤油を加えて煮る。最後にたまり醤油とミリンを加えてテリを出す。

▼提供—器に盛って提供する。

▼コツ—冷蔵庫で1ヵ月保存可能。味つけは甘さを抑えて、濃いめにととのえる。

クーブイリチ

（おもろ）

▼仕込み—コンニャクを繊切りにして熱湯でゆでこぼして水気を切る。さつま揚げを2〜3㎜厚さに切る。

切り昆布、コンニャク、さつま揚げをサラダ油で手早く炒める。ここにカツオだしを加え、濃口醤油、砂糖、ミリンで味をつけて煮る。

▼提供—器に盛って提供。

▼コツ—イリチとは炒め煮のことで、さっと炒めた材料をだしで煮含める調理法。沖縄では豚だしをよく使う。また材料に豚肉を入れることも一般的である。生の切り昆布は早く仕上がるが、煮くずれしやすい。

メカブ酢

（酒菜屋）

▼仕込み—材料を同割で合せて、ポン酢醤油（カツオだし、ミリン、濃口醤油、酢）を作る。

▼提供—メカブ（昆布の芽）は繊切りにして湯通しし、器に盛る。小柱とミョウガの繊切りをのせ、紅葉おろしを天に盛る。ポン酢醤油を回しかける。

ささげの胡麻よごし

（花舎）

▼仕込み—ササゲは熱湯でかためにゆがく。適当な大きさに切って、白すりゴマ、砂糖、濃口醤油、隠し味に少量のカツオだしを加えたタレで和える。

▼提供—ササゲを器に盛る。

▼コツ—ブロッコリーやサヤインゲンなど旬の野菜を使えば、1年中提供できる。

さつま芋と干柿のサラダ

（おふろ）

▼仕込み—サツマイモは適当な大きさの乱切りにする。クチナシの実と砂糖を加えた水でゆでる。湯切りをして粉ふきの要領で水分をとばしながら好みの大きさに潰し、熱が完全にとれるまで冷ます。

干ガキはあんぽ柿のような中が柔らかいものを用意して、1cm角に切る。サツマイモと干ガキを混ぜ合せ、玉子の素（→28頁）を加えて味をととのえる。

▼提供—干ガキがきれいに見えるように、バランスよく盛りつける。

▼コツ—あまり甘くするとお菓子っぽくなってしまうので、砂糖を加減する。

田楽

（隠家なゝ樹）

▼仕込み―サトイモは水からゆでて水に取る。コンニャクは熱湯でゆで、5㎜厚さに切り、串を打って、水に浸して保存する。

田楽ミソを作る。信州ミソを火にかけ、溶き卵、砂糖、ミリン、だしを加えて練り、一旦沸騰させて冷ます。冷めたら、ユズ皮をすりおろして混ぜる。日持ち1週間。

▼提供―サトイモとコンニャクを沸騰した湯で温める。サトイモは天地を切り落とし、半分に切って黒ゴマをふって盛り合せる。

あしらいははじかみショウガ。別皿で白ゴマを散らした田楽ミソを添える。

里芋の含め煮

（だいこん屋）

▼仕込み―サトイモの皮を六方にむき、下ゆでしてヌメリを取り除く。たっぷりのだしに日本酒、ミリン、砂糖を加えて落とし蓋をして、弱火でサトイモを煮る。柔らかくなったら塩、淡口醤油で味をととのえ、火を止めてこのまま冷ます。

▼提供―器に盛りつけ、電子レンジで再加熱する。天盛りにみじん切りのユズ皮を散らす。

▼コツ―だしの量はサトイモが泳ぐくらいたっぷりと。味がしみているので、冷たいまま提供してもよい。

里芋の煮もの

（鹿火矢）

▼仕込み―サトイモは皮を六方にむき、食べやすい大きさに切り、一つまみの米を入れた水で柔らかく煮る。

鶏肉は薄切りにする。

サトイモ、鶏肉、キヌサヤをゴマ油で炒め、濃口醤油、砂糖、だしを加えて、煮含める。

▼提供―器に盛り、木ノ芽を天盛りにする。

里芋の磯餡かけ

（開花屋）

▼仕込み―サトイモは六方にむいてミョウバンでアク止めをして下ゆでする。サトイモを合せだし（だし、濃口醤油、塩、ミリン、酒、カツオ節適宜）で煮含める。餡（だし、淡口醤油、塩、水溶き片栗粉）を作る。
▼提供―サトイモを温め直し、器に盛る。海苔をちぎって散らし、温めた餡をかける。三ツ葉、ぶぶあられ、ワサビをのせる。
▼コツ―サトイモのかわりにエビイモを使ってもよい。海苔は、軽くあぶったほうがこうばしい。

里芋豆腐餡かけ

（串駒江古田店）

▼仕込み―サトイモは、だし6、淡口醤油1、ミリン1、砂糖少量を合せた地で煮る。だし10、淡口醤油1、ミリン1を合せ、ほぐしたシメジタケとさいの目に切った豆腐を煮る。
▼提供―サトイモは地から上げて汁気を切り、片栗粉をまぶし、丸のまま揚げ油でかりっと揚げる。
器に盛ってシメジタケと豆腐の煮汁をかけ、小口切りのワケギを散らす。

里芋の胡麻風味煮込み

（志乃ぶ）

▼仕込み―サトイモは六方に皮をむいて水からゆでて、水気を切る。
▼提供―八方だし（だし8、ミリン1、濃口醤油1）でサトイモを約10～15分間煮込み、最後にすりゴマを入れる。
サトイモを器に盛る。煮汁に水溶き葛を加えてとろみをつけ、上からかけて器に盛る。
▼コツ―ゴマは煮込むと風味がそこなわれるので、仕上げ直前に入れる。

芋煮会

（炉ばた）

▼仕込み―サトイモは皮をむいてゆがき、ヌメリを取る。

玉コンニャクは牛の脂身でから煎りする。

サトイモに3cmの長方形に切った牛ロース肉、玉コンニャク、3～4cm長さに切った長ネギ、石突きを落としたシイタケを加えて水を注ぎ、濃口醤油で調味して煮込む。

▼提供―器に盛る。

里芋の揚げだし

（神田小町）

▼仕込み―サトイモは皮をむき、少量の酢を加えた水でゆでこぼし、水にさらしてヌメリを洗い流す。サトイモを鍋にもどし、水からゆでて、沸騰したらザルに上げる。

カツオだしに淡口醤油、ミリン、日本酒を加えて薄めの味をつけておく。

▼提供―サトイモに片栗粉をまぶして、170～180℃に熱した揚げ油で揚げる。器に盛り、だしを熱して上から注ぐ。

おろしショウガと大根おろし、薄切りのミョウガ、小口切りのアサツキ、針ユズを添える。

里芋の炒りだし

（大観音）

▼仕込み―サトイモは六方に皮をむき、酢水で下ゆでしてヌメリを取る。

八方だし（だし、淡口醤油、ミリン、うま味調味料）でサトイモを煮る。沸騰したら追いガツオをし、落とし蓋をして煮る。

ナスは縦半分に切る。シイタケは飾り包丁をする。キヌサヤはスジを取り除く。

天つゆ（だし、濃口醤油、ミリン、うま味調味料）の材料を合せて熱する。

▼提供―サトイモに片栗粉をまぶし、170℃の揚げ油で揚げる。ナス、シイタケ、キヌサヤは素揚げに。器に盛り合せ、天つゆをかけ、紅葉おろし、針ユズを添える。

小芋の唐揚げ

（まえ川）

▼仕込み—小イモ（サトイモ）は皮を六方にむき、淡口醤油と砂糖で味をつけただしで50分～1時間ほどことこと煮る。

▼提供—布巾で小イモの水気をふいて、片栗粉を小イモにまぶす。

揚げ油を160℃に熱し、小イモをさっと揚げて油を切る。アスパラガスは素揚げにして油を切る。ともに塩をふり、器に盛って提供。

▼コツ—イモの中心まで充分熱くなるよう揚げる。温度が高すぎると、火が通る前にこげてしまうので注意する。

里芋の揚げだし なめこおろし

（串駒）

▼仕込み—サトイモは米の研ぎ汁で下ゆでして冷水にさらす。鍋に八方だし（だし7、淡口醤油1、ミリン1、日本酒1）を注ぎ、サトイモを入れて火にかける。沸騰したら追いガツオをして弱火でことこと煮る。

▼提供—サトイモの水気をふき、片栗粉をまぶして180℃の揚げ油で揚げる。

吸い地（だし、淡口醤油、塩、ミリン）を温め、ナメコ、ジュンサイ、大根おろし、おろしショウガを合せてナメコおろしを作る。器にサトイモを盛り、ナメコおろしをかける。小口切りのアサツキを散らす。

里芋の クリームチーズコロッケ

（食彩工房舎人）

▼仕込み—サトイモはゆでてマッシャーで潰し、生クリームを加えて練って冷ます。

マヨネーズとトマトケチャップを1対1で混ぜ合せ、ソースを作る。

▼提供—冷めたサトイモを取り分け、中に小角切りのクリームチーズを入れて丸める。薄力粉をつけ、溶き卵にくぐらせてパン粉をしっかりまぶし、180℃の揚げ油で揚げる。

器にコロッケを盛りつけ、ソース、マヨネーズ、中濃ソースをかけ、パセリのみじん切りを散らす。キャベツの繊切りとプチトマトを添える。

里芋コロッケ

（おふろ）

▼仕込み―サトイモは水からゆで、火が通ったら粉ふきにして冷ます。鶏挽き肉はサラダ油で炒める。長ネギはみじんに切る。

サトイモ、鶏挽き肉、長ネギを混ぜ合せて小判形にまとめ、薄力粉をまぶし、溶き卵にくぐらせて、刻んだユバをまぶす。

玉ミソ（卵黄3個、白ミソ500g、ミリン大さじ5、日本酒大さじ5）の材料を火にかけて、かために練り上げる。

▼提供―170℃の揚げ油で、コロッケをからっと揚げ、アスパラガスの素揚げとともに器に盛る。玉ミソをカツオだしで好みの濃度にのばして添える。

里芋の満月蒸し

（金田）

▼仕込み―サトイモを蒸し、皮をむいて裏漉しする。ここに卵黄、砂糖、塩、片栗粉を少量ずつ加えて練る。

牛挽き肉とみじん切りのシイタケとタケノコ（水煮）を、濃口醤油と砂糖で薄味に煮て具を作る。

先のイモをラップフィルムに挟んで、麺棒でのばし、具を包んで丸め、饅頭を作る。

▼提供―饅頭を蒸し器で蒸して温める。

だしに砂糖、淡口醤油で味をつけ、水溶き片栗粉でとろみをつけて薄餡を作る。饅頭を器に盛り、薄餡をかける。

ゆでたキヌサヤ、針ユズを添える。

芋饅頭と白玉葛餡かけ

（笹吟）

▼仕込み―サトイモは皮をむき、塩でもんでヌメリを落とし、少しかために蒸す。サトイモの半分は裏漉しし、残り半分はすり鉢でする。これに山イモをすり合せ、葛粉を加えて練り上げる。アヒルの卵ほどの饅頭を作り、中に鶏挽き肉を入れる。

抹茶を入れた白玉粉を水で練って熱湯でゆで、親指ほどの白玉団子を作る。八方だしを熱し、水溶き片栗粉でとろみをつける。

▼提供―芋饅頭は蒸し器で10分間ほど蒸し、器に盛る。白玉団子をのせ、温めた餡をかける。おろしショウガと焼きシイタケをのせ、アサツキの小口切りを散らす。

里芋豆腐

（越後）

▼仕込み—サトイモはよく洗って蒸し、皮をむいて裏漉しする。
ボウルに卵白を入れて、よく泡立てる。カツオだしに塩を加えて熱し、ふやかした寒天とゼラチンを入れてよく混ぜて冷ます。サトイモ、刻んだワカメ、カニのほぐし身、卵白をよく混ぜ、流し缶に流して冷蔵庫で冷やし固める。

大根と玉ネギをおろし、カツオだし、ミリン、ポン酢醤油を入れてタレを作る。
▼提供—里芋豆腐を奴に切って、器に盛り、タレをかけ、繊切りの大葉、紅葉おろしをのせて、レモンを絞る。

焼き椎茸の柚子おろし

（だいこん屋）

▼仕込み—大根をおろして軽く絞り、繊切りのユズ、少量の酢、塩、昆布茶を合せてユズおろしを作る。
▼提供—シイタケを強火でさっと網焼きにして適当な大きさに切り分け、ユズおろしで和えて提供する。
▼コツ—シイタケは肉厚のものを選ぶ。焼いたまましばらくおくとしぼんでしまうので提供直前に焼くこと。

焼き椎茸

（佃喜知）

▼仕込み—ポン酢醤油（ポン酢の素3、濃口醤油3、ミリン1、だし1、昆布5）の材料を合せて沸騰直前まで加熱する。2～3日間ねかせてなじませる。
▼提供—シイタケは石突きを取り、飾り包丁を入れる。アルミホイルにのせて軽く塩をふり、サラマンダーで焼いて器に盛り、ポン酢醤油をかけ、スダチを添える。

椎茸饅頭

（料理倶楽部）

▼仕込み―シイタケは石突きを落とす。ニンジン、ゴボウはみじん切りにし、水にさらす。三ツ葉は刻む。

白身魚のすり身と卵白をすり鉢に入れてよくすり合せ、ニンジン、ゴボウ、三ツ葉を混ぜて具を作る。

▼提供―シイタケの内側にはけで薄力粉をつけ、具を詰めて大葉で押さえる。165～170℃の揚げ油で具を下に向けて揚げる。

大葉の葉裏に天ぷら衣（薄力粉、卵、水）をつけて揚げる。器に盛り、天つゆ（だし、ミリン、濃口醤油）を添える。

▼コツ―揚げた具が縮む前に提供する。

椎茸の肉詰め餡

（うしのほねあなざ）

▼仕込み―鶏挽き肉におろしショウガとみじん切りの長ネギを混ぜ、淡口醤油と砂糖を加えて味をととのえて種を作る。

干シイタケを水でもどし、適当に切る。もどし汁に、シイタケ、淡口醤油、ミリン、砂糖、塩を加えて熱し、水溶き片栗粉でとろみをつけて餡を作る。

▼提供―シイタケ（生）の石突きを切り、傘に十字の飾り包丁を入れる。内側に片栗粉をまぶして、種を詰め、全体に片栗粉をまぶす。170℃の揚げ油で中まで火が通るようにじっくり揚げる。油を切ったら、餡の中でしばらく煮て、器に盛る。

椎茸三笠揚げ

（久昇）

▼仕込み―シイタケは傘の裏側の白いヒダの部分をくり抜き、茶色い皮のみにする。

卵黄にだしを加えて混ぜながら火にかけ、カスタードクリーム状のペーストを作る。さいの目に切ったホタテ貝柱をフライパンでソテーし、ペーストと合せる。

▼提供―シイタケの皮にペーストを詰め、薄力粉をつけ、溶き卵にくぐらせてカツオ節の粉をまぶす。これを2つ重ね合せて130℃の揚げ油でゆっくり揚げる。

器にシイタケを盛り、シシトウ、サワガニ、甘エビのヒゲの素揚げを盛り合せる。天つゆを添える。

椎茸の変わりしゅうまい

（風神亭）

▼**仕込み**―玉ネギ、牛背脂、干エビをみじん切りにし、豚挽き肉と合せ、卵、おろしニンニク、ショウガ汁、日本酒、塩、コショウを加え、粘りが出るまでこねて、3cm大の団子を作る。

シイタケは粗みじんに切り、片栗粉をまぶして、バットに広げ、団子をころがしてまわりにシイタケをつける。

▼**提供**―セイロに白菜をしき、シュウマイを並べ、強火で15分間蒸す。練り芥子とタレ（酢、濃口醤油、白ゴマ）を添える。

椎茸しゅうまい

（魚山亭）

▼**仕込み**―スルメは熱湯で柔らかくもどしてみじん切りにする。シイタケ、長ネギもみじん切りにしてスルメと混ぜ合せる。塩をふってしんなりしたらガーゼで包み、水分を絞る。鶏挽き肉（日向産）を合せ、溶き卵、塩、濃口醤油、サラダ油を加えて、ピンポン玉程度に丸める。まわりに繊切りのシュウマイの皮をまぶす。

▼**提供**―シュウマイを蒸し器で4～5分間蒸し、器に盛りつけ、色合いよくトビコをのせる。

▼**コツ**―具の水分が多いとべたついてうまく蒸し上がらないので、水切りはしっかり。

辛子味噌

（金田）

▼**仕込み**―シシトウ、大葉、ショウガをみじん切りにして、信州ミソを加えてよく混ぜる。

アルミホイルに平らにのばして、上火で焼く。こげてきたら、その都度ヘラでかき混ぜながら、30分間ほど中火で焼く。

▼**提供**―辛子味噌を器に盛る。

▼**コツ**―こがさないようにまんべんなく香ばしく焼く。柿の葉で挟んで焼いてもよい。

焼きしめじのうに和え

（笹吟）

▼仕込み—シメジタケはほぐして水洗いし、天火で歯応えが残るように焼く。長イモは輪切りにし、水に浸ける。
　裏漉ししたウニに、日本酒、ミリン、卵黄を加え、湯煎にかけてウニ衣を作る。
▼提供—シメジタケと長イモ、オクラの小口切りをボウルに入れて、ウニ衣で和え、器に盛る。
▼コツ—ウニの味は強いので、ミリンと日本酒の分量を加減して、シメジタケの味をそこなわないようにする。

茸とカリカリベーコンサラダ

（家鴨長屋）

▼仕込み—サニーレタス、レタス、キュウリ、トマトは一口大に切る。卵はゆでる。シメジタケとみじん切りのニンニクを炒め、濃口醤油とうま味調味料で味つけする。別にベーコンを炒め、シメジタケと合せる。
　中華ドレッシング（濃口醤油・酢各1.8ℓ、サラダ油3.6ℓ、玉ネギ700g、ニンジン400g、砂糖200g、ニンニクみじん切り6個分、赤唐辛子15本）を作る。
▼提供—ボウルに野菜、くし形切りのゆで玉子、ベーコン、シメジタケを入れ、ドレッシングで和え、カイワレ菜を散らす。

本しめじバター

（越後）

▼仕込み—本シメジタケは石突きを切ってアルミホイルに入れ、バターを1片入れて包む。
▼提供—アルミホイルの中に日本酒、濃口醤油をふって包み直す。器に塩、燃料用アルコールを混ぜたものを入れて火をつけ、アルミホイルをのせてホイル焼きにする。
▼コツ—本シメジタケは火を入れると水分が出て、しんなりしてしまうので、バラバラにしないほうがよい。

鰯の茸挟み揚げ

（うしのほねあなざ）

▼**仕込み**—イワシは腹開きにして中骨を外す。塩、コショウをふり、マスタードを内側にたっぷり塗る。

　具を作る。シメジタケは小分けにし、シイタケは薄切りにする。これらをバターで炒め、パン粉を加えてさらに炒めて冷ましておく。

▼**提供**—イワシの腹に具を詰める。薄力粉をまぶし、溶き卵にくぐらせてパン粉をつけ、180℃に熱した揚げ油で揚げる。

　油を切って、半分に切り分け、器に盛る。アルファルファを添える。

新じゃがのカレー和え

（だいこん屋）

▼**仕込み**—新ジャガイモはタワシで皮をこすり取って1㎝角の拍子木切りにする。20〜30分間水にさらして粘りが出ないようにデンプンを抜いて、ザルに上げて水気を切る。

　カレー粉を水で溶いて、塩と固形ブイヨンを加えて火にかけ、ペースト状に練る。

　サラダ油を多めに熱し、先のジャガイモを炒める。表面が半透明になったら熱湯を注いで芯が少し残る程度にゆでる。水を切り、熱いうちにペーストで和える。

▼**提供**—器に盛って、電子レンジで再加熱して提供する。

新じゃがのバター和え

（だいこん屋）

▼**仕込み**—新ジャガイモの皮をむき、一口大の角切りにし、蒸し器で蒸す。玉ネギはできるだけ薄く切る。

　鍋にバターを熱して溶かし、火から下ろして熱いうちに手早く玉ネギを入れて混ぜる。玉ネギがしんなりしたら、蒸したてのジャガイモを入れて和え、塩、黒コショウで味をととのえる。

▼**提供**—器に盛り、電子レンジで再加熱して提供する。

▼**コツ**—玉ネギには直接火を入れないのでできるだけ薄く。すべて熱いうちに混ぜ合せることがポイント。

じゃが芋とアンチョビのサラダ

（バードランド）

▼仕込み―ジャガイモは皮つきのまま水からゆでる。柔らかくなったらザルに上げ、熱いうちに皮をむいて乱切りにして冷ます。

　卵をかためにゆでてみじん切りにする。マヨネーズ300gに対して塩小さじ½、カレー粉小さじ½を目安に味をつけて、先のゆで玉子とアンチョビ、ケイパーを加えて混ぜる。ここにジャガイモを加えて和える。

▼提供―器にレタスをしいて、サラダを盛る。

芋サラダ

（鹿火矢）

▼仕込み―皮つきのジャガイモとニンジンは丸ごと水からゆでる。柔らかくなったらジャガイモは熱いうちに皮をむいて乱切りにする。ニンジンは細切りにする。

玉ネギを薄切りに、キュウリを薄い小口切りにする。マヨネーズでこれらを和えておく。

　つけ合せのカリフラワー、ブロッコリー、背ワタを抜いたエビを、それぞれ塩を加えた熱湯でゆでて冷やしておく。

▼提供―器に芋サラダを盛り、カリフラワー、ブロッコリー、殻を外したエビ、輪切りのレモン、イチゴ、キュウリ、ラディッシュをつけ合せる。

ポテトサラダ

（大観音）

▼仕込み―ジャガイモは丸ごとゆでて皮をむく。玉ネギは薄切りに、キュウリは小口切りにする。かたゆで玉子はみじん切りにする。トウモロコシ（缶詰・ホール）の汁気を切る。

　先の材料に、マヨネーズ、マスタード、塩、コショウを加える。ジャガイモが熱いうちに潰して混ぜ、ポテトサラダを作る。

　キャベツとレタスを繊切りにする。

　トマトケチャップにウスターソースを合せて熱し、ソースを作って冷ましておく。

▼提供―器に繊切りキャベツとレタスをしき、ポテトサラダを盛ってソースをかける。

アボカド入りポテトサラダ（はるばる亭）

▼**仕込み**―ジャガイモは丸ごとゆでて皮をむき、薄切りにして冷ます。アボカドは小さめのさいの目に切る。玉ネギは繊切りにし、15分間ほど水にさらす。ニンジンは繊切り。カニはほぐしておく。

　マヨネーズを作る。卵黄2個分、白ワイン酢大さじ1、水小さじ1を大きめのボウルに入れて混ぜ、サラダ油を少しずつたらしながら、泡立て器で撹拌する。塩、コショウで味をととのえる。

　ジャガイモ、アボカド、玉ネギ、ニンジン、カニをマヨネーズとよく混ぜる。

▼**提供**―レタスをしいてサラダを器に盛る。

チーズ風味のシャキシャキじゃが芋（橙）

▼**仕込み**―ジャガイモは皮をむき、短冊に切り、さっとゆでてザルに上げる。

　ゴルゴンゾーラチーズは裏漉しし、ヨーグルト、塩、レモン汁、マヨネーズと合せ、チーズソースを作る。

▼**提供**―ミックスサラダをドレッシング（→77頁サーモンのさっぱり包み）で和え、器に盛る。

　ジャガイモをチーズソースで和え、サラダの上に盛り、薄切りのラディッシュ、マーシュを添える。

▼**コツ**―ジャガイモは、食感を残してゆでる。

鱈子バターポテト（うの花）

▼**仕込み**―タラコは表皮をむき、中身を取り出してほぐす。

▼**提供**―ジャガイモは丸ごと水からゆでて、皮をむく。

　バターを湯せんにかけて溶かし、タラコを加えて混ぜ、ゆでたてのジャガイモの上にのせる。

　刻み海苔を散らして仕上げる。

新じゃが甘辛煮

（だいこん屋）

▼仕込み—新ジャガイモは皮をむき、水に20分間さらして水気を切る。ジャガイモを白絞油で炒め、油が表面になじんできたら熱湯を注いで油抜きする。熱湯をこぼし、ジャガイモの水気を切る。

カツオだしに、ミリン、砂糖、濃口醤油、繊切りのショウガ、種を取り除いた赤唐辛子を加えて新ジャガイモを柔らかく煮る。煮えたら煮汁に浸けたまま冷ます。

キヌサヤは熱湯でゆでる。

▼提供—器に盛り、電子レンジで温める。

▼コツ—小ぶりなので切らずに使え、煮くずれしにくいのできれいに仕上がる。

新じゃがの揚げ煮

（いそむら）

▼仕込み—新ジャガイモはタワシでよく洗い、皮つきのまま、160〜170℃に熱した揚げ油で2〜3分間素揚げして油を切る。

新ジャガイモに落とし蓋をしてだしで煮る。濃口醤油、砂糖、日本酒、ミリンを加え、柔らかくなったら薄切りの豚バラ肉を加えてさっと煮る。

キヌサヤを熱湯でゆがいておく。

▼仕込み—新ジャガイモと豚バラ肉を器に盛り、キヌサヤを添える。

▼コツ—ジャガイモは揚げすぎると皮にシワができてしまい、テリがなくなる。

さやいんげんとじゃが芋のベーコン煮

（串駒）

▼仕込み—サヤインゲンのスジを取り、3cm長さに切る。

ジャガイモは皮をむいて薄切りにする。ベーコンは食べやすい大きさに切る。

洋ナシは皮をむいて2cm角に切る。

ベーコンをバターで炒め、洋ナシ、サヤインゲンを加えてさらに炒める。だし、塩、コショウを加え、弱火でじっくりと火が入るまで煮る。

▼提供—器に盛りつける。

ポテト餅磯辺風

（うの花）

▼仕込み―ジャガイモは水からゆでて皮をむき、裏漉しする。片栗粉少量を加えて練り、切り餅程度の大きさに分ける。中に角切りにしたプロセスチーズと一口大に切ったタラコを入れて丸める。

海苔は短冊に切る。

▼提供―フライパンでバターを熱し、ポテト餅の両面を焼き、海苔を巻く。

皿に盛り、大根おろしを添える。濃口醤油に大根おろしを混ぜ、餅につけて食べる。

ポテトのピザ

（うの花）

▼仕込み―ジャガイモは水からゆでて皮をむき、裏漉しする。片栗粉を少量加えて練り、薄くのばしてピザ生地とする。

トマト、ピーマンは輪切りにする。ベーコンは食べやすい大きさに切る。

▼提供―深さのある鉄皿にピザ生地をしき、上に市販のピザソースを塗り、ベーコン、トマト、ピーマンをのせ、上にシュレッドチーズをのせて220℃のオーブンで焼き上げる。

仕上がり直前にみじん切りのパセリを散らす。

ポテトチヂミ

（鳳仙花）

▼仕込み―ジャガイモは輪切りにし、塩とカツオ節を加えた湯で、柔らかくなりすぎないように下ゆでして、冷ます。

▼提供―衣を作る。薄力粉と溶き卵を混ぜ、長ネギ、ニラ、赤パプリカのみじん切りを混ぜる。

ジャガイモに衣をつけ、ゴマ油をひいたフライパンに入れて弱火で焼く。器に盛り、別皿でヤンニョムジャン（みじん切りの長ネギ・ニラ、輪切りの赤唐辛子・青唐辛子、ゴマ、濃口醤油、日本酒）を添える。

マッシュポテトミートソース焼き

（游山楽）

▼**仕込み**―マッシュポテトを作る。ジャガイモをゆでて裏漉しし、バター、生クリーム、塩、コショウを加えてなめらかに練る。

ミートソースを作る。豚背脂、ポルチーニダケ、玉ネギ、ニンジン、セロリ、エシャロット、ニンニクはみじん切りにし、鶏レバーは掃除する。

鍋にオリーブ油を熱して、ニンニク、赤唐辛子を炒め、香りが立ったらほかの野菜を加えてアメ色になるまでよく炒める。

別の鍋に砂糖を入れて火にかけ、薄いカラメル色になったら赤ワインを加えて煮詰める。

野菜の鍋に牛挽き肉、豚背脂、鶏レバー、ナツメグ、クローブを加えて火を通し、煮詰めた赤ワイン、トマトピュレ、フォンドヴォーを加え、塩、コショウして煮込む。

バターを溶かし、薄力粉をよく炒めて、先の鍋に加えてとろみをつけ、マルサラ酒、フレンチベルモット、バルサミコ酢で味をととのえる。一晩冷蔵庫でねかせてミートソースを仕上げる。

▼**提供**―器にミートソースをしき、マッシュポテトを盛り、すりおろしたパルミジャーノチーズと生パン粉をふりかけ、200℃のオーブンで10分間焼く。

▼**コツ**―ミートソースは、とろ火で長時間煮込むことで味に深みが増す。

じゃが衛門

（山田家）

▼**仕込み**―ジャガイモは半分に切って中をくり抜く。中身は塩を少し加えた水で柔らかくなるまでゆで、皮の部分は柔らかくなるまで蒸す。

みじん切りのベーコンとトウモロコシは、バターで軽く炒める。ゆでたジャガイモをボウルに入れ、ベーコンとトウモロコシ、バターと塩、コショウを加えて混ぜ合せて具を作る。

▼**提供**―ジャガイモの皮に具を詰めて、シュレッドチーズをのせ、180℃のオーブンで3分間焼く。籠の器に盛り、スプーンを添える。

じゃが芋とベーコンのまったり炒め

（風神亭）

▼仕込み―ジャガイモは皮つきを1cm厚さの輪切りにして水気をふく。170℃の揚げ油でジャガイモを素揚げする。

ベーコンは2～3cmに切る。シイタケは薄切りにする。マイタケ、シメジタケは適当にほぐす。

▼提供―ベーコン、シイタケ、シメジタケ、マイタケをバターで炒める。ジャガイモは180℃の油で再度かりっと揚げて合せる。塩、コショウをし、ウスターソース、生クリームを加える。2～3回あおって器に盛り、小口切りの万能ネギを散らす。

揚げだしポテト

（うの花）

▼仕込み―割下（だし、濃口醤油、砂糖、ミリン、日本酒）を合せておく。

ジャガイモは水からゆでて皮をむき、熱いうちに裏漉しする。片栗粉を少量加えて、耳たぶぐらいのかたさに練る。

▼提供―小ぶりのコロッケ大に取って形をととのえ、160℃に熱した揚げ油で揚げる。

油を切って器に盛り、熱した割下を注ぐ。大根おろしをたっぷり上から盛って、小口切りの万能ネギを散らす。

新じゃがの素揚げチーズ風味

（おふろ）

▼仕込み―新ジャガイモ（小）は蒸し器で蒸し、熱いうちに皮をむく。

▼提供―160℃に温めた揚げ油に新ジャガイモを入れ、キツネ色に揚げる。

ジャガイモが冷めないうちに塩、バター、パルミジャーノチーズを加え、溶かしながら和えて器に盛る。

▼コツ―ジャガイモの芯まで温まるよう、ゆっくり揚げる。ジャガイモが冷めるとうまくチーズがからまないので注意する。

ガーリックコロッケ
（游山楽）

▼仕込み―ジャガイモ（男爵）を蒸す。バターで、ニンニク、玉ネギのみじん切りをアメ色に炒め、合挽き肉を加え、塩、コショウ、ナツメグで味をつける。潰したジャガイモを混ぜ合せる。これを俵形にし、ホワイトソース（→177頁蟹爪〜）にくぐらせ、パン粉をまぶして冷蔵しておく。

タルタルソースを作る。ディルピクルス、玉ネギをみじん切りにして水にさらし、みじん切りのゆで玉子とパセリ、マヨネーズを加え、塩、白コショウで味をととのえる。

▼提供―175℃の揚げ油でコロッケを揚げて盛る。レタスとタルタルソースを添える。

芋餡かけ
（越後）

▼仕込み―ジャガイモ（男爵）は蒸して皮をむく。ボウルに入れて潰し、塩を混ぜる。鶏挽き肉はフライパンで炒め、日本酒、塩、コショウで味をつけ、ジャガイモと混ぜる。

▼提供―野球のボール程度に丸め、中にバターを入れる。揚げ油を熱し、最初は190℃、まわりが固まったら160℃に下げてジャガイモボールを揚げる。

カツオだし、ミリン、淡口醤油を鍋に入れて加熱し、水溶き片栗粉を回し入れて、餡を作る。器にジャガイモボールを盛り、餡をかけ、三ツ葉を添える。

ポテトの蛸焼き風
（うの花）

▼仕込み―ゆでたタコはそのままでよいが活けのタコを使う場合は、水洗いし、吸盤内の砂や汚れをきれいに取り除いてからゆでる。ゆでたタコを一口大に切っておく。

紅ショウガは繊切りにする。

▼提供―ジャガイモを丸ごと水からゆでて皮をむき、裏漉しする。片栗粉少量を加えて耳たぶぐらいのかたさに練る。

生地をたこ焼き程度の大きさに取り、タコ1片と紅ショウガを中に入れて丸める。160℃の揚げ油で素揚げし、油を切る。

器に盛り、中濃ソースをかけ、仕上げに青海苔とカツオ節をたっぷりのせる。

じゃが芋饅頭

（ひがし北畔）

▼仕込み―白玉粉は水を加えてかために練る。ジャガイモを蒸し、熱いうちに皮をむき、ざっと潰して冷ます。練った白玉粉をジャガイモに混ぜ、饅頭の皮を作る。

フキノトウをみじん切りにしてサラダ油で炒める。すり鉢に移して白ミソ、砂糖、日本酒をすり合せて蕗ミソを作る。

▼提供―蕗ミソを饅頭の皮で包む。表面に片栗粉をまぶして160℃の揚げ油で揚げ色をつけ、5分間（くずれない程度）蒸す。

饅頭を器に盛り、ゆがいた菜ノ花を添える。銀餡（だし、ミリン、塩、水溶き片栗粉）をかけ、ワサビを天に盛る。

春菊と干椎茸の胡麻和え

（なかむら）

▼仕込み―シュンギクを熱湯でゆでて、水にとって水気を絞り、小口から2～3cmに切る。干シイタケを水でもどし、網の上であぶって薄切りにする。

ゴマ和え衣を作る。白ゴマを煎って、すり鉢で軽くすり、砂糖と濃口醤油を加えて混ぜ合せる。

▼提供―シュンギクとシイタケをゴマ和え衣で和え、器に盛って提供。

▼コツ―シュンギクは葉を使う。ゴマは完全にすり潰さず、粒が残る程度にする。

春菊としめじのあったかサラダ

（橙）

▼仕込み―シュンギクは3～4cm長さに切って水にさらし、しゃきっとさせる。シメジタケは石突きを取ってばらしてゆで、煮物地（だし10、日本酒1、ミリン1、淡口醤油1）に浸ける。サラミはみじん切りにし、フライパンで軽く炒める。

▼提供―シュンギクを器に盛り、サラミを散らす。醤油ドレッシング（↓175頁アボカドと蟹の生春巻）を熱してシメジタケを温め、シュンギクにかけ、白ゴマをふる。

▼コツ―最近出回っているサラダ用シュンギク（生食用）はアクが少なく食べやすい。

谷中生姜

（神田小町）

▼提供―谷中ショウガの根を包丁でツバメ形に切り、薄切りにして水にさらす。

水気をふき取って器に盛り、大葉をしいて田舎ミソを添える。

肉にくるまった新生姜のフリッター

（いそむら）

▼仕込み―軸のしっかりした新ショウガの皮を割箸でこそげ落とす。

豚肉薄切りに塩、コショウをふり、新ショウガに巻きつける。

▼提供―薄力粉を卵黄とビールで溶き、塩、コショウで味をつけた天ぷら衣をショウガの根につける。茎を持ち、160～170℃の揚げ油で肉を巻いた根元を揚げて油を切る。

器に盛り、スダチを添える。

▼コツ―火を入れると、ショウガの辛みがなくなり、食べやすくなる。天ぷら衣にビールを使うとふわっと揚がる。

菜っ葉の炊いたん

（凧錦）

▼仕込み―シロ菜をきれいに洗って、ざく切りにする。油アゲは熱湯をかけて油抜きをして短冊に切る。

鍋にだしを入れ、日本酒を加えて、まず油アゲを入れる。煮立ったら、シロ菜を入れて、淡口醤油で味をととのえる。あまり火を通しすぎないようにする。

▼提供―器に盛って提供する。

▼コツ―ほかの青菜でも代用できる。味つけの淡口醤油は入れすぎると、味が濃くなってしまうので加減する。

神馬藻

(田舎家)

▼仕込み―ジンバソウをザルに入れて熱湯をかけてふり洗いし、水気を切って食べやすく切る。

▼提供―ジンバソウを器に盛り、カツオだしに淡口醤油を加えて味をつけて上からかけ、おろしショウガを天盛りにする。

▼コツ―ジンバソウ（ホンダワラ）は2～5月に採れる海草で、この時期には生を使う。歯応えよく、香りのある海草。もずく酢のようにして三杯酢をかけて酢のものにしてもよい。

アスパラ・ズッキーニ・おくらの炒めもの

(風神亭)

▼仕込み―アスパラガスは茎がかたい場合は皮をむいておく。

▼提供―アスパラガスは1本を3～4つの斜め切りにし、オクラは2つの斜め切り、ズッキーニは7㎜厚さの斜め切りにする。

中華鍋にバターを入れて熱し、アスパラガス、オクラ、ズッキーニを炒めて、塩、コショウし、最後に鍋肌から濃口醤油を回し入れ、香りが立ったら、器に盛る。

▼コツ―こげた醤油の香りを殺さないようにする。

スナックエンドウのピーナッツ炒め

(開花屋)

▼仕込み―スナップエンドウはスジを取る。塩煎りピーナッツは薄皮をむく。

▼提供―フライパンにラードをひき、みじん切りのニンニクを温め、香りが立ったらスナップエンドウを入れて炒める。鶏ガラスープ、塩、濃口醤油、ナンプラー、うま味調味料少量で味をととのえ、仕上がりにゴマ油を少量たらして香りをつけて器に盛る。繊切りの長ネギを天に盛る。

▼コツ―エンドウは歯ざわりよく炒める。

芹のお浸し

（楽味）

▼仕込み—セリをゆでて水にさらし、5cmほどのざく切りにして絞り、水気を切る。

だしに水塩（塩2kg、水6ℓ、卵白1個分）、濃口醤油、砂糖、うま味調味料を加えて味つけし、ゆでたセリを30分間以上浸けて味をなじませる。

▼提供—セリを器に盛り、つけ地を注ぐ。

▼コツ—セリはゆですぎないこと。また、水塩、濃口醤油は同量ずつ合せるとよい味加減になる。水塩とは塩水のことで、材料をすべて合せて一旦沸騰させて漉して調味料として使う。

蕎麦コロッケ

（隠家なゝ樹）

▼仕込み—シメジタケとシイタケはみじん切りにしてバターで炒め、塩、コショウで味をととのえる。

バターを溶かし、薄力粉とハイルチン（ソバの葉の粉末）を弱火で炒める。粉に火が通ってさらさらしたら、牛乳を少しずつ加えて混ぜる。ブイヨンで味をととのえ、キノコのバター炒めを混ぜる。これを冷まして丸め、薄力粉をつけてパン粉をまぶす。

▼提供—180℃の揚げ油でコロッケを揚げる。油を切って器に盛り、パセリをあしらう。トマトケチャップを中濃ソースで割ったソースですすめる。

蕎麦豆腐

（隠家なゝ樹）

▼仕込み—沸騰した湯にソバ粉を入れて、木ベラで練る。加減をみながら湯を足して、木ベラから落ちるくらいに練る。

葛粉を水で溶かして加え、流し缶に注ぎ入れて粗熱を取る。水を入れたボウルに浮かべると早く熱が取れる。冷蔵庫で冷やし固める。

ミソを作る。クルミをすり鉢で半ずりにし、信州ミソ、砂糖、濃口醤油、煮切りミリンを加えて混ぜ合せる。

▼提供—器に大葉をしき、そば豆腐を切り出して盛る。上にミソを添えて提供する。

▼コツ—ミソは日持ちする。

蕎麦がき

（隠家な々樹）

▼**仕込み**―タレ（淡口醤油、濃口醤油、ミリン）を合せて沸かしておく。

▼**提供**―沸騰した湯に同量のソバ粉を入れて弱火でよく練る。一旦取り出して、熱湯に通したのち、さらに弱火で練っていく。楕円形に形をととのえ、大葉をのせて、熱いソバ湯の中に浮かせる。

　タレと、みじん切りの長ネギとおろしショウガですすめる。

▼**コツ**―蕎麦がきを練るときは、粉に完全に火が通るように弱火でよく練る。

パイバイカルゴ

（いたる）

▼**仕込み**―ソラマメはゆでて皮をむき、すり潰す。ホワイトソース（薄力粉、牛乳、バター、塩、コショウ）にガーリックパウダーを加え、味をととのえる。あられ切りにしたバイ貝を加えて器に詰める。

　器の縁にバターを塗ってパイシートで包む。ツヤよく仕上げるため、パイシートに卵黄を塗る。

▼**提供**―弱火のオーブンで10分間焼いたのち、温度を上げてさらに2～3分間焼いてこげ目をつける。器のまま皿にのせ、提供する。

そら豆の醤油焼き

（酒菜亭）

▼**提供**―ソラマメはアルミホイルに包み、弱火の上において焼く。7～8分間焼いて火が通ったら、アルミホイルにのせたまま器に盛る。濃口醤油をたらす。

▼**コツ**―ソラマメのない季節は、エダマメを使ってもよい。

大根サラダ

（四季音）

▼仕込み―大根、京ニンジン、カボチャはそれぞれ繊切りにし、水にさらして、ぱりっとさせる。ラディッシュは薄切り、カイワレ菜は根を切る。野菜の水気を切って、チリメンジャコと合せてサラダを作る。シュウマイの皮を繊切りにして、170℃に熱した揚げ油で素揚げする。ドレッシング（ポン酢醤油1、水1、ゴマ油0.8）は表記の割合で合せる。

▼提供―サラダを器に盛り、シュウマイの皮を天に盛り、ドレッシングをかける。

▼コツ―野菜の水気をよく切ることが大事。

大根しらすサラダ

（山田家）

▼仕込み―大根、ニンジン、キュウリは繊切りに、トマトはくし形切りにし、レタスとサニーレタスは手でちぎる。

▼提供―器にかい敷きをしき、野菜と大根の繊切りを盛りつけ、シラスを天に盛る。和風ドレッシングをかけ、レモンを添える。

煮大根

（だいこん屋）

▼仕込み―大根は厚めに皮をむいて2㎝厚さの輪切りにして面取りし、1時間ほど水にさらす。砂糖を多めに加えた水で大根を柔らかく煮る。サバだしに、天塩と精製塩を同量ずつ加えて、先の大根を煮て味を煮含める。火を止めてから最低30分間このままだしに浸けておく。

▼提供―大根とだしを温めて器に盛る。針ユズを天に盛る。

◆サバだし◆サバ水煮缶詰は大根1本に対して1缶が目安。サバ水煮を水から約10分間煮て漉し、昆布だしを加える。

大根の味噌そぼろ餡かけ

（なかむら）

▼仕込み―輪切りの大根を下ゆでする。カツオだしに砂糖と濃口醤油を加えて大根を煮る。沸騰したら途中で追いガツオする。

餡を作る。熱湯に鶏挽き肉を入れ、泡立て器でほぐす。カツオだしに田舎ミソを溶かし入れ、溶いた卵黄、濃口醤油、砂糖、赤唐辛子、七味唐辛子を加えて沸騰させないように熱する。沸いてきたら先の鶏挽き肉を加えて水溶き片栗粉でとろみをつける。

ホウレン草をゆでて水気を絞る。

▼提供―大根と餡を温めて、ホウレン草とともに器に盛る。七味唐辛子をふる。

大根煮

（泥味亭）

▼仕込み―大根を6cmの輪切りにする。皮をむき、米の研ぎ汁で下ゆでする。

だしに塩、淡口醤油、ミリン、日本酒を合せた煮汁で大根、干エビ、小エビ、水でもどした干シイタケを煮る。

ギンナンは殻を割り、湯に浸けて薄皮をむく。

▼提供―大根を温める。別にシイタケ、小エビ、ホタテ貝柱、ギンナンを煮汁とともに熱し、水溶き片栗粉でとろみをつける。

大根の上部をスプーンで丸くくり抜いてシイタケ、小エビ、ホタテ、ギンナンを詰め、煮汁をかける。木ノ芽を天に盛る。

大根のあっさり鶏スープ煮

（風神亭）

▼仕込み―大根は皮をむき、2.5cm厚さの半月切りにして面取りする。米の研ぎ汁で下ゆでする。

鶏ガラは熱湯をかけて汚れを取り、水から煮る。アクを取りながら、2～3時間煮て鶏ガラスープをとる。鶏ガラスープに淡口醤油、日本酒、塩を加えて、吸いものより、やや濃いめに味をつけて大根を煮る。

油アゲは熱湯をかけて油抜きをし、適当な大きさに切る。

▼提供―小さな鍋にスープと大根を入れて温め、油アゲを入れて、一煮立ちさせ、繊切りにした針ユズを天盛りにする。

風呂吹き大根

（四季音）

▼仕込み—大根は7㎝厚さの輪切りにして厚めに皮をむき、花形にむく。水にさらして、ヌメリを取って、おでん地（だし1、水1、昆布、日本酒、ミリン、淡口醤油、塩）で煮る。

合せミソ（桜ミソ、日本酒、ミリン、砂糖）の材料を火にかけ、30分間練る。

鶏挽き肉は酒を入れて煎り、ザルに上げて汁気を切って合せミソとよく混ぜる。

ギンナンは殻を外し、ゆがいて薄皮をむいて色出しをして、半分に切る。

▼提供—器に大根を盛り、鶏ミソをかけ、天にギンナン、針ユズを盛る。

大根と厚揚げの田舎煮

（古都里）

▼仕込み—大根は厚めの半月に切りそろえて面取りしてから、米の研ぎ汁で軽く下ゆでする。厚アゲは油抜きする。

大根と厚アゲを、濃口醤油、ミリンで味をつけただしで煮て味を充分に含ませる。

▼提供—大根と斜めに切った厚アゲを盛り、塩ゆでしたサヤインゲンを添える。

田舎大根

（佃喜知）

▼仕込み—大根は4㎝厚さに切って面取りし、米の研ぎ汁で2時間ゆでてアクを抜く。

鍋にだしを入れ、塩、淡口醤油、ミリンで味をつけて火にかけ、大根と油アゲの細切りを入れ、1時間ほど煮る。

▼提供—大根と油アゲを器に盛り、汁をたっぷり注ぐ。七味唐辛子をふる。

大根と貝柱のチーズクリーム焼き

（游山楽）

▼仕込み―大根は厚めの半月切りにし、皮をむいて隠し包丁を入れ、米の研ぎ汁で下ゆでする。干貝柱は水でもどす。

鍋に下ゆでした大根、干貝柱を入れ、鶏ガラスープ、エバミルク、少量のミリン、淡口醤油、砂糖を加えて加熱し、煮立ったら水溶き片栗粉でとろみをつける。

▼提供―大根、貝柱、煮汁を耐熱器に盛り、生クリームを流し、おろしたパルミジャーノチーズをふる。200℃のオーブンで10分間焼き、みじん切りのパセリを散らす。

切干大根

（凧錦）

▼仕込み―切干大根を水に浸けてもどす。もどし汁は取っておく。油アゲは熱湯をかけて油抜きし、細切りにする。

鍋にもどし汁とだしを合せて熱し、切干大根と油アゲを入れて煮る。日本酒、砂糖、淡口醤油で味をととのえる。強火で煮詰めて、最後にミリンを加える。

▼提供―温めて器に盛る。

▼コツ―薄味をつける場合は、強火でさっと煮詰めることがコツ。

切干大根

（神田小町）

▼仕込み―切干大根をぬるま湯でもどして水気を絞る。食べやすい長さに切る。

豚バラ肉薄切りは細切り、キクラゲはもどして熱湯でゆでて水を切って繊切り、油アゲは熱湯をかけて油抜きして繊切り、ニンジンは水からゆでて拍子木切りにする。

豚バラ肉をゴマ油で炒め、切干大根、キクラゲ、油アゲ、ニンジンを加えてさらに炒める。ここにカツオだし、日本酒、砂糖、濃口醤油を加えて煮る。白ゴマを混ぜる。

▼提供―器に盛り、ラップフィルムをかけて蒸し器で温める。白ゴマを散らし、木ノ芽を天に盛る。

菜の花と鱈子の大根パスタ

（食彩工房舎人）

▼**仕込み**―大根は厚さ1㎝弱の輪切りにして、皮をむく。少し厚めの桂むきにして、パスタ麺を作る。菜ノ花はゆで、ザルに上げて水気を切る。タラコは皮を外す。

▼**提供**―熱したフライパンにバターを溶かし、菜ノ花とタラコを入れて白ワインをふって炒める。タラコがほぐれて火が通ったら、大根パスタを入れ、濃口醤油とコショウで味をととのえて、強火でさっと炒める。器に盛る。

▼**コツ**―火通りにムラができないよう、大根の桂むきは一定の厚さ（1.5㎜）でむく。薄すぎると食感がなくなる。

大根餅

（ビストロめなみ）

▼**仕込み**―大根は皮をむいて細かく切り、水からゆがいて冷ましておく。

大きめのボウルにゆがいた大根、みじん切りの豚背脂、水でもどした干エビ、みじん切りのベーコン、米粉、塩、白コショウを入れて、よく混ぜる。耳たぶ程度に、先の大根のゆで汁でかたさを調整する。

バットに流し、1時間蒸して冷ます。1.5㎝厚さに切り、冷蔵庫で保存する。

▼**提供**―フライパンを熱し、少量のゴマ油をひき、両面をキツネ色にこんがり焼く。器に盛って、練り芥子と濃口醤油を添える。

筍の刺身

（あらまさ）

▼**仕込み**―タケノコ（孟宗竹）を下ゆでしてアクを抜く（→29頁）。

木ノ芽ミソを作る。木ノ芽をすり鉢ですり、白ミソと煮切りミリンを加えてすり合せる。

▼**提供**―タケノコに複数の切り目を入れて末広に広げて器に盛り、木ノ芽ミソを添え、木ノ芽を飾る。

▼**コツ**―孟宗タケノコは、皮が茶褐色のものが新鮮。

新筍醤油焼き

（酒菜亭）

▼仕込み―タケノコはアクを抜く（→29頁）

▼提供―タケノコの皮をむいて適当な大きさに切り、濃口醤油をつけながら焼く。器に盛り、木ノ芽を添える。

筍土佐煮

（とひ家）

▼仕込み―タケノコをアク抜きする（→29頁）。流水で米糠を洗い、皮をむいて一口大に切り、淡口醤油、ミリンで味をつけただしで煮る。

カツオ節は鍋で軽く煎って水分をとばし、ほぐしておく。

▼提供―鍋に先の煮汁を注ぎ、タケノコを入れ、濃口醤油、ミリン、砂糖を少量加えて中火程度で煮詰める。汁がなくなってきたらカツオ節をまぶす。

器に盛って天にカツオ節を盛る。

筍と湯葉の八方煮

（古都里）

▼仕込み―タケノコは、米糠を入れた水で下ゆで（柔らかい新タケノコの場合で1時間半程度）してアク抜きをした後、八方地（だし8、淡口醤油1、ミリン1、砂糖少量）で炊く。

生ユバは、手まり形に整えてから揚げ油で揚げ、砂糖を加えた少し甘めの八方地で炊く。

▼提供―器に盛り、色よくゆでたホウレン草を添え、木ノ芽を飾る。日本料理の炊き合せの感覚で提供する。

しめじと玉葱蒸し

（越後）

▼仕込み―玉ネギを半分に切り、断面に格子状に隠し包丁を入れる。

▼提供―アルミホイルに玉ネギ、シメジタケを入れ、日本酒をかけて2.5分間、電子レンジで蒸す。

器に盛り、一方にはバター、もう一方には糸がきカツオをのせる。濃口醤油をかけ、木ノ芽をのせる。

▼コツ―玉ネギは、半生くらいに蒸すとちょうどよい。シメジタケはバラバラにしないこと。

朝鮮人参の天ぷら

（銀禅）

▼仕込み―朝鮮（高麗）ニンジンは薄く切る。

▼提供―薄力粉をまぶし、天ぷら衣（薄力粉、卵、水）をつけて180℃の揚げ油で3～4分間揚げる。

三ツ葉は結び、天ぷら衣をつけて同様に揚げる。

器に盛り、おろしショウガと大根おろし、塩を添える。別皿で天だし（だし4、濃口醤油1、ミリン1）を添える。

冷し冬瓜

（だいこん屋）

▼仕込み―トウガンの皮を薄くむき、食べやすい大きさに切って、薄い塩水にさらす。トウガンの水気を切り、熱湯で八割程度火が通るまで煮て、氷水にとる。煮すぎないように注意。オクラは熱湯でゆでる。

だしに塩と淡口醤油を加え、濃いめの吸いもの程度に味をつけて熱し、煮立ったらみじん切りのミョウガを加えて一煮立ちさせる。ここに先のトウガンとオクラを入れて火を止め、このまま冷まして味を含める。

▼提供―冷たいトウガン、オクラを器に盛って提供。

トウモロコシのコーン焼き

（江差亭）

▼**仕込み**—イカ、ホッキ貝、ホタテ貝柱、サケ、ホッケ、玉ネギ、シシトウは、食べやすく切り、日本酒と塩を合せた酒塩で軽く洗う。耐熱器に、玉ネギとシシトウをしき、その上にほかの魚介と野菜類をのせる。

▼**提供**—トウモロコシ（缶詰・クリーム）と卵を混ぜて塩、コショウで味をつけ、耐熱器に流し、オーブンの中火で15分間焼く。

▼**コツ**—こげすぎないようにする。魚介類は全種類そろえる必要はなく、手に入るものや、余った端肉でよい。

もろこし揚げ

（もり川）

▼**仕込み**—トウモロコシは粒を外す。ボウルに天ぷら衣（薄力粉、卵黄、水）を作り、トウモロコシを混ぜ合せる。

▼**提供**—180℃よりも少し高めの揚げ油で、トウモロコシが適当な大きさに広がるように入れて揚げる。

器に盛り、塩をふる。

▼**コツ**—冷凍のトウモロコシは水分が多く、うまく粒を外せないので、生のものがよい。

橙風フルーツトマトサラダ

（橙）

▼**仕込み**—フルーツトマトは湯むきし、アンチョビは細かく切る。

▼**提供**—トマトを4つ切りにし、中央に包丁目を入れ、スライスチーズ、マーシュ、アンチョビを挟み入れ、器に盛り、ドレッシング（→77頁サーモンのさっぱり包み）をかける。

▼**コツ**—中に挟み込むアンチョビは大きすぎると塩味が強くなりすぎるので注意。

トマトの野菜詰め焼き

（串駒）

▼仕込み—トマトは皮を湯むきし、半分に切って果肉をくり抜き、塩、コショウをふる。ホタテ貝柱を50℃ほどの湯に1～2分間浸ける。シメジタケは小房に分ける。

フライパンにホタテ貝柱、シメジタケを入れて日本酒、濃口醤油、塩、コショウをふって蓋をし、蒸し焼きにする。冷ましてほぐし、吸い地に10分間浸けて下味をつける。トマトに詰めてグリーンピースをのせ、オーブンで10分間焼く。

▼提供—餡（だし、ミリン、濃口醤油、砂糖、レモン汁、水溶き片栗粉）を作る。野菜詰め焼きを温めて器に盛り、餡をかける。

トマトとモッツァレラの重ね焼き

（游山楽）

▼仕込み—モッツァレラチーズ、パルミジャーノチーズはすりおろす。

▼提供—完熟トマトのヘタを取り、輪切り（5枚程度）にする。バルサミコ酢大さじ1を耐熱器にたらし、トマトを並べる。タプナード（→166頁海老のガーリックオイル焼き）小さじ1をトマトの上に塗り、塩、コショウ、チーズ、白ワイン、生パン粉、オリーブ油をふりかけて、230℃のオーブンで10分間焼く。

▼コツ—完熟トマトの甘みに、コクのあるバルサミコ酢の酸味を合せる。

とんぶりとろろ

（あらまさ）

▼仕込み—山イモの皮をむき、すりおろす。アミタケは少量の塩を入れた熱湯でゆでる。

▼提供—器におろした山イモ、トンブリ、アミタケを盛り、刻み海苔とおろしたワサビを添える。

▼コツ—アミタケは東北で採れるキノコで、秋田では「イグジ」と呼ばれる。アクはなく、ゆでると黒く変色し、ヌメリが出てくる。生はゆでるが、瓶詰めはヌメリや臭いをさっと水洗いする。

トンブリはホウキギの実。晩秋に実をしごき取って乾燥。これをゆでてもどす。生や真空パック、瓶詰めは水洗いする。

とんぶり大根

（あらまさ）

▼仕込み―大根は2～3㎝厚さの輪切りにして皮をむき、たっぷりの米の研ぎ汁で柔らかくなるまで煮る。

昆布だしを熱し、煮切りミリン、淡口醤油を加えて、大根を煮て味を含ませる。

ユズミソを作る。白ミソ、ミリン、カツオだしを合せて弱火で練り、最後におろしたユズ皮を加える。

▼提供―大根を温めて器に盛り、ユズミソをかけてトンブリを盛る。

▼コツ―風呂吹き大根の旨みを生かすために、ユズミソは少なめにする。

とんぶりサラダ

（あらまさ）

▼仕込み―トンブリはさっと水洗いする。レタスは手でちぎり、トマトはくし形切り、ニンジンは繊切り、玉ネギは薄切りにして水にさらす。

紫蘇ドレッシングを作る。まず梅干を潰して酢でのばす。大葉をみじん切りにしてすり鉢ですり、サラダ油、梅干、濃口醤油を加えてよく攪拌して冷やしておく。

▼提供―器に水気を切ったレタス、カイワレ菜、ニンジン、玉ネギを盛り、よく混ぜ合せた紫蘇ドレッシングをかける。上にトンブリとトマトを盛ってパセリをあしらう。

とんぶり南瓜

（あらまさ）

▼仕込み―カボチャをくし形に切って、蒸し器で10～15分間蒸す。

トンブリは水洗いして水気を切っておく。

白和え衣を作る。木綿豆腐はゆでて水切りし、冷ましておく。すり鉢で木綿豆腐と煎った白ゴマをすり合せる。豚挽き肉をサラダ油で炒め、塩、コショウで下味をつける。豚挽き肉、マヨネーズ、すった豆腐と白ゴマを混ぜて、砂糖、淡口醤油、酢を加えて甘酸っぱい味をつける。

▼提供―再加熱したカボチャに白和え衣をかけてトンブリを盛り、木ノ芽を天盛りにする。

とんぶり奴

（あらまさ）

▼仕込み—木綿豆腐はザルに上げて水切りをする。トンブリは水洗いして水気を切る。長ネギは小口切りにし、ショウガはすりおろしておく。
▼提供—木綿豆腐を半分に切り、中央をレンゲで丸くくり抜き、トンブリを詰める。長ネギ、おろしショウガをのせて提供。
別皿で濃口醤油を添える。

とんぶりおろし

（萬屋松風）

▼仕込み—トンブリは水洗いして水気を切る。
▼提供—大根をおろして軽く絞り、水気を切る。器に盛り、トンブリを散らし、ちぎったカイワレ菜を添える。
▼コツ—味つけの調味料は使わないので、好みで濃口醤油をかける。

長芋の利休焼き

（由庵）

▼仕込み—長イモは皮をむいて長方形に切り、酢水に落としてから、酢を入れたお湯でゆがく。水にさらしたのち、吸いものよりもやや濃いめの地（だし、塩、淡口醤油、ミリン）に浸けて味を含ませる。白ゴマと黒ゴマはそれぞれ別に煎って包丁で切る。
▼提供—長イモに地を塗って焼き、焼き色がついたら再度地を塗り、2色のゴマをたっぷりふって、さっと焼く。
器に盛り、ワケギ、レモンを添える。
▼コツ—長イモが赤く変色するのを防ぐため、酢を使う。

長芋のピリカラ揚げ

（おふろ）

▼**仕込み**—長イモは拍子木切りにする。

▼**提供**—揚げ油を160℃に温め、長イモを素揚げにする。中まで火が通るようにゆっくり揚げ、油を切って塩、一味唐辛子をふりかける。

▼**コツ**—高い温度で揚げると、火が通る前にこげるので注意したい。

富士和え 長葱の白和え

（中川）

▼**仕込み**—長ネギは薄く斜め切りにして熱湯でさっとゆでてザルに上げる。

水切りした木綿豆腐を裏漉ししておく。すり鉢で白ゴマをよくすり、塩と砂糖を加える。木綿豆腐とすり合せて和え衣を作る。

▼**提供**—長ネギを和え衣で和えて器に盛る。

▼**コツ**—酒肴なので、和え衣の砂糖は控えめに。木綿豆腐はなるべく水分の少ないかための豆腐を選ぶとよい。

茄子レモン浸しクリームかけ

（和義）

▼**仕込み**—ナスの皮を薄くむく。実を170℃の揚げ油で揚げる。取り出して熱湯にさっと浸けて油抜きする。レモン汁1に、グラニュー糖を煮溶かした薄蜜2を合せて、ナスを浸ける。

ソースを作る。同割の生クリームと牛乳を合せて熱し、塩、淡口醤油で味をつけ、水溶き葛でとろみをつける。

キウイは裏漉しする。エビは背ワタを取り、熱湯でゆがいて殻を外して筒切りに。

▼**提供**—ナスを器に盛り、ソースをかける。エビを散らし、キウイをかける。ゆでた三ツ葉とムラメを天盛りにする。

茄子素麺

（しる平）

▼仕込み―ナスの皮を桂むきして、細切りにする。これを30分間陰干しにして乾かす。長ネギは小口切りにして水にさらし、ヌメリを取る。

うまだし（だし、淡口醤油、ミリン）の材料を合せて一煮立ちさせて冷蔵庫で冷やしておく。

▼提供―ナスの皮に片栗粉をまぶして、沸騰した湯にくぐらせ、すぐに氷水にとる。水気を切って器に盛り、うまだしをたっぷりかける。

天に長ネギとおろしショウガを盛る。

茗荷と茄子と胡瓜の塩もみ

（だいこん屋）

▼提供―ミョウガをみじん切りにする。ナスは縦に4等分に切り、海水程度の塩水でもむ。ナスとキュウリを小口切りにして塩水でもむ。それぞれきっちりと水気を絞る。

ミョウガとナスとキュウリを合せ、少量のうま味調味料を加えて混ぜ、器に盛って提供する。

▼コツ―合せる野菜の割合はそれぞれ1個ずつが適当。ナスは小ぶりのものが柔らかくて味がなじみやすい。作りおきすると色が悪くなってしまうので、注文を受けてから作ること。

茄子の手巻き風

（うしのほねあなざ）

▼仕込み―揚げ油を160℃に熱し、ナスを丸ごとかために素揚げし、熱湯をかけて油抜きする。だしを熱し、ミリンと淡口醤油で味をととのえて中火でさっとナスを煮る。ナスは冷まして開いておく。

具を作る。合鴨胸肉は日本酒を加えて甘めに味をととのえただしで煮含め、細切りにする。キュウリは短冊切りにしておく。

開いたナスで具を巻き込む。

▼提供―ワサビと濃口醤油を合せ、生クリームとマヨネーズ少量とレモン汁を加えてソースを作る。ナス巻きを小口から切り、器に盛ってソースを流す。

焼き茄子

（だいこん屋）

▼**仕込み**―カツオだしを熱し、塩、淡口醤油、ミリンで薄味をつけて冷やしておく。

▼**提供**―ナスを網焼きにする。皮がこげて中が柔らかくなるまで回しながら焼く。

焼けたら氷水に入れて、ヘタのほうから皮をむく。水気を絞り、器に盛って、冷やしたカツオだしを注ぐ。

おろしショウガとカツオ節を盛る。

▼**コツ**―皮をむいたらすぐに水気を絞らないと、ナスの味が抜けてしまう。

長茄子の焼きもの

（有薫酒蔵）

▼**仕込み**―長ナスの表面に箸で5～6ヵ所穴を開けて、丸のまま強火の直火で表面を焼く。まず上下の面を焼き、次に左右の面を焼いて芯まで火を通す。

▼**提供**―ナスの皮をむき、食べやすく切る。器にナスを盛り、カツオ節をたっぷり添える。おろしショウガを添え、濃口醤油をかける。

▼**コツ**―皮をこがさないように焼き、手早くむく。ナスの左右の面を焼くときに、上から箸で潰すように抑えると、ナスの水分が全体に回ってうまく焼ける。

茄子のサラダと茗荷のピクルス

（爐端本店）

▼**仕込み**―ナスは生のまま、皮をむいてから蒸す。アズキはゆでて、オリーブ油で和え、粗塩で味をととのえる。

ミョウガは塩をまぶし、ローリエを入れて煮立てた酢に入れ、味がしみ込んだら取り出して冷まし、ピクルスを作る。

みじん切りの玉ネギとニンニクを炒め、マッシュルーム、エノキダケを入れる。酢、白ワイン、生クリームを加え、塩、コショウ、砂糖で味つけし、キノコソースを作る。

▼**提供**―ナスを盛り、キノコソースをかける。ゆでアズキ、ピクルス、パセリを添える。

茄子のバスケット

（いそむら）

▼仕込み―ナスを横にし、上側を1/3ほど切り取り、切り口から実をスプーンでくり抜く。くり抜いた実を粗みじん切りにする。ベーコンはみじん切り、シメジタケはほぐしておく。これらをバターで炒め、塩、コショウで味をととのえる。ここにマヨネーズを混ぜ合せて具を作っておく。ギンナンの殻を外し、ゆでて薄皮をむく。

▼提供―ナスに具を詰めて、ギンナンを上にのせ、250℃に熱したオーブンで15分間焼く。器に盛って提供。

▼コツ―ナスは大きめのものを使う。

挟み茄子とパスタのチーズ焼き

（黒船屋ルネッサンス）

▼仕込み―材料を合せてペースト（ツナ、マヨネーズ、塩、コショウ）を作る。トマトは湯むきして、さいの目に切る。ナスは縞模様に皮をむき、縦に切り目を入れて180℃の揚げ油で八割程度火を通し、切り目にペーストを挟み、さいの目切りのトマトをのせる。

トマトソースを作る。玉ネギ・セロリ・ニンジン各100g、ニンニク2片、ベーコン300gをみじん切りにしてオリーブ油300gで炒め、トマトホール・デミグラスソース各1缶、ケチャップ・トマトピュレ各1/2缶、水適量、オレガノ、塩、コショウを入れて煮込み、味をととのえる。

▼提供―ゆでたパスタにオリーブ油をまぶし、トマトソースをからめて鉄製の器にしく。ナスをのせてチーズをかけ、180℃のオーブンで10分間焼く。パセリを散らす。

賀茂茄子のピザ風

（うしのほねあなざ）

▼仕込み―賀茂ナスは４㎝厚さの輪切りにして、熱した揚げ油で柔らかくなるまでじっくり揚げる。油を切り、ゴマ油とカキ油を合せた中に入れて味を含める。

玉ネギをみじん切りにして、バターでこがさないように弱火でしんなりするまで炒める。ここに白ミソとシュレッドチーズを溶かしてチーズソースを作っておく。

▼提供―ナスを取り出し、汁気を切る。上にチーズソースをかけ、小エビ、マッシュルーム、トマトをのせる。上にシュレッドチーズを少量のせてオーブンで焼く。上のチーズが溶けたら取り出し、パセリを散らす。

焼き茄子の生ハム巻き

（笹吟）

▼仕込み―ナスは直火で焼いて皮をむき、冷めたら吸いものの味加減のだし（だし、白醤油、ミリン）に30分間浸ける。長イモはナスと同じ長さの拍子木に切り、酢水でアクを止める。吸いもの加減のだしを熱し、水溶き片栗粉を入れ、銀餡を作る。

▼提供―生ハムに大葉をあて、ナス、長イモを巻き込んで２つ切りにする。器に輪切りのトマトをしき、生ハム巻きを盛り込む。銀餡をかけて、糸がきカツオと万能ネギの小口切りを天に盛る。

▼コツ―生ハムの塩分を考えて、吸い地は薄めに。

焼き茄子の浅蜊酢味噌がけ

（久昇）

▼仕込み―ナスは丸のままサラダ油を塗って直火で焼き、皮をむく。

アサリむき身は、割下（濃口醤油１、酒１、ミリン２）でさっと炊いて下味をつける。玉ミソ（→28頁）に練り芥子、すりゴマ、酢を加え、アサリと和えてアサリ酢ミソを作る。

▼提供―ナスを３等分に切り、器に盛る。アサリ酢ミソをのせ、ミョウガの小口切りを天盛りにする。プチトマト、万能ネギ、アサツキをあしらい、加減酢（酢５、ミリン・砂糖・水各２、濃口醤油・塩各適量）をかける。

米茄子肉詰めチーズ焼き

（海浜館）

▼仕込み―ミートソースを作る。玉ネギ、ニンジン、セロリのみじん切りと牛挽き肉を炒め、市販のドミグラスソース、塩、コショウ、ケチャップ、トマトピュレ、パルミジャーノチーズで味をととのえる。
▼提供―米ナスは縦半分に切って中身をくり抜いて牛挽き肉と一緒に炒める。ここにミートソースとベシャメルソースを同割で加える。塩、コショウで味をととのえ、米ナスに詰め、シュレッドチーズをかけて、180℃のオーブンで5分間焼く。
器に盛り、カイワレ菜、アルファルファ、サニーレタス、パセリ、菜ノ花を飾る。

米茄子の味噌チーズ焼き

（北〇）

▼仕込み―白ミソと八丁ミソを合せ、日本酒、ミリン、砂糖、濃口醤油を加え、火にかけて練る。裏漉しして、合せミソを作る。
米ナスは半分に切り、食べやすいように断面に包丁を入れ、165℃程度の揚げ油で揚げる。キツネ色になったら取り出す。ナスに合せミソを塗り、ミソが七割程度ナスになじむまでサラマンダーで焼いておく。
▼提供―シュレッドチーズをのせ、チーズがトロッとするまで再度サラマンダーで焼く。サラダ菜と甘酢レンコンを添える。

茄子の油煮

（佃喜知）

▼仕込み―ナスは金串で刺して穴を開け、火を通りやすくする。170℃の揚げ油で色よく揚げたのち、熱湯をかけて油抜きし、合せた煮汁（だし4、ミリン2、淡口醤油1、赤唐辛子）で30分間ほど弱火で煮る。
▼提供―ナスを再加熱して器に盛り、木ノ芽を盛る。
▼コツ―ナスは小さめのものを選び、油抜きをして、ナスの色をきれいに出す。

茄子の田舎煮

（だいこん屋）

▼**提供**―ナスを縦半分に切り、皮目に斜めの細かい切り目を格子状に入れる。

濃いめにとったカツオだしに濃口醤油、淡口醤油、ミリンを加えて味をつけ、皮目を下にしてナスを並べて、落とし蓋をして煮る。

熱々を器に盛り、カツオ節を天に盛る。

▼**コツ**―ナスの味を引き立てるために、カツオだしは濃いめにとる。あまり長時間煮ると、煮くずれしてしまうので注意。

茄子のそぼろ煮

（すいか）

▼**仕込み**―だし、濃口醤油、ミリン、砂糖で合挽き肉を煮て、赤唐辛子を加え、そぼろを作る。ナスは縦半分に切り、170℃の揚げ油で少しかために揚げ、挽き肉を煮た煮汁に浸けて、味をしみ込ませる。

▼**提供**―ナスとそぼろを温めて皿に盛り、木ノ芽を添える。

▼**コツ**―提供前に再加熱するので、煮くずれないよう、かために揚げる。

茄子味噌炒め

（福増屋）

▼**仕込み**―合せミソ（麹ミソ、だし、日本酒、ミリン、ユズの絞り汁）の材料を合せ、火にかけて練り上げる。一晩ねかせ、使う前にまた火にかけて練り、味をなじませる。

ナスは1㎝幅のくし形に切りそろえる。黄パプリカは大きさによって4等分か6等分に切る。

▼**提供**―白絞油をフライパンで熱し、ナスとパプリカをしんなりするまで炒める。網バットに取り出して油切りする。

合せミソをフライパンに入れ、ナスとパプリカにミソをからめるように炒める。最後にゴマ油をたらし、煎りゴマをふる。

賀茂茄子の二色田楽

（なかむら）

▼仕込み—田楽白ミソ、田楽赤ミソ（↓28頁）を用意する。
▼提供—賀茂ナスの天地を切り落として4等分に切る。ミソを塗る側の切り口に包丁で格子の切り目を入れ、皮目に数ヵ所穴を開ける。
160℃に熱した揚げ油で賀茂ナスを揚げて油を切る。賀茂ナスに2色の田楽ミソを塗り、小口切りのアサツキとケシノ実を散らして提供。

賀茂茄子と三種のクリームかけ

（和義）

▼仕込み—アワビは殻を外して掃除する。
車エビは殻をむく。

賀茂ナスは皮をむき、170℃の揚げ油で揚げ、熱湯で油抜きする。賀茂ナスを八方地（カツオだし、ミリン、濃口醤油）で煮て味を含ませる。

天つゆ（だし5、濃口醤油1、ミリン1）を熱し、追いガツオする。
▼提供—天ぷら衣（薄力粉、卵、水）を作る。薄切りにしたアワビ、生ウニ、車エビに薄力粉をまぶし、天ぷら衣をつけて、180℃の揚げ油で揚げて油を切る。
クリームを作る。生クリームと同割の牛乳、砂糖適量を合せて熱し、水溶き葛で薄くとろみをつける。

餡を作る。先の天つゆを熱して、水溶き葛でとろみをつける。

器に賀茂ナスを盛って、熱いクリームをかける。アワビ、生ウニ、車エビの3種の天ぷらを盛り合せ、小口切りのオクラを添えて熱い餡をかける。ワサビを天盛りにする。

茄子の田楽

（大観音）

▼仕込み—鶏挽き肉をサラダ油で炒めて日本酒を加え、浮いてきたアクを取り除く。ここに仙台ミソ、砂糖、ミリンを加えて甘辛く味をつけて弱火でよく練り合せる。

▼提供—丸ナスは縦半分に切り、切り口に格子状の切り目を入れる。さらに皮に串で数ヵ所穴を開けておく。170℃の揚げ油で丸ナスを3～5分間揚げて油を切る。

鶏ミソに日本酒を加えて熱し、切り口に塗る。200℃のオーブンでこげ目をつける。

器に盛り、ケシノ実を散らす。ショウガ甘酢漬け（→29頁）を添える。

茄子の炒りだし

（大観音）

▼仕込み—天つゆ（だし5、ミリン1、濃口醤油1、うま味調味料）を作る。

▼提供—ナスはヘタを切り落として縦4等分に切る。揚げ油を170～180℃に熱し、皮側を中心にナスを1分間ほど揚げる。

頭と背ワタを取って殻をむいたエビとオクラを同じ油で素揚げして油を切る。

器に熱した天つゆを注いでナスを盛り、すりおろした山イモをかける。

エビとオクラとおろしショウガを添えて、天に糸がきカツオを盛る。

茄子の納豆挟み揚げ

（しる平）

▼仕込み—納豆に卵黄と濃口醤油を混ぜて、包丁で叩いて挽き割りにする。ナスは天地を切り落とし、縦半分に切る。大葉と挽き割り納豆をナスで挟む。

シイタケは軸を取り、傘の裏に挽き割り納豆を詰めて、もう1枚のシイタケで挟む。

うまだし（だし、淡口醤油、ミリン）を作っておく。

▼提供—ナスとシイタケに、薄力粉をまぶし、薄めの衣（薄力粉、卵、水）をつけ、160～170℃の揚げ油で揚げて油を切る。

それぞれを半分に切って器に盛り、うまだしに小口切りのアサツキを散らして添える。

茄子の山かけ

（魚山亭）

▼仕込み—ナスを食べやすく切り、160℃に熱した揚げ油で素揚げする。冷めたら、淡口醤油、ミリン、八方だしを合せた地に半日ぐらい浸ける。
▼提供—ナスを器に盛り、おろした長イモをかけ、天に糸がきカツオを盛る。

茄子のみぞれ浸し

（萬屋松風）

▼仕込み—ナスは水洗いして水気を切る。半分に切り、火が入りやすいように皮に切り目を入れる。
▼提供—ナスをやや低めの温度の揚げ油でじっくりと素揚げする。
大根おろしを八方だしに入れて煮て、濃口醤油、日本酒で味つけしてみぞれを作る。器に揚げナスを盛り、みぞれをたっぷりかける。アサツキの小口切りを散らし、おろしショウガ、針ユズを添える。
▼コツ—ナスは中までしっかりと火が入るよう弱火で揚げること。

茄子餃子

（牧水）

▼仕込み—シイタケ、玉ネギ、キャベツ、ニラは細かく刻み、合挽き肉と合せてサラダ油で炒める。軽く塩をふって味をつける。
ナスは5㎜程度の輪切りにする。天ぷら衣（薄力粉、卵、水）を作る。

田舎ミソ、白ミソを合せて酢でのばし、砂糖を加える。さらに一味唐辛子をアクセントに加え、ミソダレを作る。
▼提供—合挽き肉と野菜の具をナスの間に挟み、薄力粉をまぶして天ぷら衣をつける。160℃の揚げ油で揚げる。シシトウは素揚げにする。ともに油を切って器に盛る。ミソダレを添える。

茄子餃子

（凧錦）

▼提供—豚挽き肉をすり鉢に入れ、小口切りの青ネギ、みじん切りのニンニクとショウガ、卵、薄力粉を加えてよくすり合せ、塩少量で味をつける。ナスを縦半分に切り、さらに切り目を入れて、薄力粉をまぶす。この切り目に豚挽き肉を挟み込む。
▼提供—ナスに薄力粉をまぶし、衣（薄力粉、卵黄、水）をつけ、170～180℃の揚げ油で揚げて中まで火を通す。一口大に切り、器に盛る。キャベツ、トマト、キュウリを添え、練り芥子、濃口醤油、ポン酢醤油（ユズの絞り汁、濃口醤油、日本酒）ですすめる。

茄子の揚げだし葱ソース

（料理倶楽部）

▼仕込み—ナスを半分に切って、180℃に熱した揚げ油でさっと揚げ、熱湯をかけて、油抜きする。
　ニンニク、ショウガ、長ネギはみじん切りにし、ゴマ、輪切りの赤唐辛子、酢、濃口醤油、砂糖、ゴマ油を合せてつけ汁を作り、油抜きしたナスを浸ける。

　キュウリ、焼豚、長ネギは繊切りにし、長ネギは水にさらし、水気を切る。
▼提供—器にナスを盛り、つけ汁を流し入れ、キュウリ、焼豚、長ネギを上にのせる。セルフイユ、エディブルフラワーを添える。
▼コツ—ナスは低温で揚げると色がくすむ。

賀茂茄子田楽

（まえ川）

▼仕込み—田楽ミソを作る。赤ミソに砂糖、ミリン、日本酒、卵黄を加えて甘めに味をととのえ、弱火で3時間ほどかけて練り上げる。
▼提供—賀茂ナスは天地を切り落として面取りをする。串で皮に数ヵ所穴を開ける。
　揚げ油を160℃に熱し、賀茂ナスを揚げる。油を切り、器に盛って田楽ミソをたっぷりかける。天に木ノ芽を盛る。
▼コツ—賀茂ナスは中まで柔らかくなるように揚げる。田楽ミソは多めに作っておくと便利。

賀茂茄子揚げだしみぞれがけ

（古都里）

▼仕込み―エビは殻をむいてゆでておく。
▼提供―ナメコは表面のヌメリを落とし、大根おろしとともに八方だし（だし5、濃口醤油1、赤酒1）で1〜2分間煮て火を通す。
賀茂ナスは輪切りにして、火通りをよくするために隠し包丁を入れる。

賀茂ナスを180℃の揚げ油で4〜5分間揚げる。器に盛ってゆでたエビをのせ、ナメコと大根おろしをかけ、ワケギを飾る。
▼コツ―ミリンのかわりに赤酒を使ってすっきりしたコクのある味に仕上げる。

蒸し茄子の胡麻醤油

（游山楽）

▼仕込み―合せダレ（煮切り酒、煮切りミリン、濃口醤油、豆瓣醤）を作る。
ゴマ醤油（米酢、濃口醤油、たまり醤油、ゴマ油）の材料を合せる。
▼提供―ナスを短冊に切って、蒸し器で5分間蒸して器に盛る。長ネギ、ニンニク、ショウガ、大葉のみじん切りを合せダレと混ぜ合せ、ナスの上にかける。さらにゴマ醤油をたらす。白髪ネギをたっぷり盛って、煎った白ゴマを散らす。

焼き茄子の利休寄せ

（風神亭）

▼仕込み―寒天は水に浸し、ふやかしておく。だしを熱して塩、日本酒、ミリン、淡口醤油を加えて少し濃いめに調味する。ここに寒天を煮溶かして、水のうで漉し、練りゴマを加えてだしと合せて寒天液を作る。
ナスは焼いて冷水にさらして皮をむき、水分を切って縦に裂く。流し缶にナスを並べて、粗熱が取れて、少し濃度のついた寒天液を流し入れ、冷蔵庫で冷し固める。
▼提供―利休寄せを1人前に切って器に盛り、おろしショウガを添える。
▼コツ―寒天液の粗熱が取れていないと冷し固めたときに2層になってしまう。

菜の花の芥子和え

（古都里）

▼仕込み—菜ノ花は、塩を入れた湯でさっと色よくゆでる。

卵黄1個分に対し練り芥子大さじ1を合せ、淡口醤油少量を加えて味をととのえ、菜ノ花を和える。

▼提供—器に盛り、糸がきカツオを添える。

なめこおろし

（鹿火矢）

▼提供—ナメコを熱湯でさっとゆがき、ザルに上げて冷ます。大根おろしをナメコと混ぜ合せる。三杯酢（酢、淡口醤油、砂糖）を合せて、これを和える。

器に大葉をしき、ナメコおろしを盛り、刻み海苔を散らす。

揚げにんにく

（越後）

▼仕込み—ニンニクは皮をむかず、バラバラにする。竹串に3片ずつ刺す。

▼提供—160℃程度の低温の揚げ油で揚げて、よく油を切り、器に盛ってミソを添える。

▼コツ—ニンニクは大きめのものを使う。なるべく同じ大きさのものを一つの串に刺すこと。皮のまま揚げるのは、ニンニクに油をなるべくしみ込ませないため。

錦木

（久昇）

▼仕込み—海苔はもみ、長ネギは小口切りにする。大根はおろし、よく絞って水気を切る。カツオ節は削り、ワサビはおろし金ですりおろす。これらに濃口醤油とうま味調味料を加えて和える。

▼提供—器に盛り、花穂紫蘇を飾る。

▼コツ—醤油の量は、しみる程度にする。水っぽくなってしまうので大根おろしの水気をよく切ること。

莫大海饅頭

（和義）

▼仕込み—莫大海はほうじ茶に半日浸してアクを抜く。種と皮を取り除いて、さらに水に3時間さらす。水から取り出し、以下の割で作った天つゆ（だし4、濃口醤油1、ミリン1）に浸けて味を含ませる。

種を作る。3時間蒸したホタテ貝柱と車エビをさいの目に切る。ユリネはばらして蒸す。鶏挽き肉は天つゆで煮る。魚すり身に以上の材料を混ぜ合せて丸めて種を作る。

ハスイモの茎を酢を加えた湯でゆでる。オクラは塩でみがいて熱湯でゆでておく。

▼提供—味を含ませておいた莫大海の水気を絞り、葛と片栗粉を少量ずつ混ぜて合せる。ラップフィルムの上に莫大海を広げ、種を包んで茶巾に絞り、蒸し器で10分間蒸す。

ラップフィルムを外して饅頭に片栗粉をまぶし、180℃の揚げ油で揚げる。まわりが白っぽくなったら取り出して油を切る。

だし、塩、淡口醤油、ミリンを合せて熱し、水溶き片栗粉でとろみをつけ銀餡を作る。

器に饅頭を盛り、銀餡をかけてハスイモ、オクラを添えて天に木ノ芽を盛る。

▼コツ—莫大海は柔らかくて扱いづらいので、皮を作るとき、汁気をよく切っておくことがポイント。また茶巾に絞るとき、ラップの表面を水でぬらしておくと、蒸し上がってからラップを外しやすい。

防風の酢味噌和え

（あぶらびれ）

▼仕込み―ハマボウフウは砂が入っていることがあるので、水でよく洗う。沸騰した湯に入れ、2～3秒で取り出して、水にとる。

合せミソ（赤ミソ、白ミソ）に酢と砂糖、日本酒を少量加えて混ぜ、酢ミソを作る。

▼提供―器に盛り、酢ミソをかける。

▼コツ―酢ミソはすぐに酸味がとんでしまうので、作りおきはしない。

ピーマンの肉詰め

（なかむら）

▼仕込み―ピーマンは縦半分に切り、種を取り除く。豚挽き肉、みじん切りの玉ネギ、パン粉、溶き卵を混ぜてよく練る。塩、コショウで味をととのえてピーマンに詰める。ベーコンに薄力粉をまぶし、ピーマンのまわりに帯状に巻く。切り口側に薄力粉をまぶし、溶き卵にくぐらせてパン粉をつけておく。

▼提供―肉詰めピーマンを170℃の揚げ油で揚げて油を切る。器に盛ってスダチを添える。

▼コツ―夏のピーマンは肉厚で大きいので肉詰めに最適。

じゃこピーマン炒め

（はるばる亭）

▼仕込み―ピーマンは種を除いて小さめの乱切りにし、ニンニクはすりおろす。

ニンニクをサラダ油で香りが出るまで、弱火で炒める。ジャコを加えてよく炒め、ピーマンを入れて軽く炒め、日本酒、濃口醤油で味をつける。

▼提供―器に盛る。

▼コツ―すりおろしたニンニクは炒めていくと、固まってしまうので、ほぐしながら炒める。ニンニクの香りが命なので、少し多めに用意し、キツネ色になるまで炒める。

ひじきと季節野菜の和風サラダ

（橙）

▼仕込み—ヒジキは水に浸けてもどす。ゴボウは笹がき、ニンジンは短冊切り、チクワは小口切りにする。これらをゴマ油で軽く炒め、だし、砂糖、濃口醤油で煮る。オクラ、ギンナンは塩ゆでし、小口から切る。ミョウガは繊切りにして、よく水にさらしてから水切りをする。

冷ましたヒジキ炒めに、ギンナン、オクラ、ミョウガを混ぜる。

▼提供—ヒジキ炒めを器に盛り、白ゴマをふる。

ひじき

（凧錦）

▼仕込み—ヒジキを水でもどす。油アゲに熱湯をかけて油抜きし、細切りにする。

鍋にサラダ油を熱し、ヒジキを炒める。ヒジキにさっと火が通ったら、日本酒と砂糖を加えて、ヒジキに甘みを含ませるようにさらに炒める。だしを注ぎ、油アゲを加えて淡口醤油で味をととのえ、強火で煮詰める。最後にミリンを加える。

▼提供—器に盛って提供する。

▼コツ—最初に日本酒と砂糖を加えると甘みがヒジキになじむ。

生麩の揚げだし

（まえ川）

▼仕込み—だし（だし6、淡口醤油1、ミリン1）を合せて熱し、味をととのえておく。

▼提供—生麩を適当な厚さに切る。揚げ油を160℃に熱して素揚げにし、器に盛る。だしを熱し、生麩にかけて汁気を軽く切った大根おろしと青ネギの小口切りを散らす。

▼コツ—生麩が熱いうちに、熱いだしをかけて提供する。

蓬饅頭

（ぶん也）

▼仕込み―種を作る。鶏挽き肉を日本酒と少量の濃口醤油で煎り、全量の3割の玉ミソ（→28頁）を混ぜ合せて鶏ミソを作る。

　ソラマメは皮をむいて熱湯でゆでる。ユリネはほぐしてゆでておく。これらを鶏ミソに混ぜ合せて種とする。

　ヨモギ麩を作り、一つにまとめて蒸し器で蒸す。先の種をヨモギ麩で丸く包んで饅頭を作る。この状態で冷凍保存可能。

　ウドは短冊切りにして塩で薄味をつけただしでさっと煮る。

▼提供―だし、塩、日本酒、ミリンを合せて熱し、最後に水溶き葛を加えてとろみをつけて銀餡を作る。

　饅頭を蒸し器で蒸して器に盛り、銀餡をかけてウドを添える。

◆ヨモギ麩◆

①強力粉に6割の水を加えてよく練り、1～2時間おく。

②流水の下でもむようにしてデンプンを洗い流す。水が透き通って網状のグルテンが残ったら完成。

③グルテンにすりおろした山イモ、モチ粉を加えてよく練り、ヨモギ粉で色をつける。

※グルテンは既製の市販品があるので、これを使うと便利。

袋茸のぴりぴり焼き

（大誠）

▼仕込み―フクロダケは半分に切り、さっと洗って水気を切る。ニンニクは薄く切る。

　だしに濃口醤油、塩、うま味調味料を加えてフクロダケとニンニクを煮る。沸騰して2分間、弱火で5分間、火を止めて2分間おいてから、ザルに上げて汁気を切る。

▼提供―鍋にラー油、サラダ油を熱し、フクロダケとニンニクを入れて炒め、焼き色がついたら、器に取り、小口切りの万能ネギを散らす。

▼コツ―こがさないように煮る。苦みがでるので、煮る時間に注意。

ほうれん草カリカリベーコン

（ビストロめなみ）

▼仕込み―ホウレン草は一口大に切る。ドレッシング（オリーブ油、塩、白コショウ、レモン汁、パセリ）の材料をミキサーにかけてよく混ぜ合せておく。

▼提供―ホウレン草の水気を切って、塩と白コショウをまぶし、器にこんもりと盛る。

フライパンでぶつ切りにしたベーコンをかりかりに炒めて、ドレッシングを加えて熱する。これをホウレン草の上からかけて熱いうちに提供する。

▼コツ―ホウレン草の水気は完全に切っておく。

胡麻和え

（シンスケ）

▼仕込み―ホウレン草は塩を加えた熱湯でゆでて、水にとって冷ます。水気を絞って3㎝に切っておく。

白ゴマを煎って、すり鉢ですり、調味料（砂糖3、濃口醤油3、ミリン1、だし1）を表記の割合で合せて適量すり混ぜ、和え衣を作る。

▼提供―ホウレン草を和え衣で和えて器に盛りつける。

▼コツ―ホウレン草以外にも、インゲンやシュンギク、セリなど旬の青菜を使って季節感を取り入れたい。

ほうれん草の生海苔和え

（だいこん屋）

▼仕込み―ホウレン草を熱湯でゆでて、水にとり、水気を絞る。2～3㎝長さに切り、淡口醤油にさっと浸けて醤油洗いする。

生海苔をミリンと濃口醤油で色が黒くなるまで空煎りして冷まして煎り海苔を作る。

▼提供―ホウレン草を煎り海苔で和える。器に盛って提供。

▼コツ―醤油洗いとは材料の水っぽさやくせ、臭みを抜くための下処理の手法。

生海苔の旬は11～3月。茶色に変色していない黒くてツヤのよいものを選ぶ。これを加熱すると最初赤くなり、さらに火を通すと黒く変色する。

ほうれん草と菊菜のお浸し

（まえ川）

▼仕込み—ホウレン草とシュンギク（菊菜）をそれぞれ熱湯で色よくゆがいて水気を切り、冷ましておく。

▼提供—白ゴマを煎ってよくすり、ミリンと濃口醤油で甘めに味をととのえて、和え衣を作る。

ホウレン草とシュンギクをざく切りにして混ぜ、和え衣で和える。器に盛る。

▼コツ—その都度白ゴマを煎ると手間はかかるが、香りが格段に違う。また提供直前にゴマをすって和え衣を作ることが、香りよく仕上げるこつ。

ほうれん草のお浸し

（凧錦）

▼仕込み—ホウレン草は熱湯でさっとゆがき、冷水にとって、水気を切る。

シメジタケとエノキダケはほぐしておく。シイタケは薄切りにする。

だしを熱し、少量の日本酒と淡口醤油で味をととのえる。ここにシメジタケ、エノキダケ、シイタケを入れて、さっと煮る。最後に塩で味をととのえ、煮汁に浸けたまま冷ます。

▼提供—ホウレン草をざく切りにして、キノコと合せて、ユズを絞る。

器に盛って、針ユズを散らす。

▼コツ—だしに長時間浸すと塩味が濃くなる。

ほうれん草バジル

（福増屋）

▼仕込み—ホウレン草は長めのざく切り、ベーコンは食べやすい大きさに切っておく。ニンニクはみじん切りにする。

▼提供—オリーブ油をフライパンで熱し、ニンニクを炒めて香りを出し、さらにホウレン草、ベーコンを加えて炒める。塩、コショウで味をととのえ、仕上げに乾燥バジルをふり、器に盛って提供する。

干柿のサワークリーム和え

（泥味亭）

▼仕込み―干ガキを縦に細切りにしておく。

▼提供―サワークリームを練り、香りづけにレモン汁、ブランデーをたらしてよく練り、干ガキを和える。

▼コツ―干ガキの甘みとサワークリームの酸味の対比がポイント。

舞茸と菊菜のお浸し

（橙）

▼仕込み―シュンギクは葉の部分をつみ、適当な大きさに切ってゆでる。マイタケは石突きを取ってばらしてゆで、シュンギクとともに水にさらす。水気を絞り、八方だしに濃口醤油を加えた地に浸ける。

▼提供―お浸しを器に盛り、松ノ実、黄菊を散らし、天に刻み海苔を盛る。

▼コツ―ゆでてさらした野菜はよく絞ってから八方だしに浸ける。絞りが足りないと地が薄くなり、味がぼやけてしまう。

舞茸のきんぴら

（中川）

▼仕込み―マイタケを手で裂いてほぐし、ざっと水洗いして水気を切る。

ゴマ油を強火で熱して、マイタケを炒める。日本酒、濃口醤油で味をつけてさっと炒めて仕上げる。

▼提供―器に盛り、煎った白ゴマを散らす。

▼コツ―汁気が出てしまうので、マイタケは充分水気を切って、短時間で炒める。

舞茸のバター焼き

（萬屋松風）

▼仕込み―マイタケは小房に分ける。

▼提供―フライパンでバターとサラダ油を熱し、マイタケを加えて強火でさっと炒める。塩、コショウをして日本酒を加え、最後に濃口醤油を加えて香りをつける。

器にサラダ菜をしいてマイタケを盛り、半月切りのスダチを添える。

▼コツ―マイタケは1年中出回っているが、味が落ちる夏は避ける。

舞茸の包み焼き

（江差亭）

▼仕込み―マイタケは小房に分けて、よく水洗いする。

ヒラメ、ホッキ貝、ホタテ貝柱は一口大に切り、紅葉麩、キヌサヤ、マイタケとともにアルミホイルに入れる。

クリは重曹を加えた水に浸して、殻をむく。水を取りかえ、砂糖と塩、濃口醤油を入れて、20分間ほど中火で煮て、渋皮煮を作る。

▼提供―だし（カツオだし、濃口醤油、日本酒、塩）は吸いものよりも濃いめの味をつけ、ホイルに注いで包み、強火で約4～5分間焼く。ブドウとイタドリの葉をしいた器に盛り、渋皮煮とスダチを添える。

舞茸焼き

（炉ばた）

▼提供―マイタケは適当に手で裂き、アルミホイルにのせてあぶる。仕上げに濃口醤油少量をふりかける。

器に盛り、切ったレモンを添える。

▼コツ―マイタケは切ったものでなく、株のままで仕入れる。濃口醤油は香りづけに最後に加える。好みで塩をふってもよい。

舞茸の土瓶蒸し

（あらまさ）

▼仕込み—マイタケは薄切りにする。季節の白身魚をおろして薄切りにする。三ツ葉は3cmのざく切りにする。

▼提供—土瓶にマイタケ、白身魚を入れ、三ツ葉を散らす。一番だしを注いで蓋をして火にかけ、沸騰寸前に火を止めて蒸らす。スダチを添える。

▼コツ—マイタケは歯応えよく、香りも高いのでマツタケのかわりに土瓶蒸しに使った。白身の魚はクセのないハモ、タラ、タイなどを使う。

松茸の天ぷら

（山田家）

▼提供—マツタケを縦に4等分にし、薄力粉をまぶして天ぷら衣（薄力粉、卵、水）をつけ、170℃の揚げ油で揚げる。紅葉も同様に揚げる。

稲穂とギンナンは素揚げにする。器に盛り、薄く切ったスダチを添える。

松茸の土瓶蒸し

（笹吟）

▼仕込み—マツタケの石突きは鉛筆を削るように取り、ぬれた布で汚れを取り除き、縦に薄切りにする。ギンナンは、水に重曹と塩を加えてゆで、薄皮をむく。白身魚は一口大に切り、薄塩をあてる。

▼提供—土瓶に、合せだし（だし、淡口醤油、ミリン、塩、日本酒）、白身魚、エビ、マツタケ、紅葉麩を入れて、蒸し器で15分間ほど蒸し、ギンナンを加え、三ツ葉を散らして、スダチを添える。

▼コツ—合せだしは吸いものより少し濃く。

三つ葉とえのきのお浸し

（楽味）

▼仕込み─三ツ葉は束ねて熱湯でゆで、3cmのざく切りにする。

エノキダケは根を切り落とし、熱湯でゆで、3cmのざく切りにする。

だしに水塩、濃口醤油、砂糖、うま味調味料を加えて味つけする。

三ツ葉とエノキダケをよく絞って水気を切り、だしに30分間以上浸す。

▼提供─器に盛り、だしを注ぐ。

▼コツ─味つけのベースは塩。醤油を強くすると、せっかくの三ツ葉の香りが生きてこない。水塩とは塩水のことで、塩水を一旦沸騰させて調味料として使う。

むかご

（笹吟）

▼仕込み─ムカゴはよく水洗いし、ボウルにとって塩を加え、すり込むようにして塩をなじませる。沸騰した湯に入れ、柔らかくなるまでゆで、ザルにとる。

吸い地（だし、白醤油、ミリン）を作り、ムカゴを浸ける。

▼提供─器に盛り、塩をふる。

▼コツ─ムカゴの大きさをそろえ、ゆで加減を均等にする。

すぬい

（おもろ）

▼仕込み─沖縄モズクは水にさらしてよく洗い、ザルに上げて水気を切る。

三杯酢（酢、砂糖、淡口醤油）を合せて沖縄モズクを浸しておく。

キュウリを薄い小口切りにする。シラスは熱湯にさっとくぐらせておく。

▼提供─器にモズクを盛り、キュウリとシラスを散らしておろしショウガを盛る。

▼コツ─3～4月が沖縄モズクの旬。普通のモズクより太くてコシがある。

もずくの酢のもの寒天寄せ

（由庵）

▼仕込み―モズクは3㎝幅に切り、酢で洗ってボウルに入れる。だしを加熱して、水でもどした寒天を入れて溶かし、モズクとよく混ぜ合せてから流し缶に入れ、冷蔵庫で冷やし固める。

材料を混ぜ合せ、芥子酢ミソ（玉ミソ→28頁、酢、練り芥子）を作る。

▼提供―適当な大きさに切って、大葉をしいた器に盛り、よく叩いた長イモを天にのせ、辛子酢ミソをかける。

揚げだし餅花

（牧水）

▼仕込み―活芝エビの頭、尾、殻をむき、熱湯にくぐらせて、細かく刻む。薄塩で下味をつけ、フライパンで煎ってそぼろにする。

合せだし（カツオだし、淡口醤油、ミリン）を作る。

▼提供―衣がつきやすいよう切り餅を電子レンジにかけ、少し柔らかくする。餅に薄力粉と芝エビのそぼろをまぶしつけ、160℃の揚げ油で揚げる。油を切って器に盛る。

熱した合せだしをかけ、天に刻み海苔と小口切りの青ネギを盛る。ワサビを添える。

餅野沢菜 揚げ餃子

（楽太朗）

▼仕込み―切り餅は小さく刻んで、電子レンジで1分間加熱し、柔らかくする。

野沢菜漬けはみじん切りにする。

ギョウザの皮で餅と野沢菜を包み込む。

だしを熱し、淡口醤油で味をととのえ、水溶き葛を加えて銀餡を作る。

▼提供―ギョウザを170℃の揚げ油で揚げて器に盛り、大根おろしと小口切りのアサツキを加えた銀餡を熱してかけ、刻み海苔と繊切りのユズ皮を天に盛る。

▼コツ―野沢菜と餅の割で味を加減する。

キムチと餅の春巻

（料理倶楽部）

▼仕込み―切り餅は薄く切る。モッツァレラチーズは棒状に切る。エノキダケは小分けにする。

春巻の皮に大葉、餅、チーズ、白菜キムチ（皮が破れる恐れがあるので汁気をよく絞る）、エノキダケを順に重ねて巻き、水で溶いた薄力粉を端に塗って皮をとめる。

▼提供―170℃の揚げ油で春巻を絶えず返しながら揚げて油を切る。

器に斜め半分に切った春巻を盛り、クレソン、マーシュ、カイワレ菜を散らす。

▼コツ―はじめは170℃、気泡が少なくなってきたら、180℃に上げて油切れよく。

納豆餅

（花舎）

▼仕込み―切り餅は常時蒸し器で蒸しておき、つきたての餅のように柔らかくする。

納豆にカツオ節とみじん切りの長ネギを混ぜ、濃口醤油で下味をつける。

▼提供―器に盛り、納豆をのせ、刻み海苔を天盛りにする。好みで濃口醤油をかける。

おろし餅

（花舎）

▼仕込み―切り餅は常時蒸し器で蒸しておき、つきたての餅のように柔らかくする。

▼提供―器に入れ、大根おろし、ナメタケ（瓶詰）、長ネギのみじん切りを天盛りする。

▼コツ―ナメタケの味が濃いので、とくに味つけをしなくてもよい。

秋の茸入りのおろし餅
（居乃一ＢＡＮ）

▼仕込み—大根はおろして、塩と淡口醤油で味をつける。切り餅をゆでる。
▼提供—掃除したシバタケと餅を大根おろしで和える。
器に盛り、刻んだ三ツ葉を散らす。

マーミナチャンプルー
（おもろ）

▼仕込み—豚バラ肉薄切りは食べやすく切る。木綿豆腐をザルにのせてしっかり水切りしておく。モヤシは洗って水気を切っておく。ニラはモヤシの長さに合せてざく切りにする。
▼提供—豚バラ肉をサラダ油で炒め、半分ほど火が通ったら木綿豆腐、モヤシ、ニラを入れて炒める。カツオ節、塩、うま味調味料を加えて味をととのえ、仕上げに濃口醤油を少量加えて香りをつける。
器に盛りつける。
▼コツ—マーミナとは沖縄の言葉でモヤシのこと。チャンプルーは炒めものの総称。

山芋織切り
（越後）

▼仕込み—梅肉に酢、カツオ節、ミリン、濃口醤油を入れてのばし、梅酢を作る。
▼提供—山イモを織切りにして器に盛り、梅酢をかけ、木ノ芽を添える。
▼コツ—梅酢を作るとき、カツオ節は火にかけて水分をとばし、すり鉢ですってから入れること。

生うにつらら和え

（あらまさ）

▼仕込み―山イモの皮をむいて、変色しないように酢水に浸けて取り出しておく。

▼提供―山イモを繊切りにする。器に山イモを盛り、生ウニをのせて、ワサビを天盛りにする。

刻み海苔を散らして提供。別皿で濃口醤油を添える。

大和かん

（中川）

▼仕込み―山イモをすりおろす。

カツオだしを熱し、日本酒と塩で味をつけて寒天を煮溶かす。粗熱が取れたら、山イモを混ぜ合せて流し缶に流し、冷やして大和かんを作る。

▼提供―大和かんを切り出して、生ウニ（または練りウニ）を添える。器に冷やした吸い地（カツオだし、濃口醤油）を注ぎ、ワサビを天盛りにする。

▼コツ―山イモに加えるカツオだしの味つけは少し濃いめにする。前菜として出すならば、吸い地は入れずに使ってもいい。

山芋、人参、胡瓜の胡麻だれ和え

（藤乃）

▼仕込み―山イモ、ニンジン、キュウリを繊切りにする。

▼提供―野菜をゴマダレ（しゃぶしゃぶ用）で和える。

器に盛り、天に木ノ芽を盛る。

▼コツ―野菜がゴマダレになじみすぎないように、手早く作る。

山芋葱焼き

（牧水）

▼仕込み―山イモは皮をむき、おろし金でていねいにすりおろしておく。

活芝エビは頭、殻、尾をむき、半分に切る。長ネギは薄い小口切りにする。

これらを混ぜ合せ、淡口醤油で下味をつけ、葱焼きの種とする。

▼提供―フライパンにサラダ油をひいて熱し、玉杓子一杯の種を流し入れる。表裏を焼き、仕上がりにポン酢醤油を少量たらす。

皿に盛り、糸がきカツオをたっぷり天盛りにする。

山芋の葱焼き

（由庵）

▼仕込み―山イモはすり鉢ですり、卵白を入れてすり合せる。だし、薄力粉を入れてよく混ぜ、丸い形にする。長ネギを小口に切って、山イモとよく混ぜる。

割ポン酢（ポン酢醤油（ダイダイの絞り汁1、濃口醤油1）3、カツオだし2、ミリン少量）を作る。

▼提供―フライパンにサラダ油をひいて山イモの種を焼き、焼き色がついたら、割ポン酢に浸けて味をつける。

器に盛り、カツオ節をたっぷりのせる。

とろろの巾着揚げ

（楽太朗）

▼仕込み―山イモ（ツクネイモ）をすりおろす。

山イモにナメコ（瓶詰）、大葉のみじん切りを加えて、淡口醤油、塩で味をととのえて混ぜ合せて具とする。

油アゲは熱湯をかけて油抜きをしてから半分に切り、具を詰め、楊枝で口をとめておく。

▼提供―170℃の揚げ油で揚げてから、素塩をふり、半月切りのレモンを添える。

▼コツ―揚げすぎると、イモがかたくなる。

野菜

山イモ

大和芋のコロッケ橙風

（橙）

▼仕込み―山イモは蒸して裏漉しし、塩、砂糖、生クリームを加えて下味をつける。

合挽き肉の３分の２量を玉ネギのみじん切りとともに炒め、濃口醤油、黒コショウ、ナツメグで下味をつける。冷めたら残りの合挽き肉と合せ、クリームチーズを中に詰めて丸めて蒸す。山イモで挽き肉を包み、薄力粉をまぶし、溶き卵、パン粉をつける。

エシャロットのみじん切りをバターで炒め、赤ワイン、フォンドヴォーを入れて煮詰め、ソースを作る。

▼提供―180℃の揚げ油で揚げ、ソースをかける。シシトウの素揚げ、セルフイユを添える。

大和芋変わり揚げだし

（越後）

▼仕込み―山イモ、ニンジンは細切りにしてゆでる。海苔は短冊切りにする。オクラは、ヘタを切り落とす。

かけ汁（カツオだし、ミリン、濃口醤油）を合せて加熱する。

▼提供―海苔で山イモ、ニンジン、オクラを巻き、160℃の揚げ油で揚げる。器に盛ってかけ汁をかけ、紅葉おろし、アサツキの小口切りを添える。

▼コツ―海苔を巻くとき、巻き終わりに水をつけるとはがれない。

百合根の梅肉和え

（凧錦）

▼仕込み―ユリネをばらして、掃除し、塩を加えた熱湯でさっとゆがく。手早く冷水にとって冷ます。

梅干を裏漉しする。ミリンとたまり醤油を同量ずつ合せて、味をみながら梅干に加えて、梅肉を作る。

▼提供―ユリネを器に盛り、梅肉をかけて提供する。

▼コツ―ユリネは長くゆがきすぎないようにする。

百合根の白煮

（金田）

▼仕込み―ユリネを洗ってばらす。湯を沸かし、ユリネを柔らかく煮る。

つけ地を作る。だしを熱し、砂糖と塩で薄味をつけ、冷たくしておく。

柔らかく煮たユリネを冷たいつけ地に浸けて2～3時間おいて味をしみ込ませる。

▼提供―器に盛って提供。

▼コツ―ユリネはくずれやすいので、あまり煮すぎないようにする。

百合根饅頭の餡かけ

（うしのほねあなざ）

▼仕込み―ユリネはほぐしたのち蒸して、熱いうちに裏漉しする。芝エビ（ムキエビ）は、さっとゆがく。キクラゲは水でもどして適当に切る。ギンナンは殻と薄皮を取り除く。これらを混ぜ合せて、アイスクリームディッシャーで丸めて饅頭を作る。

餡を作る。だしを熱し、淡口醤油、塩で味をととのえ、水溶き片栗粉でとろみをつける。冷めたらニンジンの繊切りを加える。

▼提供―饅頭に片栗粉をまぶし、ぶぶあられをつける。160～170℃の揚げ油でじっくり揚げ、油を切る。器に盛り、温めた餡を上からかける。ワサビを天盛りにする。

百合根とコーンのコロッケ

（どんじゃん）

▼仕込み―ユリネはほぐしてだしでゆがいてから裏漉しし、トウモロコシ、殻を割って砕いたクルミを混ぜて、塩、コショウで味つけをし、小判形に丸める。

▼提供―コロッケに薄力粉をまぶし、溶き卵にくぐらせて、パン粉をつけて、180℃の揚げ油で揚げる。

油を切って器に盛り、クレソンを添える。

▼コツ―ユリネはゆですぎない。

ゆで落花生

（淡如水）

▼**仕込み**―殻つきの生落花生を、塩を加えた熱湯で20分間ゆでて、ザルに上げる。
▼**提供**―器に盛って、3分間蒸して水っぽさをとばす。

地豆豆腐

（おもろ）

▼**仕込み**―生落花生の殻を外し、水でふやかして薄皮をむく。よく洗ってミキサーに入れ、水を加えて撹拌し、ペースト状にする。これをサラシで漉して、水で溶いた葛と一つまみの塩を加えて強火で熱する。
　煮立ったら弱火にして木ベラでゆっくり練る。透明感が出てきたら火からおろして、器に流し入れて冷やす。
▼**提供**―器から取り出し、おろしショウガを添え、淡口醤油をかけて提供。
▼**コツ**―沖縄ではミリンなどを加えて甘いタレで食べるが、豆腐そのものにコクがあるので、醤油のみでも合う。

らっきょうと茗荷の和えもの

（中川）

▼**仕込み**―ラッキョウを繊切りにして、立塩（海水程度の塩水）に浸け、しんなりしたら水にさらす。ミョウガは繊切りにして水にさらしておく。
▼**提供**―ラッキョウとミョウガの水気を切って器に盛る。
▼**コツ**―ラッキョウの塩加減に注意。あまり塩辛すぎてもいけないし、浅すぎても酒に合わない。ラッキョウの塩漬けを刻んで塩抜きして使ってもよい。

レタスとじゃこの炒めもの

（おふろ）

▼仕込み―レタスは食べやすい大きさに手でちぎっておく。

▼提供―フライパンで適量のジャコをから煎りし、レタスを入れ、塩、コショウをふり、ゴマ油をかけて炒める。

ゴマ油がレタスにいきわたったら日本酒をふりかけ、器に盛り、糸がきカツオをたっぷり盛る。

▼コツ―先に油をひいてから炒めると油がきれいにいきわたらないので、あとからかける。レタスのシャッキリ感を生かすため、手早く炒め合せる。

新蓮と新柚子の和えもの

（中川）

▼仕込み―新レンコンの皮をむき、薄切りにする。少量の酢を加えた熱湯で、レンコンを下ゆでしておく。

▼提供―少量の砂糖と塩を加えた熱湯でレンコンを温めてザルに上げ、繊切りにした新ユズと混ぜ合せる。器に盛って提供。

▼コツ―新レンコンに火を通しすぎるとしゃりしゃりした歯応えがなくなってしまう。またユズのさわやかな香りを楽しみたいので味つけは薄めに。

蓮根のサラダ

（おふろ）

▼仕込み―レンコンは皮をむいて縦半分に割り、2㎜厚さに切り、薄い酢水にさらす。沸騰したお湯の中に入れ、ゆでこぼしてザルに上げる。かにカマボコは細かくちぎる。白ゴマは煎って半ずりにする。

レンコンが完全に冷めたら、かにカマボコ、白ゴマと混ぜ合せ、レモン汁、塩、コショウ、マヨネーズで味をととのえる。

▼提供―小鉢に高く盛りつけ、万能ネギの小口切りを散らす。

▼コツ―レンコンは白く仕上げるために必ず酢水にさらす。マヨネーズの味に頼らないよう、塩を強めにつける。

蓮根ステーキ

（福増屋）

▼仕込み―レンコンはおろし金ですりおろす。鍋に入れ、溶き卵、ミリンを少量加え、弱火にかけて練る。水分がとんで、かたくなってきたら片栗粉を加え、さらに練る。全体に片栗粉がなじんだら火からおろす。

粗熱が取れたら、巻簾にラップフィルムをしき、かまぼこの大きさに巻く。これを蒸し器で15分間蒸す。

▼提供―2cm厚さに切り、白絞油をひいたフライパンで両面を焼く。濃口醤油、ミリン、日本酒を熱し、水溶き片栗粉でとろみをつけたタレをかけながら焼く。焼き餅程度のかたさになればよい。練り芥子を添える。

ハスのお好み焼き

（赤い魚）

▼仕込み―レンコンは皮をむき、おろし金ですりおろす。みじん切りの玉ネギは、サラダ油でキツネ色に炒める。玉ネギを冷ましてからレンコンと合せ、塩、コショウ、淡口醤油、片栗粉、卵を加えて混ぜ合せる。

ビニール袋に入れ、蒸し器で裏と表を返して各15分間ずつ蒸し、1人前（約150g）ずつラップフィルムに分けて包む。

▼提供―フライパンにサラダ油をひき、1人前のレンコンを入れて焼きながらのばす。器に盛り、カツオ節をたっぷりのせて、みじん切りにしたワケギと長ネギを飾る。

蓮根の明太子入れ込み揚げ

（魚山亭）

▼仕込み―レンコンは、皮をむき、節を切り落とす。

明太子をほぐして、レンコンの穴に詰め、薄力粉をまぶし、卵、白ミソ、薄力粉を合せて作った衣をつけて、200℃の高温の揚げ油で揚げる。

▼提供―レンコンを半月切りにして盛りつける。

▼コツ―衣はかために溶く。

蓮根饅頭

（楽味）

▼仕込み—エビは殻をむき、背ワタを取る。霜降りして八方だしに30分間浸ける。

レンコンは半分を6㎜角に切ってゆでる。もう半分はすりおろし、サラシに包んで水洗いして絞る。ボウルにレンコン（角切り、すりおろし）を入れ、塩、砂糖、うま味調味料で味つけし、片栗粉、卵白を加えて手でよく混ぜて生地を作る。

エビを中心に入れて直径7㎝ほどに丸め、片栗粉をまぶして約10分間蒸す。

▼提供—饅頭を160℃の揚げ油で揚げる。器に盛り、紫餡（だし、濃口醤油、砂糖、うま味調味料、水溶き片栗粉）をかける。大葉の繊切り、練り芥子を添える。

蓮根の饅頭

（楽太朗）

▼仕込み—レンコンは薄い輪切りにし、4等分に切ってから水にさらす。酢、砂糖、淡口醤油で煮て、ザルに上げておく。

すり身、卵白、片栗粉を一緒にフードプロセッサーにかけてボウルに移し、レンコンと合せる。適量を取り分け、中に小さく切ったウナギの蒲焼きを入れ、ラップフィルムで丸める。蒸し器で20分間蒸す。

▼提供—饅頭を電子レンジで2分間温めてから、ラップフィルムを外し、180℃の揚げ油で揚げて油を切る。器に盛って餡（だし、ミリン、濃口醤油、水溶き葛）をかけ、天におろしたワサビ、木ノ芽を盛る。

蓮根の俵揚げ

（なかむら）

▼仕込み—レンコンはすりおろして酢水に浸けたのち、ガーゼで水気を絞る。シシトウはヘタをむき、先に切り目を入れておく。

おろしレンコン、鶏挽き肉、おろしニンニク、玉子の素（→28頁）を混ぜてよく練る。これを俵形にまとめておく。

▼提供—俵形にまとめたレンコンに片栗粉をまぶして、180℃の揚げ油で白く揚げる。シシトウは同じ油で素揚げにする。器に盛り合せる。

▼コツ—すりおろしたレンコンは海苔で挟んで磯辺揚げにしてもおいしい。シシトウの先に切り目を入れると破裂しない。

蓮根の挟み揚げ

（なかむら）

▼仕込み―レンコンは5㎜の輪切りにして酢水に浸ける。

　鶏挽き肉にみじん切りの長ネギとシイタケ、卵黄、砂糖、塩、淡口醤油を加えて練る。これを適量取り、水気をふいた2枚のレンコンで挟む。

▼提供―薄力粉を卵黄と水で溶いて、青海苔を混ぜ、かための天ぷら衣をつくる。

　レンコンに薄力粉をまぶし、衣を厚めにつけて180℃の揚げ油で揚げる。

　油を切り、4等分に切って、笹の葉で包んで器に盛る。塩を添える。

蓮根の挟み揚げ

（料理倶楽部）

▼仕込み―エノキダケとシメジタケは細かく刻む。三ツ葉はざく切りにする。魚のすり身をすり鉢に入れて、卵白でのばし、エノキダケ、シメジタケ、ズワイガニのほぐし身、三ツ葉を入れ、ゴムベラでよく混ぜ、具を作る。

▼提供―レンコンを輪切りにし、具、大葉、具の順に重ねて挟む。天ぷらの衣（薄力粉、卵、水）をつけて、165～170℃の揚げ油で揚げる。半分に切って器に盛り、天つゆ（だし、ミリン、濃口醤油）を添える。

▼コツ―具をレンコンに挟むとき、軽く押さえてのばすと火が入りやすくなる。

蓮根のクロックムッシュ揚げ

（風神亭）

▼仕込み―レンコンは皮をむき、酢水にさらしてすりおろし、片栗粉、塩、コショウで味をつける。ハム、チーズをみじんに切って混ぜ合せ、流し缶に2㎝厚さに流し込み、蒸し器に入れて、40～60分間中火で蒸す。

▼提供―流し缶から取り出し、5㎝の長方形に切ってから、片栗粉をまぶし、170℃の揚げ油で揚げて油を切り、器に盛る。

　くし形に切ったレモンを添える。

▼コツ―白玉粉を入れると、さらにもちもち感が増す。

にんにく若布炒め

（はるばる亭）

▼仕込み―ニンニクはみじん切り、塩蔵ワカメは水洗いしてから、細かいざく切りにする。

ニンニクをサラダ油で色と香りが出るまで弱火で炒めてから、ワカメとカツオ節を加えて炒める。日本酒、濃口醤油をふりかけて、混ぜ合せる。

▼提供―器に盛る。

▼コツ―サラダ油は多めのほうがワカメとなじみやすい。

明太子と大根のサラダ

（萬屋松風）

▼仕込み―レタス、赤玉ネギ、ニンジン、キュウリ、セロリは繊切りにして水にさらす。チコリは適当にちぎり、黄パプリカは繊切り、ラディッシュは薄切りにする。大根は薄切りにして塩もみし、カイワレ菜は食べやすい長さに切る。

玉ネギをみじん切りにし、酢、サラダ油、塩、コショウ、ショウガ汁と混ぜ合せてフレンチドレッシングを作る。

▼提供―野菜を混ぜ合せる。器にサラダ菜をしいてサラダを盛り、ほぐした明太子を添える。フレンチドレッシングをかけ、アサツキの小口切りを散らす。

蒸し野菜の盛り合せ

（淡如水）

▼仕込み―カリフラワーとブロッコリーは1房ごとに切り、キャベツはざく切りにしてそれぞれ5分間蒸す。ニンジンは小口から4～5cmに切り、さらに縦に切って面取りをし、カボチャは種を取り、くし形に切って、それぞれ7分間蒸す。

ドレッシングを作る。マヨネーズ、細かく潰したゆで玉子、みじん切りの玉ネギ、淡口醤油、ミリン、ゴマ油、酢をよく混ぜ合せる。

▼提供―セイロに蒸した野菜を盛り合せて、5分間蒸して温める。別皿でドレッシングを添える。

温野菜のサラダ

（とひ家）

▼仕込み―カブはくし形切りにする。ゴボウはぶつ切りにする。レンコンは花レンコンの細工をし、輪切りにする。京ニンジンは六方むきにする。ブロッコリーは小房に分ける。野菜を熱湯でゆで、水気を切って、熱いうちに塩、コショウをふっておく。

生ウニは蒸して裏漉しし、練りウニ、塩、コショウ、オリーブ油、バルサミコ酢と合せ、ウニドレッシングを作り、ゆでた野菜と和える。練りウニはアルコールが強いので生ウニを加えて和らげる。

▼提供―器に彩りよく野菜を盛りつけ、ドレッシングをかける。

茸サラダ

（ビストロめなみ）

▼仕込み―レンコンは薄いいちょう切り、シイタケとマッシュルームは薄切り、シメジタケは石突きを切り落として小分けにする。これらをさっと湯通ししておく。トマトは皮を湯むきしてさいの目切りにする。

ドレッシング（オリーブ油、塩、白コショウ、ワイン酢、みじん切りの玉ネギ・パセリ）を合せ、野菜を和えてサラダを作る。

▼提供―サニーレタスを器にしき、サラダを盛りつける。

▼コツ―サラダ用の野菜類は、しゃりしゃりとした歯触りが身上。あまり火を通しすぎないようにする。

茸と豆のサラダ

（爐端本店）

▼仕込み―白花豆とアズキは前の晩から水に浸けておく。別々にゆでて、それぞれオリーブ油と粗塩をからめ、味をつける。

シイタケ、シメジタケ、ヒラタケ、マイタケ、マッシュルームは食べやすく切り分け、オリーブ油で炒め、塩、コショウし、白ワイン酢をふって味をととのえる。

▼提供―白花豆とキノコ類を合せて器に盛り、アズキを添える。

▼コツ―炒めたキノコは、酢や白ワイン、ポン酢醤油などで和えてもよい。

吹き寄せ胡麻和え

（金田）

▼**仕込み**―ギンナンは殻を外し、湯の中でころがして薄皮をむく。シメジタケはほぐす。キクラゲは水でもどす。ニンジンはいちょう切りにする。キュウリは小口から薄切りにする。菊花は花びらを摘んでおく。キュウリ以外の材料を熱湯でさっとゆでる。

煎りゴマをすり鉢で油が出るまですり、濃口醤油、砂糖、ミリンで味をととのえ、少量のだしでのばして和え衣を作る。

▼**提供**―和え衣でギンナン、シメジタケ、キクラゲ、ニンジン、菊花、キュウリを和える。カキの果肉をくり抜いて、胡麻和えを盛りつける。

炊き合せ　筍、独活、蕗

（だいこん屋）

▼**仕込み**―タケノコはアクを抜く（→29頁）。根元は輪切り、穂先は縦半分に切る。カツオだしにミリン、淡口醤油、塩を加えて火にかけ、沸騰したら追いガツオをしてタケノコを煮る。

ウドの皮をむき、斜め切りにして、酢水にさらしてから、熱湯で下ゆでする。フキは下ゆでして皮をむき、4～5cmに切り、流水にさらしてアクを抜く。ウドとフキをタケノコと同じ煮汁（追いガツオはしない）に浸して味を含ませる。

▼**提供**―器に3種を盛り合せて提供。

夏野菜の炊き合せ

（だいこん屋）

▼**仕込み**―菊カボチャはくし形に、小ぶりのニンジンは縦半分に切る。新ゴボウはタワシでこすって斜め切りにし、酢水でゆがいて水気を切る。フキは下ゆでして皮をむき、小口から3～4cmに切る。

先の野菜をそれぞれ別に、日本酒、ミリン、淡口醤油、砂糖、塩で味をつけただしで煮る。柔らかくなったら、そのまま冷まして味を含ませる。オクラは下ゆでし、だしに浸す。味つけの目安として、カボチャは少し甘めに、そのほかは甘さを控えめに。

▼**提供**―電子レンジで再加熱して提供。

山里煮

（藤乃）

▼仕込み―サトイモ、ニンジン、大根、レンコンは皮をむき、一口大の乱切りにする。鶏モモ肉はぶつ切りにしてから、フライパンで焼き目をつける。

だしに野菜類を入れ、沸騰させてから、濃口醤油、砂糖、塩を加えて味をととのえ、鶏モモ肉を入れて煮る。水溶き片栗粉を加えて、とろみをつける。

キヌサヤは熱湯でさっとゆがく。

▼提供―器に盛り、キヌサヤを添える。

▼コツ―鶏肉はこうばしくこげ目をつける。

韓国風野菜の煮込み

（とひ家）

▼仕込み―カブは皮をむき、半分に切る。ニンジンは厚めの輪切りにする。レンコンは薄い輪切りにする。黒コンニャクはねじりコンニャクにする。野菜は水から、コンニャクは熱湯で下ゆでしておく。

鶏ガラスープに濃口醤油、ミリン、コチュジャンを合せ、野菜とコンニャクを加えて弱火で煮る。最後に香りづけにゴマ油を加える。

▼提供―電子レンジで再加熱し、器に盛り、天に白髪ネギを盛る。

▼コツ―コチュジャンの辛みに負けないようにコクのある鶏ガラスープを用いる。

おでん

（まえ川）

▼仕込み―大根は厚めの輪切りにして皮をむく。コンニャク、木綿豆腐、ゴボウ天、チクワなどのおでん種は適宜切り分ける。

大根は少しかためにゆがく。だしに白ミソと赤ミソを合せて薄味をつけ、下ゆでした大根を煮る。一度煮て冷まし、再び煮る。この要領で3回ほど大根をくり返して煮る。

白菜以外の種を入れて煮て味を含ませる。

▼提供―前日までに仕込んでおいたおでんに火を入れ、ざく切りの白菜を入れてさっと煮て、器に盛る。青海苔を散らす。

▼コツ―白菜を入れるのが特徴。旨いだしをたっぷり含んだ白菜は評判がよい。

のっ平

（田舎家）

▼仕込み―サトイモ、塩ザケ、鶏肉、カマボコ、ニンジン、タケノコ（水煮）、クワイ、シイタケ、コンニャクをさいの目切りにする。ギンナンは殻を外して熱湯に浸けて薄皮をむく。

カツオ節、湯でもどした干貝柱、昆布を水で煮てだしをたっぷりとる。貝柱は残して、カツオ節と昆布を引き上げる。このだしに少量の濃口醤油を加えて先の材料とハラコを煮る。柔らかく煮えたらミリン、少量の砂糖、塩、日本酒、濃口醤油で味をととのえる。このまま冷まして味を含ませる。

▼提供―冷たいまま提供。好みで温めても。

野菜きんぴら

（とひ家）

▼仕込み―カボチャは種を取り、一口大に切る。ニンジン、ゴボウは乱切りにし、サトイモは皮を六方にむく。これらの野菜を各々下ゆでして水気を切る。

鍋にゴマ油を入れて熱し、野菜を入れて濃口醤油、ミリン、砂糖で味をつけて炒め煮にする。

▼提供―器に盛り合せ、木ノ芽を添える。

▼コツ―カボチャは煮くずれしやすいので後から入れて炒める。レンコン、サツマイモを使用してもよい。

筑前煮

（橙）

▼仕込み―サトイモ、レンコン、ニンジン、ゴボウ、タケノコ（水煮）、黒コンニャク、鶏モモ肉は一口大に切り分け、ゴマ油でさっと炒め、カツオだしを注ぎ、砂糖、濃口醤油を加えて煮る。

▼提供―器に盛り、別にゆでたキヌサヤを散らす。

▼コツ―野菜が煮くずれしないように強火で一気に炊き上げる。

道楽炒め

（黒船屋ルネッサンス）

▼仕込み―ハルサメはさっとゆでて水にさらし、水気を切る。ニンジンは繊切りにし、湯通しする。キクラゲは水でもどし、繊切りにする。キヌサヤはスジを取り、斜めに切って湯通しする。

　水に淡口醤油、砂糖、だし、ゴマ油を加え、豚挽き肉とキクラゲを入れて、ていねいにアクと脂を取りながら1時間程度煮る。ハルサメとニンジンを入れて混ぜ合せ、香りづけのゴマ油を加えて具とする。

▼提供―中華鍋にサラダ油をひき、モヤシと混ぜ合せておいた具をさっと炒める。器に盛り、キヌサヤを飾る。

和風春巻

（神田小町）

▼仕込み―合鴨に玉子の素（→28頁）を加えて、フードプロセッサーでミンチにする。

　タケノコはアクを抜いて（→29頁）繊切りに、ニンジン、もどしたキクラゲ、シイタケもすべて繊切りにして、合せだし（だし、淡口醤油、日本酒、ミリン）で煮る。三ツ葉、長ネギ、玉ネギは細かく刻む。

　以上をすべて混ぜ合せ、片栗粉、淡口醤油を加えて薄味をつけ、春巻の皮で包む。

▼提供―春巻を170～180℃の揚げ油で揚げる。シシトウは素揚げに。春巻とシシトウを盛り、ポン酢醤油と練り芥子を添える。

舞茸と野菜の天ぷら

（楽味）

▼仕込み―マイタケは食べやすく切り分ける。カボチャは薄切りにする。ナスは斜めに細かく切り目を入れる。シイタケは傘に鹿の子の飾り包丁をする。シシトウは竹串で穴を開ける。タラノ芽は根元を切り、包丁の背で刺をこそげ落とす。

　天つゆ（だし、濃口醤油、ミリン、砂糖、うま味調味料）を作る。

▼提供―天ぷら衣（薄力粉、卵、水）に種をくぐらせて180℃の揚げ油で揚げる。

　器に盛り、大根おろし、おろしショウガを添える。天つゆまたは塩ですすめる。

あけびの味噌ころばし

（久昇）

▼仕込み―1個のアケビは2つに割り、種を取り除いて、中に鉄砲串を渡して器にする。もう1個は種を取り除き、短冊に切る。
桜ミソに砂糖、ミリンを加えて火にかけながらよく練り、田楽ミソを作る。

クリは皮をむいてゆで、薄蜜（水9、砂糖2）で煮て味を含める。車エビは酒塩で煎り、皮をむく。アケビ、クリ、車エビをサラダ油でソテーし、田楽ミソをからめる。
▼提供―アケビで作った器に、彩りよく詰める。

独活の煎り煮

（中川）

▼仕込み―ウドの皮をむき、4～5cmの短冊切りにする。酢水にさらして水気を切る。
ウドをゴマ油で炒め、表面が透明になってきたら日本酒、濃口醤油、塩、砂糖を浸るくらい加えて甘めに味をつけて一煮立ちさせる。煮汁に浸したまま冷まして味を含ませる。
▼提供―ウドを器に盛って、粉サンショウをかける。
▼コツ―ウドの香りを消さない程度の味つけに仕上げる。

独活と茶蕎麦のサラダ風

（風神亭）

▼仕込み―茶ソバ（乾麺）は30gずつ輪ゴムで端を束ねておく。芝エビは頭を落として殻をむき、背ワタを取って酒蒸しする。
ウド、ニンジンは桂むきにし、斜めに切って、ウドは酢水に、ニンジンは水にさらし、よりウド、よりニンジンにする。

ドレッシング（だし、淡口醤油、酢、塩、サラダ油）は土佐酢より薄めの味にし、サラダ油は極少量加える。
▼提供―茶ソバをゆで、冷水でよく洗って器に盛り、芝エビを添え、よりウド、よりニンジンを飾る。ドレッシングをかけ、ワサビを添え、天に刻み海苔を盛る。

蓴菜

（あらまさ）

▼**仕込み**―ジュンサイは熱湯に通してザルに上げて冷ましておく。
だしを熱し、淡口醤油、ミリンを加えて味をととのえて冷まし、ジュンサイを浸す。
▼**提供**―器にジュンサイとだしを盛り、ワサビを添える。
▼**コツ**―提供時、だしに氷を浮かせると涼しげな演出になる。

アルプスじょうねんぼう茸のソテー

（とひ家）

▼**仕込み**―ジョウネンボウダケは石突きを切り、手で食べやすく裂く。黒豚モモ肉薄切りは一口大に切る。
▼**提供**―フライパンにオリーブ油をひいて熱し、黒豚肉、ジョウネンボウダケを入れて炒め、濃口醤油、塩、コショウ、バルサミコ酢で味をつける。
器にサラダ菜をしいて盛りつける。小口切りの万能ネギを散らす。
▼**コツ**―ジョウネンボウダケは炒めすぎると食感がなくなるので、手早く調理する。

芹、しめじ、葛切りの煮浸し

（楽味）

▼**仕込み**―セリは3cmほどのざく切りにする。シメジタケは小房に分ける。葛切りは水に浸けてもどし、食べやすい長さに切る。
だしに塩、淡口醤油、うま味調味料を加えて味つけし、つゆを作る。
▼**提供**―鍋につゆを注ぎ、シメジタケ、葛切りを入れて火にかける。葛切りが柔らかくなったら、セリを加え、淡口醤油、ミリンで味をととのえる。
器に盛り、煮汁を注ぐ。
▼**コツ**―セリを加えたら煮すぎないこと。

ぜんまい田舎煮

（田舎家）

▼**仕込み**―ゼンマイ（乾物）は一昼夜水に浸してもどす。途中で何回か水をかえる。もどったら水気を切って2～3㎝長さに切る。

油アゲは熱湯をかけて油抜きをして、短冊切りにする。

カツオだしにミリンと濃口醤油を加えて薄めに味をととのえて、ゼンマイと油アゲを煮る。煮汁が少し煮詰まるまで火を弱めて煮る。

▼**提供**―器に盛り、木ノ芽を添える。

▼**コツ**―ゼンマイは5～6月に採れる山菜。ここではゆでてアク抜きした乾燥品を使用。

ぜんまいと白滝の煮もの

（花の木）

▼**仕込み**―ゼンマイ（乾物）は、湯に一晩浸けてもどしてアクを抜き、半分に切る。

油アゲは熱湯で油抜きし、短冊切りにする。シナチク（瓶詰）は食べやすく切る。シラタキは熱湯に通してざく切りにする。

鍋にサラダ油をひいて熱し、以上の材料を炒める。さっと火が通ったら、だしを注ぎ、日本酒、濃口醤油、ミリン、うま味調味料を加えて味をととのえる。ゼンマイやシナチクがしんなりするまで煮る。

▼**提供**―小鉢に盛りつける。

▼**コツ**―乾物のゼンマイは湯でしっかりもどしてアク抜きをすること。

蕗の梅煮

（風神亭）

▼**仕込み**―フキは板ずり（塩をまぶし、まな板の上で押しながら、転がすこと）し、スジを取る。下ゆではせずに、3㎝長さに切り、沸騰させた地（二番だし、梅干、ミリン、日本酒、淡口醤油）でアクを取りながら、5～6分間煮て、そのまま冷ます。

梅干は種を除いて、ちぎっておく。

▼**提供**―冷たいままフキを器に盛り、梅肉を散らす。

▼**コツ**―フキの歯応えが残るように、煮すぎないこと。梅干のほのかな酸味を大切に。

新蕗の青煮

（楽味）

▼**仕込み**—新フキは塩をふり、約1時間おいてアクを抜く。熱湯でゆでて冷水にとって皮をむき、4cm長さに切る。

深めの密閉容器に入れて水を注ぎ、菜箸でかき回す。抜け切らなかったアクがさらに抜け、取れなかった皮も菜箸にまとわりついてくる。水をかえ3回ほど行なう。

きれいな水とだしを同量ずつ合せ、昆布、塩、砂糖、うま味調味料で味つけし、フキを浸けて約1時間おく。

▼**提供**—鍋で温めて器に盛る。糸がきカツオ、木ノ芽をあしらう。

▼**コツ**—新フキはゆですぎないこと。

蕗のとう味噌

（あらまさ）

▼**仕込み**—フキノトウは熱湯でさっとゆでて水にさらす。水気を切ってみじん切りにする。

木ノ芽はすり鉢でよくする。白粒ミソをアルミホイルに塗って焼く。焼いた白粒ミソにすった木ノ芽を混ぜ合せて、煮切りミリンで味をととのえて木ノ芽ミソを作る。

▼**提供**—フキノトウを木ノ芽ミソで和えて器に盛る。

▼**コツ**—フキノトウは色が悪くならないように短時間でさっとゆでる。

蕗のとう当座煮

（ひがし北畔）

▼**仕込み**—フキノトウは水洗いして水気を切る。160℃の揚げ油で素揚げし、熱湯をかけて油抜きする。鍋に並べて日本酒、ミリン、濃口醤油を加えて火にかけ、ほとんど汁気がなくなるまで煮る。

▼**提供**—温めて器に盛り、ケシノ実をふる。

▼**コツ**—フキノトウがムラなく色づくように重ねないで並べて煮る。

蕗の葉とじゃこの煎り煮

（中川）

▼仕込み―フキの葉を繊切りにして水にさらして、熱湯でゆでてアクを抜く。
フキの葉を鍋にもどし、日本酒、濃口醤油、砂糖で味をととのえて煎り煮にする。
フキの葉に味がなじんだらジャコを入れてさっと煮る。
▼提供―器に盛ってケシノ実を散らす。
▼コツ―フキの葉は春先の若く柔らかいものを使う。あまり煮詰めるとフキの香りがとんでしまうので注意する。

葉わさびの醤油漬け

（食彩工房舎人）

▼仕込み―葉ワサビは細かく切って、一晩塩漬けにする。流水にさらして塩抜きをし、タレ（濃口醤油、うま味調味料、ハチミツ）を合せて半日間浸ける。
▼提供―葉ワサビを器に盛る。
▼コツ―葉ワサビは香りが抜けやすいので、必ず密閉容器を使用する。

摘み菜づくし

（泥味亭）

①たらの芽の落花生味噌和え

▼**仕込み**—タラノ芽は塩を加えた熱湯でゆでて水にとる。水気を切って冷蔵庫で冷やす。落花生ミソ（→286頁アスパラガスの落花生味噌かけ）を作る。

▼**提供**—タラノ芽を器に盛り、落花生ミソをかけて提供。

②菜の花のお浸し

▼**仕込み**—菜ノ花は熱湯でゆがいて水にとる。練り芥子を菜ノ花に混ぜ合せて密閉容器で保存する。

▼**提供**—だしに淡口醤油とミリンで味をつけ、菜ノ花を2～3分間浸ける。取り出して汁気を軽く切り、半分に切って器に盛る。先の浸け汁をかけて、カツオ節を天に盛る。

③野蒜の酢味噌かけ

▼**仕込み**—ノビルは水洗いして根を切り、熱湯でゆがいて水にとって水気を絞る。

酢ミソ（酢、信州ミソ、砂糖、煮切り酒）を合せて練っておく。

▼**提供**—3～4cm長さにノビルを切り、器に盛って酢ミソをかける。

▼**コツ**—根元からゆではじめ、少したってから茎をゆでると均等にゆで上がる。

④独活の味噌漬け

▼**仕込み**—ウドは皮をむき、縦半分に切る。密閉容器に赤だしミソを入れてウドを1時間漬ける。

▼**提供**—ミソを手で落として器に盛る。

⑤土筆の甘露煮

▼**仕込み**—ツクシはハカマを取り、塩を加えた熱湯でゆでて水にとり、水気を切っておく。

濃口醤油、ミリン、日本酒を合せ、ツクシが浸るくらい注いで中火で甘辛く煮詰める。

▼**提供**—器に盛って提供。

⑥蕗のとう味噌

▼**仕込み**—フキノトウは熱湯でゆでてザルに上げて水気を絞る。粗みじん切りにする。

同割のゴマ油とサラダ油を熱し、フキノトウを炒めて、ミリン、砂糖、仙台ミソを加えてさらに炒める。

▼**提供**—器に盛って提供。

⑦芹の胡麻和え

▼**仕込み**—セリは熱湯でゆがいて水にさらして水気を切る。

ゴマミソ（黒ゴマ、煮切り酒、信州ミソ、濃口醤油、砂糖）の材料を合せてスピードカッターにかける。

▼**提供**—セリを3cmに切り、水気を絞ってゴマミソで和える。器に盛って提供。

▼**コツ**—香りのある田ゼリを使いたい。

山菜の盛り合せ

（あらまさ）

①土筆の木の芽味噌
▼**仕込み**―ツクシはハカマを取り除き、熱湯でゆでて冷水にとって水気を切っておく。
木ノ芽をすり鉢ですり、西京ミソ3、麹ミソ2の割で加えて木ノ芽ミソを作る。
▼**提供**―ツクシに木ノ芽ミソをかける。

②とんぶりのつらら和え
▼**仕込み**―山イモは皮をむき、酢水に浸ける。
▼**提供**―酢水から取り出して水気をふき取り、繊切りにして器に盛る。トンブリを添える。

③山独活の酢味噌かけ
▼**仕込み**―山ウドは皮をむき、酢水に浸ける。
黄身酢を作る。卵黄をほぐし、煮切りミリン、砂糖、酢を加えて湯せんにかけて練る。黄身酢に西京ミソ、白ミソを混ぜ合せる。
▼**提供**―山ウドの水気を切り、短冊切りにして器に盛る。合せミソをかけて提供。

④たらの芽の仙台味噌
▼**仕込み**―タラノ芽は熱湯でさっとゆでて、ザルに上げる。木ノ芽はみじん切りにして、仙台ミソ（赤ミソ）と混ぜ合せておく。
▼**提供**―タラノ芽を器に盛り、仙台ミソをかける。

⑤菜の花の芥子和え
▼**仕込み**―菜ノ花は穂先を使う。少量の塩を入れた熱湯でゆでて水にとり、ザルに上げて水気を切る。淡口醤油に煮切りミリンと練り芥子を混ぜ合せて芥子醤油を作る。
▼**提供**―菜ノ花を芥子醤油で和える。

⑥こごみの南瓜味噌和え
▼**仕込み**―コゴミは重曹を加えた熱湯でさっとゆでて水にとり、水気を切る。
カボチャは蒸し器で蒸して皮を取る。すり鉢でカボチャをすり、白ミソ、煮切りミリンをすり合せて南瓜ミソを作る。
▼**提供**―コゴミをに南瓜ミソをかける。

⑦田芹のお浸し
▼**仕込み**―田ゼリはさっと洗って掃除し、一つまみの塩を加えた熱湯でゆで、しばらく冷水にさらして水気を切る。
▼**提供**―田ゼリに濃口醤油をかける。

⑧蕨のお浸し
▼**仕込み**―ワラビに木灰をふりかけて熱湯を注ぎ、蓋をして1日おいてアクを抜く。灰を洗って熱湯でさっとゆでる。
▼**提供**―ワラビは3～4cmのざく切りにして器に盛り、糸がきカツオを盛り、濃口醤油をかける。

山菜盛り合せ

（田舎家）

①山独活

▼**提供**—山ウドは包丁で根元の皮をざっとむいておく。田舎ミソを添える。

②こごみ胡麻和え

▼**仕込み**—コゴミは塩を加えた熱湯でゆでて水にとり、ザルに上げて水気を切る。

　煎った白ゴマをすり鉢ですり、砂糖と濃口醤油で味をととのえて和え衣を作る。

▼**提供**—コゴミは2cm長さに切って和え衣で和えて盛り、白ゴマをふる。

③うるい酢味噌かけ

▼**仕込み**—ウルイの葉の部分を切り落とす。茎の部分をたっぷりの熱湯でゆでて水にとり、ザルに上げて水気を切る。

　田舎ミソに酢と砂糖を合せて火にかけて練り、酢ミソを作る。

▼**提供**—ウルイを2～3cmに切り、酢ミソをかける。

④かたくりお浸し

▼**仕込み**—カタクリは熱湯でゆでて水にとり、ザルに上げる。水気を絞って2cmに切って、濃口醤油をカツオだしで割った割醤油に浸しておく。

▼**提供**—カタクリの汁気を軽く絞って盛りつける。

⑤おかひじき納豆和え

▼**仕込み**—オカヒジキは熱湯でゆでてザルに上げて水気を切る。納豆を粗く刻み、濃口醤油で味をととのえる。

▼**提供**—オカヒジキを納豆で和えて盛る。

⑥しおでお浸し

▼**仕込み**—シオデは熱湯でゆでて水にとり、ザルに上げて水気を切る。

▼**提供**—シオデを2～3cmに切って盛り、濃口醤油を別皿で添える。

▼**コツ**—山菜類は鮮度が命。あまり時間がたってしまうとえぐみが出てきてしまう。いずれもたっぷりの熱湯でゆでるが、ゆですぎると歯触りが悪くなってしまうので注意する。

　山ウドはゴマやクルミで和えたり、ニシンとともに煮たり、穂先を天ぷらにするなど、用途は広い。シオデは5～10cmくらいのユリ科の植物で、色鮮やかで柔らかく、山菜の王様ともいわれている。

季節野菜の炊き合せ

（なまこ屋）

①ぜんまいの信田巻き

▼仕込み―ゼンマイ（乾物）をもどし、水気を切る。カツオだしを熱し、ミリン、淡口醤油を加えてゼンマイを煮る。小口から3cmに切って、魚のすり身に混ぜ込む。

油アゲは油抜きし、1枚に切り開く。裏側が表になるようにすり身を巻く。蒸し器で15分間蒸して信田巻きを作る。

②蕨のお浸し

▼仕込み―ワラビはアクを抜き（→29頁）、小口から3～4cmに切る。だしを熱して塩、淡口醤油で吸い地程度に味をつけてワラビを浸す。

③山独活のお浸し

▼仕込み―山ウドは皮を厚くむき、4～5cmの斜め切りにする。酢水で山ウドをゆでて水にさらす。多めのミリン、淡口醤油で甘めの味をつけただしにウドを浸けておく。

④筍の土佐煮

▼仕込み―タケノコはアクを抜き（→29頁）、斜め切りにし、さらに半分に切る。濃いめのカツオだしにミリンと淡口醤油を加えてタケノコを煮る。

⑤アヤメ麩

▼仕込み―アヤメ麩はだしに淡口醤油と多めのミリンを加えて、甘めの味に煮る。

▼提供―器に信田巻き、ワラビ、山ウド、タケノコの土佐煮、アヤメ麩を盛り合せて電子レンジで温め、木ノ芽をあしらう。

山菜の天ぷら

（あらまさ）

▼仕込み―山ウドは薄く皮をむき取って酢水に浸けてアクを抜く。ワラビもアクを抜く（→29頁）。コゴミ、ノビル、田ゼリ、タラノ芽、菜ノ花は水洗いして掃除し、冷蔵庫で冷やしておく。

▼提供―薄力粉を卵と氷水で溶いて天ぷら衣を作る。揚げ油を160℃に熱し、山菜に薄力粉をまぶし、天ぷら衣をつけて揚げる。油を切って器に盛る。別に塩を添える。

▼コツ―山菜類は冷やしておいたほうがピンとみずみずしく揚がる。

油揚げの袋焼き

（なかむら）

▼仕込み―油アゲは熱湯をかけて油抜きして半分に切る。

玉ネギは繊切り、エノキダケは半分に切り、アサツキは小口切りにする。シメジタケはほぐしておく。

明太子の皮をむいてほぐし、先の野菜に混ぜ合せて塩を少量加える。油アゲに詰めて、楊枝で口をとめる。

▼提供―油アゲに塩をふり、直火で焼き目をつける。

三角形に切って器に盛り、カイワレ菜とスダチを添える。

油揚げの薄皮ピザ風

（風神亭）

▼仕込み―油アゲは熱湯をかけて、油抜きをし、よく絞ってから、長いほうの端を少し（3～5㎜）切り落として袋状にし、みじん切りのモッツァレラチーズを挟む。

ブルギニヨンバターを作る。ニンニク、パセリをみじん切りにし、室温で柔らかく練ったバター、塩、コショウ、シェリー酒を混ぜる。

▼提供―油アゲにブルギニヨンバターを塗り、パルミジャーノチーズをふりかけ、中のチーズが溶けるよう遠火の上火でかりっと焼き上げる。食べやすく切って器に盛る。

おから

（料理倶楽部）

▼仕込み―アサリ（むき身）は塩水でふり洗いして、水気を切る。日本酒をふり、身がふくらむまで強火で煎り煮する。

油アゲは熱湯をかけて油抜きし、細切りにする。ゴボウ、ニンジンは細い笹がきにする。干シイタケは水でもどして薄切り、長ネギはみじん切りにする。

鍋にサラダ油とゴマ油を熱して、オカラをよく炒め、だし、砂糖、濃口醤油、塩、日本酒を加えて一煮立ちさせ、油アゲ、ゴボウ、ニンジン、シイタケ、長ネギ、アサリを加えて、炒り煮して汁気を詰める。

▼提供―器に盛る。

きらず

（有薫酒蔵）

▼**仕込み**―ニンジンは短冊切り、ゴボウは笹がき、レンコン、シイタケは薄切り、万能ネギはざく切りにする。コンニャクは短冊切りにして熱湯でゆでこぼしておく。

オカラを裏漉しし、鍋でから煎りする。ここに先の材料を入れ、ミリン、淡口醤油、塩を加えて甘辛く味をととのえる。あまりぱさぱさにせずしっとりと煎り上げる。

▼**提供**―冷たいまま器に盛って提供。

おからイリチ

（おもろ）

▼**仕込み**―長ネギは小口切り、キャベツとニンジンは繊切りにする。油アゲは熱湯をかけて油抜きして繊切りにする。

サラダ油を熱しオカラを中火でよく炒め、油アゲと野菜を加えてしんなりするまで炒める。砂糖と淡口醤油で味をととのえる。

▼**提供**―器に盛って提供。

▼**コツ**―オカラはよく炒めないと豆臭さが抜けない。

おから

（山三）

▼**仕込み**―具を用意する。ゴボウは笹がき、ニンジンは短冊切りにする。コンニャクはゆでて、小さくちぎる。白身魚は霜降りしてみじん切り、長ネギは2cm長さに切る。

鍋にサラダ油を多めに入れて、熱くなったらオカラを入れる。油となじんだら、だし（水、カツオ節、昆布、焼いた白身魚の骨）、塩、砂糖を加え、よく練りながら煮る。

サラダ油で具を炒める。だしを加え、砂糖、淡口醤油で薄味をつける。水分がなくなったら、オカラを合せる。最後に長ネギを加え、しんなりしたら自然に冷ます。

▼**提供**―器に盛る。

おからのコロッケ

（料理倶楽部）

▼仕込み—オカラを作る（→394頁おから）。

▼提供—オカラを丸く握り、天ぷら衣（薄力粉、卵）にくぐらせ、パン粉をつけて、170℃の揚げ油で揚げる。

　器にコロッケを盛り、サニーレタス、カイワレ菜、ラディッシュの薄切り、トマトの乱切り、クレソンを添える。

▼コツ—天ぷら衣は薄くまんべんなくつけ、油の温度をあまり高くしないで揚げると、破裂しないで中までしっかりと揚げることができる。

手作りコロッケ

（由庵）

▼仕込み—ニンジン、シイタケ、キヌサヤは繊切りにして下ゆでし、吸い地（だし、淡口醤油、ミリン）に浸してそのまま冷ましてザルにとる。

　オカラはゴマ油で炒め、濃口醤油、ミリンで味をととのえる。野菜と混ぜ合せてほどよい大きさに丸め、薄力粉をまぶし、溶き卵にくぐらせ、パン粉をつけて冷蔵庫に入れておく。

▼提供—170℃～180℃の揚げ油で色よく揚げ、ワケギ、スダチ、サンショウ塩（粉サンショウ1、天然塩2）を添える。

おから茶巾

（越後）

▼仕込み—具（桜エビ、アサリ、イカ、タコ、カマボコ、さつま揚げ、ホタテ貝柱、ツブ貝、長ネギ、もどした干シイタケ、ナメコ、タケノコ、山イモ、ニンジン、ゴボウ）は角切りにし、それぞれ湯に通す。シイタケのもどし汁に水を足して火にかけ、砂糖、日本酒、ミリン、濃口醤油を入れて具を煮る。火を止めてオカラを入れる。

　卵は割りほぐして砂糖と濃口醤油で味をつけ、ザルで漉す。

▼提供—オカラを丸め、ラップフィルムで包み、まわりに卵液を流して茶巾に絞って蒸す。器に盛り、紅葉おろしを添える。

蒟蒻の刺身

（淡如水）

▼仕込み―カセイソーダ6gに水500ccを加えて沸騰させて冷ましておく。

コンニャクイモは皮をむき、乱切りにする。ミキサーに水1250ccとコンニャクイモ500gを入れて撹拌する。ここに先のカセイソーダ水を加えてさらに撹拌する。

型に流し入れ、常温で4～5時間おく。固まったら適当な大きさに切り分け、アク抜きのため30分間熱湯でゆでて冷やす。

▼提供―コンニャクを3㎜の薄切りにして器に盛る。繊切りの大根、ワサビを添える。

蒟蒻

（串駒）

▼仕込み―コンニャクはさっと湯に通して冷水にとり、一口大のそぎ切りにする。

芥子酢ミソを作る。鍋に白ミソを入れて火にかけ、卵黄、日本酒、ミリン、砂糖を加えて30分間ほど練る。冷ましてから酢と練り芥子を加えてのばす。

▼提供―皿にコンニャクを盛り、芥子酢ミソをのせ、木ノ芽を飾る。

蒟蒻の白和え

（凧錦）

▼仕込み―コンニャクは短冊切りにして、熱湯でさっとゆがいておく。

白和え衣を作る。木綿豆腐は軽めの重しをして水切りをし、すり鉢でよくする。練り芥子、砂糖少量、淡口醤油、塩を加えて味をととのえる。

▼提供―コンニャクを白和え衣で和えて、器に盛る。

▼コツ―豆腐は水分が多いので、よく水切りをしておく。

蒟蒻ステーキ

（淡如水）

▼仕込み―コンニャクを作る（→397頁蒟蒻の刺身）。

ニンジンは半月切り、サヤインゲンはスジを取り除いてそれぞれゆでておく。

タレ（おろしショウガ、砂糖、濃口醤油、ラー油、ゴマ油、酢）を合せる。

▼提供―コンニャクに格子の切り目を入れて、サラダ油で表面に軽くこげ目がつくように焼き、３㎝の角切りにする。レタスをしいてコンニャク、ニンジン、サヤインゲンを添え、タレをかける。天盛りはカツオ節と木ノ芽。

蒟蒻の辛煮

（萬屋松風）

▼仕込み―コンニャクを一口大にちぎり、熱湯でさっとゆがいておく。ワカメはもどしてざく切りにする。

▼提供―鍋でコンニャクをから煎りし、さらにサラダ油を少量加えて炒める。濃口醤油、顆粒だし、日本酒で味つけしてワカメを加えて炒め、最後に七味唐辛子を多めにふり、器に盛る。

▼コツ―ワカメは炒めてもくずれないような肉厚のものを使う。

ピリット蒟蒻

（凧錦）

▼仕込み―コンニャクを角切りにして、熱湯でさっとゆがいて水気を切る。

鍋にサラダ油をひいて熱し、コンニャクと砂糖を入れて炒める。さっと火が通ったら日本酒と濃口醤油を加えて煮詰めていく。最後に一味唐辛子と白ゴマを加え、ゴマ油で香りづけをする。

▼提供―器に盛る。

▼コツ―煮汁がなくなるまで炒める。

白滝のきんぴら

（花舎）

▼仕込み―糸コンニャクは、下ゆでせずに適当な大きさに切り、から煎りする。細切りの牛肉、カツオだし、濃口醤油、砂糖を加え、だしがなくなるまで炒め煮にする。

▼提供―温めずにそのまま器に盛り、白ゴマをふる

▼コツ―糸コンニャクの余分な水分がとぶまでよく炒め、しっかりと味をなじませる。しこしこした歯応えとコクを出す。

豆と若布の炊いたん

（まえ川）

▼仕込み―大豆は水に浸して一晩おく。

　たっぷりのだしで大豆を煮る。ことことと弱火で1時間半ほど煮て、柔らかくなったら、ミリン、淡口醤油、日本酒を少量加えて、さらに1時間半ほど煮る。

　煮上がる直前に、水でもどしたワカメをざく切りにして加え、一煮立ちさせる。

▼提供―器に盛る。

▼コツ―ワカメは煮すぎると溶けてしまうので注意する。

天つき豆腐

（うかい）

▼仕込み―豆乳はゼラチンと寒天で固め、天突きで突く。

　だし（カツオだし7.5、淡口醤油0.5、濃口醤油0.5、ミリン1）を合せて一煮立ちさせ、冷ましておく。

▼提供―器にだしを注ぎ、豆腐を盛って、刻んだ大葉を天に盛る。

▼コツ―だしと大葉の風味を生かすため、豆乳の濃度は薄くする。

土筆入り胡麻豆腐

（久昇）

▼提供―ツクシはハカマを取ってから灰汁でゆでてアク抜きする。豆乳10に対し、煎って油が出るまですったゴマ1と、一晩水に浸けてアク抜きした葛1を混ぜて漉す。1時間半ほど湯せんしながらかき混ぜ、コシが出てきたら塩少量で味をととのえる。火からおろす直前にツクシを加え、冷やし固める。つゆ（だし7、濃口醤油1、ミリン1）の材料を合せて一煮立ちさせて冷ます。

▼提供―器に盛ってつゆを注ぎ、ナメコ、ツクシ、木ノ芽を天に飾る。

豆腐カナッペ

（いたる）

▼仕込み―煮切り酒0.5、濃口醤油1、煮切りミリン1を合せて生ホタルイカを一晩浸ける。フキノトウはゆでて、田舎ミソと砂糖少量と一緒にすり合せて、蕗のとうミソを作る。マグロの中おちに、小口切りの万能ネギ、卵黄、ゴマ油を加え、ユッケを作る。スルメイカは肝を抜き、皮をむいて塩をあて、冷蔵庫で2時間乾かす。肝とスミに塩をし、2～3時間おく。これをすり、刻んだイカを混ぜて黒づくりとする。

▼提供―豆腐を切り、ホタルイカ、蕗の薹ミソ、蟹ミソ、アボカドにのせたマグロのユッケ、黒づくりをのせる。スダチを添える。

キムチ冷奴

（すいか）

▼提供―木綿豆腐は食べやすい大きさに切って、器に盛る。キムチをのせ、ゴマ油をたっぷりかける。

▼コツ―好みにより濃口醤油をかけてもよい。

唐津ザル豆腐

（海浜館）

▼仕込み―天つゆ（だし4、濃口醤油1、ミリン1）に隠し味としてオリジナルの醤油（甘口）を加えてタレを作る。

▼提供―ザル豆腐はザルに入れたまま提供し、レタス、菜ノ花、カイワレ菜を添える。

別皿にタレと、薬味として長ネギ、ショウガ、カツオ節を添える。

▼コツ―唐津の豆腐店から仕入れたザル豆腐を使用。

豆腐サラダ

（たぬ吉）

▼仕込み―ドレッシング（濃口醤油、ゴマ油、ショウガ汁、うま味調味料）を作る。

▼提供―絹漉し豆腐は小さめのさいの目に切る。プチトマトとキュウリは薄切りに、キャベツと大葉は繊切りに、レタスはざく切りにする。器に盛り、ドレッシングをかけて大葉を散らす。

▼コツ―野菜と豆腐を混ぜ、白和えのようにして食べる。少し時間がたつと、豆腐や野菜から水分が出てくるので、考慮してドレッシングの味をつける。

豆腐サラダ

（鳳仙花）

▼仕込み―絹漉し豆腐は、よく水を切る。おろしニンニク、煎りゴマ、濃口醤油、ゴマ油、一味唐辛子、うま味調味料、カツオ節を合せてドレッシングを作る。

▼提供―豆腐1丁を6等分し、くずれないように注意してドレッシングを和える。

器に盛り、5㎝長さに切った万能ネギと白髪ネギを添える。

韓国風冷奴

（どんじゃん）

▼仕込み―明太子は皮をむいてほぐし、ミリン、コチュジャン、長ネギのみじん切りを加え、味をととのえる。
　ホタテ貝柱は軽く熱湯に通し、ぶつ切りにしておく。
▼提供―キュウリは繊切りに、ホタテ貝柱はくずして、明太子と合せ、絹漉し豆腐の上にのせる。
▼コツ―豆腐にのせて食べるので、明太子の味は濃いめにする。

納豆豆腐

（うの花）

▼仕込み―木綿豆腐は重しをかけ、軽く水を切っておく。
　納豆は包丁で粗く叩いておく。万能ネギは小口切りにし、海苔は繊切りにする。
▼提供―器に濃口醤油を適量注ぎ、3等分に切った木綿豆腐を盛る。納豆、卵黄をのせ、万能ネギ、海苔を散らす。大葉、練り芥子を添える。

梅酢奴

（うの花）

▼仕込み―木綿豆腐は重しをかけ、軽く水を切っておく。
　梅干は種を取り除いて裏漉しして、日本酒、ミリンでのばして梅肉を作る。
▼提供―皿に大葉を敷き、半分に切った木綿豆腐を盛り、上から梅肉をかける。

豆腐サラダ

（うの花）

▼仕込み―木綿豆腐は、大きめの角切りにする。トマトはさいの目切り、レタス、キュウリは細切りにする。

材料を合せて醤油ドレッシング（濃口醤油、酢、砂糖、サラダ油）を作る。

▼提供―木綿豆腐と野菜類をさっくりと混ぜ合せ、醤油ドレッシングで和える。最後に、カイワレ菜と煎りゴマを散らす。

▼コツ―木綿豆腐、野菜類はいずれも大ぶりに、ざっくりと切って盛り合せる。

山かけ豆腐

（うの花）

▼仕込み―木綿豆腐は重しをかけ、軽く水を切っておく。

山イモをすりおろす。海苔は繊切りにする。

▼提供―器に濃口醤油を適量注ぎ、すりおろした山イモと、3等分に切った木綿豆腐を盛る。上に巣ごもり状に海苔をしいて、卵黄をのせ、おろしたワサビと大葉を添える。濃口醤油とワサビは別に小皿で提供してもよい。

アボカド豆腐

（うの花）

▼仕込み―木綿豆腐は重しをかけ、軽く水を切っておく。

アボカドは食べやすい大きさのさいの目切りにし、ワサビ醤油（濃口醤油、おろしワサビ）で軽く和えておく。海苔は繊切りにする。

▼提供―3等分に切った木綿豆腐を盛る。アボカドをのせ、海苔を天盛りにし、大葉を添える。

敷豆腐

（暁亭）

▼提供―暁豆腐（絹漉し豆腐のようになめらかで柔らかい豆腐）を器に盛り、生ユバをのせ、針打ちした長イモ、菊の葉、小菊、ムラメ、よりニンジン、白髪ネギをあしらう。
薬味に芽ネギ、おろしショウガ、ワサビを添える。
▼コツ―暁豆腐とユバを刺身に見立てる。

豆腐

（串駒）

▼仕込み―絹漉し豆腐を食べやすい大きさに切る。
岩海苔に味噌漬け大根のみじん切り、ワサビ漬け、おろしワサビを加えて軽く混ぜ合せる。
▼提供―皿に豆腐を盛り、混ぜた岩海苔をさらに盛り、木ノ芽を飾る。

豆腐

（金田）

▼仕込み―木綿豆腐をおでんの鍋の中で温めておく。
▼提供―木綿豆腐を適当な大きさに切り、器に盛って濃口醤油をかけて、小口切りのアサツキを散らす。
▼コツ―金田のお通し。同店では年間を通して豆腐のみ。夏は冷奴、冬はおでんのつゆで温めて濃口醤油とアサツキですすめる。

変わり奴豆腐

（あらまさ）

▼仕込み―木綿豆腐はザルにのせて水気を切って冷やしておく。

ナメコは熱湯でさっとゆでてザルに上げて冷ます。

長ネギは小口切りに、ショウガはおろしておく。

▼提供―木綿豆腐を半分に切って、その中央をレンゲで丸くくり抜く。これを器に盛って、中央にナメコを詰め、糸がきカツオ、長ネギ、おろしショウガをのせて提供。

別皿で濃口醤油を添える。

▼コツ―木綿豆腐は充分水切りして、冷やしておくことがおいしさの決め手。

中華風冷奴

（なかむら）

▼仕込み―鶏ササ身はスジを抜き、熱湯でゆでてから、手で細く裂く。ハムとザーサイは細切りに、カイワレ菜は1～2cmに、アサツキは小口切りにする。揚げ油を熱してワンタンの皮をさっと揚げて油を切る。

タレを作る。ニンニクとショウガをみじん切りにし、濃口醤油、日本酒、ゴマ油、ラー油を混ぜ合せて冷やして1日おく。

▼提供―絹漉し豆腐を4等分に切って器に盛り、鶏ササ身、ハム、ザーサイを盛って、よく混ぜ合せたタレをかける。カイワレ菜とアサツキ、細かく砕いたワンタンの皮を散らす。

厚焼き豆腐

（中川）

▼仕込み―ニンジン、レンコン、キヌサヤ、水でもどしたキクラゲと干シイタケはそれぞれ繊切り、ゴボウは笹がきにする。レンコンとゴボウはそれぞれ酢を加えた水から下ゆでする。

これらの野菜をゴマ油で炒め、砂糖、濃口醤油、日本酒で甘辛く味をつけておく。

木綿豆腐2丁は粗くくずして水切りをし、炒めた野菜と溶き卵5個分を混ぜ合せる。中華鍋に白絞油を熱して、豆腐生地を入れて蓋をし、蒸し焼きにする。途中で一度天地を返して、両面を弱～中火で20分間焼く。

▼提供―豆腐を切り分けて器に盛る。

豆腐ハンバーグ

（うの花）

▼仕込み―木綿豆腐は重しをかけ、しっかり水を切ってすり鉢に入れ、鶏挽き肉と薄力粉を加えてよくすり合せる。塩、コショウで味をととのえる。これをハンバーグの種とする。

▼提供―手にサラダ油を少しつけ、ハンバーグの種を適量取って丸める。

大葉の片面に薄力粉をつけ、ハンバーグの種にのせてはりつける。サラダ油を熱したフライパンでハンバーグの両面を焼き、ウスターソースをかける。

大根おろしを添えて提供する。

豆腐のお好み焼き

（うの花）

▼仕込み―木綿豆腐は重しをかけ、しっかり水を切ってすり鉢に入れ、卵、薄力粉を加えてすり合せる。これを、お好み焼きの種とする。

ワケギは食べやすい長さに切りそろえる。

▼提供―サラダ油を熱したフライパンに、玉杓子1杯分の種を流し入れ、上に桜エビ、ワケギをのせ、両面を焼く。仕上がりに糸唐辛子をあしらう。つけダレ（酢、濃口醤油、煎りゴマ）を合せて添える。

豆腐のピザ風

（うの花）

▼仕込み―木綿豆腐は重しをかけ、しっかり水を切る。トマト、ピーマンは輪切りにし、玉ネギは薄切りにする。

▼提供―木綿豆腐に薄力粉をしっかりまぶし、サラダ油を熱したフライパンで焼く。

深さのある鉄鍋に移しかえ、市販のピザソースを塗り、トマト、ピーマン、玉ネギをのせる。最後にピザ用チーズをたっぷりとのせ、オーブンでチーズが溶けるまで焼き上げる。仕上がり直前にパセリを散らす。

豆腐グラタン

（うの花）

▼仕込み―木綿豆腐は重しをかけ、しっかり水を切る。グラタン皿に合った大きさに切り分け、160℃に熱した揚げ油で素揚げし、油を切る。

ホウレン草はゆでて、食べやすく切る。

▼提供―グラタン皿にバターを塗る。ホワイトソース（市販）を半分ほどの深さまで注ぎ、素揚げした木綿豆腐、ホウレン草を入れる。

上からさらにホワイトソースを注ぎ、パン粉、パルミジャーノチーズ、バターをのせて、220℃のオーブンで、焼き目をつける。

青紫蘇包み焼き

（うの花）

▼仕込み―木綿豆腐は重しをかけ、しっかり水を切る。１cm厚さの長方形に切る。

▼提供―塩、コショウをふった木綿豆腐に片栗粉をまぶしつけ、大葉で包む。

フライパンにサラダ油をひいて熱し、豆腐の両面を焼く。器に盛る。

土佐豆腐

（うの花）

▼仕込み―木綿豆腐は重しをかけ、しっかり水を切る。１cm厚さの長方形に切る。

▼提供―木綿豆腐に片栗粉をまぶし、濃口醤油にくぐらせる。粉末カツオをたっぷりまぶして、多めのサラダ油を入れたフライパンで、両面をしっかりと焼く。器に盛る。

豆腐の陶板焼き

（藤乃）

▼仕込み―合せだし（だし、おろしニンニク、濃口醤油、日本酒）の材料を合せる。ワケギは小口切りにする。

▼提供―木綿豆腐は手で押して水を切ってから、3㎝角に切る。

　片栗粉をつけて、サラダ油をひいて熱々に熱した陶板に入れ、返しながら両面を焼く。豆腐が熱くなったら合せだしを注ぐ。沸騰したら、すりおろした山イモをかける。

　天にワケギの小口切り、カツオ節を盛る。

▼コツ―片栗粉をつけるのは豆腐の形をくずさないため。

豆腐ステーキ

（凧錦）

▼提供―土鍋にバターを塗り、火にかける。絹漉し豆腐を奴に切って、土鍋に入れる。だしを加え、豆腐が温まるまで蓋をして熱する。最後に淡口醤油で味をととのえ、小口切りの青ネギとカツオ節を盛って提供する。

▼コツ―土鍋の鍋肌に豆腐がこげつかないように火加減に注意する。

豆腐ステーキ

（うの花）

▼仕込み―木綿豆腐は重しをかけ、しっかり水を切り、2分の1の厚さに切り分ける。濃口醤油とバターを2対1の割合で合せ、湯せんにかけておく。

▼提供―木綿豆腐全体に薄力粉をまぶし、サラダ油をひいて、熱したフライパンで両面を焼く。途中で醤油バターを塗り、さらに焼いて味つけする。

　皿に盛り、大根おろしとカイワレ菜を添える。

豆腐ステーキ カレー味

（うの花）

▼仕込み―木綿豆腐は重しをかけ、しっかり水を切り、2分の1の厚さに切り分ける。濃口醤油とバターを2対1の割合で合せ、湯せんにかけておく。
▼提供―木綿豆腐にまぶす薄力粉にはカレー粉を適量合せる。サラダ油をひいて熱したフライパンで、粉をまぶした豆腐の両面を焼く。途中で醤油バターを塗る。
　器に盛り、ソースがわりに皿に醤油バターを流す。大根おろしとカイワレ菜を添える。

木綿豆腐と胡桃の蒲焼き

（食彩工房舎人）

▼仕込み―木綿豆腐は裏漉ししてすり鉢に入れ、クルミとともにすりつぶす。
▼提供―海苔を7㎝角に切り、その上に裏漉しした豆腐とクルミを厚さ1㎝ほど塗る。蒲焼きのタレ（砂糖、濃口醤油、日本酒、ミリン）を塗りながら、グリラーでこげ目をつける。
　器に海苔の面を上にしてのせ、焼いたクルミを盛る。

煮奴

（なかむら）

▼仕込み―絹漉し豆腐は角切りにする。ナメコは水洗いして水気を切る。
▼提供―カツオだしを塩と淡口醤油で吸いもの程度に味をととのえ、水溶き片栗粉でとろみをつける。絹漉し豆腐とナメコをとろみをつけただしで温める。
　器に絹漉し豆腐とナメコを盛って、熱いだしをかける。ウズラの卵を落として、小口切りのアサツキと白髪ネギを散らす。
▼コツ―だしは薄味に仕上げる。

焼豆腐

（暁亭）

▼仕込み—アナゴは開いて白焼きにしたのち、日本酒、砂糖、濃口醤油で旨煮にする。焼き豆腐をアナゴと炊き合せる。

サヤインゲンは、八方だし（だし、濃口醤油、ミリン）でさっと煮る。

▼提供—アナゴと焼き豆腐を器に盛り、インゲン、生の針ウド、針ゴボウを飾り、木ノ芽をあしらう。

めおと炊き

（凧錦）

▼仕込み—油アゲに熱湯をかけて、油抜きをして4等分に切る。焼き豆腐は、3〜4等分に切る。

鍋に油アゲと焼き豆腐を入れて、だしを注いで煮る。煮立ってきたら、砂糖、日本酒、淡口醤油で味をつけ、落とし蓋をして弱火で煮る。

▼提供—油アゲと焼き豆腐を器に盛る。

▼コツ—だしはたっぷり使うこと。また追いガツオをすると味にコクが出る。

くずし豆腐

（はるばる亭）

▼仕込み—木綿豆腐は布巾で挟み、重しをして水切りする。キュウリ、フランクフルトソーセージは5㎜角のあられに切る。

鶏挽き肉をサラダ油で炒める。火が通ったら、先の豆腐をくずし入れて炒める。

鶏ガラスープの素を水で溶いて豆腐に注ぎ、沸騰したら、アーモンドパウダー、カッテージチーズ、塩、コショウで味をととのえ、水溶き片栗粉でとろみをつける。

▼提供—器に盛って電子レンジで加熱する。松ノ実、フランクフルトソーセージをゴマ油で炒め、油ごと豆腐にかける。キュウリを散らす。

けんちん

（冊錦）

▼仕込み―木綿豆腐は重しをして水切りをしたのち、布巾で絞る。ゴボウは笹がきにして水にさらす。ニンジン、水でもどしたキクラゲ、シイタケは細切りにする。

鍋にサラダ油を熱し、豆腐を手でくずして炒め、砂糖、塩で味をつける。

別の鍋にサラダ油をひき、笹がきゴボウ、キクラゲ、ニンジン、シイタケを炒めて砂糖と塩で味をととのえておく。

豆腐と野菜類を炒め合せて、淡口醤油で味をつけて仕上げる。

▼提供―器に盛りつける。

▼コツ―豆腐の水分がとぶまで炒める。

豆腐の土佐揚げ

（なかむら）

▼仕込み―絹漉し豆腐を4等分し、水切りする。キヌサヤはヘタを取り、熱湯でゆがいて斜めに2等分に切る。

カツオだしを熱して、濃口醤油、ミリン、おろしショウガを加え、水溶き片栗粉で薄いとろみをつける。

▼提供―豆腐に片栗粉をまぶし、溶き卵にくぐらせて、カツオ節をたっぷりまぶす。180℃に熱した揚げ油で揚げる。

器に先のだしを熱して注ぎ、豆腐を盛る。キヌサヤを添えて提供。

▼コツ―揚げ油はなるべく新しいものを使う。

豆腐揚げ団子

（牧水）

▼仕込み―木綿豆腐は重しをして、軽く水を切っておく。豆腐をくずしてすり鉢に入れ、すり身、水でもどして細かく刻んだキクラゲ、すりゴマをすり合せる。塩をふり、味をととのえる。

▼提供―すり合せた豆腐を、団子状に丸める。160℃に熱した揚げ油で素揚げにする。シシトウも素揚げし、ともに油を切って皿に盛る。濃口醤油と練り芥子を添えて提供する。

▼コツ―豆腐の食感を失わないように、揚げすぎに注意。塩の味つけもあっさりめでよい。

加工品

豆腐

揚げだし豆腐

（萬屋松風）

▼仕込み―絹漉し豆腐に重しをして水気を切る。タケノコ（水煮）は繊切り、シイタケは薄切りにする。長イモはすりおろす。ギンナンは殻を外してゆで、薄皮をむく。

豆腐をくずし、おろした長イモ、タケノコ、シイタケ、ギンナン、卵を混ぜ合せる。

だしに濃口醤油を加えて煮立たせる。

▼提供―豆腐を丸く取り、170℃の揚げ油でかりっと揚げて油を切る。調味しただしにナメコを入れて一煮立ちさせる。

器に揚げ豆腐を盛り、ナメコ入りのだしをかける。ざく切りの三ツ葉、おろしショウガ、針ユズを添え、カツオ節をふる。

鴨入り揚げだし豆腐

（楽味）

▼仕込み―鴨モモ肉を3㎜角に切り、ナメコと一緒に熱湯にくぐらせる。

鍋に鴨肉、ナメコを入れてだしを注ぎ、日本酒を加える。沸いたら、塩、淡口醤油、ミリン、うま味調味料で味つけする。

▼提供―絹漉し豆腐を奴に切り、薄力粉をまぶし、170℃の揚げ油で揚げる。

器に盛り、温めた鴨入りだしをたっぷりかける。アサツキの小口切り、紅葉おろしを天に盛る。

▼コツ―鴨入りだしは、鴨の旨みが充分出るよう20分間ほどじっくりと煮る。

揚げだし五目餡かけ

（うの花）

▼仕込み―木綿豆腐は重しをし、軽く水を切る。ニンジン、シイタケは繊切り、ゴボウは笹がき、エノキダケはざく切り、タケノコ（水煮）は薄切り、長ネギは小口切り、豚肉は食べやすく切る。割下（だし、濃口醤油、ミリン、砂糖、日本酒）を合せる。

▼提供―木綿豆腐は奴に切り、溶き卵にくぐらせて片栗粉をつけ、160℃の揚げ油でうっすら色づくまで揚げて油を切る。

豚肉と野菜類はサラダ油で炒める。割下を熱し、炒めた材料を加え、水溶き片栗粉でとろみをつけて五目餡とする。器に豆腐を盛り、五目餡をかけ、万能ネギを散らす。

豆腐のチーズ挟みフライ

（うの花）

▼仕込み―木綿豆腐は重しをかけ、しっかり水を切って、5㎜厚さの大きめの短冊切りにする。木綿豆腐2枚で薄切りのチーズとハム、大葉を挟み、塩、コショウをふって味をととのえる。

▼提供―仕込んだ豆腐に薄力粉をまぶし、溶き卵にくぐらせ、パン粉をつけて、160℃に熱したサラダ油で揚げる。油を切って器に盛る。そのままでもよいが、お好みでケチャップ、レモンを添えてもよい。

豆腐の播磨揚げ

（料理倶楽部）

▼仕込み―木綿豆腐は8等分し、充分水気を切る。合せだし（だし、濃口醤油、ミリン）の材料を合せて、沸騰させておく。

▼提供―木綿豆腐に片栗粉をつける。天ぷら衣（薄力粉、卵、水）にくぐらせて、カツオ節をまぶし、180℃の揚げ油で揚げる。

合せだしを温め、ショウガ汁をたらして器に注ぎ、ざく切りの三ツ葉を散らす。豆腐を盛り、紅葉おろし、カイワレ菜、刻み海苔をのせる。

▼コツ―豆腐は油の温度に気をつけて、からっと揚げる。

豆腐の春巻

（うの花）

▼仕込み―木綿豆腐は重しをかけ、しっかり水を切る。すり鉢に入れ、卵、薄力粉を加えてよくする。

イカゲソは水洗いしてみじん切りにし、豆腐と合せる。これを春巻の具とする。

▼提供―春巻の皮を広げ、大葉をしき、具をのせる。これを巻き、端に水溶き薄力粉をつけてとめ、160℃に熱した揚げ油でかりっと揚げる。半分に切り、器に盛る。

つけダレ（酢、濃口醤油、煎りゴマ）と練り芥子を添えて提供する。

飛竜頭

（銀禅）

▼仕込み—ニンジンとキクラゲは繊切り、ギンナンは薄切りにする。シイタケは薄切りにして、だし（だし12、濃口醤油1、ミリン1）で煮て味を含ませる。
豆腐を裏漉しし、野菜を混ぜて丸め、180℃の揚げ油で3〜4分間揚げる。
▼提供—先のだしで飛竜頭、カニ脚、インゲン、シメジタケを煮て、水溶き片栗粉でとろみをつける。器に盛り、練り芥子を添えて、木ノ芽をあしらう。

釜揚豆腐　飛竜頭見立

（暁亭）

▼仕込み—暁豆腐（絹漉し豆腐のようになめらかで柔らかいもの）におろした山イモと白身魚のすり身を加え、180℃の揚げ油で加減をみながらゆっくり釜形に揚げる。
クリ（水煮）、薄皮をむいたギンナン、シメジタケ、ゆでて殻をむいたエビ、一口大に切ったキスにそれぞれ薄塩をふり、片栗粉をつけて、唐揚げにする。

パプリカ（赤・黄）を、紅葉とイチョウの葉型で抜いて素揚げにする。
▼提供—釜の中にエビ、キス、クリ、ギンナン、シメジタケを盛り込み、紅葉とイチョウのパプリカとスダチを添える。

豆腐磯辺揚げ

（海浜館）

▼仕込み—木綿豆腐は水切りをしておく。オレンジ、リンゴ、ショウガ、レモンそれぞれの絞り汁にブランデーとミリンを加えて火にかけてアルコールをとばし、オレンジソースを作る。
菜ノ花を熱湯でゆでる。
▼提供—豆腐とナチュラルチーズは棒状に切り、大葉と海苔で巻く。溶いた卵黄にくぐらせてパン粉をつけ、180℃の揚げ油で5〜6分間揚げ、食べやすく切る。サニーレタスをしいた器に磯辺揚げを盛り、温めたオレンジソースを流す。パセリ、菜ノ花、アサツキの小口切りをあしらう。

湯葉豆腐と栗麩の揚げだし

（笹吟）

▼仕込み―中揚げユバ（半乾燥のユバ）は10×15㎝の四角形に切る。豆腐は6等分に切って水気を切る。栗麩は5㎝長さに切る。

豆腐と栗麩にそれぞれ薄力粉、溶き卵をつけ、ユバで巻いておく。

▼提供―ユバ巻きに薄力粉をまぶし、天ぷら衣（天ぷら粉、塩、水）をつけて170℃の油で揚げる。シシトウも同様に揚げる。

豆腐と栗麩は両端を落とし、半分に切って器に盛り、天つゆ（だし、塩、濃口醤油、淡口醤油、ミリン）を注ぐ。万能ネギの小口切りを散らし、紅葉おろしとシシトウを添えて、糸がきカツオを天に盛る。

豆腐と野菜のすり身揚げ

（游山楽）

▼仕込み―木綿豆腐2丁は水にさらし、重しをして水分をよく切る。

大根、ニンジン、キュウリは桂むきにして繊切りにし、かたく絞る。ショウガ、ニンニク、長ネギはみじん切りにする。

ミキサーに木綿豆腐、白身魚のすり身400g、卵2個、日本酒、濃口醤油、塩、砂糖を入れて回す。ボウルに移し、先の野菜とゴマを加え、よく混ぜる。

▼提供―小判形にまとめて、170℃の揚げ油で天地を返しながら揚げる。器にサラダ菜をしいて盛り、練り芥子と醤油を添える。

▼コツ―分離を防ぐため、極力水分は抜く。

豆腐のみぞれ蒸し

（佃喜知）

▼仕込み―木綿豆腐は乾いた布巾で包み、30分間斜めにしてしっかり水を切る。16等分に切り、はけで片栗粉をまぶし、175℃の揚げ油で軽く色づくように揚げる。

大根は目の粗いおろし金ですりおろし、水で洗い、汁気をよく絞る。溶いた卵白と混ぜ合せる。アオヤギはさっと熱湯に通して水に落とし、水気を切る。

▼提供―器に豆腐、アオヤギを盛り、大根おろしをかけて、強火で3分間蒸す。蒸し終わったら三ツ葉をのせ、銀餡（だし1、ミリン・淡口醤油各0.3、塩、水溶き片栗粉）をかける。

田舎豆腐

（田舎家）

▼仕込み—木綿豆腐を水切りする。水でもどしたキクラゲ、ニンジンを粗みじんに切る。ギンナンは殻を外し、湯に浸けて薄皮をむく。

　木綿豆腐をくずしてキクラゲ、ニンジン、ギンナンを混ぜ合せ、流し缶に詰めて、蒸し器で蒸し上げて擬製豆腐を作る。

▼提供—擬製豆腐を取り出し、大きめの角切りにする。片栗粉をまぶして180℃の揚げ油で揚げ、油を切る。シシトウは薄力粉を水で溶いた薄衣をつけて揚げる。

　器に盛り合せ、大根おろしとおろしショウガを添える。別皿で天つゆを添える。

高野サンド

（牧水）

▼仕込み—高野豆腐は湯につけてもどす。水を絞り、だしに淡口醤油、砂糖を加えて味をととのえた煮汁で煮含める。煮上がったら、具を挟むための切り目を入れる。

　ニンジン、シイタケ、ハムはみじん切りにしてサラダ油で炒める。溶き卵を加えてとじ、オムレツのようにふわりと仕上げる。

　この玉子とじを高野豆腐に挟み、だしと淡口醤油を合せた地に浸けて、味をしみ込ませる。

▼提供—つけ地ごと電子レンジで温め直して盛りつける。昆布佃煮を添える。

高野豆腐のオランダ煮

（佃喜知）

▼仕込み—高野豆腐は、80℃の湯に浸け、芯がなくなるまで、湯を取りかえながらもどす。

　8等分に切り、片栗粉をまぶして、170℃の揚げ油で揚げ、煮汁（だし500cc、ミリン15cc、砂糖大さじ1、塩小さじ2分の1、淡口醤油30cc）に浸けて冷ます。コマツ菜はゆでる。

▼提供—高野豆腐を再加熱し、器に盛りつけてコマツ菜を添える。七味唐辛子をふる。

納豆のおきつね焼き

（風神亭）

▼仕込み―油アゲは熱湯をかけて油抜きして、水気をしっかり絞る。端を少し切り落として袋状にしておく。

長ネギをみじん切りにして、ゴマ油で炒め、香りが出たら豚挽き肉、納豆を加え、濃口醤油、うま味調味料、七味唐辛子で味をととのえ、具を作る。

▼提供―油アゲに具を詰め、天火で両面を焼き、食べやすい大きさに切る。

大根おろしを添える。

▼コツ―長ネギと納豆の量を同割にすると、納豆臭さが和らぐ。具の下味はしっかりとつける。

焼き納豆

（凧錦）

▼仕込み―納豆をボウルに入れ、卵とみじん切りの青ネギ、ショウガを加えてよく混ぜる。

▼提供―熱したフライパンにサラダ油をひき、丸く形をととのえて納豆を焼く。両面こんがりと焼けたら、器に盛る。

濃口醤油と練り芥子を添える。

▼コツ―中火でこがさないようにじっくりこんがりと焼く。

焼きナットー

（越後）

▼仕込み―納豆に、みじん切りの長ネギと練り芥子、濃口醤油を入れて、よく混ぜる。

油アゲ（いなりずし用）を半分に切って、納豆を詰め、楊枝でとめる。

▼提供―遠火で両面がキツネ色になるまでよく焼いて器に盛り、練り芥子、アサツキのみじん切りを添え、濃口醤油をかける。

▼コツ―納豆は油アゲの半分あたりまで詰めること。楊枝は縫うように刺す。

納豆の唐揚げ

（萬屋松風）

▼仕込み―納豆の半量を包丁で細かく叩く。玉ネギは薄切り、長ネギは小口切りにする。長イモはすりおろす。

ボウルに納豆、玉ネギ、長イモ、長ネギ、桜エビを入れてよく混ぜる。長イモ、卵、片栗粉を加えてさらに混ぜ、箸でつまめるほどのかたさにする（片栗粉でかたさを調整する）。

▼提供―納豆の種を180℃の揚げ油に落としてキツネ色に揚げる。

器に盛って青海苔をふり、カイワレ菜を添える。アサツキの小口切りと芥子醤油（濃口醤油、練り芥子）を別に添える。

揚げ餅納豆

（どんじゃん）

▼仕込み―納豆に卵黄、濃口醤油を加えて、かき混ぜる。

名刺大の切り餅1枚を8等分に切る。

▼提供―1人前2枚分の切り餅（16個）を180℃の揚げ油で真っ白く揚げる。上から濃口醤油をかけ、納豆をもう一度よくかき混ぜてかける。

▼コツ―揚げるとき、餅同士がくっつかないようにする。コーンスターチ入りの餅はつきにくい。これはコーンスターチの糊化温度がほかのでんぷんに比べて、高いという特徴があるためである。

引き上げ湯葉と海素麺

（和義）

▼仕込み―海ソウメンは水でもどす。車エビは背ワタを取り、さっとゆでて殻をむく。オクラは小口切りにする。ジュンサイはさっと熱湯にくぐらせザルに上げて冷ます。

豆乳を湯せんにかけ、表面に薄い膜（ユバ）ができたら菜箸で引き上げる。濃いめに味をつけた吸い地（一番だし、淡口醤油、塩）を器に注ぎ、ユバを浸して冷やす。

つゆ（だし5、濃口醤油1、ミリン1）を合せて一煮立ちさせて、冷やしておく。

▼提供―先の器に海ソウメン、ジュンサイ、オクラ、車エビ、生ウニを盛り、つゆを注ぎ、ワサビを天盛りにする。

湯葉の芥子納豆和え

（おふろ）

▼仕込み—生ユバ（引き上げユバ）を適宜な大きさに切り分け、八方だし（だし10、ミリン1、淡口醤油1）でさっと煮る。

▼提供—納豆と、納豆の約半量のしば漬け、練り芥子・濃口醤油各少量をよく混ぜ合せる。菜ノ花を熱湯でゆでる。

　ユバと菜ノ花を、納豆と同量程度加え、さっと混ぜる。器に盛りつけて、好みで刻み海苔をのせる。

▼提供—生ユバを八方だしで煮るさい、煮すぎないようにする。作りおきをすると見栄えが悪くなるので、そのつど作ったほうがよい。

生湯葉の玉子とじ

（もり川）

▼提供—生ユバ（引き上げユバ）は手でちぎる。

　日本酒、淡口醤油を加えて味をつけた一番だしと生ユバを小鍋に入れて火にかける。溶いた卵をユバの上から流す。2～3cmに切った三ツ葉を散らし、余熱で火を通して器に盛る。

湯葉饅頭

（まえ川）

▼仕込み—ユリネはばらして砂などを落とす。キクラゲは水でもどす。ギンナンの殻を割って薄皮をむく。これらを混ぜて生ユバ1枚で包み込んで湯葉饅頭を作る。

　揚げ油を180℃に熱して湯葉饅頭を揚げる。揚がったら熱湯をかけて油抜きをする。

　だしを熱し、砂糖と淡口醤油で薄味をつけて湯葉饅頭をさっと煮含め、地に浸けたまま冷まして味を含ませる。

▼提供—三ツ葉のざく切りを加えた地とともに湯葉饅頭を温めて器に盛り、ユズ皮をすりおろす。

湯葉茶巾の胡椒風味

（うしのほねあなざ）

▼仕込み―豚モモ肉薄切りを細切りにして、塩とコショウをふる。白身魚のすり身と、さっと湯通しした白菜の細切り、豚肉を混ぜ合せて、生ユバで茶巾に包む。

鶏ガラスープを熱し、塩とたっぷりのコショウ、淡口醤油を加えて、水溶き片栗粉でとろみをつけて餡を作る。

▼提供―揚げ油を160～170℃に熱して、生ユバ包みをじっくりと揚げて、中まで完全に火が通ったら、油を切る。

器に盛って、熱した餡をかけて提供。

生湯葉春巻

（ビストロめなみ）

▼仕込み―豚バラ肉薄切りとタケノコ（水煮）は細切り、ニラはざく切りにする。

サラダ油を熱して、豚バラ肉、タケノコ、ニラを炒めて具を作る。

生ユバで具を巻いて春巻を作る。

▼提供―春巻に片栗粉をまぶして、180℃に熱した揚げ油で揚げる。

油を切って斜めに切り、サニーレタスをしいた器に盛る。練り芥子と濃口醤油を添える。

▼コツ―具にはあらかじめ、火が通っているので、熱くなればよい。高温の油でかりっと揚げて、中を柔らかく仕上げる。

アスパラとチーズの湯葉巻き揚げ

（食彩工房舎人）

▼仕込み―アスパラガスは根元の茎の皮をむき、熱湯で約30秒間ゆで、氷水で冷やして水気をふく。

▼提供―巻簾の上に生ユバ（平）をのせて海苔、スライスチーズ、アスパラガスの順に重ねて巻く。天ぷら衣（薄力粉、卵、水）をつけ、175℃の揚げ油で揚げる。

1本を4等分して軽く塩をふり、器に盛り、レモンを添える。

▼コツ―サラダ油で揚げるさい、スライスチーズが溶けて流れやすいので、揚げ時間は約30秒間が目安。

魚介類の湯葉包み蒸し

（食彩工房舎人）

▼仕込み―タラ、イトヨリ、グチは3枚におろし、小エビは殻をむいて頭と尾を取る。ホタテ貝は殻を外し、貝柱を取り出す。すべての材料を、包丁で細かく叩く。卵黄とサラダ油をよく混ぜ合せて加える。玉ネギは熱湯でさっとゆで、冷水にとって水気を切る。全材料を合せてすり鉢ですり合せ、軽く塩、コショウする。生ユバ（平）で具を包む。乾燥しないようラップフィルムに包んでおく。

▼提供―蒸し器で約10分間蒸す。器に盛り、塩をふり、レモン、パセリを添える。

冷製湯葉春巻

（黒船屋ルネッサンス）

▼仕込み―チャーシュー（市販）とアワビは細切りにする。干シイタケは水でもどし、湯通しして薄切りにする。モヤシは湯通しする。これらを合せ、淡口醤油、塩、コショウ、ゴマ油で下味をつけて具を作る。

ユバは水でもどし、水気を切って広げ、具をのせ、巻簾で巻いて5分間蒸す。冷めたら5cm幅に切り、つけ汁（だし20、淡口醤油1、ミリン0.5、おろしショウガ・ゴマ油各少量）に半日浸ける。

▼提供―器に、食べやすく切ったトマトを盛り、春巻をのせて、キュウリとセルフイユを添える。

湯葉蒸し

（もり川）

▼仕込み―生ユバは手でちぎり、煮アナゴ（→39頁穴子の胡瓜巻き）は5cm長さに切る。ユリネは小さめに切って面取りする。ギンナンは殻と薄皮をむく。

▼提供―器にアナゴ、ユリネ、ギンナンを入れ、生ユバでおおい、蓋をして蒸し器で5～6分間蒸す。

八方だし（一番だし、日本酒、濃口醤油、淡口醤油、塩、ミリン）を沸かし、水溶き葛を流して銀餡を作り、蒸し上げたユバの上にかける。ワサビともみ海苔を添える。

【専門店の技術】

内臓料理

（葉隠）

内臓料理は鮮度が第一。「葉隠」では、牛と豚の内臓を食肉処理場から直接仕入れ、下処理を施して串焼きで提供している。おいしさの決め手は肉厚の良質の内臓を仕入れること。鮮度と仕入れが肝心だ。

◎串焼き

［コブクロ］（豚・子宮）

経産豚がよい。ピンク色でツヤのよいものを選ぶ。いくつかに分かれた袋（子が入る）がらせん状に連なっている。

袋の内側の襞をそぎ落として熱湯でゆでて冷水にしばらくさらす。一口大に切り分け、内側のスジを切り落として串を刺す（6かん）。

［レバー］（豚・肝臓）

色ツヤよく、ハリと弾力がある肉厚を選ぶ。外側の血管が外れやすく、断面に白っぽい脂肪が入っていないものは健康な肝臓。表面が白っぽく、血の色がどす黒いものは避ける。

4つに分かれている肝臓を切り離す。均等な厚さ、大きさに切り分け、四角形に切って串を刺す（6かん）。

［タン］（牛・タン）

長さが20cm以上のものを選ぶ。ノドブエがついた状態で仕入れ、ノドブエ、食道、アゴの骨を外して使う。外した部分で、別に軟骨串を作る。

タンを切り外して用いる。タンのつけ根を掃除し、同じ厚さの輪切りにする。大きいので串は2本刺す。断面が火に当たるように皮から皮に串を通す（4かん）。

［ハツ］（豚と牛・心臓）

豚牛ともに中に脂肪が入っていたり、色ツヤが劣るものは歯触りが悪い。個体差があるので大きさは一定でないが、豚ならば生後10～12ヵ月の心臓がよい。

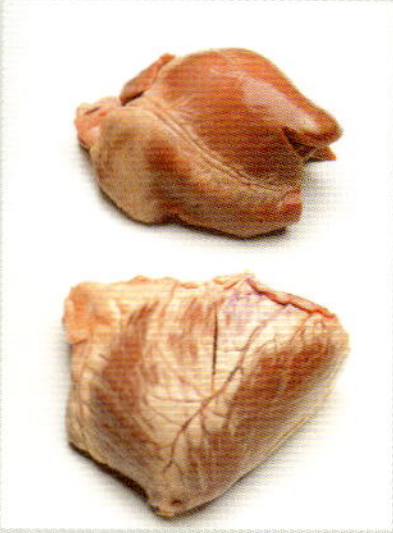

心臓の外側の脂肪や脂などを掃除する。内側の血管を取り除いて厚みと大きさをそろえて切り分ける。豚と牛のハツを混合して串を作る（7かん）。

［コメカミ］（豚・こめかみ）

左右のコメカミ。

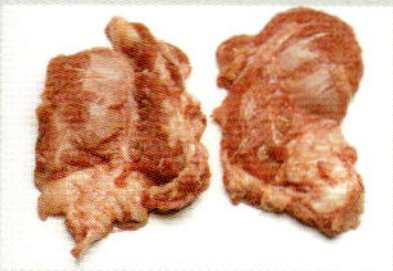

スジを外し、肉を切り外しながら表面の薄膜をそぎ取る。厚さ、大きさをそろえて棒状に切り分ける。焼き縮みしないように繊維と垂直に串を刺す。肉の幅があるので、串は2本用いてしっかり刺す。

第4章
Delicacy
珍味

鮟肝

（樽一）

▼仕込み―アン肝（アンコウの肝）は1時間ほど水にさらすと血管が浮き出てくるので、指でつまんで取り除く。肝についているスジなども包丁や指で取り除く。

アルミホイルでゆるめに筒状に巻く。蒸し器で15～20分間蒸して冷ます。

▼提供―アン肝を5㎜厚さに切る。大葉をしき、アン肝を盛り、紅葉おろしとワケギの小口切りを散らす。ポン酢醤油ですすめる。

鮟肝酢味噌和え

（泥味亭）

▼仕込み―アン肝（アンコウの肝）は血抜きをし、スジを取って塩をふり、30分間おく。さらにかぶるくらいの日本酒に20分間ほど浸ける。

巻簀でアン肝を巻き、蒸し器で15分間蒸す。酢ミソ（赤だしミソ、砂糖、煮切り酒、酢）の材料をゆるめに混ぜ合せる。

▼提供―器に酢ミソを流し、厚めに切ったアン肝を盛る。ハマボウフウをあしらって、レモン汁をかける。

▼コツ―アン肝は、蒸しすぎるとかたくなってしまうので注意する。

鮟肝とサーモンの胡麻ドレッシング

（串駒）

▼仕込み―アン肝（アンコウの肝）にたっぷり塩をふって30分間ほどおいて臭みを取り、布巾で水気をふく。塩、コショウ、ゴマ油をふってアルミホイルで筒状に巻き、蒸し器で20～25分間蒸す。

ドレッシング（レモン汁、ゴマ油、ポン酢、塩、コショウ）の材料を合せる。

▼提供―アン肝を5㎜厚さに切り、スモークサーモンはそぎ切りにする。皿にアン肝を盛ってスモークサーモンをのせる。エンダイブを添え、ドレッシングをかけてゴマをふる。

写真右上

鮫肝と蕗と海老のゼリー寄せ

（ぶん也）

▼**仕込み**―アン肝（アンコウの肝）は流水で血を抜き、皮をむき、塩をふって3時間おく。アルミホイルで筒状に成形して10〜15分間蒸して冷まし、ガーゼに包みかえる。だしに淡口醤油、濃口醤油、砂糖、ミリン、ブランデーを加えて熱し、アン肝を15分間蒸し煮にする。

フキはゆでて皮をむき、八方だしで煮る。エビは下ゆでし、ミリン、日本酒、塩、淡口醤油で5分間煮て、そのまま冷ます。

肝の煮汁に3〜5％のゼラチンを溶かしてゼリー地を作る。流し缶にフキ、薄切りのアン肝、エビの順に詰める。一段ごとにゼリー地を注ぎ、少し固まったら次の層を作る。このまま冷蔵庫で冷やし固める。

黄身酢（卵黄、酢、砂糖、塩、練り芥子）の材料を合せ、湯煎にかけて撹拌し、裏漉ししてなめらかな黄身酢を作る。

▼**提供**―断面がきれいに出るようにゼリー寄せを切って器に盛り、黄身酢をかける。

▼**コツ**―食味はゼラチン3％くらいがよいが中に入れる具が切りづらいので少しかためにした。

鮫肝の酒蒸し

（だいこん屋）

▼**仕込み**―アン肝（アンコウの肝）を酒塩に浸けて2時間おく。取り出して強火で20分間蒸して、ザルに上げて冷ましたのち、冷蔵庫で保管する。

▼**提供**―アン肝を厚めのそぎ切りにして器に盛る。小口切りのアサツキと繊切りのユズ皮を散らす。淡口醤油とポン酢で作った合せ酢をかける。

▼**コツ**―酒塩は日本酒と塩を適量合せた調味液のこと。酒の香りと薄めの塩味をつけたいときに使う。

鮟肝とケイパーのカナッペ

（どんじゃん）

▼仕込み―アン肝（アンコウの肝）はスジ、血管を取り、水で洗って掃除をし、10分間蒸す。

ケイパーはみじん切りにし、オリーブ油を加えて、すり鉢でする。粗みじんに切ったアン肝を加えてすり合せる。

▼提供―5㎜厚さに切ったバゲットにアン肝を塗り、クリームチーズをのせて、200℃のオーブンで1分間焼く。

▼コツ―オリーブ油で香りをつける。

鮟肝と大根の餡かけ

（食彩工房舎人）

▼仕込み―アン肝（アンコウの肝）は流水で血抜きをし、塩をふって30分間おく。さらに水洗いして塩を洗い、20分間セイロで蒸す。蒸し上がったら氷水で冷やす。

大根は2㎝厚さの輪切りにし、面取りをして隠し包丁を入れ、米の研ぎ汁を入れた湯で下煮する。鍋に昆布とだしを入れ、日本酒、塩を加え、大根を煮る。昆布は、仕上り直前に取り出す。最後に淡口醤油を加え、一煮立ちさせる。大根を取り出し、残った汁に水溶き片栗粉でとろみをつける。

▼提供―器に大根とアン肝を盛りつけ、煮汁をかけて、松葉ユズをのせる。

大根と鮟肝の煮込み

（うしのほねあなざ）

▼仕込み―アン肝（アンコウの肝）は、流水にさらして血抜きをしたのち、蒸し器で10分間蒸す。取り出して、つけ汁（だし、ミリン、淡口醤油）に10分間浸け込んだのち、蒸し器で蒸して味をつける。

大根は輪切りにして皮をむき、煮くずれないように面取りをする。だしにミリンと淡口醤油で味をつけて甘辛く煮る。

▼提供―大根を再加熱し、中まで熱くなったら、アン肝の薄切りを加えてさっと煮る。器に盛って、小口切りの青ネギを天に盛る。

鮟肝煮

（樽一）

▼**仕込み**―アン肝（アンコウの肝）を掃除する（→424頁鮟肝）。

煮汁（だし4、日本酒1、濃口醤油1、砂糖1）を鍋に注ぎ、アン肝を入れて落とし蓋をして火にかける。煮立つまで強火にし、そののちとろ火で1時間程度煮る。

▼**提供**―アン肝を食べやすく切る。大葉をしいて盛り、カツオ節を添える。

いかわたのたまり漬け

（なまこ屋）

▼**仕込み**―スルメイカの内臓（ワタ）を取り出す。つけ汁（たまり醤油、日本酒、ミリン）の材料を合せ、内臓を3日間浸ける。

▼**提供**―内臓を取り出し、半分に切って器に盛り、大根おろしを添え、針ショウガを天に盛る。

▼**コツ**―新鮮なスルメイカを使う。刺身などで残った内臓を利用できる。

いかの墨造り

（淡如水）

▼**仕込み**―イカのスミと内臓（ワタ）を取り出して裏漉しし、塩と日本酒を加える。

イカは軟骨を抜き、皮をむいて海水の2倍の濃度の塩水に1～2時間浸ける。

取り出して串を通して一晩陰干しする。串を抜き、細切りにして先の内臓と合せる。

▼**提供**―器に大葉をしいて盛り、繊切りのユズ皮を散らす。

▼**コツ**―一晩陰干しすることでイカの水分が抜け、塩辛が水っぽくならない。

山三特製いかの塩辛

（山三）

▼**仕込み**―イカの内臓（ワタ）は、少し黄色味をおびた脂ののったものを使う。ワタを取り出し、塩をたっぷりまぶす。水分が抜け切ったら、水洗いして、乾いた布巾で水をふき取る。これを裏漉しし、密閉容器に入れて1年間冷蔵庫でねかせる。
　イカは内臓と皮を除いて塩をふり、昆布で挟み、2～3時間おいて細切りにする。日本酒とミリンを合せてイカを浸す。ここにねかせたワタを合せ、みじん切りの赤唐辛子とユズ皮を加え、スダチの絞り汁を入れて混ぜる。1日おいて味をなじませる。
▼**提供**―カイワレ菜をしき、塩辛を盛る。

いかの塩辛

（まえ川）

▼**仕込み**―イカは脚と内臓（ワタ）を抜き、皮をむく。水気をふき取って細切りにする。
　ワタは裏漉しして塩を加える。塩の分量はワタの1割弱程度。ここに細切りのイカを漬け込んで1週間ほどおく。途中で一度混ぜる。
▼**提供**―器に盛り、ユズ皮をすりおろして散らす。
▼**コツ**―冷蔵保存で20日間程度日持ちする。

いかのわた味噌和え

（金田）

▼**仕込み**―イカは内臓を抜いて開き、皮をむく。表面に鹿の子に包丁目を入れて一口大に切る。熱湯にさっとくぐらせたのち、冷水にとって水気をふく（霜降り）。
　長ネギは小口切りにして水にさらす。

　和え衣を作る。イカのワタをしごき出して、信州ミソを混ぜ、弱火にかけて練る。どろっとしてきたら火からおろす。
▼**提供**―イカとさらしネギを和え衣で和えて器に盛り、小口切りのアサツキを添える。
▼**コツ**―イカの霜降りは生臭みを取るためのものなので、火を通しすぎないように注意する。

するめの麹漬け

（山三）

▼**仕込み**―スルメ（乾燥品）を細く裂く。日本酒、濃口醤油、ミリンを合せた中に、カツオ節、昆布を入れ、米麹を加える。ここにスルメを入れて混ぜ合せ、一昼夜おく。

▼**提供**―そのまま、器に盛りつける。

▼**コツ**―もともと酒蔵の蔵人さんが、自らの晩酌の「あて」用につくっていたもの。簡単だがおいしい。米麹の味加減だけが美味しさの決め手なので、調味料の量をかえたり、赤唐辛子などを加えたり、いろいろ工夫を凝らすといいだろう。日本酒にもビールにも合う。

いかの塩辛

（佃喜知）

▼**仕込み**―イカの内臓（ワタ）は、2〜3日前から塩を混ぜてなじませる。

▼**提供**―イカを細切りにして多めのワタと合せて器に盛り、ユズ皮の繊切りを天に散らす。

いくら

（樽一）

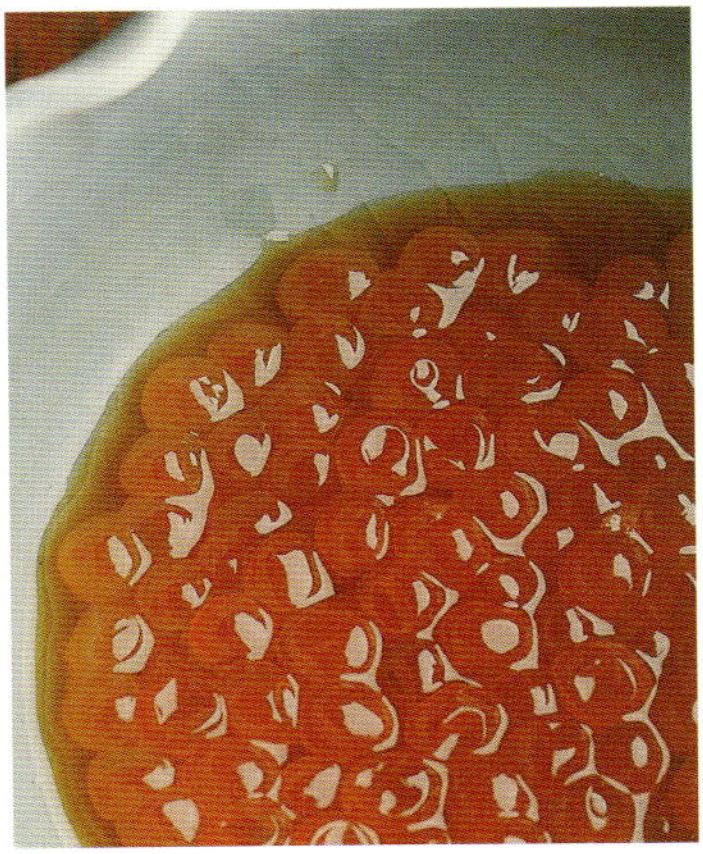

▼**仕込み**―サケの腹に包丁を入れてハラコ（サケの卵巣）を傷つけないように裂く。ハラコの両側のつけ根を切りはずし、取り出す。2腹を分け、傷つけないように開く。2〜3％の塩水を40℃に熱し、この中でハラコの薄膜をはがしてばらす。

ほぐした卵を5％の塩水につけてしばらくおき、ザルにとって潰さないようにこすり合わせる。再び水にさらすと薄膜が浮き上がってくる。これを3〜4回くり返す。調味液（濃口醤油2、日本酒1、ミリン1）を一旦沸かして冷まし、卵を浸ける。1日おいたら食べ頃。

醤油いくら

（鮭鱒料理 あいはら）

▼**仕込み**―ハラコ（サケ）は、海水と同じ程度の塩水の中でていねいにほぐし、塩水の中でよく洗う。ザルに上げて水をよく切り、特製醤油ダレ（濃口醤油と日本酒に根昆布を浸け込み、3週間ねかせたもの）と同量の日本酒を合せた中に約3時間浸ける。

▼**提供**―器に盛る。

▼**コツ**―塩水でよく洗う。味つけは薄めにする。

いくら醤油漬けのおろし和え

（藤乃）

▼**仕込み**―ハラコ（サケ）をザルに入れて水に浸し、薄皮を取って、手でもんで一粒ずつばらす。

濃口醤油、日本酒、ミリンを合せて、ハラコを浸けて1日おく。

▼**提供**―器にハラコと軽く水気を切った大根おろしとすりおろしたユズ皮を和え、クレソンを天に盛る。

▼**コツ**―仕込んでから3日以内に提供する。

いなごの甘露煮

（あらまさ）

▼**仕込み**―イナゴを焙烙で煎る。このイナゴを別鍋に移し、濃口醤油と水アメで煮る。汁気がなくなってテリが出るまで中火で煮て、甘露煮を作る。

▼**提供**―器に大葉をしいて、イナゴの甘露煮を盛る。

▼**コツ**―焙烙で煎ると熱が柔らかに通るので、香りが立ちやすい。

珍味盛り合せ

（隠家な〻樹）

▼仕込み―イナゴとザザムシはそれぞれ別に熱湯で下ゆでして冷水にとり、羽などを取り除く。濃口醤油と砂糖でそれぞれ別に甘辛く煮る。

ハチの子とマユの子は、それぞれ別に濃口醤油と砂糖でさっと煮る。

マタタビノ実は、一旦塩漬けにし、塩がなじんだら、取り出して水でさっと洗い、酢と濃口醤油を合せた中に浸ける。

▼提供―器に大葉をしいて、それぞれの珍味を盛り合せる。

岩魚のスモーク

（山三）

▼仕込み―イワナ（一夜干の開き）をソミュール液に半日ほど浸して味をつける。取り出してペーパータオル、あるいは脱水シートで包み、冷蔵庫で一昼夜乾燥させる。燻製器にイワナと煙を立てた桜チップを入れて、3〜4時間ほど冷燻（10〜30℃）する。

▼提供―燻製のイワナを軽くあぶって、食べやすく切る。

器に盛り、レタス、カイワレ菜、輪切りのスダチを添えて提供する。お好みでゴマだれ（→432頁いぶし鰻）を添えてもよい。

岩魚の卵粕漬け

（隠家な〻樹）

▼仕込み―イワナの卵を塩水の中でほぐして布で包む。

酒粕を水でゆるくのばし、布に包んだイワナの卵を1〜2日間漬け込む。

▼提供―酒粕から卵を取り出す。器に大葉をしき、大根おろしとイワナの卵を盛る。

▼コツ―ヤマメの卵でも作ることができる。

いぶし鰻

（山三）

▼仕込み―ウナギは腹開きにして串を打ち、蒲焼きのタレ（濃口醤油、ミリン）を塗って焼く。ペーパータオルで包み、冷蔵庫で1日乾燥させる。燻製器にウナギと火をつけて煙を立てた桜チップを入れて、3～4時間ほど冷燻（10～30℃）する。
▼提供―ウナギを薄切りにする。器にレタス、カイワレ菜、輪切りのスダチをしいてウナギを盛る。スダチは絞っていただく。好みで野菜用にゴマダレを添えてもよい。
▼コツ―ゴマダレは、煎りゴマをすり、濃口醤油、ミリンを煮詰めたタレでのばす。

海水うにと養老豆腐

（北〇）

▼仕込み―昆布とカツオ節で一番だしを取り、塩、日本酒を加えて熱し、少し濃い味の地を作る。地にもどした粉ゼラチンを溶かす。すりおろした長イモを混ぜ、流し缶に流し、冷蔵庫で冷やし固める（養老豆腐）。吸い地（一番だし6、濃口醤油1、ミリン・日本酒各少量）を作って冷やす。
▼提供―5cm角に切って大葉をしいた器に盛り、バフンウニとワサビ、花穂紫蘇をのせ、器の底に吸い地を流す。
▼コツ―養老豆腐をかたくしすぎないため、粉ゼラチンは控えめにする。

いかのうに和え

（酒菜亭）

▼仕込み―イカは脚と内臓を抜き、エンペラを外す。皮をむいて1枚に開いて細く切り、ウニ、ワサビ漬け（市販）、すりおろした本ワサビ、濃口醤油を加えて和える。
▼提供―器に大葉をしいて盛る。
▼コツ―イカは、ヤリイカ、アカイカ、スミイカ、モンゴウイカなど柔らかいものを使う。

生湯葉とうにの吉野仕立て

（橙）

▼仕込み―八方だしに濃口醤油と水溶き片栗粉を加えて美味餡を作る。

▼提供―生ユバを一口大に切り、器に盛って生ウニを添える。

あつあつの美味餡をかけ、ワサビ、刻み海苔を天に盛る。

▼コツ―美味餡のとろみは強めにせず、ゆるくするとユバ、ウニが食べやすく、ワサビも溶けやすい。

うに煮凍り

（金田）

▼仕込み―ゼリー地（だし12カップ、淡口醤油1カップ、ミリン1カップ）の材料を合せて熱し、水でふやかした板ゼラチン25gを溶かし入れる。

生ウニを流し缶にしき詰め、ゼリー地を注いで、冷蔵庫で冷やし固める。

▼提供―流し缶から切り出して、器に盛る。

茄子とうにのマスタードドレッシング

（串駒）

▼仕込み―ナスの天地を切り、140℃に熱した揚げ油でナスが柔らかくなるまでじっくりと揚げる。冷水にとって皮をむき、ぶつ切りにする。

ドレッシングを作る。ボウルにマスタード、粒マスタード、酢を入れ、サラダ油を少しずつ加えながら混ぜ、塩で味をつける。

▼提供―器にナスを盛り、大葉をしいて生ウニをのせ、ドレッシングをかける。

▼コツ―ドレッシングの味が濃すぎるときは、水を加えて調整する。サラダ油は分離しやすいので様子を見ながら加えること。

銀杏としめじ茸のうに和え

（金田）

▼**仕込み**―シメジタケは石突きを切り落としてほぐし、軽く塩をふってさっと焼く。ギンナンは殻を割って外し、ゆがいて薄皮をむく。

粒ウニをすり鉢ですって卵黄でのばし、ミリン少量を加えて裏漉しし、和え衣を作る。

▼**提供**―シメジタケとギンナンを和え衣で和えて器に盛る。

▼**コツ**―シメジタケはゆがくと水っぽくなってしまうので、焼くとよい。

うにの茶碗蒸し

（四季音）

▼**仕込み**―冷たい吸い地（だし、淡口醤油、塩）に同量の溶き卵を合せて裏漉しし、卵液を作る。

ギンナンは薄皮をむく。ユリネはほぐして掃除する。

▼**提供**―器にギンナン、ユリネを入れ、卵液を注ぎ、はじめは強火、表面が固まったら弱火で10分間ほど蒸す。生ウニを上にのせ、さらに1分間蒸す。

吸い地を熱し、水溶き葛でとろみをつけて、銀餡を作ってかける。

▼**コツ**―ウニは蒸しすぎず、半生で。

温泉玉子のうにソース

（とひ家）

▼**仕込み**―卵は67～68℃の温度の湯で17分間くらいゆでて、温泉玉子にする。

生ウニは15分間蒸して裏漉しし、練りウニ、カツオだし、淡口醤油と混ぜ合せ、ウニソースを作る。

▼**提供**―器に温泉玉子を割り入れ、生ウニを添える。上からウニソースをかける。天に刻み海苔を盛る。

▼**コツ**―ウニソースをからめて食べられるように、ややかために温泉玉子を仕上げる。

うるか（白うるか）

（樽二）

▼仕込み—内臓を傷つけないよう、アユの肛門から逆さ包丁を入れて腹を開く。腹から精巣（白子）を取り出し、内側についている薄い膜や血管を取り除き、流水で洗う。

日本酒で洗って臭みを取り、白子の15％程度の塩に2時間ほど漬ける。

▼提供—さっと水洗いして器に盛る。

▼コツ—ウルカはアユの内臓の塩辛で、白ウルカは白子で作る。ワタウルカ、白子ウルカともいわれる。11月頃の雄アユの白子の塩漬け。

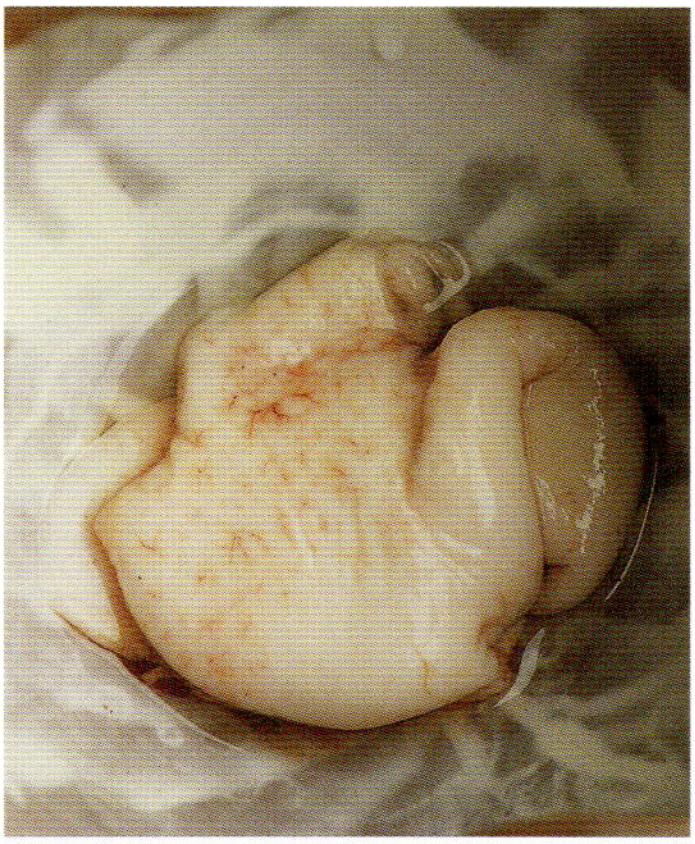

うるか（子うるか）

（樽二）

▼仕込み—内臓を傷つけないよう、アユの肛門から逆さ包丁を入れて腹を開く。腹から卵巣を取り出す。洗わずにそのまま、たっぷりの塩の中に埋めて30分間おく。身が締まり、血管がかたくなったら、取り除いて卵をほぐす。

▼提供—器に盛る。

▼コツ—秋の雌アユ（落ちアユ）は卵を抱き、腹がかたく張ってくる。この時期の卵巣を取り出して作った塩辛。

うるか（渋うるか）

（樽二）

▼仕込み—内臓を傷つけないよう、アユの肛門から逆さ包丁を入れて腹を開く。腹から内臓を取り出す。陶器製の瓶などの中にたっぷり塩をして内臓を詰め、塩漬けして3～4年間おくと、発酵・熟成して特有のうま味が出る。

▼提供—器に少量盛りつける。

牡蠣の燻製

（山三）

▼仕込み―カキは殻を外し、水洗いして掃除する。日本酒とソミュール液を合せ、昆布、カツオ節を入れて火にかける。沸いたら火からおろしてカキを入れ、自然冷却して味をしみ込ませる。ザルに取り、ペーパータオルで包み、冷蔵庫で一昼夜乾燥させる。

その後、燻製器にカキと、火をつけて煙を立てた桜チップを入れて、2時間ほど冷燻（10〜30℃）する。

▼提供―器にレタス、カイワレ菜、薄切りのキュウリ、スダチを添え、カキを盛る。野菜用にゴマダレ（→432頁いぶし鰻）を添える。

牡蠣の芥子漬け

（だいこん屋）

▼仕込み―大粒のカキは殻を外して軽く水洗いして熱湯でさっとゆでてザルに上げる。

漬け床を作る。酒粕1、信州ミソ1、天塩適量を混ぜ合せて、火にかけながら木杓子で練る。加減をみながら日本酒を少量ずつ加えてさらに練り、マヨネーズくらいのかたさになったら火を止めて、たっぷりの練り芥子2を加える。

カキを漬け床に漬けて一晩おく。

▼提供―カキを取り出して、器に盛る。

▼コツ―小粒なカキは、漬け込むと身がさらに小さくなってしまう。密封容器に入れて冷蔵庫で保存すれば3日間はもつ。

海《う》生《お》味《み》牡蠣の塩辛

（山三）

▼仕込み―カキは殻を外して身を取り出し、塩でよくもみ洗いしたのち、水洗いして汚れなどをきれいに取る。ペーパータオルに包んで水気をふき、改めてたっぷり塩をまぶし、密閉容器に入れて1年半〜2年間ほどおく。このあとミリンを少し加えて、さらに半年〜1年間、冷蔵庫か冷暗所におく。

▼提供―器にカイワレ菜、キュウリの薄切りをしき、塩辛を盛る。レモン汁をかける。

▼コツ―長期間ねかせることで、熟成され、カキの旨みが引き出される。

数の子と水菜のお浸し

（神田小町）

▼仕込み―塩数ノ子は水の中で薄皮をむき、ごく薄い塩水に浸けて塩抜きをする。2～3回塩水をかえて苦みを抜く。取り出して水気を切り、5㎜幅の斜め切りにする。

水菜はさっと熱湯でゆで、水にとって冷まして水気を絞る。だしに淡口醤油を加えて水菜を浸して絞る。

だしに日本酒、淡口醤油、ミリンを加えて味をととのえ、水菜と数ノ子を和えて冷やしておく。

▼提供―器に盛り、糸がきカツオを天に盛る。

からすみ

（樽一）

▼仕込み―ボラの腹を開き、卵巣を傷つけないように取り出す。卵巣を塩水に浸けて、針などを使って血管の血をしごき出す。

たっぷりの塩に3日間漬けて生臭さを抜く。少ない塩に長期間漬けるよりも、このほうがねっとりと仕上がる。

卵巣の塩を洗い流し、平らな台やバットなどで挟む。できれば天日で、もしくは空冷式の冷蔵庫で1週間乾燥させる。

▼提供―薄切りにして大根と盛り合せる。

▼コツ―10月頃のボラの卵巣を塩蔵乾燥して作った珍味。1日塩漬けしたあとで、八方だしで味を含ませる方法もある。

かわはぎの肝叩き

（佃喜知）

▼仕込み―活カワハギの腹に斜めに包丁を入れ、肝を取り出す。皮を頭から尾のほうに向けて一気にはぎ、3枚におろす。中骨を骨抜きで取る。

身を細切りにし、軽く塩をして、肝と合せて包丁で叩き、ミソ、長ネギの繊切りを混ぜる。

▼提供―器につま大根と大葉をしき、中骨を使って姿造りにし、穂紫蘇とワサビを添える。

▼コツ―皮をはぐとき、胆のうを潰すと苦味が出てしまうので注意。

牛舌味噌漬け

（越後）

▼仕込み―牛タン（皮をむいてゆでたもの）は4分の1に切る。日本酒とミリンを煮切って、砂糖、赤ミソ、白ミソを加えてよく混ぜ、牛タンを漬けて3日間冷蔵庫でねかせる。梅肉にカツオ節、ミリン、酢、濃口醤油を混ぜて梅酢を作る。
▼提供―器に大葉をしき、薄く切った牛タンをのせ、アサツキの小口切りを添え、菊花を飾る。別皿に梅酢を用意する。
▼コツ―ミソに漬けたら、1日2回よく混ぜること。梅酢のカツオ節は、煎って水分をとばして、すり鉢でするとよい。

このこ

（樽一）

▼仕込み―ナマコの両端を切り落とし、片側から割箸で内臓を押し出し、卵巣を取り出す。卵巣は淡いピンク色をしている。
卵巣をザルに入れて水気を切り、塩とうま味調味料をふってよく混ぜる。瓶などに入れて密封し、冷蔵庫で保存する。1～2日おいて塩がなじんだらおいしくなる。
▼提供―器に大葉をしいて、コノコを盛りつける。
▼コツ―コノコはナマコの卵巣で作った塩辛。4月以降の産卵を控えて、冬場に卵巣が発達するので、おもに寒中に作られる。

バチコ

（樽一）

▼提供―バチコは軽くあぶって柔らかくする。
器に大葉をしき、5㎜幅に切ったバチコを盛る。
▼コツ―コノコを乾燥させたものをバチコという。三味線のバチに煮た形から名づけられた。

このわた

（樽一）

▼仕込み―ナマコの両端を切り落とし、片側から割箸を入れて内臓（腸）を押し出す。
　腸の中の汚物を包丁でしごいて取り除き、ザルに入れて水気を切って塩をふり、よく混ぜる。瓶などに入れて密封し、冷蔵庫で保存する。1～2日たつと塩がなじむ。
▼提供―器に大葉をしいてコノワタを盛り、中央にウズラの卵を落とす。
▼コツ―ナマコの内臓で作った塩辛をコノワタという。ナマコには赤、青、黒があるが、青が一番出回る。ナマコの食べ頃は冬から春。

このわた飯蒸し

（四季音）

▼仕込み―もち米を水で研いで一晩おく。ザルにサラシをしいて、もち米を入れ、30分間蒸す。
　だし1に日本酒1を加えて加熱し、塩、うま味調味料を入れて濃いめに味をつけ、もち米と混ぜ合せる。

　むきギンナンを塩ゆでし、半分に切る。
▼提供―もち米とギンナンを混ぜて、1人前を器に盛り、再度蒸し上げてから、コノワタをかける。
▼コツ―もち米を蒸す時、真ん中を凹ませると、平らに蒸し上がる。

子持昆布のお浸し

（シンスケ）

▼仕込み―子持昆布を水にさらして塩抜きをする。3～4回程度水を取りかえる。適度に塩気が抜けたら1㎝幅の色紙切りにする。
▼提供―だし醤油（だし5、濃口醤油1）を表記の割で合せ、子持昆布をくぐらせて器に盛りつけ、カツオ節を天盛りにする。
▼コツ―市販されている大半の子持昆布はカナダなどからの輸入品。肉厚のものを選ぶ。塩蔵品なのでかなり塩がきついため、塩抜きを丹念にし、だし醤油は薄めの味で提供する。

鮭腹身の燻製

（歓）

▼提供―サケ腹身の燻製を直火であぶって、器に盛って提供。
▼コツ―脂肪がのっているので、酸化しやすい。したがってなるべく早めに使うようにする。

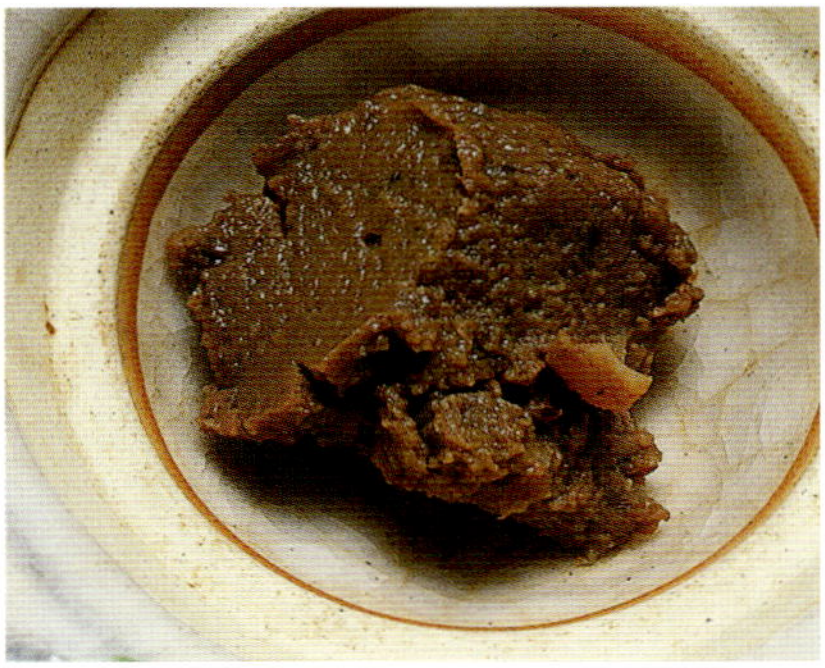

ともあえ

（鮭鱒料理 あいはら）

▼仕込み―サケの肝臓と腸は、よく水洗いしたのち、沸騰した湯で約40分間、途中で水を足しながら強火で煮る。
　肝臓は熱いうちにすり鉢で軽くする。同量の赤ミソを入れ、粉サンショウ、赤唐辛子、砂糖、日本酒を加えて混ぜ合せる。腸は細く切って細かく刻み、すり鉢に入れて、肝臓にすり込む。
▼提供―器に盛る。
▼コツ―肝臓の下にある苦みのある部分は取り除く。よくアク抜きをする。

寒塩引

（鮭鱒料理 あいはら）

▼仕込み―11月頃に獲れたサケの腹を切って内臓を取り出し、きれいに水洗いする。表面と腹の中にたっぷり塩をする。箱に入れて重しをする。途中、何回も手返ししながら約2ヵ月間ねかせ、荒巻鮭を作る。
　1月、出しっぱなしの冷水にさらして塩抜きし（かかる時間は、サケの状態により、5時間から1週間とかなり開きがある）、風通しのよい所で3～4ヵ月間、日陰干しする。
▼提供―薄く切って、器に盛る。

さざえのスモーク

（山三）

▼仕込み―サザエを殻から取り出して熱湯でゆがく。ワタを取り除き、三温糖、塩、昆布、ハーブ（タイムやバジルなど）を合せ、一緒にビニール袋に入れてもみ込む。そのまま冷蔵庫で3日間おいたのち、ソミュール液に半日ほど浸け直す。

ザルに上げて水分を切り、表面をきれいにふき取る。脱水シートに包み、冷蔵庫で乾燥させる。桜チップで2時間ほど冷燻（10～30℃）する（→432頁いぶし鰻）。

▼提供―皿にレタス、カイワレ菜、輪切りのスダチをしき、薄切りのサザエを盛る。野菜用にゴマダレ（→432頁いぶし鰻）を添える。

酒盗茗荷和え

（だいこん屋）

▼仕込み―ミョウガをみじん切りにする。

▼提供―器にミョウガを盛り、その上に酒盗をかける。

▼コツ―ミョウガは夏が旬だが、近年は冬場でも手に入る。熱燗と相性がよい珍味を使った簡単な一品。

百合根の塩辛

（久昇）

▼仕込み―ユリネは水で洗い、形がくずれないようにミョウバン水でゆでる。ハマボウフウはゆがき、ざく切りにする。

日本酒にカツオの酒盗を入れ、酒盗酒を作る。卵黄を少しずつ加えて攪拌してカスタードクリーム状にし、アンチョビのオイル漬けと豆腐ようを入れて、よくかき混ぜ、ペーストを作る。

▼提供―ユリネとハマボウフウの茎をペーストで和え、器に盛る。

合せ酒盗

（串駒）

▼提供―ホヤの塩辛、酒盗、コノワタを包丁で叩く。

ホヤ塩辛、酒盗、コノワタを2対1対1の割で混ぜ合せ、器に盛る。

▼コツ―コノワタは食べやすいようによく叩くこと。

しめじ茸の酒盗和え

（金田）

▼仕込み―シメジタケは石突きを切り落とし、熱湯でさっとゆがいて水気を切る。三ツ葉も同様に熱湯でゆがいて水気を切って、ざく切りにする。

酒盗は日本酒で洗っておく。

▼提供―シメジタケと三ツ葉を酒盗で和えて、柚子釜（ユズの実をくり抜いたもの）に盛る。

▼コツ―酒盗はカツオの塩辛のこと。ものによってそれぞれ塩分が違うので、それに合せて適度に塩を日本酒で洗い流しておく。

クリームチーズの酒盗和え

（串駒）

▼提供―クリームチーズを一口大に切り、酒盗をかける。

▼コツ―酒盗の量は好みに応じて。

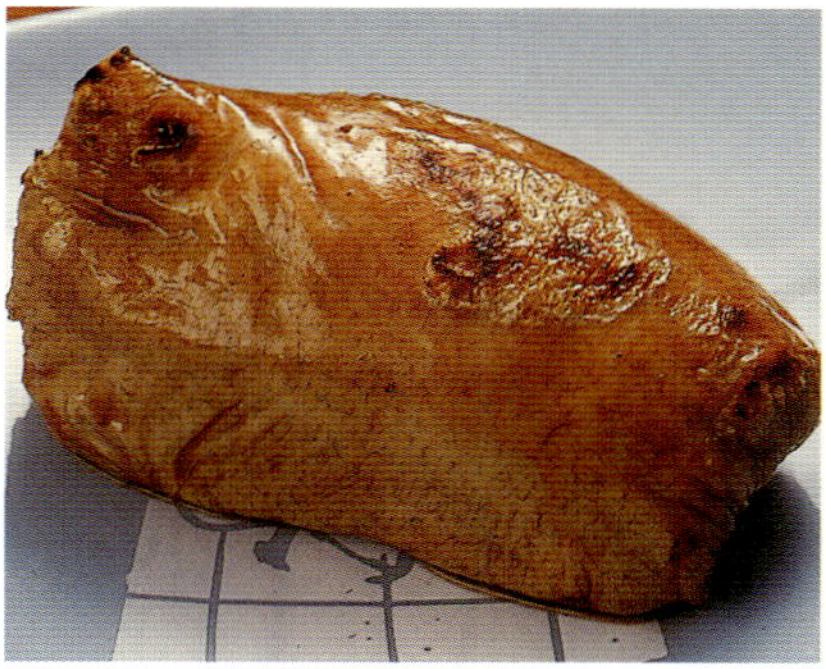

焼き白子

（鮭鱒料理　あいはら）

▼仕込み―サケの白子は水でよく洗い、5cm大に切る。
▼提供―網の上で表面を三割、裏側を七割の割で弱火で焼く。
濃口醤油、日本酒、砂糖、赤唐辛子少量を混ぜたタレにさっとくぐらせ、ショウガ汁を1滴落として器に盛る。

鯛白子酒盗

（ぶん也）

▼仕込み―タイの白子にたっぷり塩をふって3日間冷蔵庫においたのち、かぶるくらいの日本酒に2日間浸ける。さらに昆布で挟んで1～2日間おく。
▼提供―適当な大きさに切り分けて器に盛り、紅タデを天盛りにする。
▼コツ―白子はたっぷり塩をふらないと生臭くなる。ポン酢も合う。

焼き白子

（泥味亭）

▼提供―タラの白子を一口大に切る。表面に薄力粉をまぶして、フライパンにサラダ油を熱して、身をくずさないように両面をさっと焼く。
白子にはけでタレ（日本酒、濃口醤油）を2～3回塗りながら、直火で表裏を焼く。
器に白子を盛り、すりユズを散らしてスダチを添える。
▼コツ―白子はあまり焼きすぎないように注意。

素焼き白子紅葉おろし添え

（牧水）

▼仕込み―タラの白子は水洗いしてスジや汚れなどを取り、食べやすい大きさに切る。

串を打って直火で焼く。

▼提供―器に白子を盛り、ポン酢醤油をかける。白子の上に輪切りしたスダチをのせ、紅葉おろしを盛る。

白子生姜焼き

（とひ家）

▼仕込み―タラの白子はさっと水洗いして、一口大に切る。

濃口醤油、ミリン、日本酒、酢を合せ、火にかけ、アルコール分を煮切って冷ましてつけ汁を作る。冷めたらおろしショウガを加える。

白子をつけ汁に30分間くらい浸ける。

▼提供―白子を取り出して、遠火で焼く。おろしショウガと小口切りのアサツキを添える。

▼コツ―白子を長時間つけ汁に浸けると薄皮が膨張して破ける恐れがある。焼き上がりの表面に酢を塗ると、ツヤが出る。

白子と葛切りの煮もの椀

（楽味）

▼仕込み―タラの白子は一口大に切り、熱湯にくぐらせて霜降りする。

葛切りは水でもどし、食べやすく切る。シイタケは石突きを切る。

だしに塩、濃口醤油、うま味調味料を加えて味つけし、つゆを作る。

▼提供―鍋につゆを注ぎ、葛切り、シイタケを入れて煮る。葛切りが柔らかくなったら白子を加えてさらに煮（煮すぎに注意）、淡口醤油、ミリンで味をととのえる。

椀に盛り、切りそろえた三ツ葉、ユズ皮をあしらい、つゆを注ぐ。

白子と黄にらの胡麻ポン酢

（とひ家）

▼仕込み―タラの白子は鮮度のよいものを求め、一口大に切り分けておく。

黄ニラ、万能ネギは2～3㎝長さのざく切りに、長ネギは白い部分を繊切りにして水にさらし、白髪ネギを作る。

ゴマポン酢醤油（濃口醤油、ミリン、ポン酢醤油、たまり醤油、ゴマ油、ラー油）を作る。

▼提供―白子を器に盛り、上から野菜をざっくりとのせ、ゴマポン酢醤油をかける。

▼コツ―白子の鮮度が悪いときは、一度熱湯でゆでる。ポン酢醤油にゴマ油、ラー油を加えると、中華風に仕上がる。

白子天ぷら

（ビストロめなみ）

▼仕込み―タラの白子を熱湯でさっとゆがいて、一口大に切り分ける。

▼提供―白子に薄力粉をまぶす。天ぷら粉を水で溶いて衣とし、白子につけて、180℃に熱した揚げ油でさっと揚げる。

シシトウは同じ油で、素揚げにする。

器に油を切った白子とシシトウを盛って、大根おろしと一味唐辛子を添え、ポン酢醤油をかけてすすめる。

▼コツ―白子は鮮度が落ちると臭みが出てしまう。

白子揚げ

（ひがし北畔）

▼仕込み―タラの白子は塩水で洗い、水気を切り、一口大に切る。

シシトウは天地を切り、竹串で穴を開ける。

▼提供―薄力粉に水、卵黄を加えて衣を作る。白子に薄力粉をまぶし、衣にくぐらせて180℃の揚げ油で揚げる。シシトウは素揚げする。ともに油を切る。

器に盛り合せ、紅葉おろしを添え、天つゆ（だし3、ミリン1、淡口醤油1）ですすめる。

▼コツ―白子は長く揚げると、身から水分が出て油はねするので注意する。

蟹と帆立貝の白子蒸し

（四季音）

▼仕込み―ユリネはばらしてかために蒸す。シイタケ、京ニンジンは繊切り、三ツ葉はざく切りにする。鍋にサラダ油を熱し、ほぐしたカニ、ホタテ貝柱、ユリネを炒める。繊切り野菜を入れ、塩、うま味調味料で味をつける。卵を溶き入れて具を作る。

タラの白子をゆでて裏漉しする。日本酒、生クリーム、塩、卵白を加えて練る。

▼提供―輪にした経木に具を詰めて5分間蒸す。白子を詰めてさらに3分間蒸して盛りつける。美味だし餡（だし6、日本酒1、ミリン1、濃口醤油1、追いガツオ、水溶き葛）をかける。ワサビを添える。

鱈の白子の明太揚げ

（開花屋）

▼仕込み―タラの白子は一口大に切り分ける。天ぷら衣（薄力粉、卵、水）を作る。明太子は皮をむいてほぐす。

▼提供―天ぷら衣に明太子を混ぜ、打ち粉（薄力粉）をした白子をくぐらせ、175℃の揚げ油で揚げる。

器に盛り、白髪ネギを天に盛る。塩をふり、レモンと素揚げのシシトウを添える。

▼コツ―新しい油を使うと、色がきれいに仕上がる。

鱈の白子の葱お焼き

（開花屋）

▼仕込み―タラの白子は適宜に切り分けて、湯通しする。

▼提供―白子に濃口醤油少量をなじませて薄力粉をまぶし、天ぷら衣（薄力粉、卵、水）をからめる。サラダ油をひいたフライパンを熱し、白子を丸く平らにのばし、上面に繊切りの長ネギをのせる。片側が焼けたらひっくり返して焼き、途中でネギをのせた面に濃口醤油を塗り、焼き目をつける。

器に盛って、白髪ネギを天に盛り、一味唐辛子をふる。

▼コツ―白子になじませる醤油の量は多めに、からませる天ぷら衣は少なめがよい。

鱈白子の天ぷら

（佃喜知）

▼仕込み―タラの白子は、やや小さめに切って軽くゆで、水にさらして生臭みをとり、ザルに上げる。

▼提供―白子に塩をふり、片栗粉をまぶして天ぷら衣（薄力粉、卵、水）をつけ、170℃の揚げ油で揚げる。

天紙をしいた器に白子を盛り、別に素揚げしたシシトウを盛り合せ、スダチを添える。

▼コツ―天ぷら衣はやや濃いめがよい。

鱈白子の塩焼き

（佃喜知）

▼仕込み―タラの白子は、やや大きめに切って軽くゆで、水にさらして生臭みをとる。

▼提供―アルミホイルに白子をのせて、少量の塩をふり、うっすらこげ目がつく程度に軽くサラマンダーで焼く。

器に盛りつけ、スダチを添える。

▼コツ―生でも食べられる良質の白子を選ぶ。色が白くてツヤがよく、ぷりぷりしているもの。割れたものは、焼くと溶けてしまう。

白子松前焼き

（いたる）

▼提供―昆布の上にタラの白子をのせ、濃口醤油をたらす。薄塩をふり、中まで火がよく通るよう、中火の天火で7～8分間焼く。

器に盛り、半分に切ったスダチを添える。

▼コツ―白子の甘みととろけるような食感を生かすため、焼き加減に注意する。白子のかわりにカキを使ってもよい。

すくがらす
（おもろ）

▼仕込み―スクガラスを泡盛に浸して塩抜きしておく。
▼提供―器に大葉をしき、木綿豆腐を5等分に切って盛り、スクガラスを1尾ずつ豆腐の上にのせる。
▼コツ―スクガラスはアミアイゴ（アイゴの稚魚）の塩辛で、瓶詰で市販されている。アミアイゴは5～6月に沖縄近海を回遊している魚で、スクガラスはこの時期に網で水揚げされたアミアイゴを塩漬けにした珍味である。

砂肝の煮凍り
（バードランド）

▼仕込み―鶏の砂肝は銀皮をつけたまま、塩を多め（砂肝500gに対して大さじ3）にふってもみ、10分間おいて塩を洗い流す。
沸騰した湯にぶつ切りのショウガと長ネギの青い部分、八角を入れて、砂肝を10分間ほど下ゆでしてザルに上げて洗う。

この砂肝に鶏スープ、日本酒、ぶつ切りのショウガ、長ネギ、塩を加えて圧力釜で約40分間煮る。砂肝を4等分に切ってもどして冷ます。冷めると煮こごりになる。
▼提供―砂肝と煮こごりを盛り、みじん切りの長ネギと香菜を散らす。酢醤油をかける。

砂肝の味噌漬け
（しる平）

▼仕込み―鶏の砂肝のスジと銀皮を包丁でそぎ取る。仙台ミソを日本酒で少しのばす。
砂肝をガーゼで挟み、仙台ミソの中に埋めて3時間おく。
▼提供―砂肝を取り出し、薄切りにして器に盛る。
▼コツ―ガーゼを使うと、砂肝にミソがつかないので洗わずにすむ。水で洗うと砂肝が変色してしまうので注意。

砂肝のポン酢漬け

（おふろ）

▼仕込み—ポン酢醤油（ダイダイ酢4合、濃口醤油4合、ミリン2合）の材料を合せて昆布を入れ、1週間ねかせる。

鶏の砂肝は銀皮を取り除き、隠し包丁をし、沸騰した湯の中に入れ、火が通るまでゆがいて冷水にさらし、冷ます。水気をふき、ひたひたのポン酢醤油に一晩浸ける。

▼提供—砂肝を盛りつけて、あられに切ったユズ皮と白髪ネギ、万能ネギの小口切りを飾り、一味唐辛子をふる。

▼コツ—砂肝は火が通ったら、冷水にさらさないとかたくなる。

砂肝の立田揚げ

（游山楽）

▼仕込み—鶏の砂肝は銀皮をそぎ取って、鹿の子に切り目を入れ、流水にさらす。つけ汁（ニンニク、濃口醤油1、日本酒1、カレー粉、五香粉少量）を合せて砂肝を一晩浸ける。

▼提供—砂肝に片栗粉をまぶし、170℃の揚げ油で揚げる。器にサラダ菜をしいて盛り、レモンを添える。

▼コツ—砂肝は火を通しすぎるとかたくなるので注意する。

鯛のレバチーズ寄せ

（久昇）

▼仕込み—タイの肝臓は、塩でもんで水にさらし、ていねいに掃除する。煮汁（日本酒5、濃口醤油1、砂糖0.5）を合せて肝臓を煮る。

肝臓と同量のプロセスチーズを一度蒸して柔らかくし、肝臓とともにフードプロセッサーに入れてよく混ぜ合せ、流し缶に流して冷やす。

トンブリをガーゼに包み、もろみミソに2～3時間漬ける。

▼提供—適宜に切ってサラダ菜をしいた器に盛り、トンブリのミソ漬けをのせ、縦に薄切りしたアロエ、プチトマトを添える。

蛸の塩辛

（山三）

▼仕込み―タコからワタを取り出し、塩をたっぷりまぶす。水分が出切ったら、水でよく洗い、裏漉しする。

タコの脚は塩でもんでヌメリを取る。水洗いし、吸盤、皮を除き、ぶつ切りにする。

タコに塩をふり、昆布で挟み、2～3時間おく。取り出して日本酒とミリンを合せたタレに浸し、味をつける。

タコのワタ少量と、1年間ねかせたイカのワタ（→428頁いかの塩辛）を合せる。タコ、みじん切りの赤唐辛子、ユズ皮、スダチの絞り汁を入れてよく混ぜ、1日おく。

▼提供―器にレタスをしき、塩辛を盛る。

海藤花

（樽一）

▼仕込み―タコの卵を包んでいる薄い皮をむいて、卵をザルにとって水気を切る。

適当な大きさに切り分け、塩、ミリン（隠し味程度）、うま味調味料で味をつける。密閉容器に入れて冷蔵庫で保管。2～3日後に食べられる。

▼提供―器に大葉をしき、海藤花を盛って、ワケギの小口切りを散らす。

▼コツ―カイトウゲと読む。マダコの卵をさす。卵を産みつけるときに藤の花のように産むことからこの名がついた。

海藤花の芥子酢味噌かけ

（神田小町）

▼仕込み―タコの胴を裏返して卵を取り出す。卵の皮をむいて、水にさらして花を咲かせる。沸騰した湯に卵を静かに入れ、10分間ゆでてザルに上げる。

だしに日本酒、淡口醤油、ミリンを加えて薄味をつけ、卵を15分間煮て冷ます。

芥子酢ミソ（玉ミソ、練り芥子、酢）の材料を合せる。

▼提供―煮汁で卵を温めて、食べやすく切る。器に大葉をしいて卵を盛り、芥子酢ミソをかける。薄切りのミョウガを添える。

べっこう玉子

（萬屋松風）

▼仕込み―密閉容器に白ミソをしき詰め、丸くくぼませ、ここに卵黄を割り落として白ミソをかぶせて3～5日間漬ける。

▼提供―器に大葉をしき、漬け床から取り出したべっこう玉子を盛る。

▼コツ―漬け床の白ミソはニンニクを混ぜ、「もろきゅう」などに使うとよい。

鱈子豆腐

（楽太朗）

▼仕込み―生タラコ（スケトウダラの卵巣）は薄皮を取り、水にさらしてほぐす。

だしにショウガ汁、淡口醤油、濃口醤油、ミリン、砂糖、日本酒、塩を加える。これと同量の溶き卵を合せる。水溶き葛を混ぜて流し缶に注ぎ、蒸し器で20分間蒸す。

はじめは強火で蒸し、表面が乾いてきたらタラコを入れてかき混ぜ、弱火にする。

▼提供―だしに、塩、淡口醤油、ミリンを加えて加熱し、水で溶いた葛を加えて銀餡を作る。豆腐を四角く切り出して器に盛り、銀餡をかける。

鱈子松前漬け

（ひがし北畔）

▼仕込み―生タラコは鮮度のよいものを用意してほぐす。

昆布とニンジンを繊切りにする。

鍋に濃口醤油、日本酒、ミリンを合せて火にかける。沸騰したら赤唐辛子を入れて火を止める。冷めたら、ほぐしたタラコ、昆布、ニンジンを入れ、3日間浸ける。

▼提供―器に松前漬けを盛る。

▼コツ―つけ地を一度沸騰させて、日本酒とミリンのアルコール分をとばす。

子がらみ

（ひがし北畔）

▼仕込み―タラコは袋から出し、日本酒をふって酒煎りにする。
シラタキは熱湯に通し、ザルに上げて水気を切り、食べやすい長さに切る。
ニンジンは天地を落として皮をむき、1㎜厚さのいちょう切りにする。
▼提供―鍋にタラコ、シラタキ、ニンジン、小口切りの長ネギを入れ、日本酒、ミリン、淡口醤油を加えて煎り煮にする。
▼コツ―長ネギに火を入れすぎないこと。ニンジンに火が通ったら、長ネギを加えてさっと炒める程度。

助子の幽庵焼き

（おふろ）

▼仕込み―生タラコは軽く塩をして10分間おいて脱水する。塩を洗い流して水分をふき取る。
濃口醤油2、ミリン1、日本酒1の割合で合せてユズを絞り入れ、タラコを一晩浸ける。
▼提供―タラコをあぶる程度に焼いて、器に盛る。
▼コツ―助子はタラコのこと。焼き加減は好みだが、半生で提供する場合は鮮度に注意すること。

ねぎ鱈子

（おふろ）

▼仕込み―タラコはほぐし、長ネギのみじん切りと混ぜ合せ、ゴマ油を適量加える。
▼提供―器に大葉をしいてタラコを盛る。
▼コツ―長ネギが多いと水っぽくなる。ゴマ油は風味づけ程度におさえる。

真子の玉締め

（魚山亭）

▼仕込み—生タラコを熱湯でゆでて薄膜を取り、もみほぐして水気を切る。
だし、日本酒、砂糖、塩、淡口醤油、薄切りのショウガを合せて熱し、一煮立ちしたら真子を入れて炊く。溶き卵を上から流し入れ、蓋をして弱火で蒸し焼きにする。
▼提供—食べやすい大きさに切り、器に盛り小口切りのアサツキをのせる。
▼コツ—魚卵なので生臭さに注意。蒸し焼きのさい、こがさないように。真子（卵巣）はその時期に取れる白身魚のものを使う。

味噌漬け豆腐

（由庵）

▼仕込み—木綿豆腐は、まな板の上で重しをかけて、水気をよく切る。
合せミソ（赤ミソ3、白ミソ6、砂糖0.5、日本酒0.5）の材料をよく混ぜ合せる。

バットに合せミソをならしてガーゼをしき、12等分に切った豆腐を並べてガーゼを上からかぶせ、さらにその上から合せミソを詰めて、丸2日間漬け込む。
▼提供—豆腐を取り出して器に盛りつけ、スダチとワケギを添える。
▼コツ—豆腐の水気はよく切ったほうがよいが、ぼそぼそにならないようにする。

豆腐よう

（おもろ）

▼提供—器に大葉をしき、豆腐ようを角切りにして提供する。
▼コツ—豆腐ようとは、豆腐を泡盛と紅麹菌で2～3ヵ月漬けたもので、普通は市販されているものを使う。沖縄の水分の少ない豆腐を屋根の上で干して、さらに水分を抜いたものを漬け込む。

生うにとんぶり和え

（だいこん屋）

▼**仕込み**―濃口醤油にミリンを加えて一煮立ちさせ、砂糖を少量加える。これを少量のカツオだしでのばしてかけ汁を作る。

▼**提供**―トンブリを器に盛り、生ウニを盛ってかけ汁を注ぐ。

▼**コツ**―生ウニのかわりに叩き梅、酒盗などを使うとメニューの幅が広がる。

　トンブリは歯応えを楽しむもので、取り立てて特徴のある味ではないので、味の強いものやコクのあるものを合せる。

納豆の塩辛

（久昇）

▼**仕込み**―納豆7に対して、甘酒にもどる寸前の麹を3の割合で合せ、塩をあてて常温で2～3週間発酵させる。週に1度かき混ぜ、ある程度発酵したら冷蔵して発酵を止める。

▼**提供**―器に盛り、みじん切りにしたワケギをのせる。

▼**コツ**―麹をもどすさい、水温が65℃以上になると菌が死ぬので注意する。

　甘めに仕上げたいときは、麹の量を多めにする。

なまこの酢のもの

（なまこ屋）

▼**仕込み**―青ナマコは天地を切り落とし、ここから割箸を入れて内臓を抜いて水洗いする。

　ポン酢醤油（濃口醤油、酢、ダイダイの絞り汁、日本酒、ミリン、だし）を作る。

▼**提供**―ナマコを3㎜厚さの筒切りにする。器にナマコを盛り、ポン酢醤油をかける。紅葉おろしを添え、小口切りのアサツキを天に盛る。

▼**コツ**―一般的には青ナマコより赤ナマコのほうが身が締まっていて値が高いが青は身が柔らかいので、下煮せずに使える利点がある。

焼きなまこ

（なまこ屋）

▼仕込み―青ナマコは天地を切り落とし、割箸を入れて内臓を押し出し、水洗いする。

▼提供―青ナマコは縦半分に切り、串を打って、強火で表面にこげめがつく程度に焼く。

串を抜き、5㎜の薄切りにして器に盛る。ポン酢醤油をかけ、ショウガ甘酢漬け（→29頁）を添える。

▼コツ―青ナマコは強火でさっと表面を焼き、中はレアに仕上げるのがコツ。

鰊漬け

（あぶらびれ）

▼仕込み―身欠きニシンは、米の研ぎ汁に一晩浸けて柔らかくし、一口大に切る。大根とキャベツは、食べやすい大きさにぶつ切りにし、ニンジンは繊切りにする。

樽に野菜とニシンを入れ、塩をふり入れ、米麹を加え、上から重しをして寒い場所で2ヵ月間ねかせる。

▼提供―器に盛る。

平目のスモーク

（山三）

▼仕込み―ヒラメを5枚におろし、皮を引く。塩1に対して三温糖を1の割で合せてみじん切りの昆布とハーブを混ぜて、ヒラメ全体にまぶす。上からペーパータオルをかぶせて1日おく。水洗いしてソミュール液に浸けて2～3時間おき、水分をふく。

脱水シートに挟んで冷蔵庫で1～2日間おいて乾燥させる。燻製器にヒラメと火をつけて煙を立てた桜チップを入れて、4時間ほど冷燻（10～30℃）する。取り出してペーパータオルに包んで1日おく。

▼提供―ヒラメをそぎ切りにして器に盛る。レタスとゆでたシメジタケを添える。

スモークチーズ

（山三）

▼仕込み―プロセスチーズは店で使い勝手のいい大きさに切る。燻製器にチーズと火をつけて煙を立てた桜チップを入れて、3〜4時間ほど冷燻（10〜30℃）する。

▼提供―スモークしたチーズを適当な厚さに切り、大葉（ほかのハーブでも目先が変わって面白い）をしいて盛りつける。

▼コツ―プロセスチーズの場合、絶対に燻煙の温度を30℃以上にしないこと。溶け出してしまう。

ほたるいかの沖漬け

（中川）

▼仕込み―つけ汁（濃口醤油、ミリン、日本酒、赤唐辛子）の材料を合せ、一煮立ちさせて冷ましておく。

ホタルイカの目を取り除いてつけ汁に1〜2日間浸けて沖漬けを作る。

▼提供―沖漬けを器に盛り、繊切りの青ユズの皮を天盛りにして提供。

▼コツ―沖漬けの保存は冷蔵でも冷凍でも可能。

ほやの塩辛

（樽一）

▼提供―ホヤの赤い殻の上下の端を切り落とす。吸排水孔から包丁の切っ先を入れて切り開く。殻と身の間に包丁を入れて身を取り出す。内側についている内臓をきれいに取り除いて掃除する。

布巾で水気をふき、5㎜の細切りにする。先に取り出した内臓と身を混ぜて、塩とうま味調味料で味をつけて塩辛を作る。器に胡瓜と若布の酢の物と一緒に塩辛を盛り合せる。

▼コツ―ホヤは東北の名産。7〜8月に最もおいしい旬を迎える。

ばくらい

（樽一）

▼提供―ホヤの赤い殻の上下の端を切り落とす。吸排水孔から包丁の切っ先を入れて切り開く。殻と身の間に包丁を入れて身を取り出す。内側についている内臓をきれいに取り除いて掃除する。

ホヤの身をぶつ切りにする。

ホヤとコノワタを混ぜる。器に大葉をしき、ばくらいを盛り、粗みじん切りのキュウリを散らす。

マンボウの肝酢かけ

（酒菜屋）

▼仕込み―マンボウのおろし身は、5～6cm幅の細切りにし、流水に2～3分間さらす。

肝を叩いてボウルに入れ、酢、濃口醤油、おろしショウガで味をととのえ、小口切りの長ネギを混ぜ合せて肝酢を作る。

▼提供―器に大葉をしき、マンボウの身をのせて、肝酢をかける。

▼コツ―マンボウは少し臭いがあるので、よく水にさらす。

明太蓮根

（しる平）

▼仕込み―レンコンは花形に皮をむく。酢水にさらしたのち、二番だし、塩、淡口醤油を合せてレンコンを歯応えが残るように煮る。

明太子は薄皮をむいて、少量の日本酒でほぐしておく。

レンコンの穴にバターナイフで明太子を詰める。

▼提供―レンコンを5㎜厚さの半月切りにして器に盛る。

▼コツ―明太子に日本酒を加えるのは、なめらかな舌触りにするため。

明太子のカナッペ

（どんじゃん）

▼仕込み―明太子はほぐす。エシャロット、万能ネギはみじん切りにする。

ニンニクマヨネーズ（酢、卵黄、サラダ油、おろしニンニク、レモン汁、オリーブ油）を作る（→116頁葱とろのカルパッチョ）。

明太子、エシャロット、万能ネギをニンニクマヨネーズと一緒に混ぜてディップを作る。

▼提供―焼いたバゲットに明太子のディップを塗る。桂花陳酒を添える。

▼コツ―明太子の塩分に注意して、調味する。

とろろ明太子

（牧水）

▼仕込み―山イモは皮をむき、酢水にさらしてからすりおろす。

明太子は表皮を除き、中身を取り出してほぐす。

▼提供―器に大葉をしき、すった山イモを盛って、明太子を上に添える。

みじん切りにした大葉を散らす。

明太子と柚子豆腐のレアチーズ寄せ

（和義）

▼仕込み―豆腐ミソ漬けを作る。木綿豆腐に重しをし、さらに電子レンジで加熱して水分を取り除く。しっかり切ること。

麦ミソにすりおろしたユズ皮、塩、砂糖を加えてミソ床を作り、水切りした豆腐をガーゼに包んで6ヵ月間漬ける。

クリームチーズは常温にもどし、生クリームと牛乳、水でもどしたゼラチンを加えてよく混ぜる。明太子をほぐして混ぜ込む。

ここに先の豆腐をくずさないように混ぜ込んだら、流し缶に詰めて冷やし固める。

▼提供―1㎝厚さに切って盛りつける。

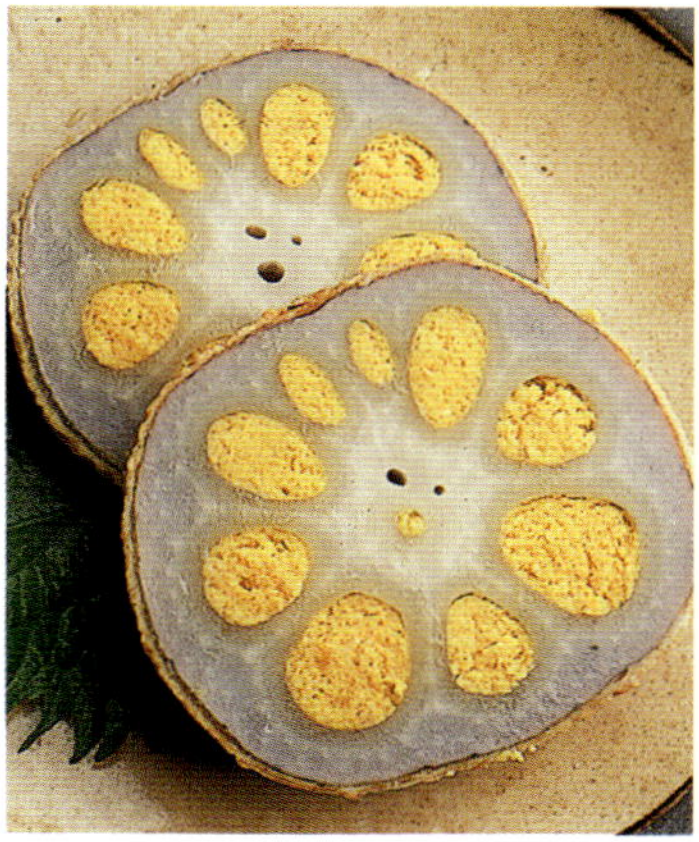

芥子蓮根

（有薫酒蔵）

▼**仕込み**―レンコンをタワシで洗い、酢を加えた熱湯でゆでてザルに上げて乾かす。

オカラにミリンを加えて煎り、色つけにキナ粉、隠し味に少量の白ミソを加えて弱火で練る。火からおろし、冷ましながら練り芥子を混ぜ込む。

ゆでたレンコンの節を切り落とし、15cm長さに切り、菜箸でオカラを穴に詰める。

卵を溶き、薄力粉とキナ粉を加えて衣を作り、レンコンにからませる。揚げ油を180℃に熱して、キツネ色に色よく揚げる。

▼**提供**―レンコンを5mmの輪切りにして、大葉をしいた器に盛る。

芥子蓮根

（まえ川）

▼**仕込み**―レンコンは皮をむいて、酢少量を加えた熱湯でさっとゆがいて冷ます。

白ミソとマスタードをすり合せて、レンコンの穴に詰める。ミソがはみ出したら、まわりをきれいにふき取っておく。

薄力粉を卵でかために溶いて衣を作る。ミソを詰めたレンコンに衣をつけて180℃の揚げ油で揚げる。衣がかりっとする程度まで揚げて、油を切り、冷ましておく。

▼**提供**―完全に冷めたら輪切りにして、器に盛る。

▼**コツ**―冷めないと、切り出すときにミソが溶け出してしまうので注意する。

山女の燻製

（いそむら）

▼**仕込み**―ヤマメの腹に包丁を入れ、内臓を取り除く。腹の中に塩を塗り、脱水シートで包み、冷蔵庫で3日間おく。水気が抜けて半乾きになり、塩が全体にまわる。

ブランデーと黒砂糖を混ぜてヤマメを2～3分間浸ける。蒸し器の下にヒッコリーのチップを一つまみ入れ、中敷きの上に網をおいてヤマメを並べ、弱火で3時間ほどいぶす。

▼**提供**―ヤマメを筒切りにして器に盛り、スダチを添える。

▼**コツ**―冷蔵庫での保存期間が長くなると、塩が効きすぎてしまうので注意する。

山女の燻製

（隠家なゝ樹）

▼仕込み―ヤマメは内臓をつぼ抜きする。きれいに水洗いしたのち、濃口醤油と塩を合せて1日浸ける。

取り出して、屋外で1～2日間風干しする。乾いたら、口にワラを通す。燻製器を50℃にして桜チップで5～6時間いぶす。真空パックにして、冷蔵保存する。

▼提供―真空パックから取り出して、食べやすい大きさに切って器に盛る。大葉と半月切りのレモンを添える。

ひし蟹キムチ

（ビストロめなみ）

▼仕込み―ワタリガニは脚を切り落とす。ハサミは縦に割る。甲羅を外し、エラ（ガニ）を取り除いて、胴を縦半分に切る。これらを酢洗いしておく。

コチュジャンを酢でのばし、ワタリガニを入れてよく混ぜ合せて3日間漬け込む。

▼提供―ワタリガニを器に盛る。

▼コツ―キムチ風の和えものなので、あまり日持ちがしない。その日のうちから提供しはじめて、3日間で食べ切るようにする。

第5章

鍋・汁

Nabe-mono, Soup

とじ鍋

（はまぐり）

▼仕込み—ゴボウを笹がきにして水にさらしておく。シイタケは薄切り、三ツ葉は小口から2～3cmに切る。

割下（だし、淡口醤油、ミリン、日本酒）を熱し、柳川風に味をととのえる。

▼提供—割下を鍋に注いで、水気を切ったゴボウをしく。アサリむき身、シイタケを盛って三ツ葉を散らす。

火にかけて沸騰したら、溶き卵を回し入れてとじる。粉サンショウをふる。

▼コツ—卵に火を入れすぎてかたくとじないようにする。

穴子のみぞれ鍋

（なかむら）

▼仕込み—アナゴは背開きにして、4～5cmのぶつ切りにする。

木綿豆腐は1cm厚さに切る。シラタキは熱湯でゆでこぼす。白菜は5cmに切り、エノキダケはほぐし、長ネギは繊切りにする。

割下（カツオだし、塩、ミリン、濃口醤油）を合せて沸かしておく。

▼提供—アナゴに薄力粉をまぶし、175℃の揚げ油で揚げる。

鍋にアナゴ以外の具材を入れて割下を注いで煮る。煮立ったらアナゴと大根おろしをたっぷり入れて、小口切りのアサツキを散らす。

穴子の柳川

（泥味亭）

▼仕込み—アナゴを背開きにして一口大のぶつ切りにする。

だしに日本酒、ミリン、濃口醤油、淡口醤油を加えて薄めの味をつけて熱し、アナゴを下煮する。取り出して経木に挟んで冷蔵庫で保存する。

ゴボウは笹がきにして水にさらしておく。

▼提供—割下（だし、日本酒、ミリン、濃口醤油）を合せて鍋に注ぎ、アナゴとゴボウを入れて煮る。沸騰したら溶き卵を回し入れて蓋をして半熟にする。仕上げに粉サンショウをふる。

▼コツ—アナゴの下煮の味つけは薄く。

穴子と蕪の柳川風

（うしのほねあなざ）

▼仕込み―アナゴは開いて白焼きにする。だしにミリン、淡口醤油を加えて味をつけたつけ汁を熱して、アナゴを1時間程度浸けておく。

聖護院カブは皮をむき、くし形切りにする。ミリン、淡口醤油で甘めに味をととのえただしで20分間煮て味を含ませる。ゴボウは笹がきにし、ミズ菜はざく切りにする。

▼提供―土鍋にカブとカブを煮たただしを注ぎ、アナゴをのせて火にかける。一煮立ちしたら、ゴボウとミズ菜を加えて、最後に溶き卵でとじる。七味唐辛子をふる。

鮟鱇鍋

（鳳仙花）

▼仕込み―ぶつ切りにしたアンコウは、熱湯に通して、素早く冷水にとる。大根はいちょう切りにする。ニンニクはすりおろす。長ネギは斜め切りにする。青唐辛子は輪切りにする。

鍋に大根と水を入れて沸騰させ、アンコウを加え、アクを取りながら煮る。塩、うま味調味料、香りづけの濃口醤油で味をととのえる。

▼提供―ニンニク、青唐辛子、ユズ皮、長ネギ、シュンギク、赤唐辛子、アン肝を加え、卓上のコンロで火を通す。

いかわた鍋

（和義）

▼仕込み―スルメイカは脚と内臓（ワタ）を取り出す。内臓を、つけ汁（日本酒1、ミリン1、濃口醤油1、ショウガ汁少量）に約3時間浸けておく。

長ネギは斜め切り、エノキダケはほぐし、ミブ菜は小口から5cmのざく切りにする。

割下（だし5、濃口醤油1、ミリン1）を表記の割で合せて熱しておく。

▼提供―スルメイカの身を切り開いて皮をむき、短冊切りにする。紙鍋につけ汁から取り出したスルメイカの内臓、長ネギ、エノキダケ、ミブ菜を盛って割下を注ぐ。

卓上で鍋をコンロにかけて食べる。

いか団子と大根スライスの鍋仕立て

（串駒）

▼仕込み—イカをおろし、エビは殻をむいて背ワタを取る。イカをフードプロセッサーで挽き、塩、ミリン、だしで味つけし、エビを加えてさらに挽く。ボウルに移して一味唐辛子、トンブリを加えて混ぜ、団子に丸めてイカ団子を作る。

鶏挽き肉に卵、塩、コショウ、日本酒、片栗粉を加えて練り、みじん切りのシイタケ、レンコン、三ツ葉を加えてさらに練り、ツクネを作る。

イカ団子、ツクネを日本酒、塩を加えた湯でさっとゆでる。

大根はスライサーで薄く切り、京菜はざく切り、油アゲは熱湯をかけて油抜きして細切りにする。

いか団子とツクネのゆで汁、鶏ガラスープを合せ、塩、淡口醤油、ミリン、ゴマ油で味をととのえ、スープを作る。

▼提供—鍋にイカ団子、ツクネ、大根、京菜、油アゲを盛り、スープを注いで火にかける。

▼コツ—イカ団子、ツクネは完全に火を入れず、七割ほどの火入れに。大根は歯応えを残したいので、ほとんど生でよい。

いかみぞれ鍋

（酒菜屋）

▼仕込み—イカは脚と内臓（ワタ）を取り、目と口を外す。胴は輪切りに、脚は5㎝に切る。白菜はざく切りにする。長ネギは小口切りにする。三ツ葉は2〜3㎝に切る。

▼提供—鍋に白菜、ナメコ、マイタケを入れ、イカと、たっぷりの大根おろし、長ネギ、イカの内臓をのせる。

赤ミソで作ったミソ汁を注ぎ、火にかけ、三ツ葉をのせる。肝に火が通ったら、肝をくずしながら食べる。

鰯のつみれ豆腐鍋

（楽太朗）

▼**仕込み**―イワシは3枚におろし、細かく切る。みじん切りの長ネギ、ショウガをイワシと混ぜ、田舎ミソ、日本酒、片栗粉、すりおろした山イモを混ぜ合せ、つみれを作り、丸めておく。

絹漉し豆腐は角切りにする。シイタケは石突きを取り、ワカメは食べやすく切る。三ツ葉はざく切りにする。

割下（だし、おろしショウガ、焼きネギ、濃口醤油、塩）を鍋に注ぎ、つみれと豆腐、シイタケ、ワカメを入れて、加熱する。

▼**提供**―小鍋に取り分けて、火にかけ、三ツ葉を入れる。

打ち込み鍋

（福増屋）

▼**仕込み**―手打ちうどんの切れ端を使う。5分間ほどゆでて水にとり、水気を切る。

大根、ニンジン、油アゲ、ナスは短冊切りにする。白菜はざく切り、ゴボウは笹がき、シメジタケは小房に分ける。青ネギはざく切りにする。豚肉、鶏モモ肉は食べやすい大きさに切る。

割下（うどんだし、白ミソ）を作る。

▼**提供**―鍋に割下を注ぎ、火にかける。煮立ったら豚肉、鶏肉を入れ、アクを取り除く。野菜類、油アゲを加え、うどんを入れてさらに火を通す。最後に青ネギを加える。

生うにとごぼうの玉子とじ

（橙）

▼**仕込み**―ゴボウはよく洗い、笹がきにする。割下（だし7、ミリン1、濃口醤油1）を作る。

▼**提供**―柳川鍋に割下とゴボウを入れ、ゴボウに火が通るまで煮る。生ウニを鍋に散らして、すぐに溶き卵を回しかける。ざく切りの三ツ葉を散らし、粉サンショウをふる。

▼**コツ**―生ウニに完全に火が通らないように最後に入れると、柔らかく仕上がる。

牡蠣の土手鍋

（凧錦）

▼仕込み―カキむき身は水でよく洗って、熱湯でさっとゆでる。

赤ミソに砂糖、ミリン、日本酒を加えて弱火で練って土手ミソを作る。青ネギは小口切りにする。

▼提供―鍋の内側に土手ミソをすり鉢状に塗り、カキを並べる。上からだしを注ぎ、火にかける。

だしが煮立って、ミソが溶けてきたら青ネギをたっぷりとかけて提供する。

▼コツ―ミソをこがさないように。

牡蠣鍋

（炉ばた）

▼仕込み―白菜は2cm長さに、シュンギクは3～5cmのざく切りにする。エノキダケはほぐし、シイタケは傘に飾り包丁を入れる。大根は松に見立てて切り、ニンジンは花型にむく。

▼提供―カキ、白菜、シュンギク、エノキダケ、シイタケ、大根、ニンジン、木綿豆腐を土鍋に盛り、水を注いで火にかける。火が通ったら仙台ミソを加えて調味する。

卓上コンロで鍋ごと提供する。

▼コツ―志津川産のカキと白菜を使った、仙台ならではの味わい。

合鴨の柳川風

（なまこ屋）

▼仕込み―ゴボウは笹がきにし、長ネギは斜め切りにする。三ツ葉は3cmのざく切りにする。

割下（だし5、淡口醤油1、ミリン1）を表記の割で合せておく。

▼提供―土鍋に薄く切った合鴨胸肉の切り身を6枚、ゴボウ、長ネギを入れて、割下を注いで煮る。

火が通ったら溶き卵を回し入れて半熟状にとじる。

三ツ葉を散らして提供。

鴨肉と水菜の小鍋仕立て

（もり川）

▼仕込み―合鴨胸肉は拍子木切りにし、さっとゆがいて脂抜きする。ミズ菜は6～7cm長さに切る。
▼提供―小鍋にだしを注ぎ、日本酒、淡口醤油、濃口醤油で味をつけ、鴨肉とミズ菜を入れて加熱する。ミズ菜は生っぽさを残して提供する。
▼コツ―食べるときにちょうどよい火の入り加減にする。

牛肉と豆腐の柳川風

（笹吟）

▼仕込み―ゴボウは笹がきにして、水にさらす。牛肉と豆腐を一口大に切り分ける。割下（だし、淡口醤油、ミリン、塩）を合せておく。
▼提供―陶板にゴボウをしき詰めて、割下を注ぎ、火にかける。八割まで火が通ったら、豆腐、牛肉をのせ、再び火にかけ、溶き卵を回し入れる。
最後に三ツ葉を散らし、粉サンショウをふる。
▼コツ―牛肉、卵は火を通しすぎないようにする。割下が足りないときは、つぎ足す。

ホルモン鍋

（鳳仙花）

▼仕込み―牛の腸（ホルモン）は表側と内側（裏返しにして洗う）に薄力粉をたっぷりまぶして汚れや臭いを吸い取らせ、水で洗い流す。これを2回くり返し、最後に水でよく洗って、食べやすくぶつ切りにする。
牛の胃（ハチノス）はぶつ切りにして圧力鍋で約20分間下ゆでする。ホルモンとともに鍋に入れて火にかけ、コチュジャン、田舎ミソ、みじん切りのニンニクを加えて、20～30分間煮込む。玉ネギ、ゴボウは食べやすく切る。
▼提供―鍋に取り分け、玉ネギ、ゴボウ、キムチを加えて、卓上コンロで火にかける。

きりたんぽ鍋

（あらまさ）

▼仕込み―比内鶏の正肉とモツはぶつ切り、キリタンポは5cmに切り、セリはざく切り、長ネギは斜め切り、ゴボウは笹がき、ニンジンは短冊切り、マイタケはほぐし、コンニャクはゆでこぼしてスプーンでちぎる。サトイモは米の研ぎ汁でゆでこぼしてヌメリを除く。

　比内鶏のガラをたっぷりの水で骨が砕けるまで煮て（約6時間）だしをとり、ミリン、日本酒、濃口醤油を加えて割下を作る。

▼提供―鍋に割下を注ぎ、正肉とモツを入れて煮る。次に根菜類、そのほかの具の順に煮て、キリタンポは食べる直前に入れる。

石狩鍋

（串駒江古田店）

▼仕込み―切り餅は表面に焼き色をつける。サケの切り身、油アゲ、白菜、シュンギク、長ネギ、シメジタケ、エノキダケ、木綿豆腐は食べやすく切る。

▼提供―割下（カツオだし、白ミソ、濃口醤油・ミリン各少量）を合せ、ミソ汁よりも少し濃い程度の味つけにして鍋に注ぎ、火にかける。

　風味づけにバターを少量を加え、具材を煮込む。煮えたらイクラを散らし、鍋ごと提供する。

▼コツ―バターの香りはサケと非常に相性がよいが、隠し味程度にとどめる。

石狩鍋

（鮭鱒料理 あいはら）

▼仕込み―キャベツはざく切り、玉ネギはくし形切り、細コンニャクは食べやすく切る。長ネギは斜め切りにする。

▼提供―水に根昆布とキャベツ、玉ネギ、細コンニャクを入れて沸騰させる。

　野菜が煮えたら、赤ミソとサケの切り身、サケのアラを加える。サケに火が通ったら、長ネギと奴に切った豆腐を入れる。粉サンショウ、イクラを散らす。

椎茸のれもん焼き

（萬屋松風）

▼仕込み―シイタケは薄切りにする。レモンを半月切りにする。ワカメは水でもどしてざく切りにする。三杯酢（酢、濃口醤油、砂糖）を合せておく。

▼提供―深めの器にだしを注ぎ、ワカメを入れ、シイタケとレモンを加えて一煮立ちさせる。最後に三杯酢を加えて味をととのえ、細かく刻んだ三ツ葉を天に盛る。

▼コツ―適当な器がない場合は、アルミホイルで舟型を作って使うとよい。シイタケのかわりにシメジタケでもよい。

ポテトのすいとん

（うの花）

▼仕込み―ジャガイモは水からゆでて皮をむき、裏漉しする。片栗粉少量を加えて、耳たぶ程度のかたさに練り、団子に丸める。鶏モモ肉は一口大に切り分ける。シイタケは石突きを取って薄切りにする。

▼提供―市販の鶏ガラスープ（味が薄い場合は塩、コショウで好みの味にととのえる）を鉄鍋に注ぎ、火にかける。

沸騰してきたら鶏肉、シイタケ、団子を入れ、煮えばなに三ツ葉、ユズ皮1片を加える。

蓴菜の貝焼き鍋

（あらまさ）

▼仕込み―木綿豆腐は12等分の角切りにする。マイタケは薄切り、焼麩は2㎝厚さに切って水でもどす。田ゼリは5㎝のざく切り、長ネギは斜め切りにする。ジュンサイは水洗いして水気を切る。

▼提供―ホタテ貝の殻にショッツルを入れ、6～8倍の昆布だしで薄める。殻をコンロにのせて火にかけ、ジュンサイ、木綿豆腐、マイタケ、田ゼリ、長ネギ、焼麩を入れて煮る。別皿にたっぷりジュンサイを用意する。

▼コツ―ショッツルはハタハタを2年間塩漬けにしてとった上澄み液のこと。

白魚の玉子とじ

（大観音）

▼**仕込み**―ウドは皮をむいて短冊切りにする。酢水にさらしてアクを抜き、水気を切る。三ツ葉は1cmのざく切りにする。

割下（だし12、ミリン1、日本酒1、淡口醤油1、うま味調味料）を表記の割で合せておく。

▼**提供**―陶板の浅鍋にウドとシラウオを入れ、割下を注いで火にかける。沸騰したら溶き卵を回し入れ、三ツ葉を散らす。粉サンショウと七味唐辛子を添える。

▼**コツ**―ウドのほかにエノキダケや長ネギもシラウオに合う。ただしゴボウはくせが強すぎてシラウオとはあまり合わない。

すっぽん鍋

（四季音）

▼**仕込み**―スッポンをほどく。80℃の湯に浸けて薄皮をむき、水に落して血合と脂を除き、1時間水にさらして臭みと汚れを取り除く。たっぷりの水とその3割量の日本酒で、スッポンを煮る。アクをこまめにひきながら、1時間強火で煮る。

切り餅、木綿豆腐は角切り、長ネギは3cm長さに切る。

▼**提供**―切り餅、長ネギを焼く。鍋に日本酒、淡口醤油、うま味調味料を入れて、味をととのえる。スッポンと豆腐と餅と長ネギを入れて強火で煮る。

▼**コツ**―100℃の湯では皮がむけなくなる。

せんべい汁

（酒菜屋）

▼**仕込み**―鶏モモ肉は薄切りにする。ゴボウとニンジンは笹がきにする。セリと長ネギと三ツ葉はざく切りにする。マイタケは食べやすく裂いておく。

▼**提供**―鍋にカツオだし、日本酒、濃口醤油を少々入れ、塩で味をととのえる。

ここに鶏肉、ゴボウ、ニンジン、ナメコ、マイタケを入れて煮る。火が通ったら、手で大きく割った南部せんべい、セリ、長ネギを入れて一煮立ちさせ、三ツ葉を散らす。

鍋のまま卓上コンロで温めて提供する。

▼**コツ**―八戸の郷土料理。せんべいは、煮込んでも形がくずれない鍋用のものを使う。

鯛蕪

（凧錦）

▼仕込み―タイの切り身は熱湯をかけて冷水にとり、血合やウロコをていねいに取り除く。

聖護院カブはくし形切りにして面取りをする。柔らかくしすぎないように米の研ぎ汁で下ゆでする。

タイを鍋に入れ、ひたひたの水を加え、砂糖、ミリン、日本酒、合せ醤油（濃口醤油、淡口醤油）で薄味にととのえる。タイが動かないように落とし蓋をして煮る。

タイの煮汁を別鍋に取り、だしで割って下ゆでしたカブを煮る。

▼提供―土鍋にタイとカブを盛り、煮汁を注いで火にかける。取り分けて針ユズを添える。

じゃっぱ汁

（ひがし北畔）

▼仕込み―タラを3枚におろして一口大のそぎ切りにする。中骨、頭は3cmほどに、内臓は水洗いして大きさをそろえて切る。

シイタケ、エノキダケ、シメジタケ、その他のキノコは小分けにし、シイタケは傘に飾り包丁をする。

白菜はそぎ切り、セリは根を切り落として半分に切る。長ネギは1cm厚さの斜め切りにする。木綿豆腐を一口大に切る。

▼提供―昆布だし9、淡口醤油1、日本酒1を合せて鍋に注ぎ、タラの中骨、頭、内臓を煮る。アクをひき、野菜、キノコ、豆腐を加え、最後にタラの身を加えて煮る。

真だちの玉子とじ

（山田家）

▼仕込み―ゴボウは洗って、細切りにする。

▼提供―鍋にタラの白子、ゴボウ、淡口醤油、ミリン、日本酒を入れ、一煮立ちしたら溶き卵を回し入れて、三ツ葉を散らす。

鍋ごとあつあつを提供する。

▼コツ―煮すぎないこと。

鱈ちり鍋

（串駒江古田店）

▼仕込み―切り餅は表面に焼き色をつける。白菜、シュンギクは5cmに切る。長ネギは斜め切りにする。シメジタケ、エノキダケはほぐす。木綿豆腐、葛切りは一口大に切る。

昆布と水を火にかけて昆布だしをとる。

▼提供―昆布だしを鍋に注ぎ、タラ、白菜、シュンギク、長ネギ、シメジタケ、エノキダケ、木綿豆腐、葛切り、餅を煮る。

ポン酢醤油、紅葉おろし、小口切りのアサツキを添える。

煮奴

（だいこん屋）

▼仕込み―木綿豆腐を大きめの角切りにし、水気を切っておく。長ネギを厚めの斜め切りにする。

▼提供―土鍋に豆腐と長ネギを入れる。ここにカツオだしを注ぎ、濃口醤油と少量の砂糖を入れて煮る。煮立つ直前に薄く削ったカツオ節をたっぷり入れて提供する。

▼コツ―甘みの少ない辛めの汁でさっぱりと仕上げた。豆腐はあまり煮すぎるとスが入ってかたくなってしまうので注意する。

あぶすき

（だいこん屋）

▼仕込み―油アゲは熱湯をかけて油抜きをし、4等分に切る。木綿豆腐は大きめの角切りにして水気を切っておく。下仁田ネギは厚めの斜め切りにする。

▼提供―土鍋に油アゲ、木綿豆腐、下仁田ネギを入れる。

ここにカツオだしを注ぎ、濃口醤油、ミリン、砂糖で甘辛く味をつけて煮る。土鍋のまま提供。

▼コツ―甘めの汁に仕立てたので、冬に出回るとろっとした甘みのある下仁田ネギが合う。

みぞれ湯豆腐

（うの花）

▼提供—木綿豆腐は3cmの角切りにする。土鍋に昆布をしき、水を注ぎ、木綿豆腐を入れて火にかける。
煮立つ直前に大根おろし、シラスを加え、さっと煮立てて仕上げる。
濃口醤油と薬味（万能ネギ、花カツオ、おろしショウガ）を添えて提供する。

水菜と湯豆腐

（おふろ）

▼仕込み—豆腐は奴に切る。ミズ菜は水洗いしてシャッキリさせ、ざく切りにする。
割下（だし5、濃口醤油2、ミリン1）は一度沸騰させて追いガツオをする。
▼提供—土鍋に昆布と豆腐を入れ、水を注いで火にかける。豆腐が温まったらミズ菜を上にのせる。
スダチ、青唐辛子、刻んだユズ、割下を添える。
▼コツ—湯豆腐は、沸騰させると豆腐の風味がとぶので注意する。ミズ菜は煮てしまうとハリハリ感がなくなるので、あえて生で提供し、浸しながら食べる。

參鶏湯《サムゲタン》

（鳳仙花）

▼仕込み—ヒナ鶏（丸中抜き）の腹の中にもち米、小さく切った高麗人参、ナツメ、クリ、ニンニクを詰め、楊枝でとめるか糸でとじる。
湯の中に鶏を入れて約40分間煮込み、塩、コショウ、うま味調味料で味をつける。
長ネギは斜め切りにする。
▼提供—鍋に取り分け、長ネギを加え、卓上コンロで火を通す。
▼コツ—長ネギ以外の野菜や豆腐、うどんを加えてもよい。

スープ炊き

（岩戸屋）

▼仕込み―鶏ガラを水で煮てスープをとって漉す。にごるまで長時間強火で煮ない。

具を用意する。鶏胸肉、鶏モモ肉はぶつ切り、白菜、シュンギク、長ネギ、エノキダケ、ニンジンは食べやすく切る。

▼提供―鶏ガラスープを鍋に注ぎ、塩で薄味をつける。盛り皿に鶏肉（胸肉、モモ肉、挽き肉）を盛る。また別皿に野菜と奴に切った豆腐、葛切りを盛り合せる。ポン酢醤油（ダイダイ酢、濃口醤油、淡口醤油）と博多小ネギ、一味唐辛子、塩を添える。

わんたんと黄にらの小鍋仕立て

（なかむら）

▼仕込み―ワンタンを作る。鶏挽き肉に卵白を混ぜ、淡口醤油、塩、砂糖、田舎ミソで味をつけて練る。これをワンタンの皮で包む。

黄ニラとホウレン草は3～4cmのざく切り、シイタケは薄切り、長ネギは斜めの薄切りにする。

割下（カツオだし、濃口醤油、塩、コショウ、赤唐辛子）を合せて沸かす。

▼提供―土鍋にワンタンと野菜を入れて割下を注ぎ、火にかける。ワンタンは煮すぎるとくずれてしまう。

しょっつる鍋

（あらまさ）

▼仕込み―ハタハタは水洗いしてヌメリを取り除く。タラの白子は一口大に切る。

木綿豆腐は角切りにする。マイタケはほぐしておく。ニンジンは繊切り、白菜は5cmのざく切り、長ネギは斜め切りにする。セリは4～5cmのざく切りにする。ワラビはアクを抜く（→29頁）。

割下（昆布だし10、ショッツル1）を合せておく。

▼提供―鍋に割下を注ぎ、ハタハタを入れて熱する。煮えにくいものから順に入れる。最後にタラの白子を入れて一煮立ちさせる。

桜鍋

（隠家なゝ樹）

▼仕込み—馬肉はすき焼き用のように大きめの薄切りにする。長ネギは斜め切り、白菜とシュンギクはざく切り、ニンジンは花型に抜いて薄切り、エノキダケは石突きを切ってほぐす。シイタケは軸を切り、傘に飾り包丁を入れる。木綿豆腐は角切りにし、シラタキは適当に切っておく。

信州ミソに砂糖とミリンを混ぜ合せる。これを取り分けてだしで溶いて割下を作る。

▼提供—野菜と肉を別皿に盛る。鉄鍋に割下を注いで熱し、盛り皿とともに提供する。卵を小鉢に添える。

はまぐり鍋

（はまぐり）

▼仕込み—ハマグリは薄い塩水に浸けて砂抜きをしておく。

木綿豆腐は大きめの角切りにする。シュンギク、長ネギ、エノキダケは適当な大きさに切りそろえておく。シイタケは傘に飾り包丁を入れておく。

昆布だしに淡口醤油、ミリン、日本酒を加えて熱し、スープを作る。

▼提供—鍋にスープを注ぎ、すべての材料を盛り込む。

卓上のコンロで熱して食べる。

キムチ鍋

（楽味）

▼仕込み—豚バラ肉薄切りの余分な脂身を掃除し、食べやすく切る。白菜キムチをざく切りにする。絹漉し豆腐を一口大に切る。葛切りを水に浸けてもどし、食べやすい長さに切る。長ネギを斜め切りにする。

だしにうま味調味料を加えて田舎ミソを溶き入れ、薄いミソ汁を作る。

▼提供—土鍋にミソ汁を注ぎ、豚バラ肉、白菜キムチ、絹漉し豆腐、葛切り、長ネギを入れて火にかける。

ミリン、淡口醤油、豆瓣醤、おろしニンニクを加え、沸いたら溶き卵を回し入れてとじ、アサツキの小口切りを散らす。

肉豆腐鍋

(うの花)

▼仕込み―木綿豆腐は3cm角に切り、豚肉薄切りは食べやすい大きさのぶつ切りにする。長ネギは斜め切りにし、シイタケは石突きを取って、きれいに掃除をしておく。

▼提供―鍋にだしを注ぎ、ミソを溶かす。ミソ汁より多少濃いめの味つけにし、隠し味として砂糖少量を加える。

具材を入れて煮る。

▼コツ―浮いてくるアクをていねいに取り除くこと。

豚ロースのみぞれ鍋

(串駒江古田店)

▼仕込み―具材を用意する。豚ロース肉薄切りを用意する。白菜、シュンギク、長ネギ、木綿豆腐は食べやすく切っておく。シメジタケ、エノキダケはほぐしておく。葛切りは水でもどしておく。

割下(カツオだし10、淡口醤油1、ミリン1)を合せておく。

▼提供―割下を鍋に注ぐ。鬼おろしで粗くおろした大根を加えて火にかけ、具材を適宜に入れて煮る。鍋ごと提供する。

▼コツ―大根で豚肉の脂肪分を和らげる。

水餃子

(黒船屋ルネッサンス)

▼仕込み―餃子の種(豚挽き肉、ニンニク・ショウガ・キャベツ・ニラ・白菜・長ネギ各みじん切り、卵、でんぷん、ポークエキス、オイスターソース、塩、砂糖、濃口醤油)の材料を合せて練り、餃子の皮で包む。

スープ(だし20、淡口醤油1、ミリン0.5、おろしショウガ・ゴマ油各少量)を合せて熱する。ワカメは水でもどす。

▼提供―小鍋にスープを注ぎ、餃子、ワカメを加えて火にかける。沸騰したら溶き卵でとじ、小口切りの万能ネギを散らす。

豆腐と貝の四川風

（はまぐり）

▼仕込み―木綿豆腐は水切りして長方形に切る。シメジタケは適当にほぐしておく。ワケギは4～5cmのざく切りにする。

▼提供―ホタテ貝柱を横に2～3枚に切る。ハマグリの殻を1枚外す（貝柱がついていない側の殻）。ホッキ貝、イシカゲ貝は殻を外して掃除する。

具材を小鍋に盛り、四川風のタレ（市販の麻婆豆腐の素）をかけてコンロで熱する。途中で1度混ぜる。

串駒鍋

（串駒江古田店）

▼仕込み―薄力粉におろした山イモを2割程度加え、タコの細かいぶつ切り、干エビ、繊切りキャベツ、紅ショウガを混ぜ合せる。エノキダケはほぐす。シュンギクはざく切りにする。長ネギはみじん切りにして揚げ油で揚げる。

固形ブイヨンで作ったスープ10に対し、淡口醤油1、日本酒1を加え、塩、うま味調味料、黒コショウで味をととのえる。

▼提供―スープを鍋に注ぎ、エノキダケ、シュンギクを入れる。油で揚げた長ネギを加えて火にかける。スープが沸騰したら、スプーンで生地をすくい入れながら食べる。

ちゃんこ鍋

（凧錦）

▼仕込み―タラの切り身、豚バラ肉、鶏モモ肉は一口大に切る。カキむき身は水洗いして霜降りをする。ツクネ（市販）は熱湯に通す。エビは頭と殻をむき、背ワタを抜く。

白菜とシュンギクはざく切り、玉ネギは輪切り、長ネギは斜め切り、ゴボウは笹がきにする。大根は輪切りにして下ゆでする。コンニャクと油アゲはゆでこぼす。

割下（だし、ミリン、酒塩、淡口醤油、おろしニンニク）を合せる。

▼提供―割下を土鍋に注いで火にかける。沸いたら具を入れて煮る。

味噌ちゃんこ鍋

（串駒江古田店）

▼仕込み—魚のアラ、銀ムツはぶつ切りにし、ゴボウは笹がきにする。白菜は5cmに切り、長ネギは斜め切りにする。シメジタケ、エノキダケはほぐす。油アゲは短冊切りにし、豆腐は一口大に切る。

割下（カツオだし、白ミソ、濃口醤油・ミリン各少量）を合せ、ミソ汁よりも少し濃い程度に味をととのえる。

▼提供—鍋に割下を注ぎ、魚のアラ、ハマグリ、銀ムツ、ホタテ貝柱、イワシつみれ、鶏ツクネ、白菜、シュンギク、長ネギ、ゴボウ、シメジタケ、エノキダケ、油アゲ、葛切り、豆腐を入れて煮る。

玉子宝楽焼き

（凧錦）

▼仕込み—アナゴはおろしてだしで煮る。アクをひき、淡口醤油、ミリン、日本酒で味をつけて一煮立ちさせ、5cm長さに切る。

エビは頭と殻をむき、背ワタを抜いて、熱湯でゆがく。ギンナンは殻を外し、さっとゆでて薄皮をむく。シイタケは薄切りにする。ユリネはばらして汚れを落とし、ゆでておく。三ツ葉はゆでてざく切りにする。

▼提供—土鍋にアナゴ、エビを入れて、三ツ葉以外の野菜類を盛る。

卵液（卵、だし、ミリン、淡口醤油）を土鍋に流し入れる。蓋をして火にかけて、卵が半分固まってきたら三ツ葉を散らす。

寄せ蒸し

（江差亭）

▼仕込み—魚介類（エビ、サケ、ホッキ貝、ヒラメ）は食べやすく切って、さっと熱湯に通す。白菜、豆腐、シラタキ、インゲン、長ネギは食べやすく切る。シイタケは飾り包丁をする。ワカメはもどしてざく切りにする。

割下（カツオだし、濃口醤油、ミリン、塩、日本酒）を合せておく。

▼提供—鍋に魚介類を入れて割下を注ぎ、中火で煮る。火が通ったら白菜、豆腐、シラタキ、インゲン、シイタケ、ワカメを入れ、最後に長ネギとユズ皮を入れる。

▼コツ—魚介類は、クセの強い魚介や、にごりの出るものは使わない。

青海苔の味噌汁

（海女の小屋）

▼仕込み―青海苔をきれいに水洗いする。だしと合せミソを用意する。
▼提供―沸騰させただしに合せミソを溶き入れてミソ汁を作り、椀に注ぐ。青海苔を入れて小口切りのワケギを散らす。
▼コツ―青海苔は淡泊なのでミソ汁は濃いめの味つけに。
◆海女の小屋のだし◆鍋に水18ℓを入れて火にかけ、沸いたらカツオ節100g、宗田節300gを加え、苦みが出ないうちにすぐ引き上げる。
◆海女の小屋の合せミソ◆赤ミソ6、白ミソ4をよく混ぜて作る。

きつねの赤だし

（しる平）

▼仕込み―油アゲは熱湯をかけて油抜きをしたのち、串を打って強火で両面にこげ目がつくまで直火で焼いて2㎜の短冊切りにする。
▼提供―だしを熱し、赤だしミソ（→485頁ジュンサイ）、信州ミソ、白ミソ、濃口醤油、塩を加えて味をととのえる。ここに油アゲを入れて熱し、器に盛って白髪ネギを添える。

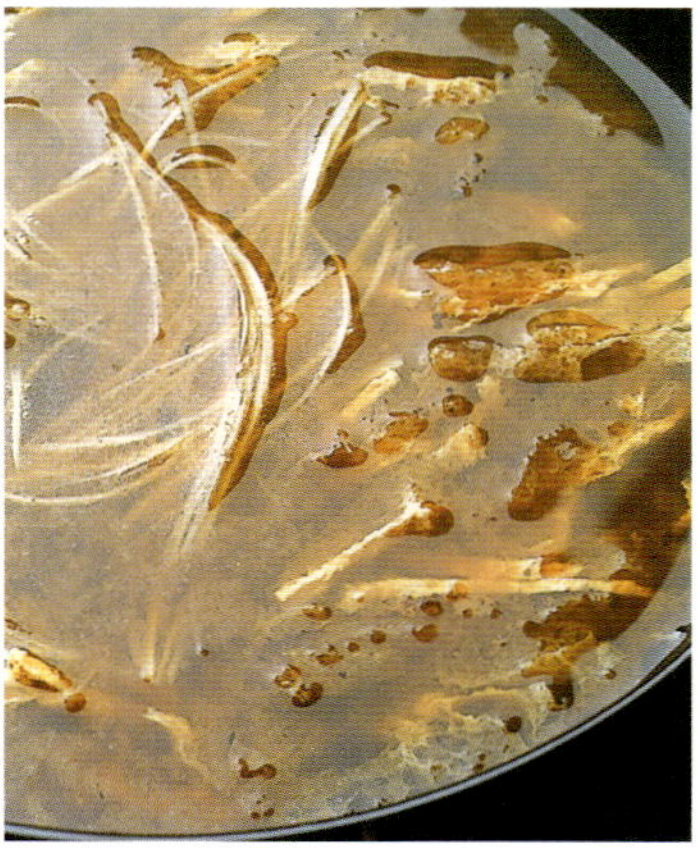

鮑のすり流し

（中川）

▼仕込み―アワビは塩みがきして殻を外し、水洗いして肝やクチバシなどを取り除き、水気をふき取る。
だしを熱して塩と日本酒を加えて味をととのえて、冷やしておく。
▼提供―アワビを粗目のおろし金ですりおろす。冷やしただしとおろしたアワビを混ぜ合せて器に注ぐ。針ユズを散らして提供。

いか汁

（しる平）

▼**仕込み**―イカ（スルメイカ）は内臓を取り除き、皮をむく。包丁で胴体、脚、エンペラを細かく叩く。内臓はさっと水洗いして裏漉しする。

二番だしを熱し、叩いたスルメイカを入れ、沸騰寸前に火を止めてアクを取り除く。

▼**提供**―スルメイカとだしを再び火にかけ、沸騰したら裏漉しした内臓を入れ、信州ミソ、仙台ミソ、濃口醤油を加えて味をととのえ、椀に盛る。吸い口に芽ネギを添える。

▼**コツ**―新鮮なイカの内臓がうま味のカギ。

伊勢海老の味噌汁

（海女の小屋）

▼**仕込み**―ワカメを水洗いしてざく切りにする。

だしと合せミソを用意する（→479頁青海苔の味噌汁）。

▼**提供**―伊勢エビを縦半分に切る。

鍋にだしを注ぎ、伊勢エビを入れて火にかける。沸いたらさらに12分間ほど煮、合せミソを溶き入れる。ミソ汁を椀に注いでワカメを入れ、伊勢エビを盛る。

▼**コツ**―煮るときは、伊勢エビのミソが出ないよう、むやみに動かさない。

鰯のつみれ椀

（しる平）

▼**仕込み**―つみれ種を作る。イワシを3枚におろして皮をむき、細切りにする。長ネギとショウガはみじん切りにする。これらを合せ、塩と信州ミソを加えて包丁で叩く。小骨が残らないようにしっかりと。

▼**提供**―二番だしを熱し、ぶつ切りの長ネギ、傘に飾り切りしたシイタケを入れ、俵形に形を整えたつみれを入れて弱火で2～3分間煮る。アクが浮いてきたら取り除く。

塩と淡口醤油で味をととのえ、最後に日本酒を少量加えて、一煮立ちさせて椀に盛る。

鰯のつみれ汁

（大観音）

▼**仕込み**―つみれ種を作る。イワシを3枚におろして皮をむき、みじん切りにする。長ネギとショウガもみじん切りにする。

イワシをすり鉢ですり、仙台ミソ、卵黄、薄力粉を加えてすり混ぜる。イワシ10尾に対して薄力粉大さじ1の割合が目安。長ネギとショウガを混ぜ合せて種を作る。

昆布だしを熱し、つみれ種を丸めて、くずさないように入れてゆでる。

▼**提供**―カツオだしを熱し、つみれと角切りの木綿豆腐を温める。塩、淡口醤油、うま味調味料で味をつけ、ほぐしたエノキダケと繊切りの長ネギを入れて、さっと煮る。

つみれ汁

（田舎家）

▼**仕込み**―イワシを3枚におろし、腹骨と皮を取り除いて包丁でざっと叩き、すり鉢ですって粗いすり身にする。ここに田舎ミソを少量加えて混ぜ合せる。

▼**提供**―カツオだしを熱して田舎ミソを溶き、ミソ汁を作る。ここに一口大に丸めたすり身を入れて煮て器に盛る。

吸い口は小口切りのワケギ。

▼**コツ**―鰯のゆかり揚げ（↓56頁）と同じすり身を使ったメニュー。1回の仕込みで2通りのメニューができる。

鰯の団子汁

（海女の小屋）

▼**仕込み**―イワシ団子を作る。イワシを3枚におろしてフードプロセッサーで挽く。すり鉢に移し、みじん切りの玉ネギ、おろした山イモ、薄力粉を加えてさらにする。団子に丸めて熱湯でゆでておく。

花大根（大根を十字に割って干した乾物）を水でもどして薄切りにする。ワカメを水洗いしてざく切りにする。だしと合せミソを用意する（↓479頁青海苔の味噌汁）。

▼**提供**―鍋にだしを注ぎ、団子と花大根を入れて火にかける。沸いたら合せミソを溶き入れる。花大根とミソ汁を椀に注いでワカメと団子を入れる。

車海老の味噌汁

（海女の小屋）

▼**仕込み**―車エビは背ワタを取る。

ワカメは水洗いしてざく切りにする。

だしと合せミソを用意する（↓479頁青海苔の味噌汁）。

▼**提供**―鍋にだしを注ぎ、車エビを入れて火にかけ、車エビが少し曲がるまで煮て、合せミソを溶き入れる。

椀にミソ汁を注いでワカメを入れ、車エビを入れる。

▼**コツ**―車エビからだしが出るまで煮ること。ミソを入れたら煮立たせない。

小魚の味噌汁

（海女の小屋）

▼**仕込み**―キビナゴはウロコを取って冷凍しておく。

花大根を水でもどして薄切りにする。ワカメを水洗いしてざく切りにする。

だしと合せミソを用意する（↓479頁青海苔の味噌汁）。

▼**提供**―キビナゴを流水で解凍する。

鍋にだしを注ぎ、キビナゴと花大根を入れて5分間ほど煮て、合せミソを溶き入れる。花大根とミソ汁を椀に注いでワカメを入れ、キビナゴを入れる。

▼**コツ**―キビナゴは煮すぎると味が落ちるばかりか、身くずれして内臓が出てくる。

金目の味噌汁

（海女の小屋）

▼**仕込み**―キンメダイは内臓を抜いて筒切りにする。花大根は水でもどして薄切りにする。ワカメは水洗いしてざく切りにする。

だしと合せミソを用意する（↓479頁青海苔の味噌汁）。

▼**提供**―キンメダイに火の通りがよくなるように斜めに切り目を入れ、熱湯をかけて残ったウロコやアクなどを洗う。

鍋にだしを注ぎ、キンメダイ、花大根を入れて火にかけ、10分間ほど煮、合せミソを溶き入れる。花大根とミソ汁を椀に注いでワカメを入れ、キンメダイを盛る。

ごり汁

（しる平）

▼**仕込み**—ゴリ（カジカゴリ）に熱湯をかけて冷水にとる。

水に日本酒を加えてゴリを入れて火にかける。沸騰したら弱火で5時間ほど煮る。煮汁を漉しておく。

▼**提供**—ゴリの煮汁と二番だしを合せて熱し、信州ミソと仙台ミソと濃口醤油を加えて味をととのえる。ゴリをもどしてさっと煮て椀に盛り、芽ネギを添える。

▼**コツ**—ゴリは骨まで食べられるように柔らかくなるまで、じっくり煮くずれないように煮る。

三平汁

（あぶらびれ）

▼**仕込み**—ジャガイモ（メークイン）は皮をむき、半分に切る。大根はいちょう切りにし、ニンジンは型で抜く。

▼**提供**—小鍋に水と昆布を入れ、沸騰したらサケのアラ（荒塩漬け）とジャガイモ、大根、ニンジンを入れ、柔らかくなるまで中火で15～20分間煮る。火からおろす直前に、斜め切りの長ネギを加え、器に盛る。

▼**コツ**—作りおきせず、注文を受けてから作る。

さざえの味噌汁

（海女の小屋）

▼**仕込み**—サザエを水洗いする。

ワカメを水洗いしてざく切りにする。

だしと合せミソを用意する（→479頁青海苔の味噌汁）。

▼**提供**—鍋にだしを注ぎ、サザエを入れて火にかける。沸いたらさらに5分間ほど煮て、合せミソを溶き入れる。ミソ汁を椀に注いでワカメを入れ、サザエを入れる。

▼**コツ**—サザエからだしが出るまで煮る。ミソを入れたら煮立たせないこと。

芋の子汁

（花の木）

▼仕込み―サトイモは皮をむく。シメジタケ、マイタケ、カノカダケは小分けにする。ゴボウは笹がき、大根はいちょう切りにする。コンニャクは一口大に切ってゆでる。油アゲは油抜きをし、短冊切りにする。

鍋にサラダ油をひき、以上の材料を炒める。具に軽く火が通ったら、水、日本酒、顆粒だしを入れる。具がひたひたになるまで煮て柔らかくなったら水を加える。沸騰寸前にナメコ、輪切りの赤唐辛子、白ミソを入れる。最後に絹漉し豆腐を入れる。

▼提供―汁を温め大きな器にたっぷり盛る。

磯もんの味噌汁

（海女の小屋）

▼仕込み―シッタカ貝（バテイラ）をよく水洗いする。

ワカメを水洗いしてざく切りにする。

だしと合せミソを用意する（↓479頁青海苔の味噌汁）。

▼提供―鍋にだしを注ぎ、シッタカ貝を入れて火にかける。沸いたらさらに5分間ほど煮て、合せミソを溶き入れる。

ミソ汁を椀に注いでワカメを入れ、シッタカ貝を盛る。

▼コツ―シッタカ貝からだしが出て、煮汁がにごってくるまで煮る。ミソを入れたら煮立たせないこと。

じゃが芋素麺

（久昇）

▼仕込み―ジャガイモは桂にむいて繊切りにし、ミョウバン水に浸けてアクを取る。

3cm幅に切った三ツ葉の茎、傘に飾り包丁をしたシイタケ、ゆでて殻をむいた車エビをうま煮だし（だし5、ミリン1、白醤油1、砂糖少量）煮る。

▼提供―ジャガイモの繊切りをさっと湯通しし、うま煮だしにさっと浸け、器に盛る。三ツ葉、シイタケ、車エビを飾り、熱したかけ汁（だし9、ミリン1、淡口醤油1、うま味調味料少量）を注ぐ。ユズ皮を刻み、天盛りにする。

蓴菜の赤たれ

（しる平）

▼仕込み—ジュンサイは熱湯をかけて氷水にとって水を切る。

だしを熱し、赤だしミソ、信州ミソ、白ミソ、濃口醤油、塩を加えて味をととのえて、このまま動かさずにおく。ミソが沈んだら、上澄みのみを漉しておく。

▼提供—上澄み汁を熱し、ジュンサイを入れて椀に盛る。

◆赤だしミソ◆八丁ミソ、桜ミソ、カツオ節、日本酒を合せて火にかけてよく練り、熱いうちに羽二重漉し（裏漉し器の上にガーゼをのせて二重に漉すこと）をする。

すっぽん豆腐

（ぶん也）

▼仕込み—スッポンをほどいて下ゆでし、皮をむく。肉をみじん切りにして、酒、ミリン、濃口醤油でさっと煮て味をつける。

スッポン豆腐を作る。卵を泡立てないよう溶きほぐし、スッポンの煮汁、塩、淡口醤油、ミリンを合せる。スッポンの肉を混ぜて流し缶に注ぎ、弱火で蒸し上げる。

キヌサヤ、長ネギ、ニンジン、ゴボウ、ウド、シイタケは繊切りにして下ゆでする。

▼提供—スッポン豆腐を切り出して温め、椀に盛る。だしを熱し、塩と淡口醤油で味をつけ、野菜を加えて温め、椀に注ぐ。おろしショウガを添える。

青梗菜とずわい蟹のスープ

（料理倶楽部）

▼仕込み—チンゲン菜、ニラはざく切りに、長ネギは繊切りにして、水にさらす。キクラゲは水でもどし、食べやすく切る。シメジタケ、エノキダケは小分けにする。

鶏ガラは水洗いし、玉ネギ、ニンジン、ブーケガルニを加えて丸1日煮て漉し、鶏ガラスープをとる。

▼提供—中華鍋でチンゲン菜、シメジタケ、エノキダケ、キクラゲを炒める。鶏ガラスープに塩を加えて、すべての野菜を入れる。濃口醤油、ミリン、コショウで味をととのえ、ズワイガニを入れる。水溶き片栗粉でとろみをつけ、溶き卵を流し入れる。

蕎麦実汁

（ひがし北畔）

▼仕込み―粒ソバと水を火にかけて柔らかくなるまでゆでる。

鶏モモ肉、エビはそれぞれ一口大に切り、熱湯をかけたのち冷水にとる（霜降り）。

シイタケは石突きを切り、傘に飾り包丁を入れる。三ツ葉はざく切りにする。

▼提供―だしに鶏肉、エビ、シイタケ、粒ソバを入れて加熱し、淡口醤油で味をととのえる。

椀に盛り、三ツ葉を散らす。

▼コツ―鶏肉、エビは霜降りすると汁がにごらない。

そら豆のすり流し

（中川）

▼仕込み―ソラマメをサヤから取り出して、塩を入れた熱湯で柔らかめにゆでる。熱いうちに皮をむいて裏漉しする。

ジュンサイは熱湯に通してザルに上げる。

だしを熱し、日本酒と塩で味をととのえて冷ましておく。

▼提供―裏漉ししたソラマメと冷やしただしを混ぜ合せて器に注ぎ、ジュンサイとへぎ切りの青ユズを添える。

▼コツ―だしの味は少し濃いめにととのえる。冷やして提供することがポイント。

大根のポタージュスープ

（串駒）

▼仕込み―薄力粉をバターでさらさらになるまで炒め、牛乳を加えてのばし、塩、コショウで味つけしてホワイトソースを作る。

大根は薄切りにし、バターでよく炒める。同量のホワイトソースと水、ブイヨン、ローリエを加えて弱火で柔らかくなるまで煮る。

ローリエを除き、ミキサーにかける。鍋に移し、カレー粉、シナモンを加え、塩、コショウで味をつけてポタージュを作る。

▼提供―ポタージュを温めて器に盛る。

▼コツ―大根はこがさないように炒める。

鉄砲汁

（歓）

▼提供―だしを熱して田舎ミソを溶かし、タラバガニの脚を入れて一煮立ちさせる。ざく切りにした三ツ葉を散らす。

豆腐饅頭のお椀

（淡如水）

▼仕込み―豆腐饅頭を作る。水切りした木綿豆腐とおろした山イモと卵白をすり鉢でよくすって、塩、砂糖、淡口醤油で甘めに味をつける。みじん切りのニンジンを混ぜ、泡立て器でよく撹拌して生地を作る。

ムキエビをゆで、茶碗に入れて生地を詰め、ラップフィルムで蓋をして蒸し器で10～15分間蒸す。このまま粗熱を取り、冷蔵庫で保存する。

▼提供―豆腐饅頭を茶碗ごと蒸して椀に移す。吸い地（カツオだし、塩、淡口醤油、日本酒）を合せて熱して注ぐ。さっとゆでたニンジン、タケノコ、三ツ葉を添える。

博多椀

（金田）

▼仕込み―鶏モモ肉を熱湯でさっとゆで、取り出して水洗いする。

たっぷりの水で、鶏肉を5時間ほど煮る。だしが出たら、塩、うま味調味料、日本酒少量を加えて味をととのえる。

▼提供―だしを熱し、沸騰したらざく切りの三ツ葉を散らし、椀に盛って提供する。

▼コツ―鶏肉は胸肉ではなくモモ肉を使うと旨みが増す。

鶏ささ身の冷やし梅吸い

（串駒）

▼**仕込み**—鶏ささ身を一口大に切り、片栗粉をまぶして熱湯で塩ゆでし（七割の火入れ）、冷水にとって水気を切る。

梅吸いを作る。濃くとっただしを熱し、梅干の裏漉しを溶かして加え、日本酒、ミリン、淡口醤油で味をつけ、冷やしておく。

ワカメを水でもどす。ワカメと三ツ葉は湯通しして冷水にとり、ざく切りにする。長ネギ、ニンジン、キュウリを繊切りにして混ぜておく。

▼**提供**—器にワカメと鶏ささ身を盛り、梅吸いを注ぐ。繊切り野菜と三ツ葉を添える。

はまぐりの味噌汁

（海女の小屋）

▼**仕込み**—ハマグリを水洗いする。

ワカメを水洗いしてざく切りにする。

だしと合せミソを用意する（→479頁青海苔の味噌汁）。

▼**提供**—鍋にだしを注ぎ、ハマグリを入れて火にかけ、殻が開いたら合せミソを溶き入れる。

ミソ汁を椀に注いでワカメを入れ、ハマグリを盛る。

▼**コツ**—ハマグリからかなり塩分が出るので、ミソ汁のミソは少し控えめに。

ふじつぼの味噌汁

（海女の小屋）

▼**仕込み**—フジツボを水洗いする。

ワカメを水洗いしてざく切りにする。

だしと合せミソを用意する（→479頁青海苔の味噌汁）。

▼**提供**—鍋にだしを注ぎ、フジツボを入れて火にかける。沸いたらさらに5分間ほど煮て、合せミソを溶き入れる。

椀にミソ汁を注いでワカメを入れ、フジツボを盛る。

▼**コツ**—フジツボからだしが出るまで煮て、ミソを入れたら煮立たせないこと。

沢煮椀

（しる平）

▼仕込み―豚脂身を繊切りにして塩をふり、1時間おいたのち、熱湯をかける。これを水から弱火で5分間煮て豚だしをとり、サラシで漉しておく。

タケノコは下ゆでしてアクを抜き（→29頁）、姫皮を繊切りにする。ニンジン、ゴボウは笹がきにして水にさらす。キヌサヤは繊切りにして下ゆでする。シイタケは薄切りにする。

▼提供―豚だしと二番だしを合せて熱し、塩、コショウで味をととのえる。豚脂身と野菜を入れて一煮立ちさせて椀に盛り、白コショウをふる。

豚汁

（しる平）

▼仕込み―豚バラ肉薄切りは3cmに切る。大根、ニンジンはさいの目切り、ゴボウはいちょう切りにする。コンニャクはさいの目に切って熱湯でゆでる。サトイモもさいの目に切って米の研ぎ汁でゆでこぼしてヌメリを取る。長ネギはぶつ切りにする。

豚バラ肉をサラダ油で炒め、大根、ニンジン、ゴボウ、コンニャクを炒める。二番だしを注ぎ、サトイモを入れ、弱火でアクを取りながら1時間ほど煮る。

▼提供―汁を熱して長ネギを入れ、信州ミソ、仙台ミソ、少量の濃口醤油で味をつけ、椀に盛って小口切りのアサツキを散らす。

水餃子

（ビストロめなみ）

▼仕込み―豚挽き肉にみじん切りのニラを混ぜて練る。これを空気が入らないように、小さなボール形に丸めて水餃子の皮で包んで、端を水で貼りつけて餃子を作る。

鶏ガラに熱湯をかけて血や脂を洗い、水で煮て、鶏ガラスープをとる。

▼提供―鶏ガラスープを熱して、塩、コショウで味をととのえる。

水餃子を入れて煮て、火が通ったら、器に盛って、香菜を散らす。

布海苔の味噌汁

（海女の小屋）

▼仕込み―布海苔《フノリ》をきれいに水洗いする。だしと合せミソを用意する（→479頁青海苔の味噌汁）。

▼提供―沸騰させただしに合せミソを溶き入れてミソ汁を作り、椀に注ぐ。

布海苔を入れて小口切りのワケギを散らす。

▼コツ―ミソを入れたら、煮立たせないこと。布海苔は淡泊なのでミソ汁は濃いめの味つけに。

赤だし

（凧錦）

▼仕込み―ブリのアラは、熱湯にくぐらせて、冷水にとって、血や汚れをよく洗う。

▼提供―だしに少量の日本酒を加えて熱し、ブリを入れて一煮立ちさせる。赤ミソを溶き入れて、沸騰直前で火を止める。

器に盛って、粉サンショウと刻んだ三ツ葉を散らして提供する。

▼コツ―ミソを入れてから沸騰させるとミソの香りがとんでしまうので、沸騰直前で火からおろす。ブリはアラの部分のほうが、だしがよく出てうまい。

松茸と玉子豆腐の吸いもの

（橙）

▼仕込み―玉子豆腐を作る。卵3個に対してだし144ccを合せ、塩、淡口醤油、日本酒で調味し、蒸し器で蒸す。

▼提供―吸い地（だし、淡口醤油、塩）を熱してマツタケに火を通す。

器に温めた玉子豆腐を盛り、マツタケを添え、吸い地を注ぎ、木ノ芽を添える。

▼コツ―マツタケの香りをとばさないように、吸い地でやんわりと火を通す。

磯魚の味噌汁
（海女の小屋）

▼**仕込み**―メバルは腹を割って内臓を取り除き、水洗いする。
花大根は水でもどして薄切りにする。
ワカメは水洗いしてざく切りにする。
だしと合せミソを用意する（→479頁青海苔の味噌汁）
▼**提供**―メバルに斜めの飾り包丁を入れ、熱湯をかけて冷水にとる。
鍋にだしを注ぎ、メバル、花大根を入れて火にかけ、10分間ほど煮て、合せミソを溶き入れる。椀に注いでワカメを入れ、メバルを盛る。

若布の味噌汁
（海女の小屋）

▼**仕込み**―ワカメを水洗いしてざく切りにする。
だしと合せミソを用意する（→479頁青海苔の味噌汁）。
▼**提供**―沸騰させただしに合せミソを溶き入れてミソ汁を作り、椀に注ぐ。ワカメを入れ、小口切りのワケギを散らす。
▼**コツ**―ミソを入れたら、絶対に煮立たせないこと。味も風味も落ちてしまう。また、ワカメは淡泊なのでミソを少し多めにして塩をきかせる。

蟹汁
（しる平）

▼**仕込み**―ワタリガニは甲羅、フンドシ、ガニ（エラ）を取り除き、4等分に切る。
二番だしを熱し、沸騰させないようにワタリガニを15～20分間煮て、アクをひく。
▼**提供**―ワタリガニとだしを取り分けて熱し、信州ミソ、八丁ミソ、仙台ミソを入れて味をととのえて、椀に盛る。
▼**コツ**―ミソは沸騰させてしまうと香りがとんでしまうので、ミソを入れたら沸騰直前に火を止める。

蟹のすり流し

（しる平）

▼仕込み—ワタリガニを蒸して身をさばき、肉を細かくほぐしておく。

▼提供—二番だしを熱し、カニ肉を入れ、塩と淡口醤油で味をととのえ、水溶き葛でとろみをつける。

　仕上げにショウガ汁を加え、椀に盛ってもみ海苔を散らす。

▼コツ—カニ肉は淡白なのでだしも薄めに味をつける。だしのみで仕上げるとさっぱりしすぎるので、薄くとろみをつけた。

蟹三味（2〜3人前）

（海女の小屋）

▼仕込み—ワタリガニ、ズワイガニ、タラバガニは食べやすくぶつ切りにし、脚に包丁で切り目を入れておく。

　ワカメは水洗いしてざく切りにする。

　だしと合せミソを用意する（→479頁青海苔の味噌汁）。

▼提供—鍋にだしを注ぎ、カニを入れて20分間ほど煮て、合せミソを溶き入れる。

　ミソ汁を椀に注いでワカメを入れ、カニを入れる。なお、4〜5人前を盛り込んだ商品もある。

▼コツ—カニの味に負けないように、ミソ汁の味つけは少し濃いめに。

海老・蟹三味（4〜5人前）

（海女の小屋）

▼仕込み—伊勢エビ、手長エビ、車エビは背ワタを取る。伊勢エビは大きいので縦半分に切っておく。

　ワタリガニ、ズワイガニ、タラバガニは食べやすくぶつ切りにし、脚には包丁で切り目を入れる。

　ワカメは水洗いしてざく切りにする。

　だしと合せミソを用意する（→479頁青海苔の味噌汁）。

▼提供—鍋にだしを注ぎ、エビ、カニを入れて15分間ほど煮て、合せミソを溶き入れる。ミソ汁を椀に注いでワカメを入れ、エビとカニを入れる。

ブイヤベース（4〜5人前）

（海女の小屋）

▼**仕込み**―ワタリガニを半分に切り、脚には包丁で切り目を入れる。ホタテ貝を殻から外し、ヒモとワタを取る。車エビは背ワタを抜く。サザエ、シッタカ貝（バテイラ）、ハマグリは水洗いする。アコウダイは3枚におろし、5cmのぶつ切りにする。ワカメを水洗いしてざく切りにする。

だしと合せミソを用意する（↓479頁青海苔の味噌汁）。

▼**提供**―鍋にだしを注ぎ、魚介類をすべて加えて15分間ほど煮て、合せミソを溶き入れる。ミソ汁を椀に注いでワカメを入れ、さまざまな魚介類が見えるように盛る。

あら汁

（しる平）

▼**仕込み**―白身魚（スズキ、ヒラメ、アイナメなど）のアラを一口大に切り分けて、熱湯をかけて冷水にとって霜降りをする。

昆布だしにアラを入れて熱し、アクを取りながら、アラが鍋の中で踊らないくらいの火加減で15分間煮てだしをとる。

▼**提供**―アラのだしに信州ミソと仙台ミソと濃口醤油を入れて味をととのえ、椀に盛り、小口切りのアサツキを吸い口にする。

魚のあら汁

（赤い魚）

▼**仕込み**―水に昆布、日本酒、針ショウガを入れて火にかけてだしをとる。ここに魚のアラを入れる。火にかけ、白ミソを加えて、1日程度煮込む。

▼**提供**―再加熱して、器に盛り、ワケギを添える。

▼**コツ**―アラは刺身などに使った魚介を使うが、脂の強い魚は仕上がりがくどくなるので、淡白なものを選ぶ。

冷汁

（魚山亭）

▼仕込み―白身魚に薄塩をして焼き、身をほぐし、すり鉢に入れ、白ゴマと白味噌をすり合せる。これを鍋に入れ、弱火で煎って魚の臭みを取り、焼味噌をつくる。

麦めしは白米の量の2割の麦を加えて、普通のご飯と同じ水加減で炊く。

▼提供―焼味噌を冷たいだし（水でもよい）で溶き、ミソ汁をつくる。器にくずした絹漉し豆腐、小口切りのキュウリを盛り、繊切りの大葉、白ゴマを散らす。冷汁と麦めしは、別々の器で出し、食べるときかける。

海藻ミックスの味噌汁

（海女の小屋）

▼仕込み―ワカメを水洗いしてざく切りにする。布海苔は水洗いする。トサカ海苔は水洗いし、大きいものは食べやすいよう適当に手でちぎる。

だしと合せミソを用意する（→479頁青海苔の味噌汁）。

▼提供―沸騰させただしに合せミソを溶き入れてミソ汁を作り、椀に注ぐ。各種海藻を入れ、小口切りのワケギを散らす。

▼コツ―ミソを入れたら、煮立たせないこと。海藻が淡泊なので、ミソ汁の味つけは濃いめに。

さつま汁

（だいこん屋）

▼仕込み―豚バラ肉薄切りは食べやすく切る。サトイモは厚めの輪切り、ニンジンは梅花形にむいて3～4㎜厚さに切る。ゴボウは乱切りにして酢水にさらす。野菜はそれぞれ下ゆでする。コンニャクは短冊切りにしてゆでこぼす。長ネギは斜め切りにする。

カツオだしを熱し、田舎ミソと少量のミリンを加えて味をととのえ、豚バラ肉と下ゆでした野菜を入れて煮る。

▼提供―温めて器に盛り、ゆでたキヌサヤとへぎユズを添える。

粕汁
（凧錦）

▼仕込み―豚肉薄切りは一口大に切る。大根、京ニンジン、コンニャクは短冊切りにして、下ゆでしておく。ゴボウは笹がきにする。三ツ葉の軸はざく切りにする。

だしに少量の日本酒を加えて熱する。少量をボウルに取り、酒粕をのばす。先のだしに、豚肉、大根、京ニンジン、ゴボウ、コンニャクを入れて煮る。野菜類が柔らかくなったら、だしでのばした酒粕を加えて、塩と淡口醤油で味をととのえる。

▼提供―粕汁を熱して器に盛り、三ツ葉を散らす。七味唐辛子を吸い口にする。

▼コツ―豚肉ではなくサケ缶でも合う。

洋風粕汁
（うしのほねあなざ）

▼仕込み―大根と京ニンジンは拍子木切りにして下ゆでする。マッシュルームは薄切り、ブロッコリーは小房に分けてゆでる。

鶏ガラに熱湯をかけて血や汚れを洗い、水で煮て、鶏ガラスープをとる。

鍋を火にかけてバターを溶かし、同量の薄力粉を加えて木ベラで混ぜる。薄力粉に火が通ってさらさらになったら牛乳を加えて混ぜ、なめらかなホワイトソースを作る。

ホワイトソースと同量の酒粕を合せて熱し、鶏ガラスープでのばし、塩で味をととのえる。ここに野菜を入れて煮る。

▼提供―ブロッコリーを加えて温める。

山菜汁
（田舎家）

▼仕込み―ワラビは木灰（ワラビの１割）をたっぷりとふりかけて、かぶるくらいの熱湯を注いで一晩おき、水にさらす。重曹を少量入れてゆでてもよい。４～５cm長さに切る。

コゴミはたっぷりの熱湯でゆでて、水にとり、ザルに上げて水気を切る。タケノコはアク抜きして（→29頁）短冊切りにする。油アゲは熱湯を通して油抜きをし、細切りにする。コンニャクは細切りにして熱湯でゆでこぼす。

▼提供―カツオだしを熱して山菜、油アゲ、コンニャクを煮て、田舎ミソで味をつける。

粥《ケ》の汁

（ひがし北畔）

▼仕込み―大根、ニンジン、ゴボウは天地を切り落として皮をむき、5㎜角に切っておく。大豆は一晩水に浸けてもどしておく。油アゲは5㎜角に切り、熱湯をかけて油抜きする。長ネギは3㎜厚さの小口切りにする。

湯を沸かし、大豆をゆでる。煮えたら大根、ニンジン、ゴボウ、昆布を加える。材料に火が通ったら、油アゲ、長ネギを加えてさっと煮て、白ミソで味つけする。

▼提供―温めて器に盛る。

▼コツ―2、3日おくと味がよくしみる。

第6章 ご飯・漬物

Rice, Noodle, Pickles

いくら丼

（橙）

▼仕込み―日本酒とミリンを混ぜて煮切り、濃口醤油、たまり醤油を加えてからユズ皮を入れてつけ地を作り、ほぐしたイクラ（ハラコ）を浸ける。

ご飯を炊く。

▼提供―ご飯の上にイクラをのせ、木ノ芽を飾る。赤だし、香のものを添える。

▼コツ―イクラはユズをきかせる。

うに丼

（歓）

▼仕込み―ご飯を炊く。

▼提供―ご飯を丼に平らに盛り、ワサビを散らして生ウニをぎっしり並べる。まわりに刻み海苔を散らす。

別皿で濃口醤油を添えて提供。

牛ステーキ丼

（楽味）

▼仕込み―牛ブロック肉を掃除し、１人前分の塊に切る。

シイタケは半分に切る。シシトウは竹串で穴を開ける。

ご飯を炊いておく。

▼提供―フライパンにサラダ油をなじませ、牛肉を入れて両面を焼く。シイタケ、シシトウを加えてさらに焼き、日本酒、濃口醤油、砂糖、うま味調味料、バターで味つけする。牛肉を１㎝厚さに切る。

丼にご飯を盛り、牛肉、シイタケ、シシトウを盛る。別に香のものを添える。

▼コツ―牛肉の焼き加減は好みで。

豆腐丼

（うの花）

▼仕込み—絹漉し豆腐はさいの目に切る。玉ネギは薄切りにする。

ご飯を炊いておく。

▼提供—鍋にだしを注いで火にかけて、濃口醤油、ミリン、日本酒で濃いめに味をととのえる。絹漉し豆腐、玉ネギを加え、煮立てる。一煮立ちしたら、溶き卵をかけ回し、卵とじにする。

丼にご飯を盛り、卵とじをのせ、天に刻んだ三ツ葉を飾る。

そぼろご飯

（バードランド）

▼仕込み—ツクネ生地（鶏胸肉500g、鶏モモ肉500g、塩5g、卵白2個分、鶏脂・長ネギみじん切り・黒コショウ・粉サンショウ各適量をよく練る）を適量取り、ミリン、日本酒、濃口醤油を加えてほぐし、かき混ぜながら強火で煎る。

汁が沸騰したら弱火にし、肉汁が透き通ってきたら火を止めてそぼろを作る。

ご飯を炊いておく。

▼提供—ご飯を丼によそい、そぼろを盛って、小さくちぎった海苔を散らす。

▼コツ—熱いご飯にのせるので、そぼろは再加熱せずにそのまま使う。

特製鮪丼

（佃喜知）

▼仕込み—マグロ中おちを濃口醤油、たまり醤油に1分間ほど浸ける。

ご飯を炊いておく。

▼提供—丼にご飯を盛り、おろしワサビをのせ、中おちを盛る。

上から刻み海苔をかける。

▼コツ—良質のマグロを選ぶこと。腹身の頭部に近い所（トロ）とシビマグロ（クロマグロ）の赤身を混ぜて使う。

とろろ明太子丼

（なかむら）

▼仕込み—明太子をほぐし、冷たいカツオだしでのばす。長イモをすりおろし、明太子と合せてよくかき混ぜる。塩で味をととのえて、とろろ明太子を作る。

ご飯を炊いておく。

▼提供—ご飯を盛り、とろろ明太子をかけて、小口切りのアサツキと刻み海苔を天盛りにする。

▼コツ—とろろをよくかき混ぜると、ふっくらとしたとろろ汁になる。

えぼし丼

（赤い魚）

▼仕込み—甘エビは頭と尾を残して殻をむく。タコ（ボイル）、ホタテ貝柱を用意する。アカ貝は飾り包丁を入れる。マグロ、ムツはサク取りする。イカは開いて皮をむく。以上のネタ（種類は問わないが10種程度用意）を一口大に切る。粉ワサビを溶き、濃口醤油を加えてワサビ醤油を作る。

ご飯を炊いておく。

▼提供—丼にご飯を盛り、刻み海苔をまんべんなくしき詰める。ネタを色彩よく並べ、ワサビ醤油をかける。大葉とムラメを飾る。

貝飯

（はまぐり）

▼仕込み—米を研いでザルに上げて、約30分間おく。干シイタケはもどして繊切り、油アゲは油抜きをして短冊切りにする。

ハマグリスープ（殻つきハマグリ2合、日本酒1合を沸かして漉す）とカツオだしを合せて熱し、塩、淡口醤油を加えて味をととのえる。

これを普通のご飯を炊く水加減で米に加え、アサリむき身、干シイタケ、油アゲを入れてご飯を炊く。

▼提供—器に貝飯を盛り、刻み海苔を散らして提供。

うすいご飯

（ぶん也）

▼仕込み—米を研いでザルに上げておく。だしに、塩、ミリン、日本酒を加えて、サヤを外したグリーンピースを30分間浸す。

米とグリーンピースとだしを合せて、普通のご飯より少し少なめの水加減でご飯を炊く。

▼提供—炊き上がったら少々蒸らして、器に盛り、針ショウガを天盛りにする。

▼コツ—できるだけサヤつきの新しい豆を使う。

小女子と梅干入りご飯

（食彩工房舎人）

▼仕込み—水600ccに顆粒だし小さじ1の割で合せた地でご飯を炊く。

梅干は種を取り除いて包丁で叩き、大葉は細い繊切りにする。

ボウルに炊き上がったご飯を入れ、梅干とコウナゴ、白ゴマ、繊切りにした大葉を入れて混ぜ合せる。

▼提供—器にご飯を盛り、刻み海苔を散らす。

ごぼう飯

（泥味亭）

▼仕込み—米を研いでザルに上げておく。ゴボウを笹がきにして水にさらしたのち、水気を切る。日本酒と淡口醤油を合せてゴボウを15分間くらい浸けておく。豚バラ肉薄切りと油アゲは1cm弱の細切りにする。

研いだ米にゴボウと豚バラ肉と油アゲを入れ、浸けた日本酒と淡口醤油を加えて、普通のご飯の水加減で炊く。

▼提供—ごぼう飯を盛り、煎った白ゴマを散らす。

桜飯

（泥味亭）

▼仕込み―米を研いでザルに上げておく。
桜花塩漬けを水に浸けて塩抜きする。
米に桜花と日本酒、塩を入れて普通のご飯の水加減で炊く。
▼提供―器にご飯を盛り、塩抜きした別の桜花を飾る。
▼コツ―塩加減に注意して、薄味に仕上げる。

じゃこご飯

（楽味）

▼仕込み―チリメンジャコ、実サンショウを水、日本酒、淡口醤油、ミリンで汁気がなくなるまで煮る。
ご飯は炊いておく。
▼提供―ボウルにご飯を入れ、チリメンジャコ、実サンショウを加えて混ぜる。
茶碗に盛り、大葉の繊切り、梅肉を天盛りにする。
▼コツ―実サンショウは生、塩漬け、醤油炊きなど、いろいろな種類があるので好みに応じて使うとよい。

じゃこと昆布の混ぜご飯

（おふろ）

▼仕込み―塩昆布を細切りにする。
ご飯を炊いておく。
▼提供―チリメンジャコをから煎りする。ここに炊きたてのご飯を加えて炒め合せ、塩昆布を加えて混ぜて器に盛る。
▼コツ―温かいご飯を使い、油を使わず、こうばしく混ぜ合せる。

五目筍ご飯

（花の木）

▼仕込み—月山タケは薄い斜め切りにする。カノカダケは石突きを取る。ゴボウは笹がき、ニンジンは繊切り、油アゲは熱湯で油抜きをして短冊切りにする。野菜類は下ゆでしておく。

鍋に湯を入れ、砂糖、塩、日本酒、濃口醤油、顆粒だしを加えて薄味にし、野菜と油アゲを煮る。

うるち米8に対してもち米1を混ぜて、具の煮汁を足した水で炊く。ご飯が炊き上がったらシャモジでさっくり混ぜる。

▼提供—茶碗に盛る。

▼コツ—味は薄めにして素材の味を生かす。

茸ご飯

（笹吟）

▼仕込み—米は研いでザルに上げておく。シイタケは薄切り、マイタケと本シメジタケは食べやすい大きさにほぐし、油アゲは細切りにする。合せだし（だし7、日本酒1、濃口醤油1）を合せておく。

釜に米、キノコ、油アゲ、合せだしを入れ、炊き上げる。蒸らしてよく混ぜ合せる。

▼提供—器に盛り、ゆでたコマツ菜を添え、白ゴマを散らす。

▼コツ—キノコから水分が出るので、通常よりだしの量をおさえ気味に加減する。

うに釜飯

（海女の小屋）

▼仕込み—シイタケは薄切りにし、濃口醤油と砂糖で煮て下味をつける。

米を水洗いし、ザルに上げて水気を切る。

ワカメを水洗いしてざく切りにする。

▼提供—釜に米、ウニ、シイタケを入れ、合せだし（だし、濃口醤油、淡口醤油、日本酒、ミリン、塩、うま味調味料）を注ぐ。水加減は普通のご飯と同じ。30分間固形燃料で炊く。炊き上がったらワカメを盛る。

▼コツ—ウニの甘みを生かすために、だしはやや塩味を強めに。

蟹釜飯

（海女の小屋）

▼**仕込み**―シイタケは薄切りにし、濃口醤油と砂糖で煮て下味をつける。ニンジンは繊切りにする。
　米は水洗いし、ザルに上げて水気を切る。ワカメは水洗いしてざく切りにする。
▼**提供**―釜に米、シイタケ、ニンジン、カニフレークをほぐして入れ、合せだし（だし、濃口醤油、淡口醤油、日本酒、ミリン、塩、うま味調味料）と、別のかに料理を作って残ったゆで汁（1割程度）を合せて注ぐ。水加減は普通のご飯と同じ。30分間固形燃料で炊く。炊き上がりにワカメ、別のほぐしたカニフレークを盛る。

鮭わっぱ飯

（田舎家）

▼**仕込み**―米を研いでザルに上げてしばらくおく。塩を少量加えたカツオだしを加えて、普通のご飯と同じ水加減で炊く。
塩ザケをそぎ切り、三ツ葉をざく切りにする。
▼**提供**―炊き上げたご飯をワッパに盛り、そぎ切りにした塩ザケをのせて蓋をし、蒸し器で蒸し上げる。
　火からおろし、青海苔と三ツ葉を散らす。
▼**コツ**―サケのほかにトトマメなどを使う。トトマメとはトト（魚）のマメ（臓物）、つまりハラスに火が通った状態をこう呼んでいる。

ぜんまいのわっぱ飯

（淡如水）

▼**仕込み**―うるち米8に対してもち米2を合せて、ご飯をかために炊く（普通のご飯の水加減より1割水を減らす）。
　具を作る。もどしたゼンマイは2～3cm長さに切り、ニンジンはいちょう切り、ゴボウは笹がきにする。油アゲは熱湯をかけて油抜きし、短冊切りにする。

　カツオだしを熱し、具材を煮る。砂糖、ミリン、濃口醤油を加えて、そのまま一晩おいて味をなじませる。炊いたご飯に具を混ぜる。
▼**提供**―セイロに盛って、弱火で2～3分間蒸して提供。

帆立釜飯

（海女の小屋）

▼仕込み―ホタテ貝柱は4等分する。シイタケは薄切りにし、濃口醤油と砂糖で煮て下味をつける。ニンジンは繊切りにする。米は研ぎ、ザルに上げて水気を切る。ワカメは水洗いしてざく切りにする。

▼提供―釜に米、ホタテ貝柱、シイタケ、ニンジンを入れ、合せだし（だし、濃口醤油、淡口醤油、日本酒、ミリン、塩、うま味調味料）を注ぐ。水加減は普通のご飯と同じ。30分間固形燃料で炊く。炊き上がりにワカメを盛る。

▼コツ―ホタテが淡泊なのでだしの味つけはしっかりと濃いめに。

穴子の棒寿司

（もり川）

▼仕込み―海苔の上にすし飯（塩味の強い関東風）を広げ、海苔が内側になるように棒状に巻く。

煮アナゴ（→39頁穴子の胡瓜巻き）をのせて押し、形を整える。

▼提供―切り分けて器に盛る。

鰯寿司

（ふなっ子）

▼仕込み―すし酢（米酢、砂糖、塩）を合せて少し温め、昆布を入れて風味をつける。炊きたてのご飯とすし酢を合せて、すし飯を作る。

手開きしたイワシの片身を半分に切る。1尾のイワシで4枚の切り身をとる。

▼提供―すし飯でイワシを握る。器に大葉をしいて盛り、小口切りのアサツキとおろしショウガを添える。

車海老の棒寿司

（もり川）

▼仕込み—車エビはのし串を刺し、日本酒を入れた湯でゆで、ザルに上げて冷ます。殻を外し、腹から切り目を入れ、背ワタを取り除いて開く。

海苔の上にすし飯（塩味の強い関東風）をのせて海苔が内側になるように棒状に巻く。車エビ（→39頁穴子の胡瓜巻き）をのせて押し、形を整える。

▼提供—切り分けて器に盛る。

天巻き寿司

（牧水）

▼仕込み—才巻エビは活けを使う。頭を落として殻を外し、背ワタを抜く。

天ぷら衣（薄力粉、卵、水）を作る。

カツオ節に濃口醤油をまぶしておく。

ご飯を炊いておく。

▼提供—才巻エビに天ぷら衣をつけ、160℃に熱した揚げ油で揚げて、油を切る。

巻簾に海苔をしき、熱いご飯を広げ、濃口醤油をまぶしたカツオ節を帯状にしく。その上に揚げた才巻エビをのせ、海苔巻きにする。適当な大きさに切り、器に盛る。ナスとキュウリの糠漬けを添える。

蟹の押し寿司

（北〇）

▼仕込み—米は研いで、1～2時間水に浸けてザルに上げて水気を切る。普通のご飯よりも少なめの水加減で、旨みを出すために昆布を1枚入れて炊く。炊き上がったらすし桶に移し、米1升に対して1.5合のすし酢（酢、砂糖、塩）を切り混ぜる。

四角い押し枠にラップフィルムをひいて間に海苔を挟んですし飯を詰める。カニのむき身と錦糸玉子をのせ、上から軽く押す。

▼提供—一口大に切って器にのせ、イクラとカイワレ菜をのせ、甘酢漬けショウガ（→29頁）を添える。

キングサーモンの巻き寿司

（江差亭）

▼仕込み—キングサーモンはサク取りし、軽く塩をまぶし30分間おく。さっと水洗いし、昆布入りの割酢に約10分間浸ける。巻簾に並べ、すし飯をのせて棒状に巻く。

石垣南京を作る。玉ネギのみじん切りと豚挽き肉を炒め、塩、コショウ、濃口醤油で味をつける。ザルにとり、落ちた肉汁はとりおく。すり鉢で半ずりにして冷まし、白身魚のすり身と肉汁を混ぜる。カボチャは角切りにし、微量の塩を加えた昆布だしで煮る。冷めたら先の種に混ぜ、耐熱容器に詰め、中火のオーブンで約25分間焼く。

▼提供—すしを切り、石垣南京と梅肉をかけたエシャロットを添える。

焼き目サーモンの握り寿司

（開花屋）

▼仕込み—サーモンは3枚におろし、薄塩をあててしばらくおく。サーモンは皮つきのままへぎ切りにする。軽く塩をふり、ガスバーナーでサーモンの表面を焼く。

ご飯は煎り白ゴマと、さし昆布をしたすし酢（砂糖、酢、塩）を混ぜておく。

ポン酢醤油（濃口醤油1ℓ、ダイダイの絞り汁1ℓ、煮切りミリン100cc、煮切り日本酒100cc、カツオ節20g、昆布適量）の材料を合せて4～5日間おいて漉す。

▼提供—サーモンを握って器に盛り、ポン酢醤油をかけた大根おろしをのせ、ショウガの甘酢漬け（→29頁）を添える。

笹寿司

（牧水）

▼仕込み—サケは3枚におろし、皮をひいて上身にする。塩をふって1～2時間おいたら塩を洗い流して、水分をきれいにふき取り、酢に浸ける。〆サバのように色が白く変わるほど長時間浸ける必要はなく、30分間程度、表面に酢の味がつけばよい。薄いそぎ切りにする。

すし飯を作る。ご飯をかために炊く。米10合で炊いたご飯にすし酢（酢1合、砂糖・塩各適量）を切り混ぜる。

▼提供—すし飯を一口大の円筒形に握り、サケをのせ、笹の葉で巻く。ショウガの甘酢漬け（がり）（→29頁）を添える。

鯛の木の芽寿司

（ぷん也）

▼仕込み―タイをサク取りして塩をふり、2時間おく。タイを日本酒で洗い、酢で表面をふいた昆布で挟み、さらに2時間おく。
すし飯を作る。ご飯をかために炊き、熱いうちに、すし酢（酢、砂糖、塩）をウチワであおぎながら、しゃもじで切り混ぜる。

巻簀にラップフィルムをしき、そぎ切りにしたタイを並べ、木ノ芽の葉裏を上に向けて並べる。上にすし飯をのせて巻く。ラップで包んだまま保存。
▼提供―一口大に切り出して器に盛る。ショウガ甘酢漬け（→29頁）と煮切り醤油を添える。

棒寿司

（なかむら）

▼仕込み―すし飯を作る。ご飯をかために炊く。すし酢（酢、砂糖、塩、カツオだし）を合せて、ウチワであおぎながら、しゃもじで熱いご飯に切り混ぜる。
マグロとタイを薄いそぎ切りにする。巻簀にラップフィルムをしき、すし飯を棒状に巻く。ラップを広げてマグロ（タイ）をのせて再度巻いて形をととのえる。ラップで巻いたまま保存。
▼提供―ラップごと一口大に切り、ラップを外して器に盛る。ショウガ甘酢漬け（→29頁）を添える。

握り寿司

（串駒江古田店）

▼仕込み―魚（その日に仕入れたものを使う。今日の魚はカツオ、サンマ、タイ）はそれぞれ3枚におろし、そぎ切りにしてネタとする。
すし飯を用意する。
▼提供―用意したネタですしを握る。それぞれのすしの上に小口切りのアサツキ、おろしショウガ、細切りのミョウガ、煎り白ゴマなどをのせ、器に彩りよく盛る。ショウガ甘酢漬け（→29頁）を添える。

生寿司 竹

（さの丸ゆうゆふ）

▼仕込み―サバ、カンパチ、サーモン、ヒラメ、マグロは3枚におろし、サク取りしてそぎ切りにする。

イカは開いて皮をむいて一口大に切る。ボタンエビは尾を残して頭と殻をむく。トリ貝、ウニ、イクラを用意する。

米は昆布だしを入れて炊く。すし酢を用意し（酢は控えめに）、熱いご飯に切り混ぜる。

▼提供―寿司を握る。ネタとのバランスを考えてすし飯は小さめに握る。

海女っ子寿司

（海女の小屋）

▼仕込み―マグロ、キンメダイ、カジキマグロはサク取りする。

トロは包丁で叩き、小口切りにした長ネギを混ぜてネギトロを作る。

桜エビは濃口醤油、砂糖、ミリンをからめて火にかけ、鍋をあおって桜エビに軽く色をつける。

ブラックタイガーエビは背ワタを取って熱湯で塩ゆでし、殻をむく。

サバを熱湯でゆで、身をほぐして鍋に入れ、濃口醤油、砂糖、ミリンを加えてそぼろ状になるまで煎り、おぼろを作る。

キュウリを斜め薄切りにする。ワサビをおろす。

すし飯を作る。熱いご飯にすし酢（酢、砂糖、塩）を切り混ぜ、冷ましておく。ご飯1升に対し、すし酢は1合が目安。

▼提供―マグロ、キンメダイ、カジキマグロを平造りにする。ホタテ貝柱を半割りにする。トリ貝（むき身）は大きいものであれば、食べやすいよう半分に切る。タコ（ボイル）は一口大のそぎ切りにする。

アワビの殻にすし飯を平らに盛る。大葉をしき、仕込んでおいた魚介などを一式彩りよく盛り、ワサビを添える。

ショウガの甘酢漬け（→29頁）は別皿にて提供。なお、岩海苔クラゲは、岩海苔の佃煮とクラゲを和えた店の特製品。

▼コツ―刺身から出る水分がすし飯につくと生臭くなるので要注意。盛ったら、すぐに提供する。

飯

寿司

巻き寿司

（もり川）

▼仕込み―卵は溶き、塩と砂糖で薄く味つけして厚焼き玉子を焼く。

干シイタケは水でもどす。もどし汁に濃口醤油、砂糖を加えて煮含める。味がしみたら薄切りにする。

カンピョウは塩でもみ、水洗いしてゆで、砂糖と濃口醤油で甘辛く煮る。

▼提供―海苔の上にすし飯（塩味の強い関東風）を広げて棒状に切った厚焼き玉子、シイタケ、カンピョウ、ゆでた三ツ葉を巻き込む。切り分けて器に盛る。

田吾作おにぎり

（越後）

▼仕込み―塩ザケはしっかり焼く。サケは細かくほぐしてもよい。

塩とゴマを同量ずつ混ぜてゴマ塩を作る。

ご飯を炊いておく。

▼提供―ご飯のまん中にほぐしたサケ、または梅干を入れ、ご飯茶碗1杯半のご飯を丸く握る。ゴマ塩をまわりにつけ、海苔を軽めに巻き、器に盛る。

▼コツ―中の具がまん中になるようにしっかり握る。

焼きおにぎり

（凧錦）

▼仕込み―土佐醤油（たまり醤油、濃口醤油、ミリン、カツオ節）の材料をすべて合せて、しばらくねかせたのち漉す。

ご飯は炊いておく。

▼提供―ご飯にユカリを混ぜておにぎりを作り、はけで土佐醤油をかけながらこんがりと焼く。

器に盛り、タクアンを添える。

▼コツ―土佐醤油を塗りすぎると味が濃くなってしまうので注意する。

焼きおにぎり

（串駒）

▼**仕込み**―米を研いで、イシリ醤油、日本酒を加えた水で炊く。水加減は普通のご飯と同じ。炊けたら、水に浸けてもどしたアオサ海苔、ゴマを混ぜ、おにぎりを作る。
▼**提供**―おにぎりを焼き網にのせて焼き、皿に盛る。
▼**コツ**―米の味加減はなめてみて、ちょっと塩辛いと感じる程度に。

焼きおにぎり

（佃喜知）

▼**仕込み**―ご飯は炊いておく。ご飯でおにぎりを作り、弱火でこんがりと焼く。
▼**提供**―信州ミソをつけて、両面を再び焼き、タレ（日本酒1、濃口醤油3、だし1）を塗って味をつけ、器に盛る。

高菜おにぎり

（料理倶楽部）

▼**仕込み**―高菜漬けを葉の部分と茎の部分とに切り分け、茎をみじん切りにする。
　ご飯は炊いておく。
▼**提供**―ボウルにご飯を入れ、刻んだ高菜漬けの茎、白ゴマ、サケフレーク、濃口醤油を入れてよく混ぜる。
　高菜の葉で、混ぜご飯を包み、器に盛り、白ゴマを散らす。赤カブ漬けを添える。
▼**コツ**―高菜の葉は重ねると噛み切れないので、重ならないように包む。

オープンおにぎり

（大誠）

▼仕込み―サケは3枚におろして切り身にし、塩をふる。サケを焼き、身をほぐしておく。

ご飯は炊いておく。

▼提供―ご飯と帯状に切った海苔で軍艦巻きを作り、上に明太子、昆布佃煮、サケの塩焼き、イクラ、ウニをそれぞれ盛る。

タクアンを添える。

吹き寄せ焼きおにぎり煎餅

（和義）

▼仕込み―ご飯は炊いておく。

▼提供―みじん切りの大葉、包丁で叩いた梅干、煎りたての白ゴマ、カツオ節、濃口醤油を、炊きたてのご飯に混ぜる。

おにぎり1個分のご飯をラップフィルムで挟んで、縁を厚めにして薄く丸くのばす。

グリルでこんがりと両面を焼く。器に盛ってタクアンを添える。

▼コツ―炊きたてのご飯でないと、粘り気がないのでまとまらない。

鮎茶漬け

（由庵）

▼仕込み―アユはウロコとエラを取って背開きにし、水気を切って軽く塩をふり、15分間ほどそのままおいたのち、脱水シートで水分を吸収させる。

ご飯を炊いておく。

▼提供―アユを強火の遠火でこんがりと焼く。

器にご飯、白ゴマ、海苔、ぶぶあられ、刻んだ三ツ葉、アユの順に盛る。

だしを温め、淡口醤油、日本酒、ミリンを加えて薄味にととのえてから器に注ぎ、ワサビを盛る。

いくらの冷やしスープご飯

（開花屋）

▼仕込み—冷だし（カツオだし2、ミソ汁の上ずみ1、塩、淡口醤油、うま味調味料少量）を作って冷やしておく。
薄力粉を卵、水で溶いて衣を作り、熱した揚げ油に散らして揚げ玉を作る。
ご飯は炊いておく。
▼提供—温かいご飯をザルにとり、流水で洗って冷まし、水気を切って器に入れる。冷だしをかけ、みじん切りの長ネギ、煎り白ゴマ、揚げ玉を散らす。中央にイクラを盛り、芽ネギを飾る。

鰯茶漬け

（鹿火矢）

▼仕込み—イワシは手開きして内臓を取り出し、腹骨をそぎ取る。2～3等分にそぎ切りにしてモトに浸ける。
ご飯をかために炊いておく。
▼提供—器にご飯を盛り、煎った白ゴマ、ぶぶあられ、刻んだ三ツ葉、刻み海苔を散らし、イワシの切り身を盛る。だしを熱し、淡口醤油と塩で味をととのえて上から注ぐ。ワサビを添える。
◆モト◆白ゴマをすり鉢ですり、淡口醤油を加えて味をつけ、粒白ゴマを混ぜる。生の魚介類のお茶漬けに合う。

南高梅茶漬け

（由庵）

▼仕込み—白ゴマはこうばしく煎る。
ご飯は炊いておく。
▼提供—器にご飯を盛り、刻み海苔、刻んだ三ツ葉、ゴマ、南高梅を加えてから、熱した茶漬けだし（だし、淡口醤油、ミリン、日本酒）を注ぐ。
別皿で塩昆布、タクアンを添える。

くさや茶漬け

（鹿火矢）

▼仕込み—クサヤは強火で両面を焼く。焼きすぎてかたくならないように注意。

ご飯はかために炊いておく。

▼提供—器にご飯を盛り、煎った白ゴマ、ぶぶあられ、刻んだ三ツ葉、刻み海苔を散らし、手でちぎったクサヤを盛る。

だしを熱し、淡口醤油と塩で味をととのえて、上から注ぐ。

ワサビを添える。

胡椒飯

（中川）

▼仕込み—ご飯を炊いておく。

▼提供—だしを熱して、日本酒、濃口醤油、塩を加えて、吸いものより少し濃いめの味をつける。

ご飯を盛り、粗めに叩いた黒コショウを上に散らして、熱いだしを注ぐ。

▼コツ—炊きたてのご飯を使うことと、叩き立ての黒コショウを使うことがおいしさのコツ。

鮭茶漬け

（鹿火矢）

▼仕込み—サク取りしたサケをそぎ切りにしてモト（→513頁鯛茶漬け）に浸ける。三ツ葉をざく切りにする。

ご飯はかために炊いておく。

▼提供—器にご飯を盛り、煎った白ゴマ、ぶぶあられ、刻んだ三ツ葉、刻み海苔を散らし、サケの切り身をほぐしてのせる。

だしを熱し、淡口醤油と塩で味をととのえて、上から注ぐ。

ワサビを添える。

白魚茶漬け

（鹿火矢）

▼仕込み―シラウオは熱湯でさっとゆでる。

ご飯はかために炊いておく。

▼提供―器にご飯を盛り、煎った白ゴマ、ぶぶあられ、刻んだ三ツ葉、刻み海苔を散らし、シラウオをのせる。

だしを熱し、淡口醤油と塩で味をととのえて、上から注ぐ。

ワサビを添える。

▼コツ―生のシラウオが手に入ったときは、ゆでずに生のまま使ったほうがおいしい。

鯛茶漬け

（鹿火矢）

▼仕込み―サク取りしたタイをそぎ切りにしてモト（→513頁鯛茶漬け）に浸ける。

ご飯はかために炊いておく。

▼提供―器にご飯を盛り、煎った白ゴマ、ぶぶあられ、刻んだ三ツ葉、刻み海苔を散らし、タイの切り身をのせる。

だしを熱し、淡口醤油と塩で味をととのえて、上から注ぐ。

ワサビを添える。

高菜茶漬け

（鹿火矢）

▼仕込み―高菜漬けは水にさらして塩抜きをし、水気を絞って1cm長さに切る。

ご飯はかために炊いておく。

▼提供―器にご飯を盛り、煎った白ゴマ、ぶぶあられ、刻んだ三ツ葉、刻み海苔を散らし、高菜漬けをのせる。

だしを熱し、淡口醤油と塩で味をととのえて、上から注ぐ。ワサビを添える。

▼コツ―高菜漬けの塩抜き加減がおいしさの決め手。漬け方や漬かり具合によっても塩の回り方が違うので、味をみながら塩抜きする。

月見茶漬け

（鹿火矢）

▼**仕込み**―ご飯はかために炊いておく。

▼**提供**―だしを熱し、淡口醤油と塩で味をととのえて、卵2個を静かに落とす。半熟になるまで熱する。

器にご飯を盛り、煎った白ゴマ、ぶぶあられ、刻んだ三ツ葉、刻み海苔を散らし、だしとともに半熟卵を注ぎ入れる。

ワサビを添える。

▼**コツ**―卵には味つけしないので、だしは少し濃いめの味にする。

鶏茶漬け

（鹿火矢）

▼**仕込み**―フライパンにサラダ油を熱して鶏モモ肉の表面を焼き、日本酒、ミリン、濃口醤油を加えて味をからませ、一口大のそぎ切りにする。

ご飯はかために炊いておく。

▼**提供**―器にご飯を盛り、煎った白ゴマ、ぶぶあられ、刻んだ三ツ葉、刻み海苔を散らし、鶏モモ肉をのせる。

だしを熱し、淡口醤油と塩で味をととのえて、上から注ぐ。

ワサビを添える。

とろろ茶漬け

（鹿火矢）

▼**仕込み**―ご飯はかために炊いておく。

▼**提供**―器にご飯を盛り、煎った白ゴマ、ぶぶあられ、刻んだ三ツ葉、刻み海苔を散らし、とろろ昆布をのせる。

だしを熱し、淡口醤油と塩で味をととのえて、上から注ぐ。

ワサビを添える。

▼**コツ**―とろろ昆布は汁を吸い込むので、だしは多めに。

納豆茶漬け

（鹿火矢）

▼仕込み―ご飯はかために炊いておく。

▼提供―器にご飯を盛り、煎った白ゴマ、ぶぶあられ、刻んだ三ツ葉、刻み海苔を散らし、納豆をほぐしてのせる。

だしを熱し、淡口醤油と塩で味をととのえて、上から注ぐ。

ワサビを添える。

▼コツ―小粒の納豆を選ぶ。臭いが気になるときは、大根おろしを加えるとやわらぐ。

鱧皮茶漬け

（バードランド）

▼仕込み―ご飯はかために炊いておく。三ツ葉は１cmのざく切りにする。長ネギとショウガは繊切りにし、水にさらしたのち、水気を切る。

▼提供―器にご飯を盛り、ハモ皮（繊切り）をのせて、三ツ葉、長ネギ、ショウガ、煎った白ゴマ、刻み海苔を散らし、一つまみの塩を加えて、熱い鶏ガラスープを注ぐ。

▼コツ―加工品のハモ皮を使った簡単なメニュー。

鉄火茶漬け

（鹿火矢）

▼仕込み―サク取りしたマグロをそぎ切りにしてモト（→513頁鰯茶漬け）に浸ける。

ご飯はかために炊いておく。

▼提供―器にご飯を盛り、煎った白ゴマ、ぶぶあられ、刻んだ三ツ葉、刻み海苔を散らし、モトに浸けたマグロの切り身をのせる。

だしを熱し、淡口醤油と塩で味をととのえて、上から注ぐ。

ワサビを添える。

冷やし茶漬け

（おふろ）

▼仕込み―焼ミソ（八丁ミソ、信州ミソ、長ネギみじん切り）は材料を練り合せ、木ベラなどに塗りつけ、火にあぶってこうばしさを出す。合せだし（カツオだし12、ミリン1、淡口醤油1）は一度沸騰させ、冷蔵庫でよく冷やしておく。
▼提供―ご飯を流水でさっと洗って器に盛り、焼ミソ、繊切りのミョウガ、小口切りの万能ネギ、白ゴマを天に盛り、合せだしを注ぐ。刻み海苔、氷を飾る。
▼コツ―焼ミソを溶かしながら食べるので、ミソをつけすぎると辛くなる。

三つ葉茶漬け

（鹿火矢）

▼仕込み―ご飯はかために炊いておく。三ツ葉をざく切りにする。
▼提供―器にご飯を盛り、煎った白ゴマ、ぶぶあられ、たっぷりの三ツ葉、刻み海苔を散らす。だしを熱し、淡口醤油と塩で味をととのえて、上から注ぐ。ワサビを添える。
▼コツ―三ツ葉は淡白なので、だしの味を少し濃いめにする。

明太子茶漬け

（凧錦）

▼仕込み―明太子はさっとあぶる。ご飯は炊いておく。
▼提供―丼にご飯を盛り、塩をふる。ぶつ切りにした明太子をのせて、煎茶を注ぐ。刻み海苔、繊切りの大葉、ぶぶあられを散らして提供する。ワサビを添える。
▼コツ―お茶漬けには、熱いご飯を使わないと煎茶がぬるくなってしまう。冷やご飯のときは、熱湯をかけてから用いる。

麦とろ飯

（由庵）

▼仕込み―押し麦は、割らないように注意しながら研ぎ、普通のご飯の4倍量の水加減で炊く。炊き上がったら水にさらす。

山イモはすり鉢でよくすり、だしを加えてのばし、淡口醤油、ミリン、日本酒で味をととのえてとろろを作る。

▼提供―押し麦を吸い地（だし、淡口醤油、ミリン）で炊き、汁気を切って器に盛る。

とろろを別の器に盛り、ウズラの卵、ワサビ、刻み海苔をのせる。

香のものと味噌汁を添える。

とろろめし

（すいか）

▼仕込み―麦飯は白米と同じように炊く。山イモはすりおろし、卵と混ぜ合せ、濃口醤油、ミリン、だしで味をつける。

▼提供―器に炊き上がった麦飯を盛り、とろろをたっぷりかけ、刻み海苔を散らし、ウズラの卵を割り落とす。

別皿で香のものを添える。

焼きおにぎり茶漬け

（なまこ屋）

▼仕込み―ご飯を炊いて、三角形のおにぎりを作っておく。残りご飯でもよい。

三ツ葉を2～3cm長さに切っておく。

▼提供―おにぎりを網にのせ、表面に濃口醤油をはけで塗り、キツネ色に焼く。

だしを熱し、日本酒、塩、淡口醤油を加えて吸いもの程度に味をつけて器に注ぐ。

煎った白ゴマ、刻んだ三ツ葉、もみ海苔を散らす。ここに焼きおにぎりを入れて、ワサビを添える。

▼コツ―こうばしさと歯応えが決め手。

リゾット・アラ・メゾン

（どんじゃん）

▼仕込み―ムキエビ（ボイル）、モッツァレラチーズ、トマトを細かく切り、普通の水加減で炊いたご飯と混ぜ、三角形のおにぎりを作って焼く。

　だし（ホタテ貝またはそのほかの貝類のゆで汁）にトマト、長ネギ、セロリを細かく切って加えて加熱し、スープを作る。

▼提供―焼きおにぎりを器に盛り、上から熱いスープをかけて、ツマミ菜を散らし、パルメザンチーズをふる。

▼コツ―強火の遠火で焼くとチーズの香りが立つ。ご飯に混ぜずに炊き込んでもよいが、この場合は炊き上がりに加えて蒸す。

焼きおに茶漬け

（開花屋）

▼仕込み―ご飯は冷まして丸め、ラップフィルムで挟んで丸く潰す。冷凍可。

茶漬けだし（カツオだし、塩、淡口醤油、うま味調味料少量）を合せておく。

▼提供―板おにぎりを網焼きにし、こげ目がついたら濃口醤油を両面に塗って焼いて仕上げる。

　器に沸騰した茶漬けだしを注ぎ、刻んだ三ツ葉、煎り白ゴマ、ぶぶあられを入れ、板おにぎりをさし入れ、もみ海苔を散らし、ワサビを添える。

▼コツ―テフロン加工のフライパンで、フライ返しで押さえつけて焼いてもよい。

おこげ

（とひ家）

▼仕込み―ご飯をラップフィルムで挟み、麺棒で1㎝厚さの板状にのばす。

　ラップを外し、サラダ油をひいたフライパンでこげ目がつくまで焼く。焼いたご飯を175～180℃の揚げ油で揚げる。

　カツオだし、淡口醤油、ミリンを熱し、水溶き片栗粉でとろみをつけ、桜エビを加えて10～15分間煮て、薄紅色の餡を作る。

▼提供―器に揚げたご飯（おこげ）を盛り、上から熱した桜エビの餡をかける。天に刻み海苔を盛る。

だしかけ茶飯

（泥味亭）

▼仕込み―米を研いでザルに上げておく。少量の日本酒と淡口醤油を加えて、普通のご飯の水加減で米を炊いて茶飯を作る。

▼提供―茶飯を盛り、小口切りの長ネギをたっぷり盛る。

だしを熱して塩と淡口醤油で味をととのえて茶飯にかける。

フキの葉ミソ炒めとワサビを添える。

▼コツ―だしはカツオをきかせる。

◆フキの葉ミソ炒め◆フキの葉をみじん切りにして、サラダ油で炒めて、田舎ミソで味をつける。

水飯

（中川）

▼仕込み―ご飯は炊いておく。

▼提供―炊きたてのご飯をザルに入れて流水でよく洗う。最後に氷水にさらして、ご飯をしめて水気を切る。

水飯を盛り、冷水を注ぐ。おかずにジャコ山椒煮とナスの糠漬けを添える。

▼コツ―ご飯の粒をくずさないよう、水がにごらなくなるまでていねいに洗うことが大切。食欲が落ちた暑い盛りにぴったり。

◆ジャコ山椒煮◆ジャコと実サンショウを日本酒、砂糖、濃口醤油で甘辛く煮る。短時間でさっと煮ること。

いくらともずくの一口粥

（居乃一ＢＡＮ）

▼仕込み―ご飯を鍋に入れ、薄いだしを注いで柔らかめに炊く。塩で味をつけて粥を作る。

▼提供―粥にモズクとイクラをのせ、2～3cmに切った三ツ葉を散らす。

つわぶき雑炊

（海女の小屋）

▼仕込み―アワビを殻から外してワタを除く。塩を加えただしで柔らかくなるまで煮て、一口大に切る。ウニは塩をふって蒸す。

ご飯は水洗いし、水気を切る。

合せだし（だし、濃口醤油、淡口醤油、ミリン、日本酒、塩、アワビの煮汁）を火にかけ、一旦煮立たせて冷ましておく。

▼提供―鍋にご飯を入れ、合せだし、アワビの煮汁（だしの1割）を入れ（ひたひたより少し多めに）、アワビとウニを加えて火にかける。煮立ったら、ざく切りにしたワカメと、刻んだ三ツ葉を加えて仕上げる。

梅紫蘇雑炊

（楽味）

▼仕込み―梅干の種を取り、包丁で叩く。だしに塩、濃口醤油、うま味調味料を加えて味つけする。

ご飯は炊いておく。

▼提供―土鍋に調味しただしを注ぎ、洗ったご飯を入れて火にかける。煮立ったら溶き卵でとじ、淡口醤油、ミリンで味をととのえる。

卵に火が通ったら、梅干、大葉の繊切りを加え、白ゴマをふる。

▼コツ―梅干と大葉は風味が大事なので、加熱しない。

牡蠣雑炊

（しる平）

▼仕込み―ご飯を炊いておく。三ツ葉と大葉はみじん切りにする。

▼提供―カキは包丁で細かく叩く。ご飯を水洗いする。

だしを熱してカキを入れ、塩、淡口醤油で味をととのえ、ご飯を入れたら一煮立ちさせ、ワサビを溶き入れる。

器に盛り、三ツ葉、大葉、白ゴマを散らす。

▼コツ―ワサビは香りがとばないように盛りつけの直前に溶き入れる。

北○雑炊

（北○）

▼仕込み—毛ガニのだしを取り、日本酒、ミリン、塩、淡口醤油で味つけする。

▼提供—ご飯は水洗いし、水気を切って小鍋に入れ、毛ガニのだしを注ぐ。カニのむき身と薄切りのシイタケを入れ、強火で煮立たせる。沸いたら溶き卵を流し入れ、刻んだ三ツ葉を散らす。

▼コツ—カニだしの生臭さを消したい場合は、追いガツオをするとよい。

蟹おじや

（海女の小屋）

▼仕込み—ご飯を炊いたのち、よく水洗いし、ザルに上げて水気を切る。

合せだし（だし、濃口醤油、淡口醤油、日本酒、ミリン、塩、うま味調味料）を火にかけて煮立たせ、冷ましておく。

ワカメは水洗いしてざく切りにする。

▼提供—鍋にご飯、合せだしを加えて吸いものより少し濃いめに味つけし（水加減はひたひたより少し多めに）、カニフレークをほぐし加えて火にかける。煮立ったら火からおろし、溶き卵を流してとじ、カニフレーク、ワカメ、刻んだ三ツ葉を盛る。卵は余熱で火を入れ、ふわっと仕上げる。

すっぽん雑炊

（なまこ屋）

▼仕込み—スッポンをほどき、食べやすく切り分ける。スッポンに熱湯をかけて冷水にとって薄皮をむく。

日本酒1升で1匹分のスッポンの肉を煮る。途中で水を足しながら2時間ほど煮詰めたら、漉してスッポンスープを作る。

ご飯は炊いておく。

▼提供—土鍋にだしとスッポンスープを合せて熱し、日本酒と塩で味をととのえる。先に取り出したスッポンの肉をもどし、ご飯を入れる。

煮えた頃合いを見て針ショウガ、小口切りのアサツキを散らす。

むき蕎麦

（炉ばた）

▼仕込み—脱穀した粒ソバは洗い、多めの水でご飯と同様に鍋で炊く。こげつかないように混ぜながら、柔らかくなるまで炊き、水洗いする。

鶏だしに濃口醤油と日本酒を加えて味をととのえる。

▼提供—粒ソバを器に盛る。鶏だしを熱し、さいの目切りの鶏モモ肉と、小口切りの長ネギを入れて煮て、粒ソバにかけ、青海苔を散らす。

▼コツ—冷めると味が落ちるので、熱いうちに提供する。

豆腐雑炊

（うの花）

▼仕込み—木綿豆腐はさいの目に切る。

ご飯は炊いたのち、水洗いして、ヌメリを取っておく。

▼提供—鉄鍋にだしを注ぎ、木綿豆腐とご飯を入れて火にかける。濃口醤油と塩で味をととのえ、仕上げに溶き卵をかけ回す。卵にさっと火が通ったら、刻んだ三ツ葉を散らす。

▼コツ—溶き卵を加えたら、あまり火を通さずに、ふわりと仕上げる。

軍鶏雑炊

（バードランド）

▼仕込み—鶏モモ肉（軍鶏）はさいの目切り、長ネギは斜め切り、シイタケは薄切り、三ツ葉はざく切りにする。ご飯を炊く。

▼提供—鶏ガラスープに鶏モモ肉、長ネギ、シイタケを入れて熱し、塩と淡口醤油で味をととのえる。

鶏肉に火が通ったら、ご飯をさっと水洗いして加え、一煮立ちしたら溶き卵を注ぐ。器に盛って、三ツ葉を散らす。

別皿でユズコショウを添える。

▼コツ—ご飯を水洗いすると、粘り気が取れてスープがにごらず、さらっと仕上がる。

おじや

（はまぐり）

▼仕込み—ご飯は炊いておく。
シイタケは薄切りに、アサツキは小口切りにする。
▼提供—ハマグリスープ（↓500頁貝飯）とカツオだしを合せて熱し、塩と淡口醤油で味をととのえる。ここにご飯、ハマグリ、殻を外して細切りにしたホッキ貝、カキのむき身を入れて煮る。
沸騰寸前に溶き卵を回し入れて火を止める。器に盛ってアサツキを散らす。

海鮮雑炊

（海浜館）

▼仕込み—だしを熱し、濃口醤油、ミリンを加え、ガーリックオイルとおろしニンニクで風味をつけたスープを作る。
ご飯は炊いておく。
▼提供—鍋にご飯を入れてスープを注ぎ、ムール貝、ホタテ貝柱、エビ、白身魚の切り身、アサリを入れて火にかけ、雑炊にする。
刻み海苔と小口切りのアサツキを散らす。

甘鯛の飯蒸し

（もり川）

▼仕込み—アマダイは背開きにして塩をあてて一塩にし、適当な大きさに切る。もち米は研いで水に浸け、一昼夜おいてから蒸し上げる。
▼提供—器にアマダイをのせ、蒸したもち米でおおい、日本酒をふって強火で10分間ほど蒸す。
天にイクラと大葉の繊切りを飾る。

いか飯

（だいこん屋）

▼**仕込み**―もち米を研ぎ、日本酒、ミリン、濃口醤油を少量ずつ加えた水に一晩浸したのち、ザルに上げて水気を切っておく。

スルメイカは、脚と内臓を抜いて皮をむく。脚をぶつ切りにしてもち米と混ぜる。イカの腹に、このもち米を8分目ほど詰めて楊枝で口を閉じる。

たっぷりの水にミリンと濃口醤油を加えて、イカを30分間煮て、煮汁ごと冷ます。

▼**提供**―楊枝を抜き、筒切りにして電子レンジで温める。

▼**コツ**―もち米を詰めすぎると火の通りが悪くなり、生煮えの状態になってしまう。

蒸しいか飯

（淡如水）

▼**仕込み**―うるち米8、もち米2の割で合せて普通のご飯より少なめの水加減で炊く。

だしに日本酒、ミリン、砂糖、淡口醤油、うま味調味料で甘めの味をつけ、繊切りのニンジン、タケノコ、油アゲを煮る。これをご飯に混ぜる。イカの脚と内臓を抜いて皮をむく。ご飯を詰め、竹串でとめる。

▼**提供**―いか飯を蒸し器で10分間蒸す。だし、砂糖、淡口醤油、ゴマ油を熱し、水溶き片栗粉でとろみをつけ、いか飯にかける。レタスを添え、カイワレ菜と白ゴマを散らす。

洋風いか飯

（いそむら）

▼**仕込み**―ヤリイカの脚と内臓を抜いて皮をむく。脚、エンペラ、ベーコン、玉ネギは粗みじん切り、シメジタケはほぐす。ニンニクとショウガはみじん切りにする。

これらをサラダ油で炒める。具の3分の1量のご飯を加え、塩、コショウで味をつけ、イカの腹に詰めて楊枝でとめる。

ソースを作る。湯むきしたトマトをみじん切りにして、白ワインと塩を加えてとろみが出るまで煮詰める。仕上がりにカレー粉とレモン汁を加える。

▼**提供**―サラダ油をひいたフライパンでいか飯を焼いて切り分け、ソースをかける。

蟹チャーハン

（家鴨長屋）

▼仕込み―餡を作る。水4ℓ、おろしショウガ大さじ1、カニフレーク200g、カニスティック200g、鶏ガラスープ2ℓ、日本酒100cc、老酒200cc、塩大さじ2、砂糖大さじ2〜3、うま味調味料大さじ1、白コショウ少量を合せて熱し、水溶き片栗粉300ccでとろみをつける。

▼提供―みじん切りの玉ネギとチャーシューをサラダ油をひいたフライパンで炒め、ご飯を加えて塩、コショウする。うま味調味料、ゴマ油、濃口醤油で味つけし、皿に盛る。

　餡を温めて卵白を溶いて混ぜ、チャーハンにかける。ゆでたグリーンピースをのせる。

鴨雑煮

（泥味亭）

▼仕込み―合鴨胸肉の脂を包丁で切り取り、そぎ切りにする。大根、ニンジン、シイタケ、ゴボウ、油アゲは繊切りにする。セリは3cmのざく切りにする。

合せだし（だし、塩、淡口醤油）を吸いもの程度の味にととのえる。

▼提供―合せだしに少量の日本酒を加え、セリと白髪ネギ以外の野菜類を入れて煮る。アクが浮いたら適宜ひく。

　火を止める寸前にセリを入れる。器に盛り、焼き餅を入れて白髪ネギを散らす。

ガーリックピラフ

（海浜館）

▼仕込み―牛肉はさいの目に切る。玉ネギ、ニンジンはみじん切りにする。

▼提供―フライパンにガーリックオイルをひき、牛肉、玉ネギ、ニンジン、ご飯の順に炒める。

　顆粒和風だし、濃口醤油で味つけし、ガーリックパウダーを加える。

　ニラのみじん切りを最後に入れ、軽く加熱して器に盛る。

じゃが芋のお稲荷さん

（爐端本店）

▼仕込み—油アゲは半分に切り、日本酒、濃口醤油、ミリン、砂糖、酢でさっと煮て、冷ます。

ジャガイモは水からゆで、皮をむいて潰し、オリーブ油、塩、コショウ、松ノ実、みじん切りのマージョラムを混ぜる。

半分に切った油アゲに、稲荷寿司の要領でジャガイモを詰める。

菊花は、酢を加えた熱湯でさっとゆでる。

▼提供—器に盛り、パセリのみじん切りを散らし、菊花をあしらう。

▼コツ—バターではなくオリーブ油を使うとさっぱりした味に仕上がる。

高菜飯

（由庵）

▼仕込み—高菜の古漬けはみじん切りにする。白ゴマは煎る。

ご飯は炊いておく。

▼提供—フライパンにゴマ油をひいて熱して高菜を炒め、ご飯を加えてよく炒める。濃口醤油、日本酒で味をととのえる。

器に盛り、白ゴマをふりかける。香のもの、味噌汁を添える。

タイ風茄子のグリーンカレー

（風神亭）

▼仕込み—鶏モモ肉は一口大のぶつ切りにする。ナスは皮をむいて乱切り、ピーマンも乱切りにする。

鍋にココナツミルク、牛乳を入れ、鶏モモ肉、ナス、ピーマンを加えて弱火で煮る。鶏肉が煮えたらグリーンカレーペースト、ナンプラー、砂糖、塩で味をととのえる。

ご飯を炊いておく。水加減は白飯より少し少なめに。

▼提供—小鍋でカレーを温め、ご飯にかけ、刻んだ香菜、くし形切りのレモンを添える。

▼コツ—沸騰させると分離してしまう。

豚肉とキムチのチャーハン

（料理倶楽部）

▼仕込み―豚バラ肉薄切りは細かく切る。長ネギと白菜キムチとニンニクはみじん切りにする。

ご飯を炊いておく。

▼提供―豚バラ肉に日本酒、塩、コショウをもみ込んで下味をつけ、片栗粉をまぶす。

中華鍋を熱して、サラダ油を鍋になじませ、溶き卵を流し入れる。

卵に七割火が入ったら、豚バラ肉を入れて炒める。火が通ったらご飯、長ネギ、白菜キムチを入れて、炒め合せる。

豆瓣醤、塩、コショウ、みじん切りのニンニクを加えて味をととのえ、香りが出て、全体がふんわりするまで炒める。最後に香りづけの濃口醤油をたらす。

器に盛り、カツオ節、白ゴマ、繊切りの大葉、刻み海苔、マーシュを散らす。

帆立のリゾットおこげ

（開花屋）

▼仕込み―玉ネギ2分の1個をみじん切りにし、バター50gでキツネ色になるまで炒める。さらにバター50gを加え、溶けたら米1.5合を洗米せずに加える。

米にバターがなじんだら牛乳100cc、ブイヨン100ccを加え、中火で煮る。汁気がなくなったら、ブイヨン100ccを追加し、再び中火で煮る。

少し芯を残して火を止め、ゴルゴンゾーラチーズ60gを加え、余熱でかき混ぜながら溶かし、塩、コショウで味をつける。

▼提供―冷ましたリゾットを丸め、平らにのばす。その上に薄切りのホタテ貝柱を並べ、両面にパルメザンチーズをふり、テフロン加工のフライパンで焼く。

器に盛ってパセリのみじん切りを散らす。

▼コツ―リゾットを焼くときは中火でじっくり焼く。表面に火が通ってフライパンの上をすべるようになっても、たまにゆすらないとこげやすい。

焼豚ピラフ

（大誠）

▼仕込み—豚肩ロース肉ブロックは、たっぷりの水に日本酒、濃口醤油、ミリン、砂糖、ニンニク、長ネギ（青い部分）のぶつ切りを加えて、2～3時間煮る。

ご飯をかために炊く。

▼提供—フライパンにサラダ油を入れて熱し、まず溶き卵を炒めたら、長ネギのみじん切り、細かく切った煮豚、ご飯を加えて強火で炒め、塩、コショウ、ガーリックパウダーで調味し、仕上がりに、ゴマ油、濃口醤油を加えて、香りをつける。

器に盛り、刻み海苔を添える。

キムチとたくあんのレタス炒飯

（居乃一ＢＡＮ）

▼仕込み—水のかわりにだしと、から煎りした茶葉で抽出した茶で米を炊き、茶飯を作る。

白菜キムチとタクアンは細かく切る。

▼提供—中華鍋にサラダ油をひいて熱し、溶き卵、茶飯、キムチ、タクアンの順に炒め、最後にちぎったレタスを加える。塩、コショウで味をととのえる。

器に盛りつけ、刻み海苔を散らす。

薬飯《やくし》

（鳳仙花）

▼仕込み—もち米は前日に研ぎ、水に浸けて一晩おいて、セイロで約20分間蒸す。

20分間たったら黒砂糖、クリ（殻と渋皮をむいたもの）、ナツメ、干ブドウ、クルミ、ゴマ油、香りづけ程度の濃口醤油を加え、さらに約20分間蒸す。

▼提供—再度蒸し器で温めて、器に盛る。松ノ実とシナモンパウダーをふる。

かけうどん

（福増屋）

▼仕込み―うどんを打っておく。
かえし1（白醤油、淡口醤油、ミリン）、だし14を合せてかけ汁を作る。
カマボコは5㎜ほどの厚さに切り、青ネギは斜め切りにする。

▼提供―うどんは3分間ゆで、冷水でもみ洗いし、湯せんにかけておく。かけ汁を沸かす。うどんを器に盛ってかけ汁を注ぐ。
カマボコと青ネギをのせる。

▼コツ―かけ汁とはかけうどん（そば）用のつゆのこと。またかえしとは、合せ調味料のこと。通常はだしで希釈して使用する。◆手打ちうどん◆うどん粉は日清製粉の白椿（手打ちうどん専用粉：中力粉）。夏場は水5ℓに対し、塩1.8％の割合、冬場は塩1.6％の割合で水に加え、粉と混ぜて、耳たぶほどのかたさに練る。2kgを取り分け、麺棒でのして3等分に折る。のして折る作業を何度もくり返し、6時間ほどおき、薄くのばして細く切って用いる。◆うどんだし◆水24ℓ、カツオ節1.2kg、追いガツオ200gを使う。水を沸騰させたら弱火にし、カツオ節を入れ、途中でカツオを追加する（追いガツオ）。30分間ほどで火からおろし、絹布で漉す。

生醤油うどん

（福増屋）

▼仕込み―うどんを打つ（→上段かけうどん）。
調味料を合せてかえし1（濃口醤油、砂糖、煮切りミリン）を作り、だし3（→上段かけうどん）と合せてもり汁を作って冷やしておく。

▼提供―うどんは3分間半ゆで、冷水でもみ洗いする。器にもり汁を適量注ぎ、うどんを盛る。
薄く削ったカツオ節をたっぷりのせ、おろしショウガを添える。

▼コツ―稲庭うどんでも合う。もり汁とはつけうどん（そば）用の濃いつゆのこと。

ぶっかけうどん

（福増屋）

▼仕込み―うどんとかけ汁を用意する（→531頁かけうどん）。

▼提供―うどんは3分間ゆで、冷水でもみ洗いする。

器にうどんを盛り、冷たいかけ汁を注ぐ。小口切りの青ネギをたっぷり盛り、ワサビを添える。

豚肉とキムチの煮込みうどん

（食彩工房舎人）

▼仕込み―豚バラ肉薄切りはさっとゆでておく。シメジタケ、ニラ、白菜は食べやすく切り、木綿豆腐は1㎝厚さの長方形に切る。

▼提供―鍋に生讃岐うどん（太麺）、豚肉、豆腐を盛り、つゆ（濃口醤油、キムチの素、カツオの濃縮だし、水、日本酒）を注いで煮込む。沸騰したらシメジタケ、白菜キムチ、白菜を入れ、最後にニラを加える。

器に盛り、小口切りの万能ネギを散らす。

▼コツ―煮込みうどんにはコシの強いものを使用する。

稲庭うどん

（あらまさ）

▼仕込み―だしを熱し、淡口醤油とミリンで味をととのえてもり汁を作り、冷やしておく。

長ネギは小口切りにし、大根はおろす。

▼提供―たっぷりの熱湯で稲庭うどんをゆでる。途中でさし水をしてゆで上げる。

水にさらしてよくもんでヌメリを取り、ザルに上げて水気を切る。

稲庭うどんを盆ザルに盛って、別皿で薬味の長ネギと大根おろし、もり汁をつける。

田舎うどん

（有薫酒蔵）

▼**仕込み**―だし（水、アジ子5、日高昆布2、どんこシイタケ2、カツオ節1）の材料を合せて沸かす。これを漉して、塩と淡口醤油で味をつけてうどんのかけ汁を作る。牛肉薄切りと玉ネギの薄切りを砂糖、ミリン、濃口醤油で甘く炒める。

▼**提供**―うどんを熱湯でゆでて、冷水にとって水気を切る。温めておいた器にうどんを入れ、熱したかけ汁を注ぐ。炒めた牛肉と玉ネギ、とろろ昆布、小口切りにしたチクワとワケギを添える。

▼**コツ**―アジ子は8cmほどの小アジの煮干。

鱈子の皿うどん

（食彩工房舎人）

▼**仕込み**―万能ネギは小口切りに、大葉は繊切りにする。

▼**提供**―うどんはゆでる。

ボウルにほぐしたタラコと粉末カツオだし、濃口醤油、コショウ、レモン汁、バターを入れ、ゆで上がったうどんの水気をよく切って入れ、混ぜ合せる。

器にうどんを盛り、小口切りの万能ネギ、繊切りの大葉、刻み海苔を散らす。

▼**コツ**―タラコに熱が通りすぎないよう、素早く作業する。

花麺

（シンスケ）

▼**仕込み**―鶏ササ身はスジを抜き、観音開きにする。塩と日本酒をふって直火で両面を焼き、手で縦に裂く。ナメコは熱湯でさっとゆでる。三ツ葉は1cm長さに切る。かけ汁（本汁）を作る。カツオだしに日本酒、淡口醤油、塩で濃いめの味をつける。

▼**提供**―卯の花麺（稲庭うどんの切り落とし）をゆでて水気を切り、丼に移す。かけ汁にササ身とナメコを入れて熱し、沸騰したら溶き卵を回し入れて火を止める。丼に注ぎ、三ツ葉とへぎユズを添える。

▼**コツ**―桜の季節には桜花塩漬けを飾る。

黒船風皿うどん

（黒船屋ルネッサンス）

▼仕込み—イカは鹿の子に包丁目を入れて短冊に切る。タケノコと水でもどした干シイタケ、豚バラ肉は食べやすく切る。芝エビは殻をむく。これらを別々に湯通しする。

キクラゲは水でもどす。なると巻、チクワ、サツマ揚げ、かまぼこ（赤）、タコ（ボイル）は短冊に切り、キャベツ、モヤシ、チンゲン菜、タア菜は適当な大きさに切る。ウズラ卵はゆでて殻をむく。

スープ（水5.4ℓ、皿うどんスープの素顆粒360cc、チキンコンソメ顆粒、コショウ、塩、長ネギの青い部分、ショウガの皮）の材料を合せて沸かす。

▼提供—具材をサラダ油で炒め、スープを注ぎ、水溶き片栗粉でとろみをつける。仕上げにサラダ油でテリをつける。

器に皿うどんを盛り、餡をかけ、ウズラ卵をのせる。

うどんラザニアグラタン

（福増屋）

▼仕込み—うどんは手打ちのさいに出る切れはしを使う。

ニンジン、セロリ、玉ネギはみじん切りにし、刃先でよく叩く。オリーブ油をフライパンで熱し、叩いた野菜を炒める。火が通ったら牛挽き肉を加え、弱火でさらに15分間、水気がなくなるまでよく炒めて具を作る。これをグラタンの具とする。

トマトソースを作る。市販のトマトピュレ、赤ワイン、薄力粉を鍋に入れて火にかける。薄力粉がなめらかに混ざり合い、沸いてきたら牛骨スープでのばし、オレガノ、塩、コショウで味をととのえる。1日おいたのち再び火にかけ、味をなじませる。

トマトソースを一部取り分け、市販のドミグラスソースと生クリームを加えてベースのソースとする。

▼提供—グラタン皿に、うどん、ベースのソース、具、モッツァレラチーズの順に3回重ねる。トマトソースをその上からかけ回し、さらに一番上にベースのソースをかけ、パルミジャーノチーズをふる。

220℃のオーブンで約15分間焼く。

パスタのモダン焼き

（大誠）

▼仕込み―スパゲティは熱湯に塩を多めに入れてゆでる。

アサリむき身、干桜エビ、ほぐしたシメジタケに卵、牛乳、生クリームを合せ、スパゲティを加えてよく混ぜ、密封して冷蔵庫で保管する。

ソース（中濃ソース、マスタード、マヨネーズ、ケチャップ）の材料を混ぜておく。

▼提供―フライパンにサラダ油をひいて、スパゲッティを丸く広げ、両面をこんがりと焼く。

ソースをかけ、カツオ節をかける。

わたり蟹のトマトソース

（家鴨長屋）

▼仕込み―みじん切りの玉ネギとニンニクをサラダ油で炒め、ホールトマト（缶詰）、塩、コショウを加えてトマトソースを作る。

ワタリガニはゆでて半分に割って身を取り出す。殻とゆで汁はとっておく。

▼提供―フライパンにサラダ油をひき、ニンニクと玉ネギを炒める。ワタリガニの身と殻を加えてブランデーでフランベする。カニのゆで汁、トマトソース、生クリームを加え、塩、コショウで味をととのえる。

スパゲッティをゆでてソースと和え、器に盛り、みじん切りのパセリを散らす。

ソーメンチャンプルー

（おもろ）

▼仕込み―ソーメンをかためにゆでる。流水でもむように洗って水気を切る。

ベーコン、玉ネギを繊切りにしてサラダ油で炒め、しんなりしてきたらソーメンを入れて炒め合せる。カツオ節、塩、少量の淡口醤油で味をととのえる。

錦糸玉子を作る。卵を溶いて塩で味をととのえる。フライパンを熱してサラダ油を薄くしき、少量の卵液を注いで弱火で両面を焼く。冷めたら繊切りにする。

▼提供―チャンプルーをサラダ油で炒めて温める。器に盛って錦糸玉子を上に散らす。

ざる蕎麦

（隠家なゝ樹）

▼仕込み―かえし（特選醤油、ミリン、砂糖）を合せて沸騰直前で火からおろして冷ます。これを沸かして1週間ねかせる。

かえしをだしでのばして熱し、沸騰直前でおろして冷まし、もり汁を作る。

▼提供―二八ソバを熱湯でゆで、途中で差し水をしてゆで上げる。冷水にとってヌメリを取り除く。水気を切ってザルに盛る。

もり汁と小口切りの長ネギ、大根おろし、ワサビを添える。

▼コツ―大根は辛みの強いものを選ぶ。

ネパール風灼熱の蕎麦

（風神亭）

▼提供―ソバを熱湯でかために ゆで、水気を切ってそのまま器に盛る。

上からうま味調味料、濃口醤油を回しかけ、白髪ネギを盛る。

サラダ油を熱し、赤唐辛子を入れて、煙が出るまで加熱して、ソバに一気にかける。

▼コツ―そばがのびてしまうので、ゆで上がったら手早く油をかける。

沖縄そば

（おもろ）

▼仕込み―だしをとる。たっぷりの水に昆布を入れ、鶏ガラと豚骨を加えて強火で熱する。沸騰直前で昆布を取り出す。沸騰したら、中火で2時間ほどじっくり煮て漉す。

だしを火にかけ、アクと脂を取り除き、淡口醤油、塩、ミリンで味をととのえてつゆを作る。カマボコを薄切りにする。

▼提供―沖縄ソバは熱湯に通して丼に盛り、熱いつゆを注ぐ。ラフテー（→260頁）とカマボコ、紅ショウガ、小口切りのアサツキを盛る。

シーフードビーフン

（すいか）

▼仕込み―豚肉、ハム、イカを食べやすく切る。エビ、アサリはむき身を用意する。ニンジン、ピーマン、タケノコ、シイタケは繊切りにする。

サラダ油とゴマ油をひいた鍋で豚肉を炒め、ハム、魚介類、繊切りの野菜の順に加えて、さらに炒める。

水でかためにもどしたビーフンを加え、さっと炒め合せる。鶏ガラスープ、濃口醤油、酢を加えて中華風の味つけにする。

▼提供―器に盛って、電子レンジで加熱し、マヨネーズとパセリを添える。

パスタ入り春巻

（食彩工房舎人）

▼仕込み―熱したフライパンでバターを溶かし、薄力粉を入れてさらさらになるまで炒める。生クリームと牛乳を2対1の割で合せて加え、よく混ぜる。塩、コショウで味をつけてホワイトソースを作る。

ペンネをゆでて水気を切り、ホワイトソース、オリーブ油で炒めたベーコンを細かく切って混ぜて具を作る。

春巻の皮を広げ、具を包む。

▼提供―175～180℃の揚げ油で春巻を揚げる。器に盛り、パセリを散らし、レタスとプチトマトを添える。マヨネーズを細く絞る。

赤蕪 （あらまさ）

▼仕込み―赤カブは天地を切り落として縦半分に切っておく。

甘酢（酢、砂糖、水）の材料を合せて沸かす。冷めたら赤カブを入れて2～3週間浸ける。

▼提供―赤カブを取り出して、2㎜厚さに切って器に盛る。

▼コツ―山形・温海産の赤カブは中まで鮮やかな赤色。身肉はみずみずしく甘みがある。

赤蕪のあちゃら （まえ川）

▼仕込み―赤カブはきれいに洗って、皮はむかずに、いちょう切りにする。薄塩をしてしばらくおき、しんなりさせる。

甘酢（酢、砂糖、淡口醤油少量）を作る。甘酢に昆布と赤唐辛子を混ぜ、水気を絞った赤カブを浸ける。6～7時間おいて味がなじんだら食べ頃。

▼提供―器に盛り、赤唐辛子を添える。

▼コツ―あちゃら漬けとは赤唐辛子を加えた甘酢に野菜を浸け込んだものの総称。赤カブは歯応えを残したいので、あまり薄切りにしない。

アスパラガスのパン床漬け （ひがし北畔）

▼仕込み―食パン厚切り9枚を繊切りにし、塩30g、ビール900ccを混ぜ合せて一晩おく。翌日かき混ぜて、さらに塩とビールを加える。これを3日間くり返し、野菜の切れ端などを漬けてなじませてパン床を作る。

アスパラガスの根元を切り落とし、熱湯でさっと塩ゆでし、パン床に6時間漬ける。

▼提供―さっと水洗いして、食べやすく切る。

▼コツ―水分が多すぎるときは、パンを増やして調節する。

苺の糠漬け

（ひがし北畔）

▼仕込み—若くて青っぽいイチゴを用意する。

糠床（米糠600g、水400cc、塩36g、赤唐辛子適量、昆布10cm角1枚、捨て漬け用野菜適量）を慣らして、イチゴを4時間漬ける。潰さないように軽く押さえる程度に。

▼提供—さっと水洗いして米糠を落とす。

▼コツ—長時間漬けると果肉が柔らかくなり、身くずれしてしまう。

うずら玉子の白醤油漬け

（ひがし北畔）

▼仕込み—ウズラ卵をゆでて殻をむく。

つけ地（白醤油、水、ミリン）を合せ、ウズラ卵を6〜10時間浸ける。

▼提供—器に盛る。

▼コツ—冷蔵庫で約1週間保存可能。さっぱりした味わい。

枝豆の白醤油漬け

（ひがし北畔）

▼仕込み—エダマメを熱湯で塩ゆでする。

赤唐辛子を入れた白醤油にエダマメをサヤごと浸す。

▼提供—器に盛る。

▼コツ—ビールのつまみに最適。冷蔵庫で3〜4日間持つ。

キウイの粕漬け
（ひがし北畔）

▼仕込み─粕床（酒粕1、白ミソ1）の材料を合せる。
キウイは皮をむいて、粕床に漬け、6時間以上おく。
▼提供─さっと水洗いし、食べやすく切り分ける。
▼コツ─漬けてから24時間以内に食べる。

浅漬けキャベツサンドイッチ
（ひがし北畔）

▼仕込み─キャベツの葉を1枚ずつばらして熱湯でさっとゆがく。
丸型にラップフィルムをしき、キャベツ、スモークサーモン、玉ネギ薄切り、大葉、クリームチーズを重ねる。間に白醤油とカツオ節をふりながら重ねる。

強めの重しをして5時間～3日間漬ける。
▼提供─切り出して器に盛る。
▼コツ─パーティなどの大人数に最適。

キャベツの糠漬け
（佃喜知）

▼仕込み─塩水（塩80g、水700cc）を煮立てて冷まし、米糠500gに注ぐ。さびた釘を混ぜ込み、1週間おいて糠床をならす。
キャベツの葉をはがして軽く塩をし、糠床の底のほうに漬け込み、一晩おく。
▼提供─糠床からキャベツを取り出し、水洗いをして糠を落とし、水気を切って繊切りにする。
大葉の繊切りを混ぜて、器に盛る。

蒟蒻の梅酢漬け

（ひがし北畔）

▼仕込み—梅酢180cc、砂糖50g、日本酒60cc、水180cc、みじん切りの紫蘇の葉10gを合せておく。

コンニャクを花形に抜く。熱湯に通して先のつけ地に1週間〜10日間つける。

▼提供—器に盛りつける。

▼コツ—好みに応じて日本酒や赤唐辛子を入れてもよい。

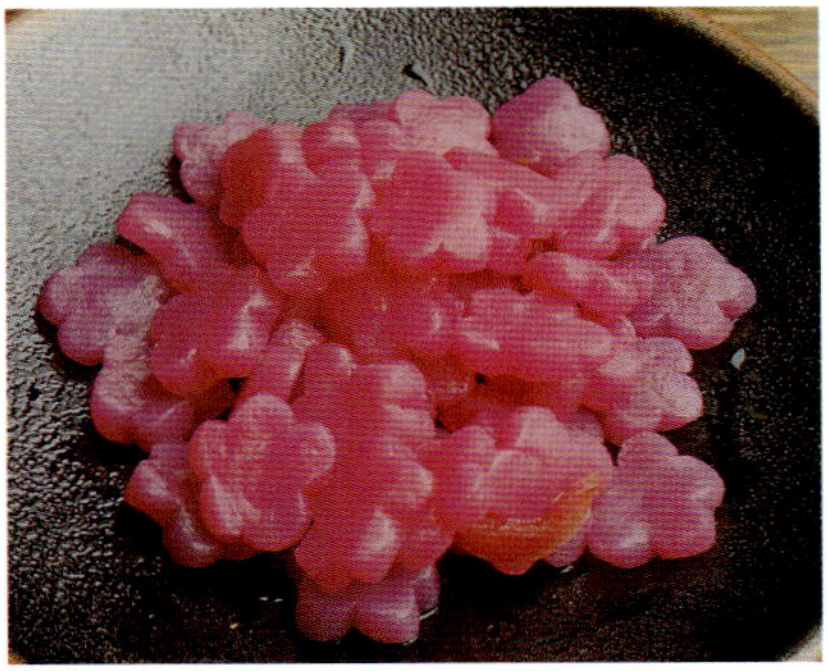

自家製べったら

（シンスケ）

▼仕込み—大根に出刃包丁で切り目を入れて裂き、一口大に切り分ける。塩をふって重しをして1日おく。途中で水が上がってきたら抜く。

漬け床を作る。炊きたてのご飯に調味料（日本酒1、ミリン2、砂糖2、塩2、赤唐辛子適量）を表記の割で混ぜ込んで冷ます。先の大根をこの漬け床に2日間、重しをして漬ける。

▼提供—大根を取り出して器に盛り、繊切りのユズ皮、大根の茎（唐草大根）を飾る。

▼コツ—冬季なら重しをすれば20日間持つ。

柚子大根

（泥味亭）

▼仕込み—大根を薄切りにする。これを塩水に浸けてしんなりさせる。

昆布を1cm角に切り、薄くへいだユズ皮とユズの絞り汁、酢、砂糖を合せてつけ地を作る。

つけ地の中に水気を切った大根を入れ、重しをして1日おく。

▼提供—つけ地から取り出して、大根、昆布、ユズを彩りよく盛る。

▼コツ—つけ地の分量を少なめにし、昆布をたっぷりと入れて粘りを出す。

いぶりがっこ

（あらまさ）

▼**仕込み**―大根を囲炉裏の煙で一冬いぶしておく。

米糠に塩と水を加えて糠床を作り、塩がなじんだら、いぶした大根を1ヵ月漬ける。

▼**提供**―大根を水洗いして糠を落とし、水気を切って薄く切る。器に盛って提供。

▼**コツ**―大根は冬場に外に干すと凍結してしまうので、囲炉裏の上の棚で保存していた。今では囲炉裏も少ないので、大根を燻製にかけて作っている。

なた割漬け

（あらまさ）

▼**仕込み**―大根は皮をむき、切り口に切り目を入れて縦に裂き、一口大に切る。ミズ（ウワバミソウ）は塩を加えた熱湯でゆでて水にとり、スジを除いて4cmのざく切りにする。昆布は繊切りにする。

麹に塩と炊いたご飯（冷ましたもの）を混ぜ合せて漬け床を作る。2～3日たつと発酵するので、ここに大根とミズと昆布を入れて3～4日間漬ける。

▼**提供**―麹を落として大根とミズと昆布を器に盛る。

▼**コツ**―ミズは6～9月まで採れる山菜。包丁で叩くととろろのようになる。

切り漬け大根

（まえ川）

▼**仕込み**―大根のヘタ、皮、葉を細切りにして薄塩をし、赤唐辛子を加えて重しをして漬ける。水が上がってきたら捨てて、昆布と赤唐辛子を加えて、再び重しをして漬ける。5～6時間たった頃から食べられる。

▼**提供**―器に盛って、いろどりよく赤唐辛子の輪切りを天に盛る。

▼**コツ**―大根は、おでんやそのほかの料理に使った残りの部分を利用する。あまり長時間漬けると大根の臭いが出てしまうので、翌日くらいには食べ切ることが望ましい。

かん漬け

（魚山亭）

▼仕込み―割干大根を一晩水に浸けてもどす。よく水切りし、だしに赤唐辛子、濃口醤油、ミリン、日本酒を合せたつけ地に3日間ほど浸ける。

▼提供―大根を食べやすい大きさに切って盛りつけ、天に糸がきカツオを盛る。

▼コツ―大根はしっかりもどしておく。割干大根とは、大根を縦に割って乾燥させたもの。

切干大根の梅酢漬け

（ひがし北畔）

▼仕込み―切干大根を湯に浸してもどす。手で絞って水気を切る。

梅酢180cc、砂糖50g、日本酒60cc、水180ccを合せて、もどした切干大根にからめる。みじん切りの紫蘇の葉10gを加えて、全体にムラなく色づくようによく混ぜる。

1週間以上浸ける。

▼提供―器に盛る。

▼コツ―酸っぱいのが苦手ならばミリンを加えて調整する。もどすときは、旨みが抜けないようにさっと短時間で。

天王寺蕪の漬けもの

（楽味）

▼仕込み―天王寺カブはヘタを切り落として縦に4等分に切り、小口から2㎜厚さのいちょう切りにする。塩をふり、30分間以上おく。塩がなじんでしんなりとしたら手で絞って水気を切り、だし、淡口醤油、ミリン、酢、うま味調味料で味をととのえ、昆布を入れてさらに30分間以上おいて味をしみ込ませる。

▼提供―天王寺カブを器に盛り、一緒に漬けていた昆布を繊切りにして天に盛る。七味唐辛子を別に添える。

▼コツ―あとで味の調整がきかなくなるので、最初の塩は少なめにふること。

チーズ豆腐

（山三）

▼**仕込み**—木綿豆腐に重しをかけ、しっかり水を切る。とことん切ること。

赤ミソは発酵力の強いものを選び、カツオ節、ジャコ、昆布粉末、練りウニ、砂糖を加えて混ぜ合せる。ミソ床に、木綿豆腐を漬けて、半年間ほど冷蔵庫でねかせる。

▼**提供**—器に大葉をしき、豆腐を適当な大きさに切って盛る。濃厚な味わいなので、酒の肴として少しずつ食べてもらう。

▼**コツ**—木綿豆腐は水に浸さないで固めたものを仕入れる。漬けている間、時々発酵を確認し、力が弱っていたらミソを追加する。やや甘めに砂糖を調節するとよい。

豆腐の味噌漬け

（ひがし北畔）

▼**仕込み**—ミソ床（西京ミソ、ミリン、日本酒）を練り合せる。

木綿豆腐をしっかり水切りし、ガーゼで包んでミソ床に2～3日間漬ける。

▼**提供**—ガーゼから取り出して、食べやすく切る。

▼**コツ**—豆腐が琥珀色になったら食べ頃。チーズに近い味。

白菜の三升漬け

（歓）

▼**仕込み**—つけ地（濃口醤油1升、麹1升、タカノツメ1升）を合せ、最低1年間ねかせる。

白菜に塩をふり、しんなりさせたらつけ地に漬ける。

▼**提供**—白菜を取り出し、ざく切りにして器に盛る。

▼**コツ**—つけ地の材料をそれぞれ1升ずつ合せるので三升漬けという。

山芋の味噌漬け

（和義）

▼仕込み―ミソ床（田舎ミソ2種、桜ミソ、西京ミソ、田舎ミソ）を合せる。

山イモをミソ床に3～5日間漬ける。

▼提供―山イモをミソ床から取り出して洗い、1cm厚さの半月切りにして器に盛る。

▼コツ―好みによって数種類のミソを合せると旨いミソ床になる。ちなみに西京ミソなどの白ミソは甘みが強く、桜ミソや仙台ミソなどの赤ミソは塩辛い。麦、大豆、米など原料ごとに味もうま味も違ってくる。

アワビや白子などの魚介類を漬け込んでも旨い。ミソ漬けは密閉容器に入れて冷蔵庫で保管する。

山芋のもろみ漬け

（赤い魚）

▼仕込み―山イモは皮をむき、タレ（濃口醤油、ミリン、日本酒、昆布）に浸けて、冷蔵庫で1日おいて味をしみ込ませる。

▼提供―器に大葉をしき、山イモを食べやすいように1cm幅に切って盛りつける。

▼コツ―浸ける時間で、味の調整をする。

MIXピクルス

（ビストロめなみ）

▼仕込み―小玉ネギ、セロリ、カリフラワー、赤・黄パプリカを一口大に切って、熱湯でさっとゆがいておく。

ピクルス液（白ワイン酢、白ワイン、砂糖、塩、ニンニク、ローリエ）の材料を合せて、熱し、2～3分間沸かして冷ます。

冷めたら、熱湯消毒した瓶に注ぎ入れて、野菜類を詰める。2週間目くらいから食べられる。

▼提供―器に盛る。

▼コツ―野菜類はあまり熱を通さず、こりこりとした歯応えを残す。

おしんこ
大根、蕪、人参

（鹿火矢）

▼仕込み—糠床を作る。米糠に塩、赤唐辛子、水を加えて2～3日間おいて発酵させる。大根、京ニンジン、カブの皮をむいて塩をすり込んで糠床に漬ける。

▼提供—取り出して洗い、大根、京ニンジンは半月に、カブは4等分のくし形に切る。盛り合せて提供する。

▼コツ—漬ける時間は夏は半日強、冬で1日が目安。

大根

人参

蕪

糠漬け

（凧錦）

▼仕込み—糠床を作る。まず粗塩を水で溶かして海水よりも少し塩辛い食塩水を作る。これを一旦沸騰させて冷ましておく。

米糠に食塩水を混ぜ、赤唐辛子と叩いたニンニクを加える。糠床は、耳たぶより少しかために。捨て漬け用のキュウリ、ナスを糠床に入れて2週間おき、糠床を慣らす。

本漬けする。白菜、キュウリ、ナスは塩もみして、糠床に漬ける。

▼提供—白菜は巻簀の上に重ねて巻き、形をととのえて輪切りにする。キュウリとナスも輪切りにして器に盛る。おろしショウガを添える。

小茄子と細根大根の一夜漬け

（由庵）

▼仕込み―水1ℓに塩40～50gを入れて加熱し、沸騰したところに焼きミョウバンを加えて火からおろして冷まし、つけ地を作る。

小ナスに包丁目を入れて、つけ地に浸け、1日おく。大根は皮をむき、ミョウバンが入っていないつけ汁で一晩おく。

▼提供―小ナスと細根大根を形よく盛る。

おしんこ

（越後）

▼仕込み―大根は皮をむき、5cm長さに切って縦4等分にする。カブは皮をむいて半分に切り、ナスは縦に半分にする。キュウリとニンジンは縦半分に切って3cm長さに切る。

密閉容器に、ニンジン、大根、カブ、キュウリ、ナスの順に詰め、酢と同量の濃口醤油を半分まで入れて、3日間冷蔵庫で浸ける。2日目に天地を返し、よく混ぜる。

▼提供―食べやすい大きさに切って、器に盛る。

▼コツ―野菜から水が出るので、酢、濃口醤油は野菜が全部浸かる分量でなくてよい。

掲載店一覧

（50音順）

※２０１９年４月現在の情報です。

赤い魚えぼし南口店［閉店］
神奈川県茅ヶ崎市

暁亭
神奈川県足柄郡箱根町
湯本茶屋184
箱根湯本ホテル
☎０４６０—８５—７３３０

家鴨長屋湘南藤沢店［閉店］
神奈川県藤沢市

あぶらびれ
北海道札幌市中央区南３条
西３丁目 克美ビル５Ｆ
☎０１１—２４１—０４８７

海女の小屋　海上亭
静岡県伊東市川奈１００４
☎０５５７—４５—１７８０

あらまさ［閉店］
東京都台東区西浅草

いそむら［閉店］
東京都港区新橋

いたる本店
石川県金沢市柿木畠３—８
☎０７６—２２１—４１９４

おでん割烹稲垣
東京都千代田区平河町
１—８—８
桔梗ライオンズマンション
平河町１Ｆ
☎０３—３２３０—２７５７

田舎家［閉店］
東京都豊島区南池袋

居乃一ＢＡＮ
石川県金沢市片町１—９—20
サカノビル１Ｆ
☎０７６—２６１—０００１

岩戸屋
福岡県福岡市中央区大名
１—12—38
☎０９２—７４１—２０２２

うしのほねあなざ
京都府京都市中京区三条通
富小路西入る
☎０７５—２１３—２８２２

うの花［閉店］
東京都港区赤坂

江差亭［閉店］
北海道札幌市中央区

越後［閉店］
東京都世田谷区北沢

おふろ
東京都世田谷区赤堤４—45—10
安心堂ビルＢ１
☎０３—５３００—６００７

おもろ［閉店］
東京都豊島区西池袋

オンドリ［閉店］
東京都新宿区新宿

開花屋
東京都渋谷区円山町23—７
☎０３—３７７０—０８７８

海浜館
福岡県福岡市中央区西中洲
１—13 松田ビル１Ｆ
☎０９２—７２４—６２８８
＊取材した渡辺通り店は閉店。

隠家なゝ樹［閉店］
東京都渋谷区恵比寿

和義［閉店］
東京都中野区中野

金田
東京都目黒区自由が丘
１—11—４
☎０３—３７１７—７３５２

鹿火矢
東京都港区新橋２—９—13
☎０３—３５９１—８０４２

神田小町［閉店］
東京都千代田区内神田

北◯すすきの本店
北海道札幌市中央区南５条西
２丁目 サイバーシティビル
２Ｆ
☎０１１—５２１—１４００
＊取材した北◯４・２店は閉店。

晟久（せいきゅう）
神奈川県藤沢市鵠沼橋
１—17—２
☎０４６６—２３—５００３
＊久昇は閉店し、店名を変えて営業。

魚山亭
東京都渋谷区道玄坂２—23—12
フォンティスビル２Ｆ
☎０３—５４８９—６３５０
＊渋谷２丁目より移転。

銀禅［閉店］
宮城県仙台市青葉区

串駒本店
東京都豊島区北大塚１—33—25
☎０３—３９１７—６６５７
＊取材時の住所から右記に移転。

串駒江古田店［閉店］
東京都練馬区旭丘

黒船屋ルネッサンス［閉店］
東京都中央区銀座

古都里
東京都中央区日本橋蠣殻町
２—２—１ 冨田ビル１Ｆ
☎０３—３６６４—１０３０

酒菜亭（現在の店名は「酒とさか菜」）
東京都渋谷区神泉12—4
アーガス神泉ビル1F
☎03—3496—1070
＊道玄坂より移転し、店名を「酒菜亭」から「酒とさか菜」に変更。

なんぶ味処酒菜屋
青森県八戸市八日町22
☎0178—46—4556

鮭鱒料理 あいはら［閉店］
北海道石狩市

笹吟
東京都渋谷区上原1—32—15
小林ビル1F
☎03—5454—3715

浜料理さの丸ゆうゆふ［閉店］
北海道札幌市中央区

四季音
東京都中野区中野2—25—8
☎03—5385—9667

志乃ぶ
富山県高岡市末広町2—41
☎0766—22—2541

食彩工房舎人
東京都武蔵野市吉祥寺南町1—17—10 F&WビルB1
☎0422—46—2818

しる平［閉店］
東京都中央区銀座

シンスケ
東京都文京区湯島3—31—5
☎03—3832—0469

海鮮食堂すいか
福岡県福岡市中央区大名1—10—19
☎092—731—2332

大観音［閉店］
東京都中央区日本橋

だいこん屋
東京都杉並区阿佐ヶ谷北1—9—2
☎03—3338—7791

大誠［閉店］
東京都港区六本木

橙［閉店］
東京都中央区銀座

凧錦［閉店］
京都府京都市中京区

和食亭たぬ吉
東京都港区麻布十番1—5—26
麻布シティマンションB1
☎03—3423—4434

樽一
東京都新宿区歌舞伎町1—2—9
シタディーンセントラル新宿
東京B1
☎03—3208—9772
＊取材時の住所から右記に移転。

淡如水［閉店］
東京都港区虎の門

魚がし料理佃喜知
東京都中央区銀座6—3—5
第二ソワレドビル3F
☎03—3574—1589
＊取材時の住所から右記に移転後土曜営業。日祝のみ休。

とうふ屋うかい
東京都八王子市大和田町2—18—10
☎042—656—1028

とひ家［閉店］
東京都渋谷区宇田川町

鳥芳
東京都国分寺市泉町3—37—25
☎042—323—9956

泥味亭
東京都新宿区矢来町118—6
石本ビルB1
☎03—3267—5844

どんじゃん［閉店］
東京都武蔵野市

中川［閉店］
東京都文京区湯島

並木橋なかむら
東京都渋谷区渋谷3—13—5
BPRレジデンス渋谷2F—B
☎03—6427—9580
＊下北沢より移転。

なまこ屋
東京都千代田区内神田3—5—5 大同ビル1F
☎03—3256—7098

バードランド
東京都中央区銀座4—2—15
塚本素山ビルB1
☎03—5250—1081
＊阿佐ヶ谷の旧店で取材。その後右記住所に移転。

葉隠
東京都渋谷区渋谷2—8—11
☎03—3400—3294

花の木［閉店］
東京都渋谷区道玄坂

花舎［閉店］
大阪府大阪市中央区

はまぐり
東京都新宿区新宿3—8—4
☎03—3354—9018

はるばる亭［閉店］
東京都杉並区松庵

はん亭
東京都文京区根津2—12—15
☎03—3828—1440

ひがし北畔　［閉店］
東京都台東区東上野

ビストロめなみ　［閉店］
京都府京都市中京区

風神亭
東京都杉並区西荻南３—14—12
☎０３—３３３３—６０３３
＊ホームページ開設。
http://www.fujintei.com

福増屋　［閉店］
大阪府大阪市中央区

そぞろ楽しむ藤乃
東京都渋谷区神宮前６—28—４
シニック関根ビルＢ１
☎０３—３４０７—３６６８

いわし料理ふなっ子
千葉県船橋市東船橋１—37—12
☎０４７—４２５—１８５１
＊取材時の住所から右記に移転。

ぶん也　［閉店］
東京都中野区中野

鳳仙花
東京都港区麻布十番２—21—12
麻布コート１Ｆ
☎０３—３４５２—０３２０

民芸酒房 牧水
大阪府大阪市中央区難波
１—６—６
☎０６—６２１１—３４４３

まえ川
京都府京都市中京区大文字町244
黒門通り御池下る
☎０７５—８１１—４１４１

万代家　［閉店］
東京都練馬区桜台

もり川
京都府京都市北区上賀茂池端町
23—２
☎０７５—７１２—１２９７

山三
大阪府大阪市中央区難波
４—２—９
☎０６—６６４３—６６２３

山田や
北海道札幌市中央区南４条西
５丁目シャンゼリゼビルＢ１
☎０１１—５２１—５０７８

由庵　［閉店］
東京都新宿区西新宿

有薫酒蔵
東京都中央区銀座２—２—18
西欧ビルＢ１
☎０３—３５６１—６６７２
＊ビル老朽化のため閉店。
移転予定あり。

游山楽　［閉店］
東京都中野区東中野

歓
東京都中央区銀座７—８—16
サンライズビル１Ｆ
☎０３—５５６８—８１１９

萬屋松風
東京都豊島区西池袋１—24—５
☎０３—３９８６—１０４７

楽太朗　［閉店］
東京都新宿区新宿

楽味
東京都世田谷区北沢２—12—11
島田ビルＢ１
☎０３—３４１０—６５７７

料理倶楽部
東京都港区南青山４—16—12
☎０３—３４７９—６７０７

炉ばた
宮城県仙台市青葉区国分町
２—10—28
ＹＳビックビル１Ｆ
☎０２２—２６６—０８９７

爐端本店
東京都千代田区有楽町
１—３—８
☎０３—３５９１—１９０５

材料別 居酒屋の料理便利帳

The 酒菜《しゅさい》1500

初版発行　2014年７月20日

７版発行　2023年３月31日

編 者 ©　柴田書店

発 行 者　丸山兼一

発 行 所　株式会社柴田書店

〒113-8477
東京都文京区湯島3-26-9イヤサカビル

電話　営業部　03-5816-8282（注文・問合せ）
　　　書籍部　03-5816-8260

https://www.shibatashoten.co.jp

印刷・製本　シナノ書籍印刷株式会社

ISBN 978-4-388-06192-1

本書は『酒菜』（1995年発行）、『続・酒菜』（1996年発行）、『酒菜③』（1999年発行）を
新たに構成、編集したものです。